本化祈祷妙典

鷲谷日賢

昭和八年歳次癸酉新春

本化祈禱妙典

七十六翁　靈鷲居士題

第一圖

魏の曹操の作らせし釋迦牟尼佛の過去の尊像高サ一尺六寸
約千七百年前彫刻　高山白檀の一本木
妙雲閣藏

第二圖

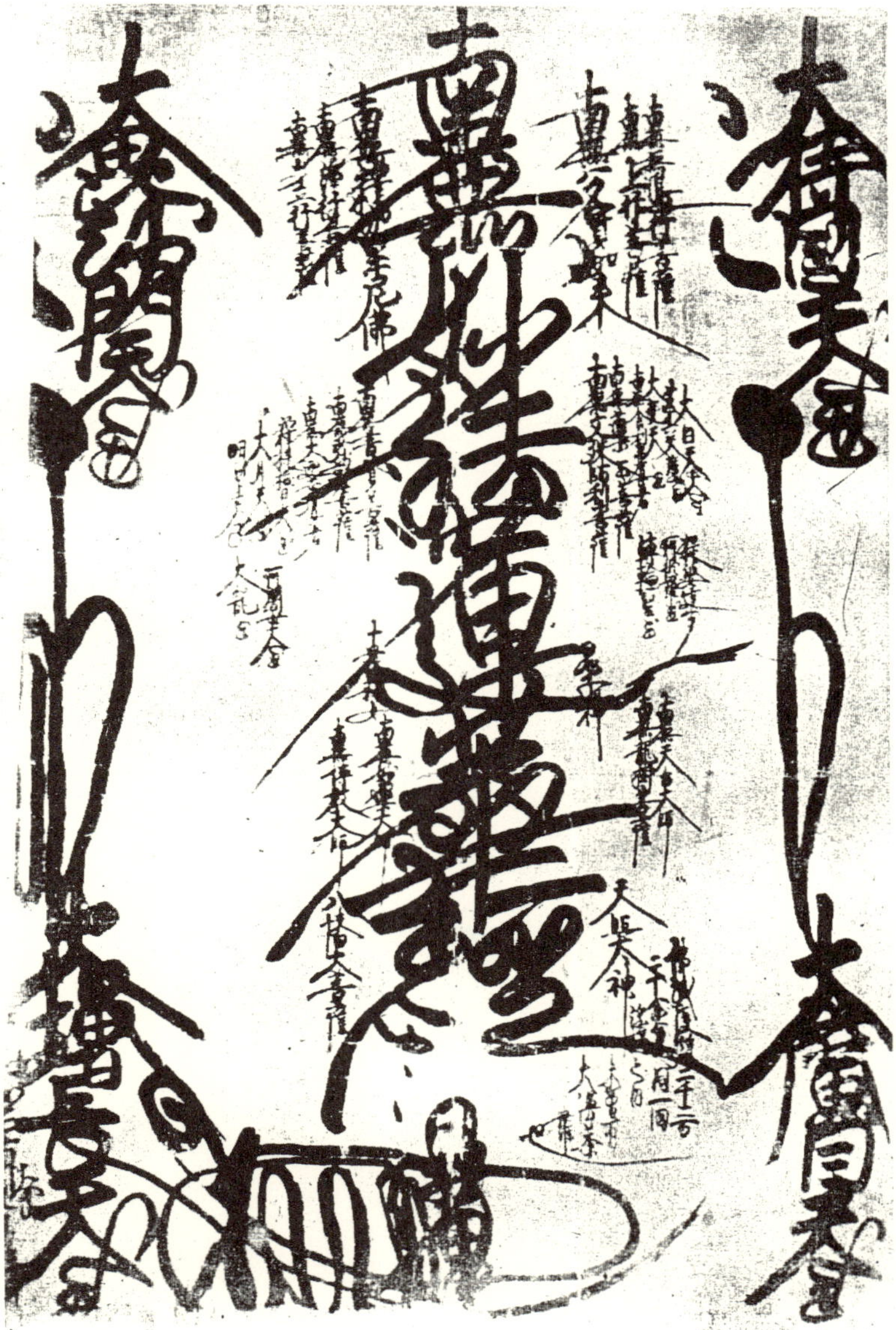

宗祖御眞筆鎌倉妙本寺藏臨滅度の御本尊
竪一丈二尺二寸五分横四尺四寸參分紙數十二枚

第三圖

池上本門寺藏•國寶•大サ等身大
宗祖御尊像

第四圖

台密慈覺大師傳
双身毘沙門天又は八牙王と云ふ毘沙門天と吉祥天の男女合體の尊形なり獨鈷を持は毘沙門天、輪寶を持つは吉祥天なり其修法油を以て像を浴し愛欲を祈る本尊とす

東密所傳、大聖觀喜天、雙身、毘那夜迦、油を以て浴し、愛欲を祈る本尊とす。

第五圖

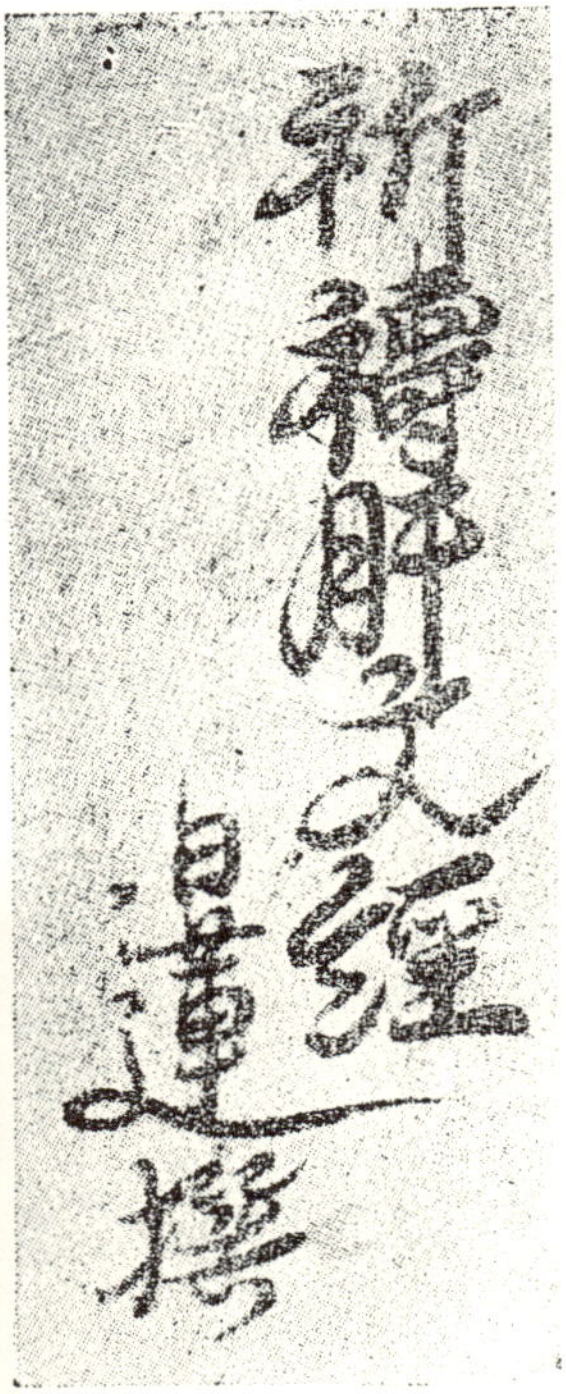

祈禱肝文經の題號
宗祖の御眞筆
身延寶庫現存

著者最近の撮影

序

祈禱は宗教の威力の實現法であつて、人類救濟に必要缺くべからざる唯一の大樞要の法である。故に世界各國に於ける各宗教にあつても、其の方法は異にすれども悉く之を行つて居るのである。

我が日蓮宗に於いても、宗祖は世尊より傳へられたる本化の一大秘法を以て多くの病者を救はれ給ひ、其の當時、深秘なる教義を傾聽し歸依せる人より祈禱の甚深不可思議なる妙力を感じ、隨喜歸依せし人々も少くはなかつた。其は宗祖の御遺文が之を諸々に證明して居る。其後、身延山の二世日向上人より世々の住職に傳法され修法されたが、後世幽玄深秘の所以を以て堅く秘密の障壁に鎖され、秘傳書の如きは一千日加行《けぎやう》の者に非ざれば何人と雖も之が披見を許されず、千金莫傳、唯授一人として秘せらるゝに至つたのである。明德の頃、顯本法華の一派を開いた、日什上人の如きも、其の獨立せし原因は身延に於ける傳書の不公開によると傳へられて居る。僧侶の身に於て既に然り、まして優婆塞に於ておや之を窺ひ知る事は全く不可能であつた。

祈禱法は、法華經の絶大なる威力が發現するものなるを以て、對外布教の上には言論文書の傳道と共に擧宗的其顯揚に努力すべきものである、現今、日蓮宗の祈禱法は、千葉縣中山の法華經寺内の遠壽院、荒行堂に於て、百日修行せし者に限り相承され、相承を受けたる人を修法師と呼んで居る。此の修法師たるには僧侶に限り許され、而も嚴重なる資格と多大の費用を要し、優婆塞の之に加はる事を許されず、從つて現今に於いては祈禱は修法師の獨占に歸して居る。

斯くの如く果して本化の大秘法たる祈禱法は僧侶の專有に限るものか？さに非ず、祈禱法は既に本化大聖が我等一切衆生に與へ給ひし深秘の大白法たる南無妙法蓮華經の威力の實現であり、法華如說の修行の上からは在家出家の差別なく、倶に佛弟子にして貴賤輕重も感應の厚薄も無く平等のものにして、何人と雖も其の妙作の權能を障碍し、之を束縛し得べき者ではなく、即ち、譬諭品に「是の衆の中に於て能く一心に、諸佛の實法を聽け、諸佛世尊は方便を以てしたまふと雖も、所化の衆生は皆是れ菩薩なり」と世尊は、法華經を持《たも》つ者は悉く菩薩なりと開顯し給ひ、故に優婆塞と雖も、篤信の人なれば、法華經の行者として、神人の交靈、感應の自在を得て經の威力を發輝して、衆生を救濟敎化する力を得る事は難くないのである。悲しい哉、是等の優婆塞行者は唯信の一念のみにて靈の發現の理、祈禱の根本精神、而て修法の秘法等を知らざる故、迷信邪道に陷り、好からぬ幾多の世評を受けて居るのである。

然し乍ら。法華の廣宣流布の上に於いて、他宗の者が日蓮宗に歸依するは、此の優婆塞行者の町道場の敎導が與つて効多き事を認めねばならぬ。故に是等の優婆塞行者をして完全なる祈禱の意地と修法を知らしめ正道に導き、完全に活動する事を得せしめれば、鬼に金棒を與ふるが如く、廣宣流布の一助となるは確實である、蓋し是に依つて大正五年、小山田日壽師は祈禱指南書を刊行せられ、大正七年、長瀨東洲（日環）師が身延を中心として東西に散在せる秘傳書を集蒐して本化祈禱秘傳書を公刊されて居る。
余に大誓願あり、佛祖、威神の力を承け一切衆生をして妙法に歸依せしめ共に佛道を成ぜんと願し、自ら證せずんば何ぞ能く人を度する事を得んと過去十四年間、宗祖大聖人の御教導に依り、命を法華經に奉り、身延積善流の祈禱法により修行せる結果、神人の交靈感應を得て宿願茲に達し、佛祖威神の力を承け、王佛一乘の大業より靈界の統一をなす光榮を得たのである。（其の詳細は本門戒壇と靈界の統一にあり）
茲に世界に於ける各宗の神々、我が道場に集り給ひ、各宗の祈禱法を擣篩和合して最も完全なる祈禱法を成就され、從つて此法は身延積善流の秘傳のみに非ず、中山の秘法にも非ず、各宗の長所樞要を取り眞髓極致を示す大秘法であり、將來本門の戒壇建立の時授職灌頂の大法を受くる爲に滅罪懺悔を爲す祈禱法の軌範を示すものである、之に依つて修法すれば如何なる困難なる大因緣と雖も利劍を以て爪を割くが如く大風の草を靡かすが如く感應自在であつて、既に貳百萬以上の死靈を得道せしむる事が出來たのである。
涅槃經に云く、法に依りて人に依らず、義に依りて語に依らず、智に依りて識に依らず、了義經に依りて不了義經に依らず。
蓮盛鈔に云く、法華に云く惡智識を捨てゝ、善友に親近せよ、止觀に云く、師に値はざれば邪慧日に增し、生死月に甚し、稠林に曲木を曳くが如し出期あること無けん云々凡そ世間の沙汰尙ほ以て佗人に談合す、況や出世の深理寧ろ輙く自己を本分とせん耶、故に經に云く、近きを視るべからざること人の睫《まつげ》の如し、遠を見るべからざること空中の鳥の跡の如し、云々
涅槃經に云く、一切衆生、異の苦を受くるは如來一人の苦なり等云々日蓮云く一切衆生の一切の苦を受くるは、悉く是れ日蓮一人の苦と申すべし、(諫曉八幡鈔)
是の一切衆生の苦を救ふべき、是好良藥の祈禱の大秘法は、一人の私しすべき者に非ず、之を公開して滿天下の四衆をして邪路に晤入することを防ぎ、以て法華經の大功德を實現せしめ廣宣流布の大願を成就せしめん爲に、宗祖の大慈悲の敕により玆に廣布す、願くば一切の學者等、人を捨てゝ法に付き、一生を空しくする勿れ。

昭和八年一月

鷲谷日賢

我不愛身命　但惜無上道
情存妙法故　心身無懈倦

本化祈禱妙典　目次

祈念誦文……二六〇

本化祈禱妙典

總說

祈禱

祈禱とは佛神に祈り又は利益を乞ふことを意味する。世界の各地に於ける人類の原始時代に於いても既に宗教と認むべき者が在つた、人類が自然界の諸現象に對して自己保存の爲に恐怖心を抱いて其の災厄を免れる爲に、機能的、天然的に具有せる宗教心を起し、宇宙の神秘力、即ち超感覺的威力、即ち靈力の存在を覺り之に對する崇拜が、天然崇拜、諸物崇拜、祖先崇拜、諸神崇拜となつたのであつて、此等諸靈と人類との交渉が宗教であり、神と人と直接に交通する方法が祈禱である、祈禱により其の信ずる神の實在性に親み、其の聖なる存在を意識し、讃仰歸依により、斯くして神人和合の境が體驗され、神は彼に憑り彼を通じて示現し、彼等の希望を滿足せしめらるゝのである。此の祈りが漸次個人的より部落的となり、優秀なる者は、國家的、世界的となり、即ち世界に於ける一般的宗教の起源となつたのであつて、從つて宗教の威力の實現は祈禱法を以て其の根本とするのである、眞に五、六千年前の人類は、機械文明の發達せる現代人よりも感應性が余程鋭敏であつたかの樣に思はれ其の狀勢は能く上世印度「エジプト」「アッシリヤ」等の古代宗教が之を物語つて居る。

日本に於ける祈禱の起源は遙に神代に始り、天照太神、天の岩戸に幽居し給ひし時、群神　天《あめ》の安の河原に集りて、天兒屋《あめのこや》根尊《ねのみこと》、太玉尊《ふとたまのみこと》の二神をして太神の出で給はん事を祈禱せしめし事に初つたのである。神武天皇、東征の御時、大和の丹《に》生《ぶの》の川上に於いて水無くして飴を造り川へ流し、又五百箇の眞坂樹を拔き取りて以て諸神を祭り戰勝を祈り給ふ。崇神天皇の時、疫病天下に行はれ、凶歳頻繁なりしを以て、天皇沐浴齋戒して神祇に祈り給ふ。又神功皇后の三韓を征伐し給はんとする時、自ら神主となつて神祇を祭り給ひ、かの國を征伐せん事を祈らる。皇極天皇は南淵の河上に雨を祈り給ひ桓武天皇は幣を五畿七道の名神に奉りて國家の安寧を祈られ、其他代々の皇帝は天下泰平、五穀豐穰を祈られたのである。

佛敎に於ける祈禱は小乘經に於いては、之を見る事を得ず、大乘經に至つて顯れて居る、奈良朝、平安朝の佛法は殆んど祈禱であり、此の祈の功德に、顯祈顯應、顯祈冥應、冥祈冥應、冥祈顯應の德あり密敎（眞言宗）に至つて最も盛んとなつて居る。其法は千差萬別なるも要するに密敎の祈りは四法を出でず、即ち、一に息災法、二に增益法、三に愛敬法、四には調伏法（咒咀法）等である。佛（大日如來）菩薩、明王、諸天神に各々本誓あり、其の本誓に應じて法を修するが故に無數の本尊あり、其の內に百余尊法とて、百有餘尊を拾錄し其の分類に、佛部、觀音部、菩薩部、經部、明王部、天部等あり就中、觀音部を特に菩薩部より獨立せしめた原因は、觀音に、六觀音を初め幾多の觀音多く、且つ最も多く祈禱に用ひられるが爲に外ならぬ。經部とは大日經、理趣行經、金光明經等の如き經典を本尊とするのである、密敎は、婆羅門敎の轉化したものであつて佛敎ではなく、因果の大法を無視し、自己の增益を祈るが故に正道に非ざる事は明である。

基督敎に於ても、新敎、舊敎とも靈的の賜を得る方法として祈禱を最も有効の者とし、神と人との障壁を撤し神人の一如、三昧境に達する法として專ら祈禱を修するのである。

印度に於ける婆羅門敎の最も進化した「ウパニシャット」に於ても、梵、我、不二の境に達せん爲に神に祈り、神の助緣に依り三昧境に入るのである。

佛敎に於ける最も唯心的なる座禪專門の禪宗に於ても、曹洞宗は迦樓羅の道了を祀り、臨濟宗に於いても、半僧坊を祀り之に祈禱するのである。

かくの如く、世界の宗敎に於ける神人の交靈の方法として、祈禱は最要の手段であり、威德實現の必要なる業である。

然れども世の一般宗敎の祈禱法は、低級、幼稚、不正不當のものであつて天地の眞理に一如する祈禱法の如きは全く無いのである、假令、夫れが佛說でありとすれば、「一往の祈りとなる（祈禱鈔）べきも、「惡用の害は、亡國滅人の結果を招く、（神國王書）のである。

大日本國は正しく大乘の國なるが故に法華經は日本に留り、此の因緣に依つて、日本國民は法華に依つて救はれたのである、又夫れに依つて上行菩薩の再誕たる大聖日蓮上人は我が國土に現出せられ、本門の法華を弘通し、本化別頭の祈禱を修し給ひ、此法は釋尊出世の本懐であり、尊無過上、諸佛守護、諸經中王、最爲第一の法華經を以て祈る大修法なるを以て、上一人より下萬民に至る迄悉く悦び榮ゆべき鎭護國家（成佛鈔）の大白法であり之が即ち、後の身延の積善流となつたのである。此の祈禱法こそは、上行菩薩が靈鷲山に於いて、世尊より直授された大秘法であつて、大曼荼羅を以て本尊とし妙法經典讀誦の功德力を以て修法し、大にしては世界的靈界の因緣、國家の因緣を解き、靈界を平和ならしめ、娑婆即寂光の妙土を出現せしむるを根本の目的とし、又た末法の德薄垢重の惱める衆生の心身兩病を治し、根本的に救濟する大秘法である。要之、個人としては妙法の經力と守護神の神通力に依つて、其人の過去現在に造れる罪、又は先祖の造りし因緣にして子孫に絡る者、又は地所住宅に絡る因緣を解き、苦痛を負へる靈を救助して成佛せしめ、其人の心身兩病を治し、家內を和合せしめ、毎自作是念、速成就佛身の佛祖の大慈悲に浴せしめ、健全なる心身に於て日蓮主義を實行し世の爲め國の爲め、人の爲め意義ある生活を爲し、最後に本門の大戒壇を踏み授職灌頂の式を受け、佛果を得せしむるを目的とするのである、故に祈禱は宗門立敎の半面であり、宗團の信仰を構成する一大要素である、我等は地涌の菩薩の眷屬であり、釋尊久遠の弟子である、佛祖の敕の如く法華を廣宣流布せしめ、惱める衆生を救濟せんと欲せば、其根本問題は罪障消滅である、敕の如く奉行せんと欲せば、本門の祈禱法に依らねばならぬ、故に祈禱法は宗教の威力の實現である、即ち事の一念三千、本門壽量、當躰蓮華妙力の發輝である、故に教相と祈禱法は恰も撚へる縄の如く、車の兩輪の如く離るゝべからざる關係を有するが故に、祈禱法は「宗教の威力の實現法」なりと斷ずる事を得るのである。

教義に偏し祈禱を方便と唱へ、之を迷信と稱し排斥し、單に言論談理によりて信仰を與へ救濟せんとする人は譬へば饑《うえ》て食を求むる者に、食物を與へずして、食物の製造法を敎へるが如きもので、饑たる者には急場の間に合はず、寧ろ餓死してしまうのである。祈禱法は、饑たる者に直に食物を與へ飽滿せしめ、渴したる者には水を與へ、寒き者には衣を與へ、火を與へる如く、直に救濟の出來る直接行動である。

祈禱を方便と貶《けな》し、之を迷信に歸せんとする人々は、靈界の關係、佛神の實在、乃至、自己の過去の因緣も知らず、必然來るべき死後の生活も知らざる憐むべき人々と云はねばならぬ。

宗祖大聖人は、第一に國家の平和を祈れと仰せられて居るのである。

立正安國論に云く、所詮天下泰平、國土安穩は君臣の樂《ねこ》ふ所土民の思ふ所也、夫れ國は法に依て昌《さか》へ、法は人に依つて貴し、國亡び人滅せば佛を誰か崇《あが》むべき、法を誰か信ずべき、先づ國家を祈りて須らく佛法を立つべし云々。

初心成佛鈔に云く、法華經を以て國土を祈らば、上一人より下萬民に至る迄、悉く悦び榮へ給ふべき鎭護國家の大白法也。
持妙法華問答鈔に云く、七難即滅、七福即生と祈らんにも此經第一也、現世安穩と見へたれば也、他國侵逼の難、自界叛逆の難の御祈禱にも此の妙典に過たるはなし、令百由旬內、無諸衰患と說かれたればなり然るに當世の御祈禱はさかさま也、先代流布の權敎也、末法流布の最上眞實の秘法に非ざる也、譬へば去年《こぞ》の曆《こよみ》を用ひ、烏を鵜につかはんが如し、是れ偏に權敎の邪師を貴びて、未だ實敎の明師に値せ給はざる故也、云々
祈禱鈔に曰く
問ふて、云く華嚴宗、法相宗、三論宗小乘の三宗、眞言宗、天台宗の祈をなさんに、いづれが驗しあるべきや、答へて云く佛說なれば何れも一往は祈となるべし、但法華經を以て祈らむ祈は必ず祈となるべし、問ふて云く其所以は如何、答て云く二乘は大地微塵劫《みじんこう》を經て先四味の經を行ずとも成佛すべからず、法華經は須臾《しゆゆ》の間此を聞て佛になれり、若し爾らば舍利弗《しやりほつ》、迦葉《かしよう》等の千二百、萬二千、總じて一切の二乘界の佛は必ず法華經の行者の祈を叶ふべし、又行者の苦にも代るべし乃至
此の經の文字は即ち釋迦《しやか》如來《によらい》の御魂《みたま》也、一一の文字は佛の御魂なれば此經を行せん人をば、釋迦如來、我が御眼の如く護り給ふべし、人の身に影の添へるが如く添はせ給ふらん、いかでか祈とならせ給はざるべき、乃至

法華經の行者の祈る祈りは響《りひき》の音に應ずる如く、影《かげ》の體に添《そ》へるが如し、澄《す》める水に月の映《うつ》るが如し、水精《すいしやう》の水を招く如し、磁石《じせき》の鐵を吸ふが如し、琥珀《こはく》の塵《ちり》を取るが如し、明なる鏡の物の色を浮ぶるが如し、乃至
諸大菩薩は本より大悲《だいひ》代受苦《だいじゆく》の誓《ちか》ひ深し、佛の御諫めなしとも、いかでか法華經の行者を捨て給ふべき、其上へ我が成佛の經たる上、佛慇懃に諫め給ひしかば、佛前の御誓ひ丁寧《ていねい》なり、行者を助け給ふ事疑ふべからず、佛は人天の主、一切衆生の父母なり而も開導の師也、乃至
大地を指《はさ》さば外《はつ》るゝとも虚空《こくう》を繫《つな》ぐ者はありとも潮の滿干ぬ事はありとも、日は西より出るとも法華經の行者の祈の叶はぬ事はあるべからず、法華經の行者を諸の菩薩人天八部等、二聖二天十羅刹《らせつ》女等、千に一も來つてまもり給はぬ事侍らば、上は釋迦諸佛をあなづり奉り、下《しも》は九界をたぼらかす失《とが》あり、行者は必ず不實なりとも智慧は愚なりとも身は不淨なりとも、戒徳は備へずとも、南無妙法蓮華經と申さば必ず守護し給ふ可し、袋きたなしとて金《こがね》を捨る事勿れ、伊蘭を惡くまば栴檀《せんだん》有るべからず谷の池を不淨なりと嫌《きら》はゞ蓮《はちす》を取らざるべし、行者を嫌ひ給はゞ誓を破り給ひなん、正像既に過ぬれば持戒は市の中の虎の如し智者は麟角《りんかく》よりも希《まれ》ならん、月を待迄は燈《ともしび》を憑《たの》むべし寶珠無き處には金銀も寶なり、白烏《はくう》の恩を黒烏《こくう》に報ずべし、聖僧の恩を凡僧に報ずべし、とくとく利生を授け給へと強盛に申すならばいかでか祈の叶はざるべき、云々

宗祖は是の如く法華經の威力と諸天善神の行者擁護《おうご》の誓を說き給ひ、濁惡世の凡夫之を體驗し實驗して其大威力によつて玆に靈界の統一を爲す幸榮を得たのである、宗祖は廣を捨て略を取り、略を捨て要を取り給ひ、玆に各宗の諸天神集り給ひ擣筵和合し最要たる本化の祈禱法を制定され過去拾數年間體驗の上、宗祖は之を認定されたのである。
藥王品に云く
此の經は能く一切衆生を救ふ者なり、此の經は一切衆生をして諸の苦惱を離れしめ給ふ、此の經は大に一切の衆生を饒益《ねうやく》して其願を充滿せしめ給ふ、清涼の池の能く諸の渇乏《かつぼう》の者に滿るが如く、寒き者の火を得たるが如く、裸《はだか》なる者の衣を得たるが如く、渡りに船を得たるが如く、病に醫《くすし》を得たるが如く、暗に燈を得たるが如く、貧《まづしき》に寶《たから》を得たるが如く、民の王を得たるが如く、賈客《こかく》の海を得たるが如く、炬《ともしび》の暗《やみ》を除くが如く、此の法華經も亦復是の如し、能く衆生をして一切の苦、一切の病痛を離れて、一切の生死の縛《ばく》を解《と》かしめ給ふ、以上經文
此の是好良藥の祈禱法を、宗祖の大慈悲の敕により、一切衆生救濟の爲に玆に廣布する者である。
次に祈禱法の說明の順序として其對象たる靈界及び靈魂の大問題及び死後の生活の狀態を知る爲に又た靈魂を救濟する妙法蓮華經の威力の實現を證明する爲に敎相を說く必要がある、敎相の說明の前提として、科學の天文學宇宙より地球の構造等の大略を知る必要が有るから、次に宇宙の說明及び萬物創成の原理を說く。

以　上

宇宙（天文學）

天文學は吾人が夜間空中に見る多くの星は、各々一つの世界を成し、其數を約壹億と計上し、而して將來に於ける望遠鏡の發達を待てば、猶此上幾何の星があるかは想像することは許されぬと云つて居る、宇宙の廣さは一秒間に凡そ十八萬六千哩を走る光の速度を以てしても、今日迄觀測された所の或る遠き星から來る光が地球に達する迄には實に貳萬五千年を要する事を考へても、如何に廣大なるかゞ判る、是の巨離を哩に直せば九千六百四十二兆二千百五十億哩となり而かも是が最も遠い星でなく、未だ巨離を測り知ることの出來ない星が澤山あつて、其れ等の星は今日知られて居る最も遠き星より尙遙かに遠い位置にあるのである、現今知られて居る星は一億位あると云はれる、最近發見された「オリオン」座のアルフア星は其容積が我が太陽の約貳千七百倍で、其直徑は貳億四千萬哩と稱せられ、吾人の住する地球の如きは直徑八千哩で例へれば丁度太平洋上の一粟粒位に當り、此の粟粒が一秒時間に二十哩の速力で太陽の周圍を自轉しながら公轉して居る事を思へば、全宇宙の廣大さは思慮の及ぶ所で無く、唯々驚く計りである斯る廣大無邊なる大宇宙を佛教では如何様に解釋して居るか。

佛說の三千大千世界

吾人の住居して居る地球を佛教には娑婆世界と名けらる此の世界を千集めたのが一小千世界、此の小千世界を千集めたのが中千世界、此の中千世界を千集めたのが大千世界即ち合計すると拾億となり、是を三千大千世界と稱し、之が一佛の化境即ち領土であり、此の如き三千大千世界は、此の虛空《こくう》の四方上下に點々と位置を占め其數は無限であると說て居る、其廣さは、神力品偈に十方の虛空の邊際を得べからざる如しと廣さは無邊であると說かれてある、古來此の數に就ては佛教の誇張なりとの論さへ有つたが、精巧なる天文學の發達は除々として此の數を認めるに近づきつゝある。

世界の起原、星雲說

現今の天文學者の說に依れば、原始の物質界の狀態は實に混沌《こんとん》たるものであつて、煙の如く霞の如く至極微細なる分子が空間に散布して居つたので是を星雲と名づけ、それが引力の働によつて徐々に相引き合ひ、漸次相近づき凝結し始めたのである、是が渦狀運動を起し、其速度が早くなり夫れが爲に軋轢《あつれき》し遂に光と熱を發するようになつたのである、そこで物質が中心點に多く集れば集る程、密度の増加と共に引力の働は愈々盛んになり、運轉の速度も漸次増加して或る程度迄進むと、既に中心點に集合した物質と其周圍の遠き物質との間には段々と懸隔が出來て、遠き所に殘つた星雲は別に環狀を造つたのである、ところが其環も亦た所々に厚薄があるから、其薄い所から破れ、就中濃き部分を中心として集り遂に之が一固體を爲すに至つたのであるしかし此の環に由つて出來た者は、最初全躰中心點に集つた物質よりも其量が極めて小さいから、冷る事も速かなるは勿論であつた。

此の太陽系に屬する地球も他の行星も、皆な斯の樣な遠く殘つた環が凝結したものであつて、最初に分散したる星雲の大中心に集つまつたものが太陽である、然しながら夫が今見るが如き狀態になる迄は實に幾億年を經過したか今の所、計算する方法が無いのである。

太陽系の略史

前述の如き次第であるから、今の太陽系は星雲時代には非常に廣大な者であつて、其直徑は實に五十五億八千三百二十萬哩以上であつたに相違なく、何となれば太陽系の行星の內最も遠距離に在る今の海王星は、太陽が最初に殘した環に依て出來た行星であるから、今の太陽から海王星迄の距離を測つて之を二倍にすれば其時代に於ける星雲の直徑になる、此の故に今の太陽は其時代から環を殘しつゝ容積が漸次縮少したのであつて、初めから今の大きさでは無かつたのである、又環として殘された物質も各其時代時代に、己が凝集力に依つて一團となり、現在の吾人の見る如き八個の行星となつたのである。

最も太陽に接近せるは水星、次は金星、地球、火星 木星、土星、天王星、海王星の八個である、最近海王星の外に一個あることが發見された。

太陽の直徑は八十六萬六千四百哩の大さで、次の水星は直徑三千三十哩で、太陽迄の距離は三千六百萬哩で、軌道を一週するには八十八日を要し、是が此の星の一年である、次の金星は直徑七千七百哩で、太陽との距離は六千七百二十萬哩で、貳百貳拾五日で一週する、次は我々が居住する地球で直徑が七千九百十七哩で、太陽との距離は九千二百九十萬哩で三百六十五日て一週する、次の火星は直徑四千二百三十哩で、距離は壹億四千百五十萬哩で、地球の一年と三百二十一日で一週する、次の木星は直徑八萬六千五百哩で、距離は四億八千三百三十萬哩で十一年と三百十四日で一週する次の土星は直徑七萬參千哩で距離は八億八千六百萬哩で、二十九年と百六十八日で一週する、次の天王星は直徑三萬千九百哩で、距離は十七億八千百九十萬哩で、八十四年と七十三日で一週する、次の海王星は直徑參萬八千八百哩で、太陽との距離は二十七億九千百六十萬哩で、百六十四年二百八十五日で一週する、此の一週する年月が其星の一年であると測定されて居る。（一哩は十四町四十五間餘）
太陽系の大きさを譬へて計算すれば、一時間に六十哩走る汽車で晝夜休み無しに走つて、我が地球から太陽迄達せんには百七十六年餘を要し、海王星から太陽迄五千二百九十二年を要する此の廣大なる太陽系も宇宙の大さに比較すれば、僅かの一小區域に過ぎない、宇宙の大さは無邊である。
斯くして出來た世界も進化し退化し常に變化し幾億年の後には破壊して復た元の星雲に歸り再び復た世界を造り、永遠に繰り返すと學者は世界の流轉を說く。
世尊の仰せられた、世は無常なり、との格言は實に宇宙的である。

佛說の世界の創造

人類が地球に足跡を殘してより以來、數十萬年を經て居る。歷史あつて以來六千年其間天文に就て幾多の發見ありしも遲々として進歩せざりし、天文學も最近約百年の間に非常に進歩し、上述の如き宇宙構造の結論に達し得たのである。其の科學智識の幼稚の時代參千年の昔に於て既に世界の創造より破壞に至る說が釋尊に依て說かれて居つたのである、現代の科學者の異常なる努力に依つて發見された宇宙の構造は一歩一歩釋尊の說の眞實なるを證明しつゝある、然らば佛教は宇宙を如何に說くか、玆で不思議にも、釋尊が三千年の昔に說かれた世界の創造より破壞に至る說が、現代科學と一致して居るから玆に紹介する。

佛教は世界創造の材料は地水火風空の五原素より成り創造より破壞に至る迄を、成《じやう》、住《ぢう》、壞《ゑ》、空《くう》の四時に分類し之を四劫《こう》と稱へ、最初を成劫と云ふ、是は物質が成立する期間、即ち科學で云ふ星雲時代より動植物の初生時代迄を指し、此の成立に要する期間を二十劫と說く。

一劫とは一增一減說に依れば人壽十歲の時より百年に一歲を增し、斯くして八萬四千歲に至り、又た八萬四千歲より百年に一歲を減じ十歲に至る一增一減此の期間を一劫と云ふ、之を數に直すと一劫は千六百七十八萬九千年に當り、此の二十劫は三億三千五百九十六萬年に相當する、古代印度には大數位が無かつたから譬諭《ひゆ》を以て示されて居る。

次に住劫《ぢうこう》、器世間《きせけん》、（物質）有情世間《うじやうせけん》（動物植物）の安穩に在住する時期、是れが二十劫續く、釋尊御出世の時は、住劫第九の減、人壽百歲の時であるから住劫に這入《はい》つて既に一增を終り次の減とすれば、既に參億參千五百八十七萬年の時に當る、釋尊の御出世から今日迄、約三千年を引去れば、殘る住劫は八萬七千年で壞劫《ゑこう》に移る。

科學者は地球成立時代より今日迄。壹億年、乃至貳億年經過して居ると云ふ、世尊は壽量品に於て我れ成佛してより已來塵點劫に過たること、百千萬億那由佗阿僧祇劫を過たりと說かる。

次に壞劫《ゑこう》亦た二十劫の間である、其の初の十九增減の間に、初禪天《しよぜんてん》より地獄に至る迄の間の有情は各、其の業因に隨つて、或は二禪天以上に出で、或は外界に移りて一人も殘さゞるに至り、之を有情世間壞と云ふ、其後の一增減に大火災を發して初禪以下を蕩盡《とうじん》す、之を壞劫と云ふ。

次に空劫《くうこう》、亦だ二十增減の間である、壞し終りて後ちに虛空無一物となる此期間を空劫と云ふ、依つて四劫合せて八十增減となる、空劫は科學の星雲時代に當る、又た此の期間を過ぎ、成劫となり、住壞空と繰り返すのである、かくの如く世尊は三千年の昔に、今の天文學者の說く天體創造の眞理を說かれたのである。

靈《れい》界《かい》

靈界を廣義に解せば宇宙の全體を指す、法華經序品には其相を説かれ、世尊無量義處三昧《むりやうぎしよさんまい》に入りて身心不動、眉間《みけん》の白毫相《びやくがうさう》の光、東方萬八千の土を照し、皆な金色の如く、阿鼻獄《あびごく》より上有頂《かみうちやう》に至る迄、諸世界の中の六道の衆生、生死の所趣《しよしゆ》、善惡の業縁《ごうゑん》、受報の好醜《かうしう》、此に於て悉く見る以下略、其他經典には他世界の相を詳しく説かれて居る。

狹義に解すれば地球上に存在し、吾人と日夜交渉あるも肉眼に見へざる、靈魂、即ち戒體（死後の靈魂の姿）の止住する社會を總稱して靈界と云ひ、其の靈の形は千姿萬態で、動物も植物も皆な其の生前の最後の姿《すがた》を保有し、大小種々の差別あることは現界と異ならず、十界の區別ありと雖も雑居し、雑居すれども上下の差別あり、靈魂の實質は元素の如く瓦斯體にして、水無く空氣なく、食物なくして生存し、電氣の如く物質を透過し、物質内に潜在する等、自由自在であり、其壽命は永遠にして、宇宙と共にし、無始無終にして因縁に依て流轉する言語道斷、不可思議の物質である、其本體を佛教は八識《やつしき》又は眞如《しんによ》と名け又た妙と説かれて居る其數は無量にして、因縁により動物となり草木となり、生じては死し、死しては又た生ず、其生死の都度向上向下し流轉を永遠に繰返し、是れが靈魂の保有する本具の性質である。

かゝる靈魂の實在は遺憾《ゐかん》ながら現今の科學を以てしては之を把握《はあく》することは出來ぬ、然し×光線が發見される以前は何人と雖も、肉眼にては物質を通して物を視るが如きは想像たにも許されなかつたであらう、將來其れが幾年かかるかは判らないが、或ひは機械文明が靈魂の實在を認識する時代が來るかも知れぬが、法華の修行の完了せし人は肉眼に靈の姿を見ることが出來るが、科學者は夫れは妄想《もうさう》より起る錯覺《さくかく》であり迷信より起ると云ふが、一派では靈魂の實在を認めつゝあるが、未だ其力幼稚にして完全に科學的に證明することが出來ない爲に一般に迷信と云はれて居るが、法華經法師功德品には明かに肉眼の偉大なる功力を説き、此の位置に進んだ人は三界の一切を見得るのであるから肉眼を以て容易に靈を認めることが出來るのである。

更に靈魂を解けば靈魂は苦樂を感じ昇沈する靈魂の最優等なる者は、現世に國王が國家を統一するが如く靈界の一部を統一する、之を神と云ふ。然れども此の神にも盛衰あり、世界の各國が獨立して居る如く、英國には英國の神あり、其領土内の靈界を領す、獨逸には獨逸の主神あり、佛國、西班牙、日本、支那、南洋の諸島に至る迄、皆然り。其神の勢力範圍《はんい》が其國の强弱となり、故に絕へず勢力爭あり、之が人類の戰爭となつて現れるのである此の神の盛衰が其國の興亡となる、人民は此の神の意の儘に使役せらるゝのである、又敗北せる神は、其國の兵力を充實せしめ、戰爭の機會を作り復讐戰《ふくしゆうせ》をする、一時併合された屬國が反抗するのは是に原因する、往昔から世界を通じて戰爭が止まない因は此處にあるのである我々は過去に於いて之等神々のロボツトにすぎなかつたのである、斯くの如く絕へず戰鬪し終りなき慘憺《さんたん》たる競爭を止めて人類に平和の生活を爲さしめん爲に、一部の高等の神が宗教を興したのである今回の歐洲戰爭の如く同一の基督教を奉ずる國が互に戰を起したのは、宗教の神が國の神と別で、基督教の神が統一する威力が弱いから起つたのである、又靈魂には破壞を樂みとして常に災を降し疫病を流行させ、戰爭を起し死人の山を築くを樂とし、又正法の廣まるを礙ぐる大魔王もあり常に正法守護の善神と戰ひつゝある、此の神と魔と國家との關係を詳細に現はされたのが日蓮上人の立正安國論であり、靈界は斯く複雜して居つて其詳細は本門の戒壇に於て董發したる世界各國の神が出現して證明して居る、要するに凡人の肉眼に映ぜざるも、時々刻々吾人と密接の關係あり、共存する靈魂の世界を靈界と云ふのである。

釋尊は此の何千萬年以前より鬪爭《とうそう》しつゝある三世流轉の哀なる衆生、神も人も魔王も根本的に救濟せんが爲に、三千年の昔に出世され、其救濟の法を說かれたのが佛法であり其詮諦《せんてい》が法華經であり、其威力を發揮する機關が本化の祈禱法である、祈禱に依て滅罪懺悔《めいざいさんげ》して再び歷史を繰返さない、即ち佛性を發輝した時、授職灌頂《じゆしよくくわんちやう》の式を司る所が本門の戒壇である、今や時來つて玆に戒壇は建立され、之に依て靈界は統一されたのである、靈界が統一さるれば卒いらるゝ各國の各宗の神も法華一乘に歸依され、諸乘一佛乘となつて、妙法が世界に弘まり、娑婆《しやば》が其儘寂光淨土に成るのである。

宇宙構造の材料

學者は宇宙を構成する材料を、大別して二つとなし、一を物質とし、他を勢力とする、而て地球上に存在する萬物即ち氣體、液體、固體、動物、植物、礦物は八十四種の元素の集合により成立するものと信じて居つたが、更に天文學者は分光機の發明によつて太陽及び他の恒星の光を分析して地球上にある元素と同一の者であると確めたのである。

最近電子の發見は八十四種の元素は皆な單一の電子《でんし》より成り、唯電子の配列の差違より各異なる元素を生ずることを確めた、即ち陰電子《いんでんし》の配列數の組合せに依て各々の元素となるのであつて、陰電子の大いさは一糎の五拾億分の一の極微分子と算定され、陽電子《ようでんし》の大さは陰電子の六千八百倍の大さに當るのであつて、此の陽電子の周圍に一つの陰電子の廻るは水素、二つはヘリウム、三つは「リシウム」四つは「ベリウム」五つは硼素《ほうそ》六つは炭素《たんそ》七つは窒素《ちつそ》、八つは酸素《さんそ》と順次陰電子數の增加により其電子團の性質を變化し各八十餘の元素と變じたのであると云はれて居る。

星雲は陰陽兩電子が高速度で回轉し雲の如く飛び散り任意の形に於て兩電子は結び附て居つた、その內容の稍や安定となつたのを「アルフア」粒子と稱し四の陽電子と二つの陰電子より成る者であつたようである。此の「アルフア」電子が回轉中離るべきは離れ、結合すべきは集團して遂に太陽系となつたのであると科學者は云ふ。

更に電子は物質に非らずして力であることを認めて居る即ち宇宙萬物は電子其ものの唯一實在であつて、吾人の日常確認する萬有は悉く電子の陰影に過ぎぬのである、故に宇宙的にも太陽及び他の星も悉く同一元素より成り、此の電子は物質ではなく力であつて其力が引力となり析力ともなつて電氣力、磁氣力ともなるのである。一切の力は電子のエネルギー即ち精力である事が判る。

此の不可思議の萬物を造る力を保有して居る電子を佛敎では、眞如と名け、又法身《ほつしん》と稱へ法性《ほつしやう》、如來藏《によらいざう》、萬有總該《はんゆうそうがい》の一心、佛性《ぶつしやう》等とも名けられ、法華經に於いては妙と名けられて居る、此の妙の一元が如何にして萬物を造るかの說明を法と云ふ。佛敎には世界の創造の力に付。業感緣起《ぎやうかんえんぎ》、賴耶緣起《らやえんぎ》、眞如緣起《しんによえんぎ》・法界緣起《ほうかいえんぎ》、六大週《ろくだいしゆ》遍論《へんろん》等あるけれども煩雜に渡るから略する事にする。

妙法蓮華經の天台釋に依れば妙は不可思議《ふかしぎ》に名く、又秘密の奥藏を發《ひら》く之を稱して妙と名く、又云く言ふ所の妙とは、不可思議の法を褒美《ほうみ》するなり、又妙とは十法界、十如の法なり、此の法即ち妙、此妙即ち法にして二無く別無しかるが故に妙と云ふ也。古來此の不思議の力を妙と名けられたが、其説明の材料が無かつた故、言語道斷《ごんごどうだん》、心行所滅《しんぎやうしよめつ》と歎美せられたのである。電子は世界及び動植物を造る力がある、かくして、古來萬物の創造は不可思議の謎《なぞ》であつたが、電子の發見は此の困難なる謎に鍵《かぎ》を與へたので、故に秘密の奥藏を發き、妙の本體を握《つか》んだのである、經典を繙《ひもと》けば實に三千年の昔に世尊は之を夙《つと》に覺知されたのであつたが、如何にして言ひ顯はさんかと苦心された跡が歴々と偲《しの》ばれるのである、又た萬物の生生育々として生存するのは妙の働きである、即ち電子の持つエネルギー、精力である、次に此の電子即ち妙が、如何にして。世界を造り人類動植物を造つたか、其説明が法に當るのである。

法とは、十界十如、權實の法なり、又た權實の正規を示す故に號して法と爲すとあり、即ち電子其者の保有して居る潛在的力、及び變化の法則を示された者で、此の完全なる說明が日蓮上人の十界互具一念三千の大法となるのである、法の說明の順序として次に十界を說く。

十界

妙力の造つた世界を總稱して法界と云ふ、夫れを分類して十界に分ける、下より名くれば地獄界《ぢごくかい》、餓鬼界《がきかい》、畜生界《ちくしやうかい》阿修羅界《あしゆらかい》、人間界、天上界、以上を六凡《ぼん》と名け此の六界は衆生輪廻《りんね》の道程故、六道と云ひ又六趣《しゆ》とも云ふ迷の六界である、夫れより上に聲聞界《しやうもんかい》、緣覺界《えんかくかい》、菩薩界《ほさつかい》、佛界《ぶつかい》の四界あり、此の四界は迷の境界を脫した悟《さとり》の世界故、四聖界《しやうかい》とも云ひ、合せて十界となる、次に十界の相貌《そうばう》を說明する。

地獄界《ぢごくかい》、地下四萬由旬の下にありて、五逆・十惡を行ひし大惡人の住所にして寒熱、叫喚《けふかん》の苦を受くる境界。

餓鬼界《がきかい》、慳貪《けんごん》の念盛んにして常に饑餓《きが》に苦しむ境界、人が餓鬼界に墮る五つの因緣、一慳貪にして布施を欲せず、二に竊盜《せつとう》して二親に孝せず、三に黑闇《こくあん》にして慈心《じしん》あること無し、四に財を積聚《せきしう》して肯《あへ》て衣食せず、五に父母、兄弟、妻子、奴婢に給せず。

畜生界《ちくせうかい》、互に相呑噬《どんぜい》して休息なく、弱者は强者に食はるゝ禽獸蟲魚《きんぢうちうぎよ》の境界で、此の界に墮《だ》する原因、一に戒を起して竊《ひそか》に偸盜《ちうとう》す、二に債を負ふて償はず、三に殺生して身を以て償はず、四に經法を聽受することを喜ばず、五に常に因緣に依て齊會を艱難す。

阿修羅《あしゆら》界《かい》、常に猜疑《さいぎ》の心を以て相爭ふ境界、此に行く因緣は、人あり仁義五常を行ふとも唯他に勝らんと欲し嫉妬《しつと》自慢《じまん》、自大《じだい》、高擧《かうきよ》の心強き者此の道に墮《を》つ。

人間界、苦樂相半ばする吾人の境界、此に生るゝは、五戒又は中品の十善を修せし者、玆に生れ、人の苦樂を受く。

天上界《てんじやうかい》、苦無く樂多き境界、上品の十善を修し兼て禪定を修せし者玆に生れ靜妙の樂を受く。

聲聞界《しやうもんかい》、入涅槃《ねはん》の爲に佛の聲敎に依て四諦《たい》の觀法を修する者の境界。

緣覺界《えんがくかい》、入涅槃《ねはん》の爲に十二因緣觀を修する境界。

菩薩界《ぼさつかい》、無上菩提《ぼだい》の爲に六波羅蜜《ろくはらみつ》萬行を修する境界。

佛界《ぶつかい》、自覺《じがく》、覺他《かくた》、覺行《がくぎやう》共滿の境界、以上を十界又は十法界と云ふ。

十界互具《ごぐ》

以上記述せし十界の各一界が圓融《えんゆう》の妙理により又十界を具有して居るのである、即ち人間界に畜生あり餓鬼あり地獄あり佛界あり、又佛界にも他の九界を具し、十界各々十界を具す故に百法界となる、要するに吾人及び萬物が業《ごう》により移住する住所が百界あるので、吾人が惡を爲せば地獄に墮ち、善の功德を積めば佛界に入ることを得るは、吾人の本體が此の百界を因緣に隨つて流轉する特性を具有して居るからである。

一代聖敎大意 に云く

今の妙法とは此等の十界を互《たがい》に具すと說く時、妙法と申す十界互具と申す事は、十界の內の一界に餘の九界を具し、十界互に具すれば百法界なり、玄の二に云く又一法界に九法界を具すれば、即ち百法界あり云々

守護國家論 に云く

法華經より外の四十餘年の諸經には十界互具無し、十界互具を說かざれば、內心の佛界を知らず、內心の佛界を知らざれば、外の諸佛顯《あらは》れず、故に四十餘年の權行の者は佛を見ず、設ひ佛を見ると雖も佗佛《たぶつ》を見る也、二乘は自佛を見ざるが故に成佛無し、爾前の菩薩も自身の十界を見ざれば二乘界の成佛を見ず、故に衆生無邊誓願度《しゆうじやうむへんせいぐわんど》の願も滿足せず、故に菩薩も佛を見ず凡夫も亦十界互具を知らざるが故

に自身の佛界顯れず、故に阿彌陀佛《あみだぶつ》の來迎《らいごう》も無く、諸佛如來の加護も無し、譬《たと》へば盲《もう》人の自身の影《かげ》を見ざるが如し、今法華經に至つて九界の佛界を開くが故に四十餘年の菩薩二乘六凡始て自身の佛界を見る。

女人成佛鈔 に云く

阿鼻《あび》の依正《えしょう》は極聖の自心に處し、地獄天宮、皆な是れ果地の如來也、毗盧《びる》の身土は凡下の一念を逾《こえ》へず遮那《しゃな》の覺體も衆生の迷妄《めいもう》を出でず。

此の十界互具の原則に依て凡夫が佛に成れる、其の因果の大道理を說いたのが十如是である、次に十如是を說く。

十《じふ》如是《によぜ》

十如、又は十如是とも云ひ、法華經の方便品に諸法の實相を說かれたので、一念三千の大法理の基礎《きそ》である。

法華經方便品に、佛の成就し給へる所は第一希有難解の法なり唯、佛と佛と乃《いま》し能く諸法の實相を究盡《くじん》し給へり、所謂、諸法の實相として次の十如是を說き給ふ。

如是相、如是性、如是體、如是力、如是作、如是因、如是緣、如是果、如是報、如是本末究竟等也。

如是と云ふは、如は異ならず、是は非ならずと云ふ義で「この通り」である「ありのまゝ」であるといふことである。次に十如是を一々說明する。


如是相、 相は外に據《よ》を以て覽《み》て別つ可しとあり、善惡等が外に現れるを相と云ふ、即ち形相、容貌《ようぼう》を云ふので、佛には佛の相あり、鬼には鬼の相あり、即ち形に現れたる姿を云ふ、籤《せん》の六に「相は唯色にあり」（應身ニ當る）

如是性、 性は心なり、玄の二に性は以て內に據《よ》る、自分不改とあり、性とは不改の義で、自分に改める事の出來ない性質、木は燃《も》へるべき性質は見るべからざるも、鑽《きり》を以てもむ時は火を發する如く、各自の持つて居る性質、籤《せん》の六に云く性は唯、心にあり（報身に當る）

如是體、 體は人の身の總體、心と肉體なり、玄の二に主質《しゅしつ》を名けて體と爲す、とあり十界各自の色身を指す、籤《せん》の六に云く體は色心《しきしん》を兼ぬ、（法身に當る）
以上の三は萬物の根元、妙心が變化して色（物質）と心の二となり、生物となつた時の境遇を現はしたもので、人で說くならば生れた許《ばか》りの赤子の姿を三方面に分解され

たので、何物と雖も此の三を具備して是が根本となり次の七如是が働を起して、十界を流轉するのである、次に、
如是力、功能を力と爲す、とあり既に物あれば其働を起す力がある、力とは任に堪へ用を爲す、を云ふ人は善惡の業を爲す力を持つて居る、土は草木を育てる力がある、穀物は人を養ふ力がある。
如是作、構造を作と爲す、とあつて潛在的力が用を起さば即ち作業する、人で云へば身口意の三業の爲す所作を云ふのである。
如是因、習因を因と爲す、力が用を起して作業した事が、次の結果を起す原因となり、之を因と云ひ、止觀《しくわん》に因とは「果を招くを因とす」とある亦名けて業と爲す。
如是緣、助緣を緣と爲す、緣とは因を助けて果に向ふ故に助緣と云ふ譬へば、五穀《ごこく》の種は因であり、是を生育さす土、雨、日光等は緣であり、故に助緣と云ひ、止觀に、「緣とは業を助くる依つて緣とす」とある。
如是果、「習因を果と爲す」、從來の因が其果を得る事であつて即ち直接の結果を指すのである、止に「果とは剋獲《こくかく》を果とす、とある、又習因習果は、過、現の二世、現未の二世を隔《へだて》る者あり、又現在一世中に因果共にあることもある。
如是報、「報果を報と爲す」今生の善惡の業因に酬ひて未來の苦樂の報を受くるを云ふのであつて止觀に報とは因に酬するを報と云ふ、とある、報果を成ずるは、必ず一世以上隔るのである、即ち現世に於て溫厚篤實なる人が不幸に暮《くら》し、强欲非道の人が榮ゆるは過去の報に依るのであり、果と報との差は人で云へば、人間と生《うま》るゝは果で、其人の貧富、幸不幸は報である。
本末究竟等、とは初相を本と爲し後報を末と爲す、歸趣《きしゅ》する所を究竟等と處すとあり其本末の相、落附く所を究竟と云ふ、此の意は前の九如是は皆な事なり、今の究竟等は理なり、九の事がつまる處は理なれば等と云ふのである、而して其理に三諦あり、空諦《くうたい》の故に本末悉く眞空なり
假諦《けたい》の故に本末悉く妙假也、
中諦《ちうたい》の故に本末悉く中道也、此の究竟等の三諦即ち實相である。

十如三轉の讀方

十如是の句の切り方により、空、假、中三轉の讀方がある

一に、如レ是相、如レ是性乃至如是本末究竟して等と讀みて、假諦の義を顯す、相性體力等の不同なるは假諦なるが故である。

二に、是ノ相如ナリ是ノ性如ナリ乃至本末究竟等は如なりと讀みて空諦の義を顯はす、相性體力等の諸法皆な如にして一味平等なるは空諦也。

三に、相ハ如レス是ニ性は是に如《にょ》す、乃至本末究竟等是に如すと讀みて中諦の義を現す、此時如をかなふと訓じ、是は非に對す、中道實相は諸法皆是にして非なきが故に即ち相性等の法一一に其の是法に如《かなう》なり、以て佛の知見し給へる所は、一心三諦なり、十如を輪に書き、如ノ字を起點にすれば假諦の義となり、是の字を起點とすれば空諦となり相の字を起點とすれば中諦となるなり。

釋籤《しやくせん》の六に十如を色心二法に分つ、相は唯色にあり、性は唯、心にあり、體力作緣は義、色心を兼ぬ 因果は唯心、報は色に約す。

次に三諦圓融を說く。

三諦《たい》圓《えん》融《ゆう》

是は天台宗の實在觀であつて、宇宙萬物は時々刻々變化し其變化して居る姿を其儘實在と認めたので、其觀察法が三諦圓融である。

譬へば蠟燭《ろつそく》の火は肉眼で見れば一點の光明に視《み》へるか、能く視れば蠟は燃へ光は燃燒《ねんしやう》に依て起り一秒一秒變化して蠟は燃へ減少し一定の常住の姿は無い、又小兒が一年に五寸位背《せい》が伸びる此の伸びた背は一日に伸たのではない一年の內に伸びたので嚴密に云へば一秒、脈一つ打つたび成長するものと觀察する事が出來る、即ち常住の姿なく、時々刻々變化し、小兒より壯年に至り老年に達し遂に死滅する、萬物は斯くの如く常住の姿は無く、其變化の儘が實在である、此の觀察法が三諦圓融である。

三諦《たい》とは、空諦《くうたい》、假諦《けたい》、中諦《ちうたい》と名け、諦とは明に審に「さとり」又ば眞實と解釋する、眞理の三方面の觀察法である。

假諦《けたい》とは、宇宙の萬象を有《あり》の儘《まゝ》、有と見るので、有と云ふ觀察から行けば、森々羅々として山高く水長し、柳は綠花《はな》は紅《くれない》、萬物悉く差別されてある、然し是は皆な因緣に依つて有るので因緣を離れて有るのでない、其本體は原素の集台である、依て解けば之の原素となり姿は無くなる、故

に其有は假有であつて實有で無い、故に假諦を又た俗諦と
も云ふ、此の假諦の方から云へば一切法を立つで、萬象の
區別は歴然として居るが、もと〳〵因縁生の者故因縁を離
れてあるべきでないから空な物である、是を空諦又は眞諦
と云ふ・故に空諦は一切法を泯《みん》じと云ふのである。泯《えん》とは
亡ぼす意味であり、即ち科學で説明すれば一切の物體は原
素の集合故物體は假の姿であり、又現象（現れた物體）の方
面より見れば、物體は元素の集合で造られた物であるから
元の元素に分解すれば物體の姿は無い事になり從つて空と
なるのである、かくの如く因縁の故には有であり、因縁を
離れては空であるから、空とも云へず、有とも云へぬ非有《ひう》
非空《ひくう》であるが、又た有で無いとも云へぬ故亦有《やくう》亦空《やくくう》であつ
て之を中諦と云ふのである、此の非有非空、亦有亦空の中
道を立つるのが天台の所説で、宇宙萬象悉く此の中道實相
（現象實在）の理に背《そむ》く者はない、一色一香、無非中道 一
糸の柳枝《りうし》一片の梅花、悉くこれ此の顯現に外ならぬ。
此の故に中諦は一切法を統《す》べと云つたので此の空假中の
三諦は決して別々の者でなく、互に圓融無礙《えんゆうむけ》の者で、一を
擧ぐれば即ち三、前後あらざるなしと、云はれた通り、此の
三つの間には一髮の境界線だも容るゝことを許さない、此
の三つは眞理の三方面であつて、一空一切空、一假一切假、
一中一切中で渾融《こんゆう》して居るのである。

妙樂大師の始終心要に

夫れ三諦《たい》は天然の性德なり、中諦は一切法を統《す》べ、眞諦
は（空諦）一切法を泯《みん》し、俗諦（假諦）は一切法を立す、一
を擧ぐれば即ち三、前後あるに非ず、含生本《がんしやうもと》より具《ぐ》す・造
作して得る處に非ず、悲しい哉、秘藏の顯れざる、蓋《けだ》し三
惑《わく》の覆ふところなり、故に無明は法性を翳《おほ》ひ塵沙《じんしや》は化導《けごう》を
障《さゝ》へ、見思《けんし》は空寂《くうじやく》を阻《へだ》つ然るにこの三惑は乃ち體上の虛妄
なり、是に於いてか大覺世尊喟然《きぜん》として歎じて曰く眞如海
の內には生佛（衆生と佛）の假名を絶し、平等慧の中には自他
の形相あることなし、但衆生の妄想自ら證得せざるを以て、
是を能く返すこと莫し是によりて三觀を立て三惑《わく》を破し
三智を證して三德を成ず、空觀は見思の惑を破して一切智
を證し般若《はんにや》の德を成ず、假觀は塵沙《じんしや》の惑を破して道種智《だうしゆち》を
證し、解脫の德を成ず、中觀は無明の惑を破して一切種智
を證し法身の德を成ず、然るに玆の三惑と三觀と三智と三

德は各別なるに非ず、異時なるに非ず、天然の理は諸法を具するが故なり、然も此の三諦は性の自爾《じに》なり、この三諦に迷へば轉じて三惑となる、惑の破するは三觀に籍《よ》り、觀成ずれば三智を證し、智成ずれば三德を成ず、因より果に至るも漸修に非ず、之を說く事次第するも理は次第なるに非ず大綱かくの如く、綱目尋ぬべし、と。

宗祖の說明十如是事

我が身が三身即一の本覺の如來にてありける事を今經に說て云く、如是相、如是性、如是體、如是力、如是作、如是因、如是緣、如是果、如是報、如是本末究竟等、初に如是相とは我身の色形に顯れたる相を云也、是を應身如來とも又は解脫とも又は假諦とも云ふ、次に如是性とは我が心性を云ふ也、是を報身如來とも又は般若とも又は空諦とも云ふなり、三に如是體とは、我が此の身體なり是を法身如來とも又は中道とも法性とも寂滅とも云ふ也、されば此の三如是を三身如來とは云ふなり、此の三如是が三身如來にて於はしましけるを、よそに思ひ、へだつるが、はや我が身の上にてありける也、かく知りぬるを法華經をさとれる人とは申す也、此の三如是を本として是より殘りの七つの如是は出でゝ十如是とは成たる也、此の十如是が百界にも千如にも三千世間にも成りたる也、是の如く多くの法門と成りて八萬法藏と云るれども、すべて只一つの三諦の法にて三諦より外には法門無き事也、其故は百界と云ふは假諦也千如と云ふは空諦なり、三千と云ふは中諦なり、空と假と中とを三諦と云事なれば、百界千如三千世間迄多くの法門と成りたりと謂へども、唯一つの三諦にてある事也、されば初の三如是の三諦と終の七如是の三諦とは唯一つの三諦にて始と終と我一身の中の理にて、唯一物にて不可思議なりければ、本と末とは究竟して等しと說き給へる也、是を如是本末究竟とは申したる也、始めの三如是を本として終の七如是を末とし十の如是にてあるは、我身の中の三諦にてある也、此の三諦を三身如來とも云へば、我が心身より外に善惡に附て髮《かみ》すぢ計の法も無き物を、されば我身が頓て三身即一の本覺の如來にてありける事也、是をよそに思ふを衆生とも迷とも凡夫とも云ふ也、是を我身の上と知りぬるを如來とも覺《さとり》とも聖人とも智者とも云ふ也、かく解《さと》りて明に觀すれば、此身頓て今生の中に本覺の如來を現はし

て即身成佛といはるゝ也以下略
是迄の關係を圖示すれば
如是相、應身、假諦、解脫、百界　此の理を極め八萬四千の相好より禽獸に至る迄身を現じて衆生を利益するは應身
如是性、報身、空諦、般若、千如　此の理を知り極めたる智惠の身となるは報身
如是體、法身、中諦、法身、三千　三千圓具せるは法身

三世間

世界の一切の物質を大別して三とする、一に五陰《おん》世間是は元素の世界、二に國土世間是は我等の居住する國土、次は衆生世間是は生物の世界であつて以上の三つに大別する。

過現未に遷流するを世と云ひ、彼此間隔するを間と云ひ世間とは有爲《うい》法《ほう》（生滅變化する萬象の一切を含む法を有爲法と云ふ、因緣に依て造られし一切の別名）の別名である一切の有爲法を三種に分類すると五陰《ごおん》世間、又は五衆世間五陰《ごおん》とは色《しき》、受《ぢう》、想《そう》、行《ぎやう》、識《しき》の五法で、萬物を造る五陰即ち五原素の世間。

衆生世間、又假名世間、五陰和合の上に造られし生物、假に衆生と名けられし者、上は佛より下は地獄迄各々差別ある生物一切の世間。

國土世間、又は器世間、衆生所依の境界、即ち住む國土十界各々差別する者、是れ五陰中、色蘊の中に假立するもの
以上にて世界の萬物を大別して三ツに分類する。

是く十界より十界互具、十如、三世間等と分類したのは萬物構造の分類の詳細を示す爲の說明で是を統一せる根本原理を示されたのが一念三千の大法である、以下次に說明する。

一念三千

一念三千とは天台宗の觀法であつて、一念の心に三千の諸法を具すことを觀する法で、是は天台大師が法華經に依て得られたものである、前に詳說せし、十界即ち地獄界、餓鬼界、畜生界、阿修羅界、人間界、天上界、聲聞界、緣覺界、菩薩界、佛界の十の境界に圓融の妙理によつて、十界互に十界を具す故に、相乘じて百界となり、此百界各々十如の相、性、體、力、作、因、緣、果、報、本來究竟等の十如の義を具すれば、相乘じて千如となる、此の千如《によ》、衆

生、國土、五陰、の三世間の別あれば相乘じて三千世間となる、是に一切法を盡すとある。

摩訶《まか》止觀《しくわん》の五に云く、夫れ一心に十法界を具す、一法界に又十法界を具す百法界なり、一界に三十種の世間を具す百法界即ち三千種の世間を具す、此の三千、一念の心に在り、若し心無くんば而ち止みなん、介爾《けに》(僅か)も心有れば即ち三千を具す、と。

此の一念に三千を具するは、念が作つたのであるか又は念の本來の性質かの說明に、「諸相自爾、作の所成に非ず、一微塵《みじん》の如きも十方分を具す乃至、所以に不可思議境と爲す」。即ち一念には萬物を造る性質を具有して居る其萬物變化の數を三千と分類した者で、要するに一切の者を造る性質を具して居るのである。

其說明に、弘決の五に云く、十界に約《やく》せざれば事を收むること遍《あまね》からず、三諦に約《やく》せざれば理を攝《をさ》むること周《あまね》からず、十如を談ぜざれば因果備らず、三世間無くんば依正盡きず、と三千の出所が說明されて居る。

華嚴《けごん》の十玄緣起《ちうげんえんぎ》には、萬有總該《はんゆうそうがい》の一心が十玄の理により萬物を起すと說く故に之を性起の法門と云ふ。

天台の一念三千は「一心か此の三千の法を具有すれば、緣に隨て萬物と變化す、故に性具の法門と云ふ」故に萬物悉く同一物質より變化して出來て居るとの證明であつて其現象は異なるも本躰は同一である故に佛と凡夫と同一、善惡も不二、邪正も一如と云ふことが出來るのである、譬《たと》へば金剛石も木炭も同一の純炭素《じゆんたんそ》であるが其成立する時が違ふだけで其造つて居る元素は同一である、此の一念の働きが即ち妙力、其の不可思議の力が妙法蓮華經の妙に當る、茲に於て宇宙は妙力の一元に統一され、此の精煉されたのが日蓮宗の教義である、宗祖の御書に云く。

一代聖教大意

妙法を一念三千と云ふ事如何、答ふ天台大師此の法門を覺《さと》り給ひて後、玄義十卷、文句十卷、覺意三昧、小止觀、淨名疏、四念處、次第禪門等の多くの法門を說き給ひしかども、此の一念三千をば談義し給はず、但だ十界百界千如の法門ばかりにておはしませし也、御季五十七の夏四月の頃、荊州の王泉寺と申す處にて御弟子章安大師と申す人に說き聞かせ給ひし止觀十卷あり、上の四帖に猶をしみ給ふて但、六即、四種三昧等計の法門にてありしに、五の巻より十境、十乗を立てゝ一念三千の法門を書き給へり、是を妙樂大師《めうらくだいし》末代の人に勸進して言く、竝《ならび》に三千を以て指南と爲す、請らく尋ね讀まん者、心に異緣無れ文六十卷、三千丁の多くの法門も由無し、但此の初の二三行を得意《こゝろへ》可き也止觀の五に云く、夫れ一心に十法界を具す、一法界に又十法界を具す、百法界なり、一界に三十種の世間を具すれば百法界即ち三千種の世間を具す、此の三千一念の心に在り妙樂承《うけ》て釋して云く、當に知るべし、身土一念の三千也、故に成道の時此の本理を稱て一身一念法界に遍せん。以下略

一念三千理事

十如是とは、如是相は身也 玄ノ二ニ云く相は外に據り以て覽て別つべし籤ノ六ニ云く相ハ唯色にあり 如是性ハ心也 玄ノ二ニ云く性以て內に據る自分不改籤ノ六ニ云く性は唯心に在り 如是體ハ身と心也、玄ノ二に主質を名けて體と爲す、如是力は身と心也 止ニ云く、力とは任に堪へ用を爲すを云ふ 如是作とは身と心也 止ニ云く建立を作と名く 如是因とは心、也 止に云く果を招くを因とす亦名けて業と爲す 如是緣 止ニ云く緣とは業を助くるに依て名く 如是果 止ニ云果とは剋得を果と爲す 如是報 止ニ云く報さは因に酬ゆるを報と爲す。如是本末究竟等 玄ノ二ニ云く初相た本と爲し後報を末とす

三種世間とは、

五陰世間 止に云く十種の因果不同なるを以ての故に名けて五陰世間と名く 衆生世間 止ニ云く十界の衆生寧異成故に衆生世間と名く 國土世間 止ニ云十種の所居通じて國土世間ト云ふ
五陰とは新譯には五蘊と云ふ也、陰とは聚集の義なり、一に色陰、五色是れなり、二に受陰、領納是れ也、三に想陰、倶舍に云く想は像を取るを體と爲す、四に行陰造作是れ行也、五に識陰、了別是れ識也、止の五に婆《は》裟《しや》を引て云く識先つ了別し、次に受は領納し、想は相貌を取り行は違從を起し、色は行に由て感ずと。

百界千如三千世間の事

十界の互具即百界を成ずる也、地獄衆生世間十如是五陰世間、十如是、國土世間十如是地下赤鐵、餓鬼衆生世間十如是五陰世間十如是、國土世間十如是地下、畜生衆生世間十如是五陰世間十如是、國土世間十如是、水陸空、修羅衆生世間十如是五陰世間十如是、國土世間十如是、海畔底、人、衆生世間十如是五陰世間十如是國土世間十如是、須彌四州、天、衆生世間十如是五陰世間十如是國土世間十如是宮殿、聲聞、衆生世間十如是五陰世間十

如是、國土世間十如是同居土縁覺、衆生世間十如是五陰世間十如是、國土世間、十如是、同居土菩薩、衆生世間十如是五陰世間十如是國土世間十如是、同居方便實報土、佛、衆生世間十如是五陰世間十如是國土世間十如是、寂光土。

止觀の五に云く心と縁と合すれば、即ち三種の世間、三千の性相皆な心に從て起る、弘の五に云く止觀に至て正しく觀法を明すに竝《ならび》に三千を以て指南と爲す、乃ち是れ修窮究竟の極說也、故に序の中に說己心中、所行法門と云ふ、良《まこと》に以《ゆへ》に有る也、請ふ尋ね讀まん者異縁勿れ、又云く妙境の一念三千を明さずんば、如何ぞ一に一切を攝することを識《し》る可けんや、三千は一念の無明を出でず、是の故に唯、苦因苦果のみあり、又云く一切の諸業、十界百界千如三千世間を出でざる也、籤の二に云く假は即衆生、實は即ち五陰及國土即ち三世間也千の法は皆な三也、故に三千有り、弘の五に云く一念の心に於て十界に約せざれば事を收るに偏《あまね》からず、三諦《たい》に約《やく》せざれば理を攝《をさむ》る周からず、十如を語らざれば因果備らず、三世間無くんば依正盡きず、記の一に云く若し三千に非ざれば攝ること則ち偏からず、若し圓心に非ざれば三千を攝せず、玄の二に云く但衆生法は甚だ廣く、佛法は甚だ高し初學に於て難と爲す、心は則ち易と爲す、弘の五に云く初に華嚴を引く、心は工なる畫師の如し種々の五陰を造る、一切世界の中に法として造らざること無し、心の如く佛も亦爾なり佛の如く衆生も然なり、心、佛、衆生、是の三、差別無し若し人三世一切の佛を求めんと欲せば、應に是の如く觀ずべし心は諸の如來を造ると、金錍論に云く實相は必ず諸法、諸法は必ず十如、十如は必ず十界、十界は必ず身土なり。以下略

總在一念鈔

釋籤《しやくせん》の六に云く、總は一念にあり別は色心を分つと云云
問て云く總在一念とは其れ何《いか》なる者ぞや、答へて云く一偏に思ひ定め難しといへども、且《しばら》く一義を存ぜば、衆生最初の一念也と定む、心を止て倩《つらつ》ら按《あん》ずるに我等が最初の一念は無沒無記と云て、善にも定らず惡にも定らず闇闇湛湛《あんあんたんたん》たる念也、是を第八識と云ふ、此の第八識は萬法の總體にして諸法總在して備るが故に是を總在一念と云ふ、但し是れ八識の事の一念也、此一念動搖して一切の境界に向ふと雖も所縁の境界を未だ分別せず、是を第七識と云ふ、此第七

識又動搖し出でゝ善惡の境に對して悅ぶ可きは喜び、愁ふ可きは愁へて善惡の業を結ぶ、是を第六識と云ふ、此六識の業感じて來生の色報を獲得する也、譬へば最初の一念は湛湛たる水の如し、次に動搖して一切の境界に向ふと者、水の風に吹れて動ずれども波とも泡とも見分けざるが如し又動搖して善惡の境界に對して喜ぶ可きは喜び、愁ふ可きは愁とは、水の波濤と顯れて高く立上るが如し、次に來生の色報を獲得すとは、波濤《はとう》の岸《きし》に打ち上げられて、大小の泡《あわ》となるが如し、泡の消るは我等が死に還《かへ》るが如し、能く思惟《しい》すべし、波と云ひ泡と云も一水の所爲也、是は譬也、法に合せば最初の一念展轉《てんてん》として色報をなす、是を以て外に全く別に有にあらず、心の全體が身體と成る也、相構へて各別に得意べからず、譬へば是れ水の全體寒じて大小の氷となるが如し、仍て地獄の身を云て洞然《どうせん》猛火の中の盛んなる焰《ほのほ》となるも、乃至佛界の體と云て色相莊嚴《しきそうそうごん》の身となるも只是れ一心の所作也、之に依て惡を起せば三惡の身を感じ、菩提心を發せば佛菩薩の身を感ずる也、是を以て一心の業感の氷にとぢられて、十界と別れたる也、故に十界は源《もと》と其體一にして只是れ一心也、一物にて有ける間、地獄界に餘の九界を具し、乃至佛界に又餘の九界を具す、是の如く十界互に具して十界即百界と成るなり此百界の一界に各々十如是あるが故に百界は千如是となるなり、此千如是を衆生世間にも具し、五陰世間にも具し、國土世間にも具せるが故に、千如是は三千となれり、此三千世間の法門は我等が最初の一念に具足して全く闕減《けつけん》無し、此一念即ち色身となる、故に此身は全く三千具足の體也、是を一念三千の法門と云ふ也、之に依て地獄界とて恐るべきにあらず、佛界とて外に尊むべきにあらず此一身に具して事理圓融せり、全く餘念無く不動寂靜の一念に住せよ、上に云ふ所の法門是を觀ずるを實相觀と云ふ也、餘念は動念也、動念は無明也、無明は迷なり、此觀に住すれば此身即本有の三千を照すを佛とは云ふ也、是を以て妙樂大師の云く當に知るべし身土一念の三千也、故に成道の時此本理に稱《かなふ》て一身一念、法界に遍《あま》ねしと。云々以下略

撰時抄、に云く、一念三千は九界即ち佛界、佛界即ち九界と談ず。

法華眞言勝劣事、に云く、若し一念三千を立てざれば性惡の義是れ無し、性惡の義無ければは、佛、菩薩の普現

身を現ずること能はづ。

觀心本尊鈔、に云く、問て云く百界千如と一念三千との差別如何、答て云く百界千如は有情界に限り、一念三千は情非情に亙《わた》る、不審《ふしん》して云く非情も十界互具に亙るならは、草木にも心有つて有情の如く成佛爲すべき哉如何乃至金錍論に云く乃ち是れ一草一木、一礫一塵、各一佛性、各一因果ありて緣了具足す。

治病大小權實違目鈔に云く

一念三千の觀念に二つあり一は理、一は事也天台傳敎等の御時には理也、今は事也、觀念既に勝る故に大難又た色まさる、彼は迹門の一念三千、此は本門の一念三千也、天地はるかに殊るや。

開目鈔、に云く、本門に至りて、始成正覺を破れば、爾前迹門の十界の因果を打ち破つて、本門の十界の因果を說き顯す、此れ則ち本因本果の法門なり、九界も無始の佛界に具し、佛界も無始の九界に備りて、眞の十界互具、百界千如一念三千なるべし。

是迄永々と說明した一念三千の法は、電子の一元に具して居る爲に、因緣に依つて、此の世界及び動物、植動、礦物等が出來たのである。

妙法蓮華經の天台釋

天台云く、妙は不可思議、言語道斷、心行所滅、法は十界、因果不二の法也、三諦とも云ひ、三觀とも云ひ三千とも云ふ、(前に詳說せし宇宙を造る原則なり)

又云く妙は一念、法は三千、蓮は本果佛界、華は本因九界、經は三千常住と。

又云く秘密の奧藏を發く之を妙と爲す。

權實の正軌を示す、故に法と爲す。

一久遠の本果を指す之を喩《たと》ふるに蓮を以てす。

一不二の圓道に會す之を譬ふるに華を以てす。

一聲、佛事を爲す之を稱して經と爲す。

玄義の序に云く　天台大師述

言ふ所の妙とは、妙は不可思議に名く、言ふ所の法とは十界十如權實の法なり、蓮華とは權實の法を喩ふ、良《まこと》に以《をも》んみれば、妙法解し難く譬《たと》へを假《か》るに彰《あら》はれ易し況意《きやうい》乃ち多けれども、略して前後に擬し、合して六を成ず、一に蓮の爲の故の華は、實の爲に權を施すを譬ふ、文に云く第一寂滅を知り、方便力を以ての故に種々の道を示すと雖も、其れ實に佛乘の爲めなりと、二に華の敷《ひら》らくは權を開すを譬へ、蓮の現ずるは實を現はすを譬ふ、文に云く、方便の門を開いて眞實の相を示すと、三に華の落るは權を癈するに譬へ、蓮の成ずるは實を立つるを譬ふ、文に云く正直に方便を捨てゝ但無上道を說くと、又蓮は本に譬へ、華は迹を譬ふ、本より迹を垂るれば、迹、本に依る、文に云く我實に成佛してより以來《このかた》た、久遠なること斯の如し、但衆生を敎化して是の如き說を爲す、我少くして出家して三菩提を得たりと、二に華の敷《ひら》くは迹を開するを譬へ、蓮の現ずるは本を現すを譬ふ、文に云く一切世間、皆、今始めて道を得たりと謂《なも》ふも、我成佛してより以來《このかた》、無量無邊那由他劫《なゆたかう》なりと、三に華の落るは迹を癈するを譬へ、蓮の成ずるは本を立つるを譬ふ、文に云く、諸佛如來の法、皆是の如し、衆生を度せんが爲に皆實にして虛《むなし》からずと、是を以て先に妙法を標し、次に蓮華を喩ふ、化城の執敎を蕩《とう》かして草庵の滯情を廢し、方便の權門を開して眞實の妙理を示し、衆善の小行を會して廣大の一乘に歸し、上、中、下根、皆な記莂を與ふ、又衆聖の權巧を發《ひら》いて本地の幽微なるを顯はす、故に增道損生して位大覺に隣る、一期の化導事理共に圓かなり、蓮華の譬へ、意《こゝろ》こゝにあり、經とは外國に修多《しゆだ》羅《ら》と稱す、聖敎の都名なり。以下略

譚玄本序に云く　（天台大師述）

此の妙法蓮華經は、本地甚深の奥藏なり、文に云く是の法示すべからず、世間相常住なり、三世の如來の證得し給ふ所也文に云く是れ第一寂滅なり、道場に於て知り已んぬ大事因緣世に出現す、始め我身を見て佛慧に入らしめ、未だ入らざる者の爲には、四十餘年、異の方便を以て第一義を助顯せり、今正直に方便を捨てゝ但無上道を說くと。

言ふ所の妙とは、不可思議の法を褒美するなり、又妙とは十法界、十妙の法なり、此の法即ち妙、此の妙即ち法にして二無く別無し、かるが故に妙と云ふなり、又妙とは自行權實の法妙なり、故に蓮華を擧げて之に況《たと》ふ、又妙とは迹に即して本、本に即して迹、即ち本に非ず迹に非ず、或は開廢と爲す云々、又妙とは最勝修多羅《さいしやうしゆだら》甘露《かんろ》の門なり故に妙と言ふ。以下略

釋して云く、妙に別の體無し、體の上の褒美とは妙の名を叙《じよ》す、妙即ち法界、法界即ち妙とは體を叙す、自行の權實とは宗を叙す、本迹の六喩《ゆ》は用を叙《じよ》す、甘露門とは教を叙するなり。

玄義の一に云く、明に心を觀ずるに、心は幻炎の如し、但名字のみあり、之を名けて心とす、適ま夫れ有りと云はんか、其色質を見ず、其れ無しと云はんか慮想《りよそう》起る有無を以て思度《しど》すべからず、故に心と名け、妙と爲す、妙心軌可なり之を稱して法と爲す、心性は因に非ず、果に非ず、能く理の如く觀じて即ち因果を辨ず是を蓮華と名く、一心に依て觀を成ず、亦た教余の心を轉ず、之を名けて經と爲す云々、釋に云く一心は萬法の總體也、五字の體は十界なり、我等衆生の體なり。

傳教大師云く、一心の妙法蓮華經とは因果、果臺、倶時に增長する常體蓮華也。以上

本迹二門

法華經を釋するに、本門《ほんもん》と迹門《しやくもん》との二門を以て大判さる本迹《ほんじやく》を門と云ふのは、此の門より這入つて教理の本殿に到達すれば門と云ふのであつて一經二十八品中、前の十四品は迹門の、序《じよ》、正《しやう》、流通《るつう》であり後の十四品は本門の序正、流通である、迹門の法華は、釋尊成道後、法華を說かるゝに至る迄四十餘年の諸經の說法に附て、三乘法は方便なり一乘法は眞實なりとて、(方便品の正說) 所說の教理上開權顯實し實相を說かれしが迹門經である、次に本門の法華は釋尊の身に附て、王宮に於て生れ、伽耶《がや》に成道し今日に至れる、此佛身は實に非ず、我は久遠無始《くなんむし》の昔に成道《じやうだう》した、釋尊自身の本體身なり、衆生濟度の爲に、一時垂迹《すいしやく》して伽耶成道の應身を現ぜしのみ(壽量品の正意)佛自己の身の上を開迹顯本せられしが本門經である、斯く開迹顯本せし上より見れば、法華以前は更なり、法華上、開權顯實の說法に至る迄、悉く垂迹身の垂迹說である、依て後半を本門法華と云ひ、本佛の事を顯すのである、天台宗は迹門を表とし、(一念三千方便品) 本門を裏とし、日蓮宗は本門(壽量品)を表とし迹門を裏とする。

宗祖の御書に云く。

観心本尊鈔、に云く

像法の中の末に觀音藥王《くわんのんやくわう》、南岳天台《なんかくてんだい》等と示現し出現して迹門を以て面《なもて》と爲し本門を以て裏と爲して、百界千如一念三千其義を盡せり、但だ理具を論じて事行の南無妙法蓮華經の五字竝に本門の本尊末だ廣く之を行せず、所詮、圓機有つて圓時無きが故也。

壽量品得意鈔

敎主釋尊壽量品を說き給ふに、爾前迹門《にぜんしやくもん》のきゝ(所聞)をあげて云く、一切世間の天人及び阿修羅《あしゆら》は皆な今の釋迦牟尼佛は釋氏の宮を出でゝ、伽耶城《がやじよ》を去ること遠からず、道場に座して阿耨多羅《あのくたら》三藐《みやく》三菩提《ぼだい》を得たりと謂《をも》へり、此文の意《こゝろ》は初め華嚴經《けごんきやう》より終り法華經、安樂行品に至る迄、一切の佛の御弟子、大菩薩等の知る處の思ひの心中をあげたり爾前の經には二つの失あり、一には行布を存ずる故に、仍ほ末だ權を開かずと申して、迹門方便品の十如是の一念三千、開權顯實《かいごんけんじつ》、二乘作物《さぶつ》の法門を說か不《ざ》る過《とか》也、二には始成を言ふ故に末だ迹を發《はら》はずと申て、久遠實成の壽量品を說か不《ざ》る過也、此の二の大法は一代聖敎の綱骨、一切經の心髓也、迹門には二乘作佛を說て四十餘年の二つの失、一つを脫したり、然りと雖も末た壽量品を說かざれば、實《まこと》の一念三千も現れず、二乘作佛も定らず、水に宿る月の如く根無し草の浪の上に浮べるに異ならず、又云く然るに善男子我れ實に成佛してより已來《このかた》無量無邊、百千萬億那由佗劫等云々、此文の心は華嚴經の始成正覺と申て始て佛に成ると說き給ふ、阿含經の初成道、淨名經の始座佛樹、大集經の始十六年、大日經の我昔坐道場、仁王經の二十九年無量義經の我先道場、法華經方便品の我始座道場等を一言に大虛妄也と打ち破る文也、本門壽量品に至て始成正覺破るれば、四敎の果破れ、四敎の果破れぬれば四敎の因破れぬ。因とは修行の弟子の位也、爾前迹門の因果を打ち破つて、本門の十界因果を說き現す、是則ち本因本果の法門也九界も無始の佛界に具し、佛界も無始の九界に具《そな》へて、實《まこと》の十界互具、百界千如、一念三千なるべし、かうして返て見る時は、華嚴經の臺上盧舍那《ろしやな》、阿含經の丈六の小釋迦、方等般若、金光明經、阿彌陀經、大日經等の權佛《ごんぶつ》等は、此の壽量品の佛の天月のしばらく影を大小の器物《うつはもの》に浮べ給ふを、諸宗の智者學匠等は、近くは自宗に迷どひ、遠くは法華經の壽量品を知らず、水中の月に實月の思ひをなして、或は入て取らんと思ひ、或は繩《なわ》をつけて繫《つなぎ》き留めんとす、此を天台大師釋して云く、天月を知らずして但だ池月を觀ず、と、心は爾前迹門に執着する者は空の月を知らずして但だ池の月を望み見るが如くなりと釋せられたり乃至、一切經の中に此の壽量品ましまさずば、天に日月無く、國に大王無く、山海に玉なく、人に魂《たま》しい無からんが如し、乃至所詮壽量品の肝心南無妙法蓮華經こそ十方三世の諸佛の母にて御坐し候へ。

四菩薩造立鈔

御狀に云く、太田方の人人一向に迹門に得道あるべからずと申され候由其聞へ候と、是は以ての外の謬《あやまり》也、御得意《こころえ》候へ、本迹二門の淺深、勝劣、與奪、傍正は時と機とに依るべし、一代聖教を弘むべき時に三あり、機もて爾也、佛滅後正法の始の五百年は一向小乘、後の五百年は權大乘像法一千年は法華經迹門等なり、末法の初には一向に本門也、一向に本門の時なればとて迹門を捨つべきに非ず、法華經一部に於て前の十四品を捨つべき經文之れ無し、本迹の所判は一代聖教を三重に配當する時、爾然、迹門は正法像法、或は末法は本門の弘まらせ給ふべき時なり、今の時は正には本門、傍には迹門や、迹門無得道と云ふて迹門を捨て丶一向本門に心を入れさせ給ふ人人は、いまだ日蓮が本意の法門を習はせ給はざるにこそ以ての外の僻見也、私しならざる法門を僻案《へきあん》せん人は偏に天魔波旬の其身に入り替りて、人をして自身共に無間大城に墮つべきにて候。以上

日朗御譲狀

夫れ迹本廣しと雖も妙法の五字を出です、昔の迹は今の本也、廣略要の中に要が中の要を取つて閻浮提《えんぶだい》に弘通せしな、肝心の要を撰むと雖も豈に廣略を捨てん哉、迹門實相の說は是れ久成之本也、壽量の遠本は迹に依て顯るる也、今此迹本二門は共に皆迹佛の說也、迹に本、無くんば、本を顯すこと得じ、本に迹、無くんば何に依て迹を垂れん本迹異なりと雖も不思議一なり、是れ此經一部の正意也、亦是れ如來第一の實語也。以上
本迹二門は一往は勝劣を立つるも、再應は一致《ち》なり、故に而二不二なり、とある次に、之を磁石《じせき》（鐵を吸引する磁石）で說明する。

一般に磁石の兩端の磁極《じきよく》（南北）の現はるゝのは其特種の狀態が單に磁石の兩端にのみ存在するものにではなく、本來の磁化狀態は寧ろ磁石の內に於ける、分子磁石の配別狀態に依て存ずる者である（是が法身に相當する）換言すれば其等の分子磁石の一端が遇々鋼捧の兩端に現れたるが爲に、所謂磁極（南北極）を現すに過ぎず、（中央は中和して引力無し）然るに一本の長き捧狀磁石を取り之を二つに切斷すれば、其中央の引力の無かりし部分が直に南極又は北極となり二本の磁石捧となる、斯くして數個に切斷するも各々磁石の右端に分子磁石の北極が現はれ、左端に分子磁石の南極が現はるゝを以て獨立したる數本の磁石が出來る、如何に細分しても悉く南北極を現はす、地球の磁氣は南北極へ別れる、一本の磁氣捧を切り放して南極計り又は北極計りにすることは絕對に出來ない是が即ち本門と迹門の離れることの出來ない證據、又二而不二の困難な解釋の活た說明であつて、磁氣も南北の特性がある故に此力が電車を動かしモーターを働かし、法華經も本迹が有るの故を以て、働が、自由に出來るのである、以上

法華經の功德

兄弟鈔、に云く、夫れ法華經と申すは、八萬法藏の肝心、十二部經の骨髓なり、三世諸佛は此經を師として正覺を成じ、十方の佛陀は一乘を眼目とし衆生を引導し給ふ。

千日尼御前御返事、に云く
法華經と申す御經は八卷まします、流通《るつう》に普賢經、序分《じよぶん》の無量義經、各一卷已上、此御經を聞き見まいらせ候へば明かなる鏡を以て我が面を見るが如し、日出でゝ草木色を辨へるに似たり、序品の無量義經を見まいらせ候へば四十餘年未だ眞實を現さずと申す經文あり、法華經の第一の卷方便品の始に世尊の法は久しく後に要《かな》らず當に眞實を說き給ふべしと申す經文あり、第四の卷の寶塔品には妙法華經皆是眞實と申す明文あり、第七の卷には舌相梵天に至ると申す經文赫赫《かくかく》たり、其他は此經より外のさき、のち、ならべる經經を星にたとへ、江河に譬へ、小王に譬へ、小山に譬へたり、法華經をば月に譬へ、日に譬へ、大海、大山、

大王等に譬へ給へり、此語は私の言には有らず、皆な如來の金言也、十方の諸佛の御評定の御言也乃至、此經文は一切經に勝れたり。以下略
開目鈔、に云く、此經一部八卷二十八品、六萬九千三百八十四字、一一に皆な妙の一字を備へて三十二相八十種好の佛陀也。乃至
法華經の他經に超絕して勝れたるは、釋尊御一代の說法の內、此に予（日蓮上人）愚見を以て前四十餘年と後八年との相違を考へ見るに、其相違多しと雖も、先づ世間の學者もゆるし、我が身にも、さもやと、うちをほうる事は二乘作佛と久遠實成なるべし、乃至（爾前の經には）法身の無始無終は說けども、應身、報身の顯本は說かれず。
四條金吾殿御返事、法華經は釋迦如來の御音《みこへ》を書き現はして此文字に成し給ふ、佛の御心は是の文字に備れり、たとへば種子と苗と草と稻とはかはれども、心はたがはず、釋迦佛と法華經の文字とは變れども、心は一つ也然らば法華經の文字を拜見せさせ給ふは生身の釋迦如來に遇ひ進らせたりと於ぼしめすべし。以上

秀句十勝鈔、に云く、謹んで法華經法師功德品を案ずるに當に八百の眼の功德、千二百の耳の功德、八百の鼻の功德、千二百の舌の功德、八百の身の功德、千二百の意の功德、を得べし、是の功德を以て六根を莊嚴し皆な清淨ならしめん以上經文、當に知るべし、受持の法師一讀の法師二誦の法師三解說の法師四寫《う》の法師五是の五種法師、各々法華經に依て各六千の功德を稜る、其六即位の中の第四相似即の位也、父母所生清淨肉眼、明に知ぬ、父母所生とは即身の異名なり、偈に云く未だ天眼を得ずと雖も肉眼の力是の如し。以下略
神力品、に云く、爾の時に佛、上行等の菩薩大衆に告げたまはく、諸佛の神力は是の如く、無量無邊不可思議なり、若し我れ是の神力を以て、無量無邊百千萬億阿僧祇劫に於て、屬累の爲の故に此の經の功德を說かんに、猶ほ盡すこと能はじ、要を以て之を言はゞ、如來一切の所有の法如來一切の自在の神力、如來一切の秘要の藏、如來一切の甚深の事、皆な此の經に於て宣示顯說す、是の故に汝等、如來の滅後に於て、應當《まさ》に一心に受持、讀誦し解說し書寫し說の如く修行すべし、所在の國土に、若しは受持、讀誦

し解說 書寫し說の如く修行し、若しは經卷所住の處あらん若しは園中に於ても、若しは林中に於ても、若しは樹下に於ても、若しは僧房に於ても、若しは白衣《びやくえ》の舍にても、若しは殿堂にあつても、若しは山谷曠野にても、是の中に皆塔を起てゝ供養すべし、所以は如何、當に知る可し、是の處は即ち是れ道場なり、諸佛此に於て阿耨多羅三藐三菩提《あのくたらさんみやくさんぼだい》を得、諸佛此に於て法輪を轉じ、諸佛此に於て般涅槃《はつねはん》し給ふ。乃至
諸佛道場に座して得給へる所の秘密の法、能く是の經を持たん者は、久しからずして亦當に得べし能く是經を持たん者は、諸法の義、名字及び言辭に於て樂說《げうせつ》、窮盡《くじん》無き事風の空中に於て一切障礙《しやうげ》無きが如くならん、如來の滅後に於て、佛の所說の經の因緣及び次第を知つて、義に隨つて實の如く說かん、日月の光明の能く諸の幽冥を除くが如く斯の人世間に行じて能く衆生の闇《やみ》を滅し、無量の菩薩をして畢竟《ひつきやう》して一乘に住せしめん、是の故に智あらん者、此の功德の利を聞いて、我滅度の後に於て、斯の經を受持すべし、是の人佛道に於て決定して疑《うたがい》あること無けん。(行者は能く此經文を拜すべし)

藥王菩薩品、に云く。

若し復《また》人あつて七寶を以て三千大千世界に滿て、佛及び大菩薩、辟支佛、阿羅漢に供養せん、是の人の所得の功德も、此の法華經の乃至一四句偈を受持する、其福の最も多きには如かじ、宿王華、譬へば一切の川流《せんる》江河《こうが》の諸水の中に海《うみ》爲《こ》れ第一なるが如く、此の法華經も亦復是の如し、諸の如來の所說の經の中に於て最も爲れ深大なり、又土山黑山、小鐵《てつ》圍山、大鐵圍山及十寶山の衆山の中に須彌《しゆみ》山《せん》爲《こ》れ第一なるが如く、此の法華經も亦復是の如し、諸經の中に於て最も爲れ其の上《かみ》なり、又衆星の中に月天子最も爲《こ》れ第一なるが如く、此の經も亦復是の如し、千萬億種の諸の經法の中に於て最も爲れ照明なり、又日天子の能く諸の闇《やみ》を除くが如く、此經も亦復是の如し、能く一切不善の闇《やみ》を破す、又諸の小王の中に轉輪聖王《てんりんじやうわう》最も爲れ第一なるが如く此の經も亦復是の如し、衆經の中に於て最も爲れ其尊《そん》なり、又帝釋の三十三天の中に於て王なるが如く、此の經も亦復是の如し、諸經の中の王なり、又大梵天王の一切衆生の父なるが如く、此の經も亦復是の如し、一切の賢聖、學、無學

及び菩薩の心を發《おこ》す者の父也、又一切の凡夫《ぼんぷ》人《にん》の中に須陀《しゅだ》恒《をん》、斯陀含《しだごん》、阿那含《あなごん》、阿羅漢《あらかん》、辟支佛《びやくしぶつ》爲れ第一なるが如く此の經も亦復是の如し、一切の如來の所說、若しは菩薩の所說、若しは聲聞の所說、諸の經法の中に最も爲れ第一なり、能く此の經を受持することあらん者も、亦復是の如し一切衆生の中に於て亦爲れ第一なり、一切の聲聞、辟支佛の中に菩薩爲れ第一なり、是の經も亦復是の如し一切の諸の經法の中に於て最も爲《こ》れ第一なり、佛は爲《こ》れ諸法の王なるが如く、此の經も亦復是の如し、諸經の中の王なり、宿《しゅく》王華《わうけ》、此の經は能く一切衆生を救ひ給ふ者なり、此の經は能く一切衆生をして諸の苦惱を離れしめたまう、此の經は能く大に一切衆生を饒益《ねつやく》して其願を充滿せしめたまう、淸凉の池の能く一切の諸の渇乏の者に滿つるが如く、寒き者の火を得たるが如く、裸なる者の衣を得たるが如く、商人の主を得たるが如く、子の母を得たるが如く、渡《わたり》に船を得たるが如く、病に醫《くすし》を得たるが如く、暗に燈を得たるが如く貧しきに寶を得たるが如く、民の王を得たるが如く、賈客《こかく》の海を得たるが如く、炬《ともしび》の暗を除《のぞ》くが如く、此の法華經も亦復是の如し、能く衆生をして一切の苦、一切の病痛を離れ、能く一切の生死の縛《ばく》を解《と》かしめたまう、若し人此の法華經を聞く事を得て、若しは自からも書き、若しは人をして書かしめん、所得の功德、佛の智慧を以て多少を籌量《ちうりやう》するとも其邊《ほとり》を得じ、若し是の經卷を書いて華香《けこう》、瓔珞《えうらく》、燒香《せうこう》抹香《まつかう》、塗香《づかう》、旛蓋《はんがい》衣服種々の燈乃至那婆摩利油燈を以て供養せん、所得の功德亦復無量ならん。以下略

妙法尼御前御返事

此の法華經には、我等が身をは、法身如來、我等が心をば報身如來、我等が「ふるまひ」をば應身如來と說かれて候へば、此經の一句一偈を持《たも》ち信ずる人は皆此の功德を供へ候。以上

教行證御書

此の經には二十の大事あり、就中五百塵點顯本の壽量に何《いか》なる事を說き給へるかと人人思召し候、我等が如き凡夫、無始巳來生死の苦底に沈輪して佛道の彼岸を夢にも知らざりし衆生界を、無作本覺の三身と成し實に一念三千の極理を說く。以上

王日殿御返事

法華經の一字は大地の如し萬物を出生す。一字は大海の如し衆流を納む。一字は日月の如し、四天下を照す、此の一字變じて佛となる、稻《いね》變じて苗《なへ》となる、苗《なへ》變《へん》じて艸《くさ》となる、艸變じて米となる、人變じて佛となる、女變じて妙の一字となる、妙の一字變じて臺上の釋迦佛となるべし。

得受職人功德法門

經に云く佛、藥王に告玉はく、又如來滅度の後、若し人有つて妙法華經の乃至一偈一句を聞て一念も隨喜せん者には、我亦阿耨菩提の記を與へ授く、又云く是の人歡喜して法を說かんに須臾《しゆゆ》も之を聞かば、即ち阿耨菩提を究竟することを得ん、又云く此經は持ち難し若し暫《しばら》くも持《たも》つ者は我れ即ち歡喜す、諸佛も亦然なり、是の如き人は淳善の地に住する也、提婆品に云く、淨心に信敬して疑惑を生ぜざらん者は地獄、餓鬼、畜生に墮ちずして十方の佛前に生ぜん等云々、是の如き諸文一に非ず、具には之を記すること能はづ乃至 經に云く若し善男子、善女人が法華經の乃至一句に於て受持し讀誦し、書寫す乃至當に知るべし此の人は大菩薩なり、阿耨菩提を成就して衆生を哀愍して願つて此の間に生れて廣く妙法華經を分別する也、何に況や能く受持し種々に供養せん者をや、藥王當に知るべし、是の人は自ら清淨の業報を捨てゝ我が滅度の後に於て衆生を愍むが故に惡世に生れて廣く此の經を說ける也、若し此の善男子、善女人、我が滅度の後に能く一人の爲にも法華經の乃至一句を說かん、當に知る可し、是の人は則ち如來の使也、如來の所遣として如來の事を行ずるや、何に況や、大衆の中に於て廣く人の爲に說かんをや乃至何が故ぞ妙法の受職を受る人、是の如く功德を得るや、答ふ此妙法蓮華經は、本地甚深の奥藏、一大事因緣の大白法也、化導三說に勝れ、功一期に高く、一切衆生をして現當の悉地を成就せしむる法なるが故に此經受職の人は是の如く功德を得る也、釋に云く法妙なるが故に人尊し等云々或は云く好堅地に處し芽既に百圍、頻迦卵に在て聲衆鳥に勝る等云々妙樂云く縱《たと》ひ爾前方便の極位の菩薩なりとも今經の初心始業の凡夫の功德には及び給はず、如何に況や、我等末法五濁亂漫に生を受け三類の强敵を忍んで、南無妙法蓮華經と唱ふ、豈に如來の使に非ずや、豈に雪山に於て親《まのあた》り佛敕を受たる行者に非ずや是れ豈に初隨喜等の類に非ずや、第五十の人すら、尙方便極意の菩薩の功德に勝れり、何に況や五十以前の諸人をや、是の如く莫大の功德を今時に受得せんと欲せば、正直に方便たる念佛、眞言、禪等の諸宗諸經を捨て丶但南無妙法蓮華經と唱へ給へ、至心に唱ふ可し唱ふ可し。以上

月水御書に云く

法華經は一日の所作に一部八卷二十八品、或は一卷、或は一品一偈一句一字、或は題目計りを南無妙法蓮華經と只一遍となへ、或は又一期の間にたゞ一遍唱ふるを聞いて隨喜し、或は又隨喜する聲を聞て隨喜し是體《これてい》に五十展轉《てんてん》して末になりなば志も薄くなり、隨喜の心の弱き事二三歲の幼稚《をさな》の者のはかなきが如し、牛馬なんどの前後の辨へざるが如くなりとも、佗經を學する人の利根にして智惠かしこく舍利弗《しやりほつ》、目連《もくれん》、文殊《もんしゆ》、彌勒《みろく》の如くなる人の、諸經を胸の內に浮べて御座《おはし》まさん人人の御功德よりも勝《すぐれ》たる事、百千萬億倍なるべきよし、經文幷に天台妙樂の六十卷の中に見え侍《はべ》り、されば經文には佛の智慧を以て多少を籌量《ちうりやう》すとも其邊《ほとり》を得ずと說かれて、佛の智慧すら此人の功德をばしろしめさず、と。

觀普賢經に云く。

此の大乘經典は諸佛の寶藏也、十方三世諸佛の眼目也、三世の諸《もろ》の如來を出生する種《たね》也、此經を持つ者は、即ち佛身を持ち即ち佛事を行ずる也、當に知る可し、此の人は即ち是れ諸佛の所使なり、諸佛世尊の衣に覆《おほ》はる所、諸佛如來眞實の法の子《みこ》、汝、大乘を行じて法種を斷たざれ云々

撰法華經の末文に云く。

一部八卷二十八品六萬九千三百八十餘品品の內咸《ことごと》く體等を具し、句句の下通じて妙名を結す、一一の文文是れ眞佛也、眞佛の說法は衆生を利す、一たび聞けば能く一切の法を持《たも》つが故に末だ六波羅密を修行する事を得ずと雖も六波羅蜜自然に在前せん、一切の業障海は皆妄想より生ず、衆罪は霜露の如く、惠日能く消除す、若し末法弘經、廣宣流布の志し有らん行者は、法華金口の明說に於て信心を致さば現當二世の所願必ず決定圓滿することを得せ令む可き者也

我が不信を以て金言を疑はざれ若し共れ信心强盛にして深重ならば、息災延命決定得樂ならん。以上

日蓮大聖人の題目釋

御義口傳に云く、南無とは梵語なり、此に歸命《きみやう》と云ふ、人、法之れあり、人とは釋尊に歸命し奉る也、法とは法華經に歸命するなり、又歸とは迹門不變眞如の理に歸するなり、命とは本門隨緣眞如に命《もこう》くなり、歸命とは南無妙法蓮華經是れなり、釋に云く隨緣不變一念寂照《ずいゑんふへんいちねんじやくしよ》と、又歸とは我が色法なり、命とは我が心法也、色心不二なるを一極と云ふなり、釋に云く一極に歸せしむ、故に佛乘と云ふ、又た云く南無妙法蓮華經の南無は梵語なり妙法蓮華經は漢語なり、梵漢共に南無妙法蓮華經と云ふなり、又云く梵語には薩達摩《さつたるま》芬陀梨伽《ぷんだりきや》蘇多覽《そたらん》、此には妙法蓮華經と云ふ、薩《さ》は妙なり達摩《だるま》は法なり、芬陀梨伽は蓮華なり、蘇多覽は經なり九字は九尊の佛體也、九界即ち佛界の表示なり、妙とは法性なり、法とは無明なり無明法性一體なるを妙法とは云ふ也、蓮華とは因果の二法也、是れ亦、因果一體也、經とは一切衆生の言論音聲を經と云ふなり、釋に云く、聲佛事を爲す之を名けて經と爲す、或は三世常恒なるを經と云ふ也、法界は妙法也、法界は蓮華なり、法界は經なり、蓮華とは八葉九尊の佛體なり能く能く之を思ふべし。以上
所詮妙とは不死の藥なり、此の心は不死とは法界を指すなり、其故は森羅《しんら》三千の萬法を不思議と歎じたり、生住異《しやうぢうい》滅《めつ》の當位、當位三世常恒なるを不死と云、本法の德として水は下りつめたし火は昇り熱し此を妙と云ふ、此れ即ち不思議なり、此の重を不死と云ふなり、甘露と妙とは同じ事なり、然らば法界の儘《まゝ》に閣《さしを》いて妙法なりと說くを本法とも甘露とも云へり、火は水に消ゆる本法にして不死なり、十界已己の當位、當位の振舞常住本有なるを甘露とも妙とも不思議とも本法とも止觀とも云へり所詮末法に入つて甘露とは南無妙法蓮華經なり、(日向記如甘露見灌)
報恩鈔、に云く。妙法蓮華經の五字は即ち一部八卷の肝心、亦復一切經の肝心、一切の諸佛菩薩、二乘天人、修羅龍神等の頂上の正法也。
教行證御書、に云く。此の法華經の本門の肝心、妙法蓮華經は三世諸佛の萬行萬善の功德を集めて五字と爲せり、此五字の内に豈に萬戒の功德を納めざらんや、但し此

具足の妙戒は一度持てば後ち行者破らんとすれども破れず是を金剛寶器戒とや申しけん云々
當體義鈔、に云く。問ふ妙法蓮華經とは其體何物ぞ答ふ十界の依正即ち妙法蓮華經の當體也問ふ若し然らば我等が如き一切の衆生も妙法の全體なりと云はる可き歟《か》答ふ勿論也、經に云く、所謂諸法乃至本末究竟等云々 妙樂大師云く、實相は必ず諸法、諸法は必ず十如、十如は必ず十界十界は必ず、身土云々 天台云く十如十界三千の諸法は今經の正體なるのみ云々、南岳大師云く云《い》如《か》なるをか名けて妙法蓮華經と爲すや、答ふ妙とは衆生妙なるが故に、法とは即ち是れ衆生法なるが故云々 又天台釋して云く衆生法妙と云々、問ふ一切衆生の當躰即ち妙法の全體ならば地獄乃至九界の業因、業果も皆な是れ妙法の體なる乎、答ふ法性の妙理には染淨の二法あり、染法は薫じて迷となり、淨法は薫じて悟と成る、悟は即ち佛界なり、迷は即ち衆生なり、此迷悟の二法、二なりと雖も法性眞如の一理なり、譬へば水精の玉の日輪に向へば火を取り、月輪に向へば水を取る玉の體一なれども縁に隨て其功同じからざる也、眞如の妙理も亦復是の如し、一妙眞如の理なりと雖も惡縁に遇へば迷となり、善縁に遇へば悟となる悟は即ち法性也、迷は即ち無明也。以上
法華初心成佛鈔に云く、妙法蓮華經とは、我等衆生の佛性と梵天帝釋等の佛性と、舍利弗日蓮等の佛性と、文殊彌勒等の佛性と、三世諸佛の解《さとり》の妙法と一體不二なる理を妙法蓮華經と名づけたる也、故に一度《たび》も妙法蓮華經と唱ふれば一切の佛、一切の法、一切の菩薩、一切の聲聞、一切の梵王帝釋乃至一切衆生の心中の佛性を唯一音《ひとこえ》に喚《よ》び顯し奉る功德、無量無邊也、我が己心の妙法蓮華經を本尊とあがめ奉り、我が已身中の佛性、南無妙法蓮華經とよび呼ばれて顯れ給ふ所を佛とは云ふ也。以下略
妙心尼御返事、此の妙の一字は佛にて於はし候也、又此の妙の字は月也、星也、鏡也、衣也、食也、花也、大地也、大海也、一切の功德を合せて妙の文字とならせ給ふ又は如意寶珠の玉也。
曾谷入道殿御返事、所詮妙法蓮華經の五字をば當時の人人は名と計りと思へり、さにては候はず體なり、體とは心にて候、章安云く蓋し序王とは經の玄意を叙し、玄意は文の心を述すと云々 此の釋の心は、妙法蓮華經と申

すは、文にあらず義にあらず一經の心なりと釋せられて候されば題目を離れて法華經の心を尋ぬる者は、猿を離れて肝をたづねしはかなき龜也、山林を捨てゝ果を大海の邊に求めし猿猴也、はかなし。
御義口傳、に云く、妙法蓮華經は一念三千の法門也一念三千は拔苦與樂なり。一切の苦、一切の病痛を離れ、能く一切の生死の縛を解き、火も燒く事能はづ、水も漂《たゞよは》すこと能はづ、諸餘の怨敵《おんてき》皆悉く摧滅《さいめつ》せん。
曾谷入道殿御返事、法華經の開權と申すは、五字の中の華の一字也、顯遠と書かれ候は五字の中の蓮の一字也、獨得妙名と書かれ候は妙の一字也、意在於此と書かれしは、法華經の一代の意と申すは題目なりと書かれて候ぞ、此を以て知る可し、法華經の題目は一切經の神《たましい》、一切經の眼目也。
十如是事、妙法蓮華經の體のいみじく於はしますは、何樣《いかよう》なる體にて於はしますぞと尋ね出してみれば、我が心性の八葉の白蓮華にてありける事也、されば我身の體性を妙法蓮華經と申しける事なれば、經の名にてはあらずしてはや、我身の體にてありけると知りぬれば、我身頓《やが》て法華經にて、法華經は我身の體を呼び顯し給へる佛の御言にてこそありければ、やがて我身三身即一の本覺の如來にてある者也、かく覺りぬれば無始より、已來《このかた》今迄思ひならはしゝひが思ひの妄想《もうそう》は昨日の夢を思ひやるが如く、あとかたも無く成ぬる事也、是を信じて一遍も南無妙法蓮華經と申せば、法華經を覺つて如法に一部を讀み奉るにてある也、十遍は十部、百遍は百部、千遍は千部を如法に讀み奉るにてあるべき也、かく信ずるを如說修行の人とは申也、南無妙法蓮華經。
諸法實相鈔、に云く、問て云く法華經第一方便品に云く、諸法實相乃至本末究竟等云々、此の經文の意如何、答て云く下も地獄より上佛界迄十界の依正の當躰悉く一法も殘さず妙法蓮華經の姿なりと云ふ經文也、依法あるならば、必ず正法住すべし、釋に云く依法正法常に妙經を宣ぶ等云々、又云く實相は必ず諸法、諸法は必ず十如、十如は必ず十界、十界は必ず身土云々、又云く阿鼻の依正は全く極聖の自心に處し、毘盧の身土は凡下の一念を逾《こ》へず云々此等の釋義分明也、誰が疑網《ぎもう》を生ぜんや、されば法界の姿、妙法蓮華經の五字にかはる事なし、釋迦多寶の二佛と云ふも妙法の五字より用の利益を施し給ふ時、事相に二佛と顯れて寶塔の中にしてうなづき合ひ給ふ、是の如き等の法門日蓮を除きては申し出す人、一人もあるべからず、天台、妙樂、傳敎等は心には知り給へども言に出し給ふ迄はなし胸中にしてくらし給へり、其も道理なり、付屬無きが故に、時の未だ到らざるが故に、佛の久遠の弟子に非ざる故に、地涌の菩薩の中の上首、上行、無邊行等の菩薩より外は、末法の始の五百年に出現して法體の妙法蓮華經の五字を弘め給ふのみならず、寶塔の中の二佛竝座の儀式を作り顯すべき人なし、是即ち本門壽量品の事の一念三千の法門なるが故也。
觀心本尊鈔、に云く、所詮迹化他方の大菩薩等に我が內證の壽量品を以て授與すべからず、末法の初は謗法の國にして惡機なる故に之を止めて、地涌千界の大菩薩を召し壽量品の肝心たる妙法蓮華經の五字を以て閻浮提の衆生に授與せしめ給ふ也、又迹化の大衆は釋尊の初發心の弟子等に非ざるが故也、天台大師の云く、是れ我が弟子なり、我が法を弘むべき也、妙樂の云く、子、父の法を弘む世界の益あり、補正記に云く、法は是れ久住の法なるにより久住の人に付す等云々、
四信五品鈔、に云く、問ふ汝何ぞ一念三千の觀門を勸進せずして唯題目計を唱へしむるや、答て云く日本の二字に六十六國の人畜財を攝盡して一も殘さず、月氏の兩字に豈七十箇國無らんや、妙樂云く略して經題を擧ぐれば玄に一部を收む、又云く略して界如を擧るに具さに三千を攝す、文殊師利菩薩、阿難尊者三會八年の間の佛語之を擧げて妙法蓮華經と題し、次下に領解して云く、如是我聞と云々、問ふ其義を知らざる人、唯南無妙法蓮華經と唱へて解義の功德を具するや否や答て云く、小兒乳を含むに其味《あじわい》を知らざれども自然に身を益す耆婆《ぎは》が妙藥誰か辨《わきま》へて之を服せん、水心無けれども火を消し、火は物を燒く、豈覺りあらんや、龍樹天台皆な此の意也、重て示すべし問ふ何が故に題目に萬法を含むや、答ふ章安の云く蓋序王とは、經の玄意を叙す、玄意は文心を述す、文心は迹本に過たるはなし、妙樂の云く法華の文心を出して諸經の所以を辨ず云々、濁水心無けれども月を得て自ら淸めり、草木雨を得て豈に覺り有つての花ならんや、妙法蓮華經の五字は經文に非ず、其義に非ず唯一部の意のみ、初心の行者は其心を

知らざれども而も之を行ずるに自然に意に當る也、問ふ汝の弟子一分の解無くして但一口に南無妙法蓮華經と稱する其位如何答ふ此人は但四味三敎の極位、竝に爾前の圓人に超過するのみに非ず將た亦眞言等の諸宗の元祖乃至に勝出すること百千萬億倍也、請ふ國中の諸人等、我が末弟等を輕ずること勿れ、進で過去を尋ぬれば八十萬億劫供養せし大菩薩なり、豈に熙連《きれん》一恒《ごう》の者に非ずや、退て未來を論ずればば八十年の布施を超過して五十の功德を備ふ可し天子の襁《む》褓《つき》に纒《てん》し大龍の始て生るが如し、蔑如《べつにょ》すること勿れ、以下略

阿佛房御書、御文に云く、多寶如來涌出の塔、何事を表し給や云々、此法門ゆゝしき大事也、寶塔をことはるに、天台大師文句の八に釋し給ひし時、證前《しょうぜん》、起後《きご》の二重の寶塔あり、證前は迹門、起後は本門なり、或は又た閉《へい》塔《とう》は迹門、開塔《かいとう》は本門、是れ則ち境智の二法なり、しげきが故に之をゝく、所詮三周の聲聞、法華經に來て已心の寶塔を見ると云ふ事也、今日蓮が弟子《でし》檀那《だんな》又又是の如し、末法に入て法華經を持つ男女の姿より外には寶塔なきなり若し然らば貴賤上下を撰ばず南無妙法蓮華經と唱ふる者は我身即ち寶塔にして我身亦多寶如來也、妙法蓮華經より外に寶塔無きなり、法華經の題目寶塔なり、寶塔又南無妙法蓮華經なり、今阿佛上人の一身は地水火風空の五大也、此五大は題目の五字也、然れば阿佛房さながら寶塔、寶塔さながら阿佛房此より外の才覺無益なり、聞《もん》、信《しん》、戒《かい》、定《ぢやう》、進《しん》、捨《しや》、漸《ざん》、の七寶を以てかざりたる寶塔なり、多寶如來の寶塔を供養し給ふかと思へば、さにては候はず我身を供養し給ふ、我身又三身即一の本覺の如來なり、斯く信じ給ふて南無妙法蓮華經と唱へ給へ、こゝさながら寶塔の住處也經に云く、法華經を說く事あらん處は、我が此寶塔其前に涌現すとは是れなり。

觀心本尊鈔、に云く釋尊の因行果德の二法は、妙法蓮華經の五字に具足す、我等此五字を受持すれば、彼の因果の功德を讓り與へ給ふ。

四條金吾殿御返事

今日蓮が弘通する法門は狹きようなれども甚だ深し、其故は彼の天台傳敎等の所弘の法よりは一重立ち入りたる故也、本門壽量品の三大事とは是れ也、南無妙法蓮華經の七字計りを修行すれば狹きが如し、されども三世の諸佛の師

範十方薩埵の導師、一切衆生、皆成佛道の指南にてましますれば深きなり、經に云く、諸佛智慧、甚深無量 云々、此の經文に諸佛とは十方三世の一切の諸佛、眞言宗の大日如來、淨土宗の阿彌陀、乃至、諸宗諸經の佛菩薩、過去未來現在の總諸佛、現在の釋迦如來等を諸佛と說き擧て、次に智慧といへり、此智慧とは何物ぞ諸法實相、十如果成の法體也、其法體とは又何物ぞ、南無妙法蓮華經是れなり、釋に云く實相の眞理本有の妙法蓮華經といへり、其諸法實相と云ふも釋迦多寶の二佛と習ふなり、諸法をば多寶に約《やく》し、實相を釋迦に約す、是又境智の二也法、多寶は境なり、釋迦は智なり、境智而二にして然も境智不二の內證なり、此等はゆゝしき大事の法門也、煩惱即菩提、生死即涅槃と云もこれなり。
法要書、に云く、此の南無妙法蓮華經に餘事を交へばゆゝしき僻事《ひがごと》也、日出でぬれば灯《ともし》び詮《せん》なし、雨の降るに露《つゆ》何のせんかあるべき、嬰兒《みどりご》に乳より外の者を養ふべきか、良藥に又藥を加へぬる事無し。云々
觀心本尊鈔、に云く、天晴れぬれば地明なり、法華を識る者は世法を得べきか、一念三千を知らざる者には佛大慈悲を起して、妙法五字の內に此珠を裹《つゝ》み、末代幼稚の頸に懸さしめ給ふ、四大菩薩の此の人を守護し給はんこと大公周公の成王を攝扶し、四皓《しかう》が惠帝《けいてい》に侍奉せしに異らざる者也。

諫曉八幡鈔、に云く、

日蓮は去る建長五年癸丑四月二十八日より、今年弘安三年太歲庚辰、十二月に至る迄、二十八年の間、又佗事《へじ》なし、只だ南無妙法蓮華經の五字七字を日本國の一切衆生の口に入れんとはげむ計りなり、是れ即ち母が赤子に乳を入れんとはげむ慈悲なり、以上
聞けよ人々、宗祖大聖人の御遺文を拜して泌々と題目の尊貴秘奧なると宗祖の大慈悲を偲び、感涙止めあへず、宗祖御一代の內大難四ケ度、小難數を知らず、不自惜身命、弘通し給ひしは、唯我等衆生を救はん爲の故に靈山別付の唱題の大功德を我等赤子に乳房を含ましめ、安穩に生育なさしめ給はん母の慈悲と一切衆生をして苦を離れ佛道を成ぜしめん爲の佛事に外ならず、此の大恩、何を以て報じ奉らん恒沙劫にも盡すこと能はざらん、唯宗祖の敎の如く人にも勸め、已れを盡して唱題修行せんこそ、今生

の勸めなるべき事を。

三身即一と即身成佛

三身とは法身、報身、應身の三を云ふ。天台の止觀には境について法身と爲し、智について報身と爲し、用を起すを應身と云ひ、又、眞理の主體としての法身、その眞智の靈體としての報身、その現實の救濟者であるを應身と見る。その三身は互に他を內存して居るから三身即一身、一身即三身とも云はれる。又云く三身とは、「一に法身とは中道の理體なり、本有の三千なり、二に報身とは因行の功德に報ふて顯れたる佛の實智、三に應身とは又は應化身と云ふ、理智不二の妙體より衆生敎化の爲に種々應現する身、」とある。

此の佛の三身を天台にあつては、法身如來を毗盧舍那《びるしやな》と名け遍一切處《へんいつさいじよ》と譯し、應身如來を盧舍那《ろしやな》と名け、淨滿《じやうまん》と譯し、又光明遍照とも譯し、應身如來を釋迦文と名け、度沃《どよく》燋《しやう》と譯す」(度沃燋とは、大海の中に在って萬流を吸入する焦石なり、衆生は猶焦石の如く五欲之に沃し厭足なし、佛能く此欲を超度すれば度沃燋と號す) 此三名は具らく佛身に就きて分別したものであるから、應化身を單に釋迦文、度沃燋とすれども汎《あまね》く應化身を分類すれば、此中に固より諸趣隨類(萬物の)身を攝盡するのである。

華嚴經の法身の說明、

(物質を造る元素の本體電子に相當する) 佛子、一切の諸佛は細密の法身を具足し成就す諸佛の法身の境界は量無く、一切世間の知ること能はざる所也、三界の中に於て染汚《せんを》する所無し、因緣に隨ひ、一切に應じて普く現じ實に非ず、虛に非ず、平等にして淸淨なり去に非ず、來に非ず、無爲《むゐ》無壞《むくわい》にして淸淨に、常住にして一相無相なる、是れ法身の相なり。

又云く如來の淨法身は三界に偏匹《へいひつ》無し、諸の世間を超出して、有に非ず、無に非ず、其實所依無く、去らずして而も遍く至る、譬へば夢の所見の如く亦空中の畵の如し、色に非ず、無色に非ず、相に非ず、無相に非ず、有に非ず、亦無に非ず、其性は虛空の如く、海の摩尼寶《まにほう》の如く能く種々の寶を出し衆生の諸の光明は光に所有無きが如し乃至如自性、實際涅槃、離欲、滅、皆な是れ一性なり(電子、本體の說明至れり盡せり)

四條金吾殿釋迦佛供養事

三身の事、普賢經に云く、佛の三種の身は方等より生ず是の大寶印は涅槃海《ねはんかい》を印す、此の如き海中より、能く三種の佛の淸淨身を生ず、此三種の身は人天の福田にして應供の中の最なり云々三身とは一には法身如來、二には報身如來、三には應身如來なり、此三身如來をば一切の諸佛必ず相具す、譬へば月の體は法身、月の光は報身、月の影は應身にたとう、一つの月に三のことわりあり、一佛に三身の德まします、此の五眼三身の法門は法華經より外には全く候はづ故に天台大師の云く、佛三世に於て等《ひと》しく三身あり、諸經の中に於て之を秘して傳へずと云々此の釋の中に於諸經中と、かかれて候は華嚴方等般若のみならず法華經より外の一切經なり、之を秘して傳へずとかかれて候は、法華經の壽量品より外の一切經には敎主釋尊秘《ひめ》て說き給はずとなり、以下略

總在一念鈔、に云く、（己身の三身の說明）

成佛の時の三身とは其義如何、答ふ我身の三千圓融せるは法身なり、此理を知り極めたる智慧の身と成るを報身と

云ふ也、此の理を究竟《くきやう》して八萬四千の相好より虎狼野干の身に至る迄之を現じて衆生を利益するを應身と云ふ也、此三身を法華經に說いて云く如是相、如是性、如是體、と云々相は應身、性は報身 體は法身なり、此三身は無始より已來、我等に具足して闕減《けつげん》なし、然りと雖も迷の雲に隱されて是を見ず、悟りの佛とは此理を知る法華經の行者也、此三身は昔は迷ふて覺らず知らず佛の說法に扣《たゝ》かれて近く覺りたりと說くを迹門と云ふ也、此三身の理をは我等具足して一分も迷はづ三世常住にして遍せざる所無しと說くを本門と云ふ也、若し爾れば本迹は唯久近の異にして其法體全く異ならず、是を以て天台釋して云く、本迹殊《こと》なれりと雖も不思議一なりと云々悟《さとり》とは只此理體を知るを悟とは云ふ也、譬へば庫藏の戶を開て寶財を得るが如し、外より來らず、一心の迷の雲晴れぬれば、三世常住の三身三諦の法體也、鏡に塵《ちり》積りぬれば形を現ぜず、明なれば萬像を浮ぶるが如し、塵《ちり》の去る事は人の磨《みが》くによる、像の浮ぶ事は磨に非ずばならじ、若し爾らば、轉迷覺悟《てんめいかくご》は行者の所作による、三千三諦三身の理體は全く人の所作に非ず、只是れ本有なり、又迷を修行する事は人の作《わざ》なりといへども、但

迷の去る處を見ざる也、百年の闇室《あんしつ》に火を點《とも》すが如し全く暗《やみ》の去る所を見ず、是れ轉迷覺悟、返流《はんる》盡源《じんげん》也、無明即明は唯《たゞ》、迷悟《めいご》に名け、無明、法性は全く其體一也、穴賢穴賢各別に心得べからず、若し迷悟異體と心得るならば、成佛の道遼遠ならん事、一須彌《しゆみ》より、一須彌に至るが如し、本より、不二なる理體に迷ふが故に衆生と云ひ、是を悟るを佛とは云ふ也、よくよく此大旨を心得て、失錯有るべからざる也、我等が生死一大事也、出離の素懐也以下略
開目鈔、に云く、(爾前の經には)法身の無始無終は說けども、應身報身の顯本は說かれず。
女人成佛鈔、に云く、阿鼻《あび》の依正《えしやう》は極聖の自身に處し、地獄・天堂皆是れ果地の如來也、毘盧《びる》の身土は凡下の一念を逾へず、遮那《しやな》の覺體は衆生の迷妄を出でず。
授職灌頂口傳鈔、に云く、本迹二門二十八品は眞實の經也、所謂二十八品一一文文是眞佛にして三身即一、法、報、應の三身也。云々乃至
方便品の敎相を云はゞ、此品の肝要は界如實相の法を說て三諦即是の悟を得せしむるを詮とす、彼の十如の中には相、性・體の三如是を以て正體と爲す、次の如く假、空、中、の三諦、應、報、法の三身也、餘の七如是は彼の相性體の作用也、住前、住上の一心三觀は此品を悟ら令む、四十一位に皆佛界の智有り、其智慧漸く增長して本末究竟の位に住する也、此相、性、體の三は能觀《のうくわん》に約《やく》せば一心三觀所觀《しよくわん》に約せば三身の覺體なり。迹門は始覺の三觀三身。本門は無始の三觀三身也、心を止て之を案ずべし、迹門は從因《じういん》向果《こうか》、十如、十界の成佛三周の聲聞等是れ也、本門は此十如十界は從本垂迹《じうほんすいしやく》、無作の十界は普賢難思の行相なるべし、然れば此品の十如十界の悟は、本迹二門に通ぜ令る也、
以上敎相の所談也
次に南無妙法蓮華經方便品の觀心とは、一心妙法蓮華經の方便品なるが故に三種の方便には絕對不思議の秘妙の方便、即ち我等が一心也、十如實相も衆生の心法也、五佛の開權顯實も我等が一念也、佛智見に開示《かいし》悟《ご》入《にう》する也、五乘の開會も我等一念也、管絃歌舞《かんげんかぶ》の曲《きよく》も起立《りつ》塔像《たうぞう》の善も皆な悉く我等が一心の妙法の方便也、南無靈山淨土の釋迦牟尼如來の方便品、南無五佛顯一の方便品、南無三種の方便品、

南無十妙十界實相の方便品、實相は必ず諸法、諸法必ず十如、十如は必ず十界、十界は必ず心土なり甚深也。

次に南無妙法蓮華經如來壽量品、夫れ二十八品は兩箇の大事の得益也、所謂一心三觀、無作三身なり、而るに此品從《よ》り以前の十四品は一心三觀を以て始成の三身と成す、此以下の十四品は彼の成ずる三身三觀を本覺無作と明す故に法華一部の大綱にして衆生をして成佛せしむ、行果は此の兩箇を出でざるが故に品々の肝要、別の才覺無き也、此上に迹門の境智、本門の境智、本迹不二の境智冥合之を思ふて定むべし、右此品の肝要は釋尊の無作三身を明にして弟子の三身を增進せしめんと欲す、今の疏に云く今正しく本地三佛の功德を詮量す、故に如來壽量品と云ふ已上文 此の三身は無始本覺の三身也と雖も且く五百塵點刧の成佛を立つ、三身即三世常住也、今弟子の始覺の三身も亦た我が如く顯して三世常住の無作を成ず可き也。

次に此品の觀心とは、妙法一心の如來壽量品なるが故に我等凡夫の一念なり、一念は即ち如來久遠の本壽、本地無作の三身、本極法身の本因本果の如來也、所居の土は常在靈山四土具足の本國土妙也、又釋尊と我等とは、本地一體不二の身也、釋尊と法華經と我等との三つ者、全體不思議の一法にして全く三の差別無き也、されば日蓮等の類、並に弟子檀那、南無妙法蓮華經と唱ふる程の者は久遠實成の本眷屬妙なり、此人の所居の土は久遠實成の本國土妙なり釋尊靈山淨土にして、本地地涌の菩薩に授職灌頂して言《のたまは》く飢《き》時《じ》の飲食、寒時の衣服、熱時の冷風、昏時《こんじ》の睡眠《すいみん》皆是れ本有無作の無緣の慈悲にして利益に非ざること無し仍て十妙異なれりと雖も一切の功德の法門也、一念唯だ遠本壽量の妙果也、南無常寂光の本地無作三身即一の釋迦牟尼如來南無久遠一念の如來壽量品、南無十方法界唯一心の妙法蓮華經、右二品を是の如く心得て一遍なりとも讀誦すれば、我等が肉身即ち三身即一の法身也、是の如く心得て至心に南無妙連蓮華經と唱ふれば、久遠本地の諸法無作の法身の如來等は、皆我等が一身に來集し給ふ、是の故に慇懃《いんぎん》の行者は分段の身を捨てゝも即身成佛、捨てずしても即身成佛也、文永十一年二月十五日、靈山淨土の釋迦如來に結要附屬して日蓮に謹で授職灌頂する也、妙覺より初住乃至凡夫迄也、初住より妙覺に登る也、是れ始覺なり、我等が成佛を云ふ也。以上

義淨房御書、に云く、
壽量品の法門は日蓮が身に取りてたのみある事ぞかし、天台、傳敎等も粗《ほ》ぼ知らせ給へども言には宣べ給はず、龍樹天親等も亦是の如し、壽量品の自我偈に云く、一心ニ欲シテレ見上ラントレ佛ヲ不三自ラ惜マ二身命ヲ一、云々 日蓮が己心の佛界を此の文に依て顯すなり、其故は壽量品の事の一念三千の三大秘法を成就せる事此の經文なり、秘す可し秘す可し、叡山《えいざん》の大師渡唐して此文の點を相傳し給ふ處也、一とは一道清淨の義、心とは諸法也、されば天台大師、心の字を釋して云く一月三星心果清淨云々 日蓮云く一とは妙也心とは法也、欲とは蓮なり、見と華なり、佛とは經なり、此五字を弘通せんは、不自惜身命是也、一心に佛を見る、心を一にして佛を見る、一心を見れば佛也、無作三身の佛果を成就せん事は恐らく天台、傳敎にも越へ龍樹迦葉にも勝れたり、相構へ相構へて心の師とはなるとも心を師とすべからずと佛は記し給ひしなり、法華經の御爲に身を捨て、命をも惜まざれと强情に申せしは是也、南無妙法蓮華經、南無妙法蓮華經
開目鈔、に云く、提婆達多《だいばだつた》は一闡提《せんだい》なり、天王如來と記せらる、涅槃經《ねはんぎやう》四十卷の現證は此の品にあり、善星《ぜんせう》、阿《あ》闍世《じやせ》等の無量の五逆謗法者、一をあげ頭をあげ萬をさめ枝を從ふ一切の五逆、七逆、謗法《はうほう》、闡提《せんだい》、天王如來に現れ丁《おは》んぬ、毒藥變じて甘露となる衆味に勝れたり、龍女が成佛此れ一人には非ず、一切の女人の成佛をあらはす、法華經以前の小乘經には女人の成佛を許さず、諸の大乘經には成佛往生を許すようなれども、或は改轉の成佛にして一念三千の成佛に非ざれば有名無實の成佛往生なり、擧一例諸《きよいつれいしよ》と申して龍女が成佛は末代の女人の成佛往生の道をふみあけたるなるべし、儒家《じゆか》の孝養は今生に限る、未來を扶けざれば、外家の聖賢は有名無實也、外道は過未を知れども父母を扶くる道無し、佛道こそ父母の後世を扶《たす》くれば聖賢の名はあるべけれ、然れども法華以前等の大小の經宗は自身の得道、猶かなひ難し何に況んや、父母をや、但文のみありて義なし今法華經の時こそ、女人成佛の時悲母の成佛も現れ達多惡人の成佛の時慈父の成佛も顯はるれ、此の經は內典の孝經なり。
唱題に依て即身成佛を自然に得るは性具の佛性の發輝に依る是れ法相の爾らしむる也。以上の三身即一と即身成

佛の解を以て、教相の說明を終とする。法華經の讀誦の力と唱題の功德を以て即身成佛の出來るのは、妙の力用であり、法相の爾らしむる處である。世尊は此大法を神力品に於て、我等に授與して、曰く、諸佛道場に座して、得たまへる所の秘要の法、能く是の經を持たん者は、久しからずして、亦應に得べし、能く此の經を持たん者は、諸法の義、名字及言辭に於て、樂說窮盡無きこと、風の空中に於て一切障礙なきか如くならん、如來の滅後に於て、佛の所說の經の因緣及び次第を知つて、義に隨つて實の如く說かん日月の光明の、能く諸の幽冥を除くが如く、斯の人世間に行じて、能く衆生の闇を滅し、無量の菩薩をして、畢竟して一乘に住せしめん、是の故に智あらん者、此の功德の利を聞いて、我が滅度の後に於て、斯の經を受持すべし、是の人佛道に於て、決定して疑あることなけん。以上經文
次に囑累品に於て此の妙法を我等に附屬し給ふ。
爾の時に釋迦牟尼佛、法座より起つて大神力を現じたもう、右の手を以て、無量の菩薩摩訶薩の頂を摩でゝ、是の言を作したまはく、我れ無量百千萬億阿僧祇劫に於て、是の得難き阿耨多羅三藐三菩提を修習せり、今以て汝等に付屬す、汝等應當に一心に此を流布して、廣く增益せしむべし、是の如く三たび、諸の菩薩摩訶薩の頂を摩でゝ、此の言を作したまはく、我無量百千萬億阿僧祇劫に於て、是の得難き阿耨多羅三藐三菩提の法を修習せり、今以て汝等に附屬す、汝等當に、受持、讀誦し廣く此を宣へて、一切衆生をして普く聞知することを得せしむべし、所以は何《いか》ん、如來は大慈悲あつて、諸の慳悋なく、亦畏るゝ所なくして、能く衆生に佛の智慧、如來の智慧、自然の智慧を與ふ、如來は是れ一切衆生の大施主なり、汝等亦隨つて如來の法を學すべし、慳悋を生ずることなかれ、未來世に於て、若し善男子善女子あつて如來の智慧を信ぜん者には、當に爲に此の法華經を演說して聞知すること得せしむべし、其の人をして佛慧を得せしめんが爲の故也。以上經文
世尊は末法の我等凡夫に、かく慇懃に大法を屬累し給ふ、謹で世尊の敕の如く奉行すべし。
病氣の祈禱を爲すには、體の構造を知らねばならぬ、故に次に體の構造の大略を說明する。

人體（科學）

我々の身體は長さが僅か五尺、重さは六十瓩の塊であり外部には手足五官を具し、其内には微妙復雜なる構造の内臟を保有し相互密接なる連絡を保ち秩序を亂さず、生業を怠らず晝夜休息なく目覺しい活動を續けて居る、是に依て生命を保ち運動する不可思議の動物である。

　身體を構造する原素たる細胞の惣數は血球を除き約八十兆の原形質細胞に依て造り上げられて居る、人類の體構は脊椎《せきつい》動物の一種であつて哺《ほ》乳類《にうるい》に屬する、我々が一定の體形を有するのは其内部に骨が有る故で、其骨の數は成人にては約貳百個ある、其他筋肉組織、運動機關、循環系統や呼吸器、排泄器《はいせつき》、神經系統や乃至五官の復雜なる構造に依て造られ、此の人間を造つて居る原素を原形質細胞と云ひ原形質細胞《げんけいしつさいほう》の大さは一ミリメートルの十万分の一で其組織は蛋白質《たんぱくしつ》（例へば卵白の如き者）に類似して膠樣物質である、原形質に混在する物質は次の如く固有の種々なる蛋白質がある、その蛋白質の內に、血清蛋白質、卵蛋白質及メタル蛋白質、その他の蛋白質がある、又た細胞核《さいほうがい》には核蛋白質の外にグロブリン及びクレイン等がある、又た炭水化物及び脂肪《しぼう》を混在する、次には諸種の鹽類である、即ち鹽《えん》素の化合物としては鹽化ボタシウム、鹽化アンモニウム、ソデイム、カルシウム、マグネシユム、カリウム及びアンモニウム等を含み、鹽類としては、それ等の炭酸鹽《たんさんえん》、流酸鹽《りうさんえん》及び燐酸鹽《りんさんえん》である、瓦斯體としては炭酸瓦斯と酸素《さんそ》とを有し、水が全體の約二分の一を占めて居る、以上が今日迄世界の學者に依て檢分された吾人を造つて居る物質即ち原形質の本體である、吾人の最初は父母の交會によつて父の精を受け母の卵より發生し、母の原形質の分與により胎内に十ケ月の間に過去數百萬年の間に進化せる經路を辿《たど》り、六根完備の體を造り出生し、最初は母乳に養はれ榮養を取りそれを消化し吸收し、呼吸する酸素《さんそ》に依て酸化し、そこに力と熱を生じ、其結果として炭酸瓦斯や尿《によ》、汗《あせ》等の老廢物《ろうはいぶつ》を排泄《はいせつ》し、斯く新陳代謝して生長し繁殖する、そして老衰して自然死を其最後とする、斯うした機能は必ず生物體の基礎物質なる原形質內に行はるゝ如くに見える、故に形態的には原形質を主成分とする個體で、生理的には生命を有するが故に生活現象を見せてゐるのであると生物學者は云ふ此の個體の人間が不思議にも智識を備へ、之を欲求し記臆を持ち愛欲を起し、集團を造り子孫を殘し國家を造る、然して宇宙的には天體を測量し、社會的には水力、熱力、電力を利用し、個人的には權利義務を覺り、哲學を知り、宗敎を解す、斯うした意味に於て哲學、科學、藝術、道德、宗敎の五つは人類が推求する理想と云ひ得る、此の不可思議中の大不可思議の智力現象に科學者は原形質が有する生活現象であると云ふ、以上
　宗敎家は此の不思議の現象を靈魂の働きと認め、靈其物の本躰を法身と名け、其人間となつた體を報身、其の作用を爲すのを應身と云つて居る。
五官の機能、（眼、視覺、耳、聽覺、鼻、嗅覺、舌、味覺皮膚、觸覺）自然界は自然科學者の五官を通じてその意識によりて精細に吟味せられるのである、故に若し其の五官の機能が完全であれば自然科學の歸結は絕對に眞理でありそこに科學萬能說の可能性が成立するわけである、之に反して五官の機能が不完全であれば科學的眞理と稱する者は全く信賴の價値なきものとなるのである、斯うした意味に於て、五官機能の定否は實に科學死活の運命を支配する重大なる事である故に豫め、これ等機能の主要點を吟味する必要がある。

五官の限界

視官、（眼）視官とは光線が、空間に遍在すると假稱されて居るエーテルに波動を起したる時、其の光波を感受する一官能に過ぎない、先づ光線の媒介によりて認めらるゝ色彩は、或る强度と速度とを以て光波が眼球構造の後部にある厚さ約一厘の網膜を打つとき、そのエーテルの波動數が一秒間四百億乃至七百億の速力範圍内に於てのみ網膜にその刺戟を感じて視覺を起したる者である、若し此の波動が右の速度以下なれば熱感を起すも光を生じない、又此の速度を起へる時は紫外線の場合の如く何等の感覺を起さない斯くした處に視官の局限がある、換言すれば陽光七色の分光帶の兩端、即ち紫外線と紅内線とは實在するも、眼には見得ないと云ふのである。

　其他最遠、最近、或は最小なる物體は見ることを得ない又或る者を見へたやうでも、それは錯覺と稱して誤り見えるのである。是等によりて視覺の不完全さを知るに充分であ

る。

聽覺、（耳）之は發音體の音波《おんぱ》が空氣に振動を起し、其波動が鼓膜《こまく》に觸《ふ》れて中耳の三小骨にその波動を傳達し、更に內耳に進み蝸牛殼《くわぎうこく》に廻進する際、初めて聽神經に感じて其中樞《ちうすう》に到達する感覺である、而も其感覺たるや、自ら界限がある、即ち其の音波の振動數が一秒時に最低十四五回より最高三萬八千回以內は之を感知し得るも、兩極限外の音は聽官に入らぬのである。

嗅官、（鼻）この官能は五官中最も簡單にして又容易に遲鈍《ちどん》化する官能といはるゝのである即ち或る香臭の微細分子が鼻《び》腔內《こうない》に入るや、腔內の溫度と同溫となつて初めて、その上壁の粘膜に散布する嗅覺神經末梢に感覺し以て中樞に送らるゝのである、この感覺たる最初は鋭敏なるも間もなく鈍くなり遂に殆んど無感覺に等しくなり果るのであるそれ故感覺せぬからと云ふても香臭《かうしう》の對象物が無いとは決して言ひ得ないのである、そこに斯官の不完全さが容易に見出されるのである。

味官、（舌）この官能も比較的簡單なるものである、その感覺たる主として舌端の表面に配在する輪廓狀《りんくわくじやう》、絲狀及蕈狀《じんじやう》の突起即ち乳頭に末端を有する味覺神經によりて感知せらるのである、而して其の感知さるゝものは必ず液體又は唾液《だえき》に溶解《ようかい》されたもので、舌面と同溫（攝氏四十度を最良とす）となるを要するのである、而して其感覺の强弱たるや同一對象物に於ても、個人によりて之を異にし、又一個人にても時と場合によりて幾分の差がある、こゝにも亦斯官の不完全を發見するのである。

觸官、（皮膚）是れは即ち眞皮が表面に接觸《せつしよく》する部分に同じく乳頭《にうとう》と稱する無數の小突起あり、その突起內部にある觸覺小體によりて外界よりの壓力又は溫度、或は唐辛《とうがらし》などの如き刺戟を感覺する官能である、此の感覺の鋭敏なる部分は、口唇、指頭《しとう》及び舌端《ぜつたん》であつて、背部及兩脚《りやうきやく》は之に反して鈍いのである、斯くの如く身體の部分により鋭鈍の差があるのみならず、個人によりて物體の大小、厚薄、形狀、滑粗《くわつそ》、痛痒《つうよう》を感じる、その程度に相違を見るのである特に溫覺は指頭と顏面とに於て最も鋭敏にして攝氏一度の五分の一の差をも尙能く識別し得べく、四十七度以上又は零度以下十度の溫覺は痛感として皮膚に知覺するのである。

上述の如く自然科學者にとつて唯一の武器とも云ふべき所謂五官には自ら機能に局限があつて、そこに不完全さを明かに示して居るのである、假令一歩を讓つて完全に近き者としても飢、渇の兩感覺の如きも、之等の五官を以てしては到底之を知るに由なき者である、詳言すれば胃が空となり胃《い》粘膜《ねんまく》の觸れ合ふときに「飢《うゑ》」を覺へ、又口腔内の軟口蓋に常住の水分を缺乏する際に「渇《かわき》」を感ずるものと知らるゝも而も如上の五官のいづれを以つてしても、之を知覺することが出來ないのである、故に自然界の萬象は到底五官のみにて之を知るの不可能なることを明かに證明し得て餘りあるものである、然らば五官を通じて來る感覺そのものを綜合して判斷するところの精神の作用や如何にと云ふに、是れ亦その人により、將た同じ人でも時と場合とによつて幾分の差異を認むるのである、故に科學者は出來得る限り精細なる器械を使用して或る範圍迄の正確を維持せんことを期待するのである。

尚此外にも自然界、殊に精神界に至つては到底五官と常識精神とを以て律《りつ》することの不可能の諸現象がある、例へば催眠術、物體透視、精神傳達、占水術及び色幻等の如き即ちそれである、更に宗敎的信念より來る加持祈禱の効果或は純宗敎信仰を基準《きじゆん》とする治病神癒等の奇蹟現象に至つては、未だ心理學者の所謂心理現象の說明・若くは幼稚なる精神分析學などのみによつて之を解釋する事は出來ないのである、否なそれ等の諸現象は全く現代科學智識の及ばざる彼岸の現實である。

斯ういふ風に論述して見ると五官と頭腦の判斷とは洵《まこと》に不完全極まるものであつて之に絕對の信賴を置くと云ふ事は出來なく、さればと云つて科學の所產は果して信用の價値なきものなりやと云ふに、其れも餘りに躁急《さうきう》なる歸結論斷である、何となれば科學者の五官も精神作用としては假令上述の如き局限あるにせよ、その局限の範圍《はんい》内に於ては的確性を有し從つて該範圍内に於ける所產は信賴すべきものであるが故である簡言すれば科學者は宜しくその科學的能力の範圍を意識し之を越へて科學を以て一切を律し得たりなどと決して過言すべきでない、その意味に於て自然科學者はこゝに嚴然として成立するのである。

以上は生物學者木村德藏博士の說である、五官の不完全を證せん爲に採錄したのである。

佛敎の身體の構造

佛敎にては吾人の身體及び一切の物質は四大（四ツの元素）を以て說明されて居る、其四大とは地大、水大、火大、風大と稱せらる、地大は堅を性とし物を支持する働があり、水大は濕を性とし物を收攝する、火大は煖を性とし物を調熟する、風大は動を性として物を生長さす、此の四大が集つて、一切の色法、（即ち物質）を造作すれば能造の四大とも云ふ、要するに一切の有形、有質の者は此の四大の所造である、此の四大の構造する一切の物質を大別して名、色の二つとする、名とは形體の見ることの出來ぬ物質で只名を以て知る故に名と名け、色とは極微所成の質礙ある物質、（極微とは日中空中に見る、一遊塵の八十二萬分一）之を色と云ふ、次に之を五に分類する。
五蘊《をん》、舊譯五陰、蘊とは積集の義とあり、衆多和聚の義と云ひ、數多の小分物集りて其用を爲せば蘊と云ふ、是に五あり。
一に色蘊《しき》、色とは五根、五境等有形の物質の總稱
二に受蘊《ぢう》、境に對して事物を受け込む心の作用
三に想蘊《そう》、境に對して事物を想像する心の作用
四に行蘊《ぎやう》・境に對して瞋り貪る等の善惡に關する一切の心の作用
五に識蘊《しき》・境に對して事物を了別識知する心の本體なり。
之を一有情に徵すれば、色蘊の一は即ち身にして、他の四蘊は即心也、心の中に受、想、行の三は心性上、各一種特別の作用なれば之を心所有法、即ち心王の所有の法と名け識の一は心の自性なれば之を心王と名く、即ち五蘊は心身の二法にて、色界、欲界の如き身ある有情は五蘊より成り無色界の如き身なき有情は色蘊なく殘る四蘊より成る
此の五蘊が元で身體が造られ之に六根を具す。

六根

六根とは眼、耳、鼻、舌、身、意の六官なり、根は能生の義、眼根は色境に對して眼識を生じ乃至意根は法境に對して意識を生ずれば根と名く
一に眼根、即ち眼・視覺を生ずる者

二に耳根、即ち耳、聽覺を掌る者
三に鼻根、即ち鼻、嗅覺を掌る者
四に舌根、即ち舌、味覺を掌る者
五に身根、即ち身體、頭と、胴と二本の手と二本の足の總稱、
六に意根、即ち意識なり、
其外に三十六の不淨物がある、涅槃經に之を三類に別つ。
一に外相の十二、髮、毛、爪、齒、眵《し》、(めやに)淚、唾(つばき)尿(いばり溺大便)垢(あか)汗(あせ)
二に身器の十二、皮、膚、血、肉、筋、脈、骨、髓、肪、膏、腦、膜、
三に內含の十二、肝《かん》、膽《たん》、腸《ちやう》、胃《い》、脾《ひ》、腎《じん》、心《しん》、肺《はい》、生臟《せいざう》、熟臟《じゆくざう》、赤痰《せきたん》、白痰《はくたん》以上三十六物の者が集つて人間が出來て居ると云ひ然して其形體は父母の遺傳に依ると云ふて居る、華嚴經《けごんきやう》の梵行品に、「梵行は則ち八萬戸の蟲たりとあり、即ち八萬の個體の集合、即ち肉身は八萬戸(孔)あつて戸每に九億の蟲あり、(蟲とは一々の微分子が生活して居る故蟲と云ふ即ち科學の細胞の生活を蟲と云ふ)以て肉身を成ずると云つて居る(即ち生た細胞の集合と說く)
華嚴經初發心菩薩功德品第十三に
慧者能く分別す乃至、一一の毛孔の中の無量の諸佛の刹を、菩薩摩訶薩は一切皆悉く見る穢濁と或は淸淨と種々の妙莊嚴とを、彼の諸の行業に隨ひて、皆悉く分別して知る、一一の微塵の中の一切諸佛の刹《せつ》と、諸佛及菩薩とを佛子は皆悉く見る、諸刹は積聚《せきしう》せず、亂れず迫迮《はくさく》(せまりちゞまらす)せず、一切は一刹に入りて、而も亦所入無し、十方の諸の國土は虛空法界に等しきも能く一毛孔に於て具足分別して知る、以上
(是は細胞か集つて人間の體を造るも各自其分を守りて共同して生活する有樣を示されしなり毛一本に附ても一本づゝ別に生育して居る、爪、齒に於ても然り仔細に硏究されん事を乞ふ)

生死流轉に就て、　大井庄司入道御書

有情輪廻生死六道と申して、我等が天竺に於て獅子と生れ、漢土に於て虎狼野干と生れ、天には鵰鷲《くまたかわし》、地には鹿蛇《しかへび》と生れし事數を知らず或は鷹《たか》の前の雉《きじ》、猫の前の鼠《ねずみ》と生れ生ながら頭を啄《つゝ》き、しゝむら(肉)をかま(咬)れし事數を知らず、一劫の間の身の骨は須彌山よりも高く大地よりも厚

かるべし、惜しき身なれども云ふに甲斐なく奪はれてこそ候けれ。

宗祖は斯く吾人の過去に動物時代があり、之が漸次生死流轉し人間となれるを說き、科學の進化論を證し給はつたので次に佛教の身體に起る病氣の原因を說明する。

佛教の病の原因と治病

涅槃經聖行品に云く、云何か病と爲す、病は四大毒蛇互に調適せざるを謂ふ、亦二種あり一つには身病、二つには心病なり、身病に五つあり、一つには因水《いんすい》、二つには因風《いんふう》三つには因熱《いんねつ》、四つには雜病《ざつびやう》、五つには客病《きやくびやう》なり、客病に四つあり一つには非《ひ》分《ふん》彊作《きやうさ》（むりなすること）二つには忘誤《まうご》墮落、三つには刀杖瓦石、四つには鬼魅《きみ》所著《しよちやく》なり、心病に亦四種あり、一つには踊躍《ゆやく》、二つには恐怖《きよふ》、三つには憂愁《ゆうしう》四つには愚痴《ぐち》なり、復次に善男子、身心の病に三種あり、何等を三と爲す、一には業報《ごうほう》、二つには惡對を遠離することを得ず、三つには時節代謝なり、是の如き等の因緣、名字、受分別、病を生ず、因緣とは風等の諸病なり、名字とは心悶、肺脹《はいちやう》、上氣《しよき》嗽逆《そうぎやく》、（せき）心驚下痢《しんきやうげり》なり、受分別とは頭痛、目痛、手足等の痛なり、是を名けて病と爲す。以上
病起六緣、一に四大不順の故に、二に飲食不節の故に、三に坐禪不調の故、四に鬼神使りを得る故に、五に魔神の故に、六に業の所起故に病起る、（止觀八）

十種の病惱

一肉病、二心病、三呪病、四鬼病、五魔病、六神病、七靈病、八業病、九試病、十慈病、以上十病也。

一に肉病とは四大不調より起る普通の病氣　即ち寒暑等氣候の變化、食物の不養生より起る病氣。

二に心病とは神經病にして憂怖、悲哀、憤怒、喜悅の度を過すにより起る。

三に呪《じゆ》病、他人の呪咀力《じゆそりよく》により、魔鬼來つて惱すにより起る。

四に鬼病、鬼病に五種あり請望《せいもう》・報仇《ほうぎう》、玩戯《ぐわんぎ》、寓食《ぐうしよく》、遊《ゆう》寓《ぐう》是れなり、望む所あつて病ましむ之を請望と云ふ、嘗て傷害を加へし者を惱す之を報仇と云ふ、快《くわい》を取らんが爲に魅す之を玩戯と云ひ、口腹を養はんが爲に着す之を寓食と云ふ、故なくして着す之を遊着と云ふ、鬼病は佛力に非ず

とも諸天の力之を攘《はら》ふことを得。

五に魔病、魔王魔民、欺誑《きわう》若しくは玩戯の爲に人身に沴《れい》觸《しよく》し、能く善業を捨離し惡業を增進せしむ、或は吸精の者もあり、諸佛の神咒に非ざれば治する能はず（沴は破り損する事）

六に神病、下劣の天神祭祀を求めん爲に人身に沴觸《れいしよく》す。

七に靈病、生靈（生た人の怨靈）死靈（死人の靈）の起す病氣、例へば肺病で死せし靈が憑附すれば、其人は肺病の徵候を呈し、熱病にて死せし靈が憑附すれば倦怠を感ずる、狂氣の靈が憑附すれば、頭べ痛み精神に異常を起す等其死靈の所有する苦痛を感ず。

八に業病《ごうびやう》、宿世多くの生類を毆打殺生し、又病者を虐待せし者、又正法を謗りたる者、其苦惱を受く、醫藥針炙の得て治する所に非ず、經に云く若し醫道を修して方に順じて病を治せば、更に他の病を增し或は亦死を致さん若し病あらば人の救濟すること無く、設《たと》ひ良藥を服するも復た增劇せんと說けるは是なり。

九に試病、行者の深信を試さん爲め護法の善神之を病ましむ。


十に慈病、行者の所作、應に成辨せんとするに臨んで、善神其五欲の浸亂を防がん爲に、大慈力を以て之を病ましむ。

十病の内一二と八九十は、加持力を以て治すべきに非ず三四五六七の五種は加持力を以て治することを得之を五段の法と云ふ。

有智の禽獸、屠に遭ふて祟を爲す

佛、在世に天竺維耶離國に疫癘《えきれい》大に流行し悶亂《もんらん》空を搔《かい》いて死する者多し、佛、阿難に告て曰く、今此疫災は此國の人民慈悲の情なく、好んで殺生を爲す故に、牛羊猪鹿雞鶩等の中に智覺ある者、將に殺されんとする時に臨んで誓願を爲し、願くば惡鬼となりて我を犯し我を縛し我を殺し、又我が肉を食ひ乃至肉漿《にくしやう》の少分をも飮む者、悉く是を惱殺して一も遁《の》がす所あるなからんと、是の故を以て今日の疫災は彼の非命に死したる有智の禽獸の怨報なり汝等力に隨て法を修し、此怨念を解散し衆生を利樂し、又夫れをして三寶に歸依せしめ、慈悲心を起さしむべし。

問て云く、智覺ある者智覺無き者、同一禽獸に如何にして起るや、云く動物には單生《たんせう》の者あり續生《ぞくせう》の者あり、單生とは今日初めて生を受け死して又生を受くるを云ふ、續生とは、二生、三生、乃至億無量生を經る者を云ふ、單生は其情甚だ淺薄にして白痴《はくち》の如く、續生は生を累《かさ》ぬる毎に執情熾《し》旺《わう》にして智覺彌々黠峻となる、禽獸の族、魚類單生なり、故に怨恨力少し、展轉して此族類に生を受くる者より怨恨を爲す、故に妄に殺生すべからず。

末世の衆生鬼神に惱さる、千轉陀羅尼經に云く末世薄德の衆生は三寶に歸依するを知らず、身口意を恣にし常に過惡を造る、是故に惡鬼神、短を窺ひ自形を隱し假托變現し、晝夜の中に於て衆生を惱害し種々の苦惱を受けしむ、問て云く三寶不信の者は惡鬼侵入もあるべし、既に三寶に歸する者も、間々鬼魅に寄着さるゝは如何、云く既に三寶に歸すれども信念堅固ならず如何ぞ鬼の侵入を免れんや故に千眼神咒經に云く、後五百歲の中の衆生は垢重く德薄く專念なること能はづ、設《たと》ひ受くるも或は鬼神に侵害さると、又信心修行の人と雖も宿障重疊なる人は鬼魅に着かる是れ祈禱に依て罪障消滅の必要ある所以なり。

富木殿御返事

御消息に云く、凡そ疫病、彌々興盛等云々 夫れ人に二の病あり、一には身の病、所謂地大百一、水大百一、火大百一風大百一、已上、四百四病なり、此の病は設《た》とひ佛に非ざれども之を治す、所謂治水《ちすい》、流水《るすい》、耆婆《きば》、扁鵲《へんじやく》等が方藥是れを治するに愈《い》へずと云ふ事なし、二には心の病、所謂二毒乃至八萬四千の病也、此病は二天、三仙、六師等も治し難し、何に況や、神農黃帝《しんのうこうてい》の方藥及ぶべしや、又心の病、重重に淺深勝劣分れたり、六道の凡夫の三毒八萬四千の心病は小佛、小乘、阿含經、倶舍、成實、律宗の論師、人師是を治するに愈《い》へぬべし、但し此小乘の者等、小乘を本として或は大乘を背き、或は心には背かざれども大乘の國に肩を竝べなんとする、其國其人に諸病起る、小乘等を以て是を治すれば諸病は增すとも治せらるゝ事なし、諸大乘經の行者を以て此を治すれば則ち平癒す、又華嚴經、深密經、大日經等の權大乘の人々各々劣謂勝見《れつゐしようけん》を起して我宗は或は法華經と齊等《ひとし》、或は勝れたりなんと申す人多く出來し或は國主等此を用ひぬれば此によりて三毒八萬四千の病起る、返つて自の依經を以て治すれども、いよいよ倍增す、設ひ法華經を以て行ふとも驗し無し、經は勝れてをはしませども行者の僻見の者なる故也乃至實經の行者をあだめば、實敎の守護神の梵釋日月、四天等其國を罰する故に、先代未聞の三災七難起るべし、所謂、去、今年、去ぬる正嘉等の疫病等也。

太田入道殿御返事

病の起る因緣を明すに六有り一には四大順ならざる故に病む、二に飮食節不《な》らざる故に病む、三には座禪調はざる故に病む、四に鬼便りを得、五には魔の所爲、六には業の起るが故に病む云々大涅槃經に世に三人の其病治し難き有り、一に大乘を謗す、二に五逆罪、三には一闡提、是の如き三病は世の中の極重なり云々、今世に惡業成就し乃至必ず地獄なる應し乃至三寶を供養するが故に地獄に墮せずして現世に報を受く、所謂、頭と目と背との痛み等云々、止觀に云く若し重罪有て乃至、人中に輕く償ふと、此は是れ業が謝せんと欲するが故に病む也云々、龍樹菩薩の大論に云く問て云く若し爾らば華嚴經乃至般若波羅蜜《はんにゃはらみつ》は秘密の法に非ず、而も法華は秘密也等云々、譬へば大藥師の能く毒を變じて藥と爲すが如しと云々、天台此論を承て云く、譬へば良醫の能く毒を變じて藥と爲すが如く乃至、今經の得記は即ち是れ毒を變じて藥と爲す也、故に論に云く、餘經は秘密に非ず、法華を秘密と爲す也云々、止觀に云く法華能く治す、復稱して妙と爲す云々、妙樂云く治し難きを能く治す、所以に妙と稱す云々。

平等大慧妙法蓮華經の第七に云く、此經は則ち爲《こ》れ閻浮提《えんぶだい》の人の病の良藥なり、若し人病あらんに是の經を聞く事を得ば病則ち消滅して不老不死ならん云々、巳上、上の諸文を引て惟《たゞ》に御病を勘ふるに六病を出でず、其内の五病は且く之を置く、第六の業病最も治し難し、將た又業病に輕き有り重き有り、多少定らず、就中法華誹謗の業病最も第一なり、神農《しんのう》、黃帝《こうてい》、華佗《くわだ》、扁鵲《へんじゃく》も手を拱《こまね》き、持水《じすい》、流水《るすい》、耆婆《ぎば》、維摩《ゆいま》も口を閉づ、但釋尊一佛の妙法の良藥に限て之を治す法華經に云く上の如し。

依法華經可延定業、

夫れ病に二あり、一には輕病、二には重病、重病すら善醫に値ふて急に對治すれば命猶ほ存す、何に況や輕病をや業に二あり、一には定業、二には不定業、定業すら能く能く懺悔すれば必ず消滅す、何に況や不定業をや、法華經第七に云く此經は閻浮提の人の病の良藥なり等云々此經文は法華經の文也、一代の聖敎は皆如來の金言無量劫より已來不妄語の言也、就中此の法華經は佛の正直捨方便と申して眞實が中の眞實なり、多寶證明を加へ諸佛舌相を添へ給ふいかでか空しかるべき、其上最第一の秘事はんべり、此經文は後五百歲、二千五百年の時、女人の病あらんと說かれて候文也、阿闍世王は御年五十二の二月十五日に大惡瘡《さう》身に出來せり、大醫耆婆が力も及ばず、五十餘年の間の大樂一時に滅して、一生の大苦三七日に集れり、定業限りありしかども佛、法華經を重ねて涅槃經となづけて、大王に與へ給ひしかは、身の病忽に平癒し心の重罪も一時に露と消へにき、佛滅後一千五百餘年、陳臣《ちんしん》と申す人ありき、命、知命にありと申して五十年に定りて候ひしが、天台大師に値ひて十五年の命を延べて六十九まではしき、其上不輕菩薩は更に壽命を增すと說かれて法華經を行じて定業を延へ給ひき、彼等は皆男子なり、女子には非ざれども法華經を行じて壽命を延ぶ、又陳臣は後五百歲にも非ず、冬の稻、夏の菊花の如し、當時の女人の法華經を行じて定業を轉ずることは秋の稻米、冬の菊花、誰か驚くべき、されば日蓮悲母を祈りて候しかば、現身に病をいやすのみならず、四箇年の壽命を延べたり、今女人の御身として病を身に受けさせ給ふ試《こころみ》に法華經の信心を立てゝ御らむあるべし、しかし善醫あり中務三郞左衞門尉殿は法華經の行者なり、命と申す者は一身第一の珍寶なり、一日なりとも之を延るならば千萬兩の金にもすぎたり、法華經の一代聖敎に超過していみじきと申すは壽量品のゆへぞかし、閻浮第一の太子なれども短命なれば草よりもかろし、日輪の如くなる智者なれども夭死《ようし》あれば生ける犬に劣る、早く心ざしの財をかさねて、急き〳〵御對治あるべし。

法華題目抄、に云く

妙とは蘇生の義なり、蘇生と申すは「よみがへる」義也譬へば黃鵠《くわうこく》の子死せるに、鶴の母子《し》安《あん》と鳴けば、死せる子還《かへつ》て活《よみがへ》り、鴆鳥《ちんちやう》水に入れば魚蚌《ぎよぼう》悉く死す、犀《さい》の角之に觸《ふ》るれば死せる者、皆なよみがへる如く、爾前の經經に佛種をいりて死せる二乘闡提《せんだい》女人等、妙の一字を持ちぬれば、いれる佛種も還て生ずるが如し、天台云く闡提は心あり猶作佛すべし、二乘は智を滅す、心生すべからず法華經能く治す、復稱して妙と爲す、云々 妙樂云く但大と名けて妙と名けざる者、一には有心は治し易く無心は治し難し、治し難きを能く治す、所以に妙と稱す云々 此等の文の心は大方廣佛華嚴經、大集經、大般若《はんにや》經、大涅槃《ねはん》經等は題目に大の字のみありて、妙の字無し但生ける者を活かして死せる者を治せず、法華經は死せる者を治す故に妙と云ふ釋なり、されば諸法にして佛に成るべき者も佛にならず、法華は佛になり、がたき者すら尙ほ佛になりぬ。以上
涅槃經、に云く、譬へば良醫の病を知りて藥を說くに病者の服せざるは醫の咎《とが》に非ざるが如く、善男子施主有つて其所有を以て一切の人に施すに受けざる者あれば、施主の咎に非ざるが如し、善男子譬へば、日出づれば幽冥《ゆうめい》、明《あきらか》なるに盲聾《もうこ》の人の道路を見ざるは日の過《とが》に非ざるが如し、善男子恒河の水能く渴乏を除くも渴者飮まざるは水の咎《とか》に非ざるが如し、善男子譬へば大地の普《あまね》く菓實を生ずること平等にして二つ無きに、農夫の植へざるは地の過に非ざる如し、善男子、如來は普く一切衆生の爲に十二部經を廣開し分別す、衆生の受けざるは如來の罪に非ず、善男子道を修する者は即ち阿《あ》耨多《のくた》羅《ら》三藐《みやく》三菩《は》提《だい》を得。以下略

死に就て涅槃經

何等をか死と爲す、死とは受くる所の身を捨つ、所受の身を捨るに亦二種あり、一には命盡《みやうじん》死、二には外緣《がいえんし》死なり命盡死に亦三種あり、一に命盡、是福盡に非ず、二に福盡是命盡に非ず、三に福命倶盡なり、外緣死とは亦三種あり一に非分自害死、二に横爲他死、三に倶死なり、又三種の死あり一に放逸《はういつし》死、二に破戒死、三に壞命根《ええやうこんし》死なり、何等を名けて放逸死と爲す、若し大乘方等般若波羅蜜《はんにやはらみつ》を誹謗《ひぼう》する有らば是を放逸死と爲す、何等を名けて破戒死と爲す、去來現在の諸佛所制の禁戒を毀《き》犯す、是を破戒死と爲す、何等をか名けて壞命根死と爲す、五陰身を捨つ、是を壞命根死と名く是の如きを名けて死となし大苦と爲すと云、以下略
死とは內體の命根（壽命、倶舍には一つの法として說てある）が盡《つき》たる時に、靈魂の分離するに依て起るのである、譬へば自動車の全體を人とすれば、「ガソリン」が食物で發動

機が命根で車台一切を身體として靈魂を運轉手とする、人は物を食はねば死ぬ、ガソリンが無ければ自動車は動かない、人は物を食ふても時が來て老衰《ろうすい》すれば死ぬ、自動車もガソリンが有つても發動機が磨損したら動かない、運轉手は此の古自動車を捨てる、是れが人間ならば普道の老衰死である、又た天災、戰爭、其他傷害に依て死ぬる。是は自動車が衝突して大破損し復舊の見込の無い時之を見捨てる是が人の横死である、又小破損は修繕する、人が病氣で入院すると同樣で人には過去の行に依て與へられたる壽命がある、大切に人道を守り善を行ひ養生して生活すれば與へられた壽命以上長命する、自動車も大切に注意して使へば命數以上保つ、又車が破損して捨てた時、心掛《こゝろがけ》の善い運轉手で平素貯金してあれば直ぐ代りの新式の自動車が買へる心掛の悪い人は永久に買へない、之を法に當てれば心掛の善い貯金する人は正法に歸依し善事を行ひ功德を積んだ人に當る、其德に依て望の時再び娑婆へ出生が出來る、德を積まない人は永劫に出られない、世尊は佛法を得れば世法を得宗祖は宮仕へを法華經と思し召せと仰せられた、故に人間と生れた以上妙法に歸依し正法に順じた職業に從事し善を行ひ未來の爲に功德を積まねばならぬ事になるのである。

靈魂

靈界の統一より抜萃

現今一般の科學者の稱する靈魂と、佛教に示された靈魂の名稱及び實質の說明。

科學者が地球、構造の材料として發見せし九十餘種の元素が最近、極微分子即ち電子《エレクトロン》の發見に依て一元に歸した、此の一元たる電子に相當する者を佛法では法身、眞如、如來藏、萬有總該の一心、心、佛性、法性、妙と種々の名に依て說かれて居るが、同一の者を指したのである、其體は瓦斯體で肉眼に見へぬ故に說明の仕樣が無かつたから不可思議と名けられ、言語道斷、心行所滅で即ち言語で說明し心で測ることが出來ない、そして萬物の色（物質）心（心性）と善悪を造る性質、即ち三千の諸法を具備して居る、完全無缺の不可思議の一大原素で、世尊は是を妙法と名けられ日蓮上人は之を釋して妙とは法性なり法とは無明なり、無明、法性一體なるを妙法と云ふなり（御義口傳）と說明された、此の妙法が縁に引かれて、十界と別れ、一念三千の大法理に依て萬物が造られたのである、故に心、佛、衆生、此の三差別なしと說かれたのは、此の一元から流出した故である。

科學者の二元論に稱する靈魂は、佛教の如何なる部分に當るかを比較すれば。

佛教の賴耶緣起《らやえんぎ》說では、阿賴耶識《あらやしき》が靈魂に當り眞如緣起說では、阿梨耶識《ありやしき》が靈魂に當る。

華嚴の法界緣起說では、萬有總該《そうがい》の一心、即ち心が靈魂に當る。

眞言宗の六大緣起では識大《しきだい》が靈魂に當る。

天台宗では、一念三千の一念が靈魂に當る。

是迄比較して說た靈魂は、科學的には、電子が、各原素と變化した時、一種の支配權を持つた靈魂も一元素として其頃發生したのである、其時期は地球に於ては星雲時代、佛說では無始と說かれた、然して新しく靈魂と云ふ者が發生したのではない、即ち九十餘種の元素も電子の變形に過ぎない、永い永い年月の間に靈魂なる一元素は他の元素を集め、無機物より有機物に段々進化し、植物となり動物となり人類と進化して遂に今日の社會を造つたのである、其實質は元素の如く瓦斯體で肉眼には見へぬ（眼根淸淨を得たる人には肉眼に見る事を得） 水無く空氣無く食物無くして生存し、電氣の如く物質を透過し、又物質內に潜在し水中にも居住する、其壽命は永遠にして宇宙と共なり、其數は無量にして因緣の引く處、草木となり動物ともなる、故に礦物にも植物にも動物にも靈魂は含まれて居る、其物質が破壞した時、靈魂は物質より分離する、譬へば木が枯れた時、動物が死んだ時、靈魂は分離し瓦斯體となり、生前の最后の姿となる、此の分離した靈魂は因緣の引く處に隨ひ、時を俟《ま》つて入胎して體を作り出生する、斯くの如く、生じては死し死しては生じ、其都度、進化し退化し變化し永遠に流轉し社會を作る、其の最も進化した者が即ち吾々人類である。

遠く印度吠陀時代、又は古代ヱジプト、バビロニア等にては五六千年前に既に靈魂の存在を認めて居つた、歐洲に於ても昔は見認《みと》めて居つたが、百年程前から科學が進步して心理學が發達して一切を遺傳と腦の作用に歸し、靈魂の存在を認められなくなつたが、最近其の有無に就て一元論と二元論があるが科學的に證明が出來ない爲に確定しない然し最近發見された「ラジウム」も大古から存在して居つたのであるが今迄發見されなかつた、三十年前には科學界は三十六元素で萬物を構成すると說明して居つたが、今日では五十餘種增加し總體で九十餘種を認めて居る、今一步進んで科學者も靈魂を一の元素と認める時期が來るであらう事を信んずる。

現在吾人が心眼で見、日夜交通する靈魂は、肉眼には見へぬが、瓦斯體で樣々の姿をして居る、此の姿は數千萬年の間流轉し動物植物と樣々に變化した最后の生存時の姿である、此姿は靈魂の化生であり、即ち佛敎で云ふ戒體に當る、此姿は入胎して再生しない限り、何千年經ても其儘變化しない、父母又は雌雄の緣を借りて入胎し社會に出る時父母の姿を遺傳する、そして生存し死後は其死の時の姿を靈は保有する。

是を佛說の三身に配當すれば、電子の一元は宇宙的で法身に當り、各元素及び靈魂となつた時か報身で、生物となり物質と成つた時が應身である、即ち三身即一の理で統一されて居るのである。

次に十如是の第二、性如是の解釋に性は內に據《よ》るを以て自分不レ改、性如是を三身に配當した時、報身に當り三諦には空諦、界如三千の法にては、千如に當る、即ち元素は自身のみにて變化することが出來ない、即ち性不改で、姿は肉眼に見へない即ち如で、如は空の義である、然も不思議に種々の者を造る働がある、之を千と名づけたので、即ち種々の者を造る働があるが、姿は肉眼に見へぬ、元素は千如である止觀には理性にして佛性の性なり、とあり余の見解に味方して居る。

靈魂の說明に付、電子との關係を如何にして說明せんかに就て考へた、佛祖は前記の如く明に解決を與へ給ふた、佛祖の大慈悲を深く感謝する。又た世尊は宇宙の萬物は一元より發生せし故、同一である說明に一切衆生が一時に成佛しても佛界增さず衆生界減せず、又草木も國土も悉く皆な成佛する、即ち動物も植物も礦物も皆な進化して最も完全なる狀態即ち成佛すると世尊は三千年の昔に於て妙法一元論を說かれた、次に祖書に依て靈魂の說明する。

日蓮上人の一元論の統一、

色心二法鈔、
生ずるは心法なり、滅するは色法なり、色心の二法が不二なりと云は譬へば籾《もみ》を種におろすには、籾《もみ》は去年《こぞ》の果なれば心法なり此の心法を今年種に下すには、此種子、苗《なへ》となる、心ろ色となるが故に心法の形見へず、但色法のみなり然りと雖も此の色法の全體は心法なる故に日月の過行に隨て成長するなり、故に色心不二なり、色心不二なりと雖も又而二《にに》なり、此の色法の苗の中より秋に至て又本の心法の種を生ずる也、故に不二にして而二也、是の如く十界の依正色心の二法、一法二義の理にして生死常住の故に三世に改ることなし。

總在一念鈔、に云く

釋籤《しやくせん》の六に云く、總は一念にあり別は色心を分つと云々
問ふて云く總在一念と者、何なる者そや、答て云く一偏に思ひ定め難しと雖も、且《しばら》く一義を存せば衆生最初の一念也と定む、心を止て倩《つらつ》ら按ずるに我等の最初の一念は無沒無記と云て、善にも定らず、惡にも定らず闇闇湛湛《あんあんたんたん》たる念也是を第八識《しき》と云ふ、此第八識は萬物の總體にして諸法總在して備ふるが故に總在一念と云ふ、但し第八識の事の一念也、此一念動搖して一切の境界に向といへども所緣の境界を未だ分別せず是を第七識と云ふ、此第七識又動搖し出でゝ善惡の境に對し悅ふべきは喜び、愁ふべきは愁《うれ》へて善惡の業を結ぶ是を第六識と云ふ、此第六識の業感《ぎやうかん》じて來生の色報を獲得する也、譬へば最初の一念は湛湛たる水の如し、次に動搖して一切の境界に向とは、水の風に吹れて動すれども波《なみ》とも泡《あわ》とも見分けざるが如し、又動搖して善惡の境界に對して喜ぶ可きは喜び、愁ふべきは愁ふとは、水の波濤《はとう》と顯れて高く立上《たちのぼ》るが如し、次に來世の色報を獲得するとは、波濤《はさう》の岸に打ち上げられて大小の泡《あわ》となるが如し泡の消ゆるは我等が死に還《かへ》るが如し、能く能く思惟《しい》すべし波と云ひ泡と云ふも一水の所爲也、是は譬なり、法に合せば、最初の一念展轉して色報をなす、是を以て外に全く別に有るに非ず心の全躰が身體と成る也、相構へて各別に意《こゝろ》得《う》べからず、譬へば是れ水の全體、寒じて大小の氷となるが如し、仍て地獄の身と云て洞然猛火の中の盛んなる焰《ほのを》となるも、乃至佛界の體と云て色相莊嚴の身となるも只是れ一心の所作也、之に依て惡を起せは三惡の身を感じ、菩提《ぼだ》心を發せば佛菩薩の身を感ずる也、是を以て一心の業感の氷にとぢられて十界とは別れたる也、故に十界は源其體一にして只是れ一心也。以下略

十二因緣御書、靈魂の說明

第六の意と云ふ者は一切衆生、我等が心中に持ちながら

都《すべ》て之を知らざる也、我が意さへ知らず、見ず、況んや人の上をや、當座の人々知《しろ》し食《めさ》れんや、佛も心をば不思議と仰られたり、況んや其以下をや、知らざる故は、此の心は長短方圓の形を離れたり、青黃赤白黑の色に非ず、言語道斷、心行所滅の法なり、行住座臥、語默作作、因緣表白の喩《たと》ふべきに非ず、是を繪に書き作り出すべき物にも非ず、是を脩學する者に非ず、佛より記別せられたることもなし神の詑宣《たくせん》に承る事もなし、親、師匠の手より讓られたる事もなし、天より降《ふ》り地より涌《わ》きたる者に非ず、極大不思議の者也、かゝるくせ物（奇異）なるも、天台、妙樂二聖人の御釋玄文に云く心は玄焰《げんえん》の如く但名字のみあり、之を名けて心と爲す、適《たまたま》其れ有と云はんか色質を見ず、適、其れ無しと云はんか復た慮想《りよそう》起る、有無を以て思度《したく》すべからず故に心と名け妙と爲す。妙心可軌なり之を稱して法と爲す心法は因に非ず果に非ず、能く理の如く觀じて因果を辨ず之を蓮華と名く一心の觀を成ずるに依て、亦轉じて餘心を教ゆ之を名けて經と爲す矣。以下略
靈魂の本體及び現象、實在に付て說明の爲め宗祖の御遺文から前記の如く採錄した、其靈體を妙法と說かれたのであつて之を能く能く御勘考されたい、祈禱に付て交涉する靈魂は、普通一般に認識されて居る人類の死后の靈及び動物靈に就てゞある、一般に死靈と稱へらるゝ者は、瓦斯體であつて肉眼には見へぬが、其生前最後の死の刹那《せつな》の姿を其儘現ずる、之を戒體と云ひ、神も同一である、修行が出來て眼根清淨を得た人は肉眼に見る事が出來る、又數人一室に集つて居つて同時に同一の姿を見ることもある、然し是は靈の本體で無く、生前の假の姿である、本體は前に說明した通り妙法である、瓦斯體の姿は死後の道程の一現象である、故に怨念《をんねん》を以て迷へる靈、病氣の苦痛を以てをる靈も祈禱に依て得道せし時、戒體は變化し佛道を得るのである靈魂の實在に付ての說明は三諦圓融の深義を以てせねば說明し難い。
靈魂は期が熟すれば男女の緣を借りて入胎し再び體を得て出世する、斯くして死しては又產れ、生れては又死し、進化し退化し變化する、其理由は妙法即ち靈魂の性具の三千の大法理に依るのである。

死後の生活、生死流轉、（十王讚歎鈔）

人は死後、如何なる境遇《きやうぐう》となるか祖書の說明。

先づ人一期の命盡きて、死門に趣《おもむ》かんとする時、斷末魔《だんまつま》の苦とて八萬四千の塵勞《じんろう》門より色々の病起て、競ひ責むることは百千の鉾劍《むけん》を以て其身を切割《きりさ》くが如し、之に依つて眼闇《まなこくら》く成て見度き者も見得ず、舌の根すくんで云ひたき事も云ひ得ざるなり、又莊嚴《さうごん》論に命盡き終る時は大黑闇《こくあん》を見て深岸《しんかん》に墮《をち》るが如し、獨り曠野を逝て伴侶有ること無し、と云て、正しく魂の去る時は目に黑闇を見て高き處より底へ落入るが如くして終る、さて死して行く時、唯獨り渺々《びよびよ》たる野原に迷ふ、此を中有の旅と名くる也、されば路に行んとすれども求むべき資糧《しりやう》も無く、中間に住して止らんとすれども止るべき處もなし、又闇《くら》き事暗夜《やみよ》の星の如しと云、只星の光を見て行程の闇《くら》さなれば前後左右明ならず、一人としてそはづ、是非を訪ふ人もなし、其時の有樣思ひ遣《や》るこそ心細く悲しけれ、娑婆《しやば》戀《こい》しく妻子見たけれど、立歸るべき道ならねば、彌々道遠くなる、行方《ゆくへ》覺へねば思ひ分《わけ》たる道もなし、彼に附け此に附け、身にそう者とては悲の淚《なみだ》也、此の如く何《いづ》くを指ともなしに行く程に途中にして獄卒の迎を見る人もあり、又初七日の王の前にて初て見る人もあり、此等は罪業の淺深と見へたり、此外極惡、極善は中有なし、極善の人は直に成佛す、極惡の者は直に惡趣に墮《お》つ、此善惡に中有之れ無し、只尋常の體にて、若しは佛道修行に趣《おもむ》くと雖も、其法成就する程の行業もなさずして、暮せる人に中有あり、今は是の如き人の相なり。以下略

生死流轉、に付き、女人成佛鈔

一切衆生は、法性眞如の都を迷ひ出でゝ、妄想顚倒《もうさうてんだう》の里に入しより己來、身口意の三業になす處の善根は少なく、惡業は多し、されば經文には、一人一日の中に八億四千念あり、念々の中に作す所、皆是れ三途の業なり等云々、我等衆生三界二十五有のちまたに輪回せし事、鳥の林に移《うつ》るが如く死しては生じ、生じては死し、車の場《には》に廻るが如く、始め終りもなく、死しては生ずる、惡業深重の衆生なり、爰《こゝ》を以て心地觀經に云く、有情輪廻《うじやうりんえ》して六道に生ずること車輪の始終なきが如く、或は父母となり、男女となり、生生、世世互に恩あり云々 法華經卷第二に云く、三界は安きこと無し猶《なを》火宅の如し、衆苦充滿せり云々 涅槃經二十二に云く菩薩摩訶薩、諸の衆生を觀ずるに、色香味觸《しきこうみしよく》の因緣の

爲の故に、昔し無量無數劫より、常に苦惱を受く、一一の衆生一劫の中に積る所の身の骨は王舍城の毗富羅《ひふら》山の如く飲む所の乳汁は四海の水の如く、身より出す所の血は四海の水より多く、父母兄弟、妻子眷屬の命終に涕泣して出す所の涙は四大海の水より多し、地の草木を盡して四寸の籌《かずとり》と爲して以て、父母を數ふるも亦盡《つく》すこと能はず、無量劫より已來、地獄、畜生、餓鬼に在て受る所の苦、稱計すべからず、亦一切衆生の骸骨《がいこつ》耶《や》云々、是の如くいたづらに命を捨るところの骸骨は毗富羅《ひふら》山よりも多く、恩愛あはれみの涙は四大海の水より多けれども、佛法の爲には一骨も投げず、一句一偈を聽聞して一滴《てき》の涙をも落さぬ故に、三界の籠樊《ろうはん》を出でずして、二十五有のちまたに流轉する衆生にて候也。

植物が動物となる、　本尊供養鈔

法華經の文字は六萬九千三百八十四字、一一の文字は我等が眼には文字と見へ候へども、佛の御眼には一一に皆な佛也、譬へば金粟《こんぞく》王と申せし國王は沙《いさご》を金《こがね》となし、釋摩男《しやくまなん》と申せし人は石を珠と成し給ふ、玉泉に入りぬる木は瑠璃《るり》となる、大海に入りぬる水は皆鹹《しほゆ》し、須彌山《しゆみせん》に近く鳥は金色となる、阿伽陀《あかだ》藥は毒を藥とす、法華經の不思議も亦是の如し、凡夫を佛と成し給ふ、蕪《かぶら》は鶉《うつら》となり、山の芋《いも》はうなぎとなる、世間の不思議以て是の如し、何かに況んや法華經の御力ぞや。

進化論に、依れば動物も植物も元は同一の元形質より成る故に松の木も、狐も其源は同一である、唯、分離した時代か遠き昔し故、今日の如く變化したのである、又、人類も太古海中に住んで居つて魚類の時代が有ったのであつて、人の頭蓋《づかい》骨は鱶の頭蓋骨より進化し、手足の四肢は魚の鰭《ひれ》から進化したと比較解部學は云って居る、釋尊の三十二相の内の第五縵網《まんもう》の相とは手足の指の間に織緯あって文互連絡すること、鵝鴨の如き者とて水搔かある。

是迄は靈魂が死後の生活及び再び生れ變り、種々の者に變化することを祖書に依て證明した斯くの如く佛教に於ては進化論又は退化論即ち流轉論を説明して居るのである、世尊は其本體を妙法と説かれ此の妙が一念三千の大法理に依て樣々に變化し流轉するのである。

死靈の姿と住所

過去十年間千人以上の靈と交靈して死後の狀態《じやうたい》に付いて實驗した結果を綜合《そうごう》して發表する、生物は死の刹那《せつな》、靈魂は其體から脱出する瓦斯體で肉眼には見へないが、其姿は生存中の最後の姿を化生し保有して居る、普通の人の靈の大さを倶舍論《ぐしやろん》には六七歳の小兒の如しとあるが、我々の心眼に映《うつ》る姿《すがた》は、殆んど生前と同一の大さで、其着衣も平素好んで着て居つた者が多い、昔戰爭で討死した靈は鎧兜《よろいかぶと》の武者の姿で血に塗《まみ》れ、刀を杖にし居る、又疫《えき》病で苦悶《くもん》して死んだ靈は、其苦悶の儘の姿で現れる、頸び縊《くく》りはブラ下り頭が充血し眼が痛み咽喉《のど》が痛み苦悶した姿で出て來る、其形は千姿萬態であるが要するに死の最後の姿を保有して居るのである。

死後靈魂の冥界に在る期間を經典に中有とある、極善極惡を無中有と云ひ、極善の人は死後苦痛無く善神に導《みちび》かれて直に靈山淨土へ行き、極惡人は直に地獄へ墮ちる故此の二つは中有が無い、中有又は中陰《ちういん》とも名けるが經典には定說無く四十九日、百ケ日、又は一年、三年等の說がある、又た日時に制限なしとの說もある、實驗に依れば中有の期間は其靈魂の因緣即ち罪の淺深に依て不同であると云はねばならぬ。

死靈の住所

靈魂は死の刹那《せつな》の一念の處へ行く、譬へば旅行先で災難で死んだ時、父母妻子に遇ひたいと思つた一念は直に其家に歸る、又人を恨《うら》み怨念を以て死した場合、其怨靈は直に先方へ行き恨を報ふ、自分の家で安靜《あんせい》に死んだ者は其家に殘る、行處《ゆきどころ》の無い行路病者は其死んだ土地に纏《まつは》る、斯くの如く靈は死の刹那の一念に依て働き、後は自由に一人歩きが出來ない、故に臨終《りんじゆう》の時の觀念が最も必要である、故に臨終の時、正念を要するのである。

靈魂は中有の間に自然の支配を受け、時に從て向上向下し、因緣が熟した時、入胎して再び社會へ出るのである、生前善事を行はづ、信仰もしなかつた靈は向上することが出來ない、畜生界に墮ち牛馬犬猫等に生れる、靈魂は子孫の追善供養を受くる事が出來る、其功德により解脱し向上する、祖先の靈は其家に留る故に子孫は追善供養を怠つてはならぬ、家に佛壇の有るのは靈魂に一定に住居を與へ、朝夕の讀經は食事を給仕するに當る、普通の靈魂は六識を具すれども六根無き故、物を見ることも出來ず闇黑である、耳に聽く事も口に食ふことも出來ない、法華經の功德により六根完備す、故に先祖には報恩の爲に朝夕讀經回向が必要である。

靈魂は瓦斯體の故に伸縮自在にして水中にも廣野にも木の中にも、土の中にも居ることが出來る、又電氣の如く何れからでも出入は自由なるも死の刹那の一念の所に留る、又因緣の引く處へ行けば、其後は自由に好む所へ行く事が出來ない、丁度電氣の中和した狀態になるので闇黑の中に出生する緣のある迄、百年でも千年でも其儘眠て居るのである、生前法華經を信じ常に題目を唱へ、行の正しい人の靈魂は死後の靈體に六根を具し光明を認め、苦痛無く耳に聽き眼に見ることを得、斯くの如く冥界は千姿萬態で複雜して居る。

死靈と交話

靈魂が物語するには、生て居る人の機關(六根)を借りねばならぬ、此人を近代では靈媒と云ふ、經典には童男童女の心淸き者の體に靈を移して其人の口を以て物語するとある、日本にても神は巫女《みこ》に憑《かゝ》り敕を降され、又歷史には、天皇が神靈と物語された事蹟がある、德川時代には巫女《みこ》の口寄せとて死人の靈を呼び出し物語さす職業があつたが、生活の爲に未熟の者が僞《いつはり》を告げ金錢を貪り害毒を流した爲め禁止された事がある然し世界に於ける、宗敎の起源は、猶《にゅ》太《でや》敎、基督《キリスト》敎、回々《フイフイ》敎、波斯《ペルシヤ》敎、婆羅門《はらもん》敎等は皆な神の示現神人の交通より初まる、世界を通じて昔の人は靈感が現今の人より銳敏であつたようだ。

生た人の體を靈魂は如何にして使用するか

生た人の發言機關は心臟の下である、平素靈は下腹部即ち臍《へそ》の下に居るが。昔から臍下丹田と云ふた、靈が意志を發表しようと思ふた時は心臟の下の發言機關へ來て意志を發表する夫れが言語となつて現はれる、他の靈が此の場所へ這《は》入つて意志を發表すれば、腦の働に依つて言語となつて現る、不意に驚いた時、心で思つて居つても聲が出ない事がある、是は咄嗟《とつき》の間で靈が發言する場所へ行く間が無かつた時である。

他の靈魂を靈媒の體へ移すには、靈媒が修法讀經の力に依て沒我入神の三昧《まい》境になつた時に移す、他の靈が靈媒の心臟の下の發言機關へ這入つて意志を發表すれば、腦を通じて手足の運動及び言語となる、又其人の眼を通じて現界を見ることが出來る、又畜生の靈、即ち犬猫の靈が發言機關へ這入つた時、其意志の發表は人の言語となつて出る、又外國人の靈が出ても日本語に變化する、然し健全なる意志の强い靈で其國語で問ふ者があれば其外國語で答へることもある、此際外國語を知つて居る靈媒ならば充分の物語が出來る、又發言機關に他の靈と本人の靈と共に居り交代して使用することも出來る、故に物語中、自分の已心が雜《まじ》ることがある、故に靈媒者は多年の練習と誠實と順良なる素質が必要である、又た練習が積めば自身の體へ靈を移し此の靈と胸中に於て物語することが出來る、此時腦は双方の話しを記憶する。

神と人との關係、前述の發音機關に神靈が居れば、其神の意志は、其人の意志、言語となつて發す、國家の大事に付ての　天皇の敕は　天祖の仰であり、戰爭の時の元帥の命令は神の意志である、例へば日露戰爭の時、對《つ》島海峽《しまかいきやう》に東鄕大將が頑張つてバルチツク艦隊を全滅させた其時の大將には日本の神が乘つて居られて、大將の意志は神の意志であつた、又各自の守護神は、日夜共々働き、共存共榮さるゝのである、又惡魔の靈は惡人に乘つて其の意志以外の極惡を爲さしむ事があるのである。

靈魂は我等の肉體へ何れより浸入するかと云ふに、肉體は靈の分子より非常に粗《あら》く、靈の分子を水とすれば肉體は海綿位の粗體故何れよりも自由に浸入が出來るが、大概手先より腕を通ずる者が多い、此靈の移る時、弱い電流の通ずる如く感じる人もある、又荒き靈の時の其局部に輕き痛を感じる、又體內の何處にも居住することが出來る、居住と云ふても海綿が水を吸ふ如く積は大きくならないで水が存在し得る狀態である、惡靈が止住した時に故障が起る是が一種の病氣となる。

死靈を靈媒に移し物語させるには、普通に死んで苦痛を持て居らぬ靈魂でも一週間乃至二週間、生た人の體に移し其人の耳より法華經の經力と人の精力を附與せねば、靈魂は物語する力がない、非業の最後した靈は其苦痛から先に取らねばならぬ、譬へば縊死《いつし》した靈は先づ頸《くび》の繩《なわ》を切り咽喉《のど》の苦痛を取らねばならず、姙娠《にんしん》して七八ヶ月で子を生まづして死んだ靈、又は難產で子を生まずして死んだ靈は、其靈體に子を產せ、身二つにしてやらねば苦痛は取れぬ、隨て何日祈禱しても得道しない。

靈魂の姿の變化

吾人は道場に來る死靈の着衣が變化し又は不具な所が時を經て回復するを見る例へば戰死せし武者が鎧兜《よろいかぶと》の武者姿で血に塗れて刀を杖によろ〳〵と來るが、此靈が二三週間聽經の功德に依て得道した時、其時代の白の裃《かみしも》の禮服を着て髮も奇麗に結て居る、又殿上人は衣冠束帶、夫人は其位置の禮裝をする、又不具の人、手足を切斷した人、盲目、聾、等も回復する、此の變化は法華經の功德に依り彼の解脫により彼の戒體は變化するのである吾人の日夜の所作も應に斯くの如く時々刻々戒體を造りつゝある、故に日夜、行を正しくしなければならぬ、人が道德を守り善を行はねばならぬ根底は玆にある。

靈魂の入胎と出生と壽命

靈魂は出生すべき時が來た時、一族其他緣の有る所へ生れ更《かわ》るのである、佛敎には『父母交會の時、赤白の二諦、集て一諦となる、大さ豆子の如し、此內に識神を宿す』とある、是は婦人の月經の後の交會の刹那、因緣の熟した靈が其中へ這入り宿るので是が入胎である、此の機會の揃《そろ》ふのが困難なのである、醫師が診察して完全な生殖機能をそなへた壯健な若夫婦に子供の出來ないのは入胎する靈が無いのである、是が醫師と佛法の見方の相違である、夫れから其靈が母體から營養を受けて體を造り其姿に兩親の形と性質が映《うつ》るのである。

普通死んでから再生迄の中有の期間を今迄薰發した因緣を綜合して見れば約百五十年以上三百年位かゝる、然し罪を犯さない信仰の強い人、又は善根を積んだ人は四五年內に再來することが出來る、祖父が孫の腹に生れ出る話しは能く聽く、靈魂は其體を縮少すること自由である、水が蒸氣となれば千六百倍に增し、又蒸氣が水に返れば千六百分の一になる、靈も變化することを得る故に卵子の中に入る此時隔世《かくせ》即忘《そくぼう》、入胎すると同時に、入胎の大苦を感じ・今迄の自由の境界より、微少なる卵子の中に閉ぢ込められ自由を得ない故に非常の苦惱を受く、此の苦により既往の一切を忘る、經に云く生を隔《へだつ》れば、悉く前世の事を忘れて記憶せざること、凡夫は云ふ迄もなく、天台六即の內「觀行即」の位に至りても爾なり。

玄義六に云く若し相似《そうじ》の益は世を隔るも忘れず、名字と觀行とは隔世即忘。

然れども生長するに隨て、過去世の宿因薰發す、過去世に得たりし才能は最も速に發達し例へば五六歲の小兒が將棋《しようぎ》の初段を指し、小女の音樂に巧なる天才とは皆な過去世に得意なりし、能力の發揮《はつき》に依るのである、又人の好める道は過去の薰發に因るのであつて、之れ即ち八十の手習最も必要なる所以である、現行は未來を作る。又靈は入胎すると同時に戒體が更《かわ》るから（母體の造る姿、胎兒）若し出產迄に死亡することがあれば、夫れは恐るゝべき靈の一大事で未成品の合の子で、此の靈は再び入胎する力もなく、又向上する力も無く其姿の儘で永遠に迷ふのであり、靈として最も悲慘《ひさん》なる位置になるのである、故に墮胎は最も重き罪である、觀世音菩薩が、胞衣《えな》の附いた、胎兒を抱き、寶瓶より乳を出して與へて居らるゝ圖があるが、是は斯かる最も哀むべき靈を、大慈大悲の手を以て救養されてる姿である。

又再生後過去の判明するのは、生前信仰して居つた神、又は過去の父母妻子又は關係した靈で出生しなかつた靈が其人の生前を知つて居つて、物語するので判明する、此神を經典には俱生《ぐしやう》神とある。

靈魂は元來非常に微妙に完全に出來て居つて自己其物であるから、感覺や、意識に上らぬ者である、地球の自轉運行を感ずる人は無く、自己の身體を吸引せる引力の存在を意識する人は無い、ラヂオの電波を肉體に感じる人は無い、人は空氣を呼吸して居るが、其存在は肉眼に見へぬ、靈魂も凡人の肉眼では其形を見ることが出來ないが、其不思議の本體は實在する。

因緣果

因とは果を造る者、即ち原因であつて、婆娑に造は是れ因の義、大乘義章に、親生を義とす、之を目して因と爲すとあり一物の生ずるに親しく強く力を與ふる者を因となし疎く弱く力を添ふる者を縁とする、例へば稻の種子籾《もみ》は因であり雨露、日光、土、空氣、農夫等は縁であつて、此の因縁の和合しての結果が米となり、即ち果となる、通稱之を因果と云つて居る。

此の法理は前に說いた、十界互具一念三千の大法理に依るものであつて曩《さき》に詳細に說明した故茲では略する。

吾人が因縁に依で其果を受くるに、現在に於て受くる者と、未來に於て受くる者との兩者がある、今夫れを詳說する。

因果經に前世の因を知らんと欲せば、則ち今世に受くる所の者是れなり、後世の果を知らんと欲せば、則ち今世に爲す所の者是れなりとあり、此の因果に四通りある。

一順業受業、是は現在に業因を造つて、其果が直に現在に現はれて來る事であり、若い時働いて老年に富豪になるようなのは、此の例で通常人の見て居るのは是れだけである。

二順生受業、是は現在に造つた業因の結果を現在に受けずして、次の生に受けるのである。

三順後受業、是は次の生に受けずして、次の世の次とか其又た次とかに受けるのである。

四順不定業、是は時期も定らねば、受けるか受けないかも解《わか》らぬのである、例へば一つの惡事をしても、是を消《け》すだけの善業あれば、其惡の果を受けずに濟むやうな者である。以上
三世、　三世とは過去、現在、未來を云ふのであるが、あへて生前、死後とのみ見るに及ばず、只今を現在とすれば今より前は過去、今より後は未來で一生の中にも、一月の中にも、一日の中にも、一時間の中にも、一秒の中にも三世はある。吾人は日夜之に支配されて居るのである。

又果報に引業《いんぎょう》、滿業《まんぎょう》の二業がある。

引業とは六趣に於て未來世の鬼畜人天等の生を招引する最も主要なる業を引業と云ふ、是は人とか猫とか犬とかに生れる總報を云ふ、滿業とは鬼畜人天等に生れても、更に六根の不具、身體の强弱、壽命の長短、其他貧富、貴賤等各自差別する果報を滿業と云ふ、例へば書者が人體を書くに總體の輪廓を引くを引業に譬へ、其上に於て好醜姸美を別つを滿業にたとう。

此二業の詳細なる說明は祖書「十法界因果鈔」一二〇九

法華經二十重勝諸教義御遺文一六六六にあり玆には略す。

開目鈔下に云く、心地觀經に云く過去の因を知らんと欲せば、現在の果を見よ、未來の果を知らんと欲せば其現在の因を見よ。

又云く疑て曰く、汝如何にして流罪死罪等を過去の宿習と知らん、答て云く銅鏡は色形を現ず、秦王驗僞の鏡は現在の罪を顯す、佛法の鏡は過去の業因を現す、般泥洹經《はつないおんきやう》に云く、善男子、過去に無量の諸罪、惡業を造る、是の諸の罪報は或は輕易せられ、或は形狀、醜陋衣服足らず、飮食粗疎、財を求むるに利あらず、貧賤の家、邪見の家に生れ或は王難に遇ひ及び余の種々の人間の苦報あらん、現世に輕く受くるは、是れ護法の功德力に依る故也。以上

善惡の解

善と惡とは誰にでも解《わか》つて居るようであるが、其善とは何か、惡とは何ぞやと云ふのは倫理學上の大問題である、佛敎の中でも小乘、大乘の別があり、佛一代の敎義の淺深と修行の差別に依つて善惡《なく》の標準《ひようじゆん》も違つてくるが、菩薩瓔珞《ぼさつようらく》經には理に順ずるを善とし、理に違《い》するを惡とす、又一切衆生の識、始て一想を起し緣に住す、第一義諦に順じて起るを善と名け、第一義諦に背くを惡となす。法界次第に善は理に順ずるを義と爲し、倒を息し直に歸するが故に順理と云ふ、惡は理に乖《そむ》くを以て義と爲す。唯識論に此世他世を順益する有漏無漏《うろむろ》の行法を善とし、此世他世に於て違損《いそん》する有漏の行法を惡とす、若し夫れ人天の樂界の如き此世に於て順益を爲せども、他世に於て順益を爲さゞれば是れ善に非ず、無記性なり、又惡趣の苦果の如き此世に於て違損を爲せども、他世に於て違損を爲さゞれば是れ惡に非ず亦無記性なり。

其理とは何であるかと云へば、宇宙の眞理、妙法である、妙法には善惡を俱有して居る、即ち一念三千の法の中に三惡道（地獄、餓鬼、畜生）の性を含んで居る、宗祖、治病大小權實鈔に云く、法華宗の心は一念三千、性惡、性善、妙覺の位に猶、備れり。

眞言見聞に云く、一念三千を立てざれば性惡の義之れ無し性惡の義無くんば、佛、菩薩の普賢色身現ずるに由なし（性惡の義無ければ觀音の三十三身、妙音の三十四身現ずること

能はづ）

故に佛に成つても惡の性は殘つて居る、是を性惡不斷《せいあくふだん》、修惡斷《しゆあくだん》と云ふ、故に善惡は一元同體の一念に倶有し三千の法により起る、法性の作用に外ならず、故に善惡不二、邪正一如の妙理現る、故に惡人でも妙法に救はれて成佛する故に法華經では妙法を信じ持つのを一切の根本善とし、此經を信ぜずして謗法するを佛種と斷つ一切の根本惡とする、然れども妙法を唱へながら惡事をすれば性惡不斷の故に惡は日々に增長する、故に行者は涅槃經の諸惡莫作、衆善奉行、自淨其意、是諸佛法、諸の惡を作すこと莫《なか》れ、衆くの善を行ぜよ、と仰られし如く身の行を謹み、其心を清ふせねばならぬ。

佛教道德上、善惡を分類されたのが、十惡、十善である次に詳說する。

十惡とは、一に殺生《せつしやう》、生物を殺さゞる事、二に偸盜《ちうとう》與へざるを取る事、三に邪婬《じやいん》自の妻妾に非らずして婬を行すること、四に妄語《もうご》、虛誑《こもう》の語、五に兩舌《りやうぜつ》、離間の語、六に惡口粗惡語、七に倚語《きご》、雜穢語《ざつえご》、語に婬意を含む者、八に貪欲《とんよく》、貪り貯ふ、九に瞋恚《しんい》、怒り腹立てること、十に、邪見《じやけん》正因果を撥して僻信禍を求むる者此の十、互に理に乖《そむい》て起る故に惡と名け、又此の十惡は苦報の業因なれば十惡業、又は十不善道、又十惡業道とも云ふ。

次に十善とは、不殺生乃至不邪見なり、此十、能く理に順ずるが故に善と名け、又十善業、又、十善道業、とも云。

煩《ぼん》惱《のう》、貪欲《とんよく》、瞋恚《しんい》、愚痴《ぐち》等の諸惑《わく》が心を煩《わづら》はし身を惱すを煩惱と云ふ、即ち思想的の自我及び本能的な欲望に身心を惱まされ亂されて、眞の自由解放を得られぬ苦しみを煩惱と云ふ、是に百八の煩惱、八萬四千の煩惱等あり、大別して見思惑《けんしわく》、塵沙惑《じんしやわく》、無明《むみやう》の惑《わく》の三惑とし無明の惑を一切の根本煩惱とする、天台宗にては此の三惑を斷せん爲に三觀の修行をする。

三毒《どく》煩《ぼん》惱《のう》、三毒煩惱は罪惡の根本である。

三毒又は三根と云ふ、一に貪毒《とんどく》、二に瞋毒《しんどく》、三に痴毒《ちどく》と云ふ。

貪毒とは引取の心を貪と名く、迷心を以て一切順情の境に對して引取して厭《あく》なきものとあり、即ち自分の好む所の者を飽《あ》く事無く多く得ようとする心。

瞋毒、 とは恚《い》怒《き》の心を瞋と名く、迷心を以て一切違情《いじやう》の境に對して忿怒を起すものとあり、怒ること自分の好まない者を斥《しりぞ》ける心、身心を熱惱せしめ諸の惡業を起さしむ。

遺敎經に云く瞋心は猛火よりも甚だし、常に應に防護し入ることを得ざらしむべし、功德の劫賊は瞋恚に過たるはなし。

決定毘尼經に云く寧ろ百千の貪心を起さんよりも一の瞋恚を起さゞれ、大慈を違害すること之に過ぎたるは莫し。

能く大利を損する瞋に過たるは無し、一念の因緣倶胝《くてい》廣劫の所修の善を焚滅す（倶胝とは天竺の數千萬又は億を指す）

痴《ち》毒《どく》、 迷闇の心を痴と名く、心性闇鈍にして事理の法に迷ふ者、愚痴、亦、無明と名く、是に二種あり、痴毒獨り起るを獨頭の無明と名け、貪毒と共に起るを相應無明と名く、貪毒等は必ず痴毒と相應して起るなり、正しき道理を有の儘に見ることの出來ない迷の心、唯識《ゆいしき》に云く諸の煩惱の生ずるは必ず痴に依るが故、智度論に云く我を利益する者有れば貪欲を生ず、我に違逆する者は瞋恚を生ず、此の結使《けつし》、智より生ぜず、狂惑より生ず、故に是を名けて痴と爲す、三毒は一切煩惱の根本なり。大乘義章五に云く此の三毒は通じて三界一切の煩惱を攝す、一切の煩惱は能く衆生を害す、其れ猶《なを》毒蛇の如し、亦毒龍の如し、此の故に龍に喩へ毒となす、止觀の五に云く、四大は是れ身病、三毒は是れ心病、心に三毒を起せば即ち三毒と名く、涅槃經に毒の中の毒は三毒に過たるは無し。以上

松野抄、 に云く、惡の因に十四あり、一に憍慢《けうまん》、二に懈退《けたい》、三に計我《けいが》、四に淺識《せんしき》、五、着欲《ちやくよく》、六に不解《ふかい》、七に不信《ふしん》八に顰蹙《ひんしゆく》、九に疑惑《ぎわく》、十に誹謗《ひぼう》、十一に輕善《けいぜん》十二に憎善《そうぜん》十三に嫉善《しつぜん》十四に恨善《こんぜん》也、此の十四誹謗《ひほう》は在家出家に互るべし恐る可し恐るべし、
四苦八苦、 一に生老病死の苦（八苦の内より之を開て四苦とす）
二に愛別離苦《あいべつりく》、所愛の者と離別する苦、三に怨憎會苦《をんぞうえく》、常に怨憎する者と會合する苦、四に求不得苦《ぐふとくく》、求むる所を得ざる苦、五に五陰盛苦、五陰は一身の總體也、性欲の熾盛なるを愼む苦、
謗《ほう》法《ほう》の大罪、 謗法とは誹謗《ひほう》正法の略で、佛の正法を誹《そ》謗《しる》する事で、佛敎の根本罪惡として之を誡めるので正法

は佛陀の生命であり、唯一の師である、衆生の成佛の原種であるから之を謗るは佛種を斷絕することになる、法華經に共罪を說て此經を信ぜざる者は一切世間の佛種を斷じ阿鼻獄に墮つと說かる。
富木殿御書、に云く、妙法蓮華經の第二に云く若し人信ぜずして此經を毀謗《きぼう》し經を讀誦し、書持すること有らん者を見て輕賤憎嫉《けいせんぞうしつ》し而《て》結恨を懷かん、其人命終して阿鼻獄《あびごく》に入ん、乃至是の如く展轉して無數劫に至らん、第七に云く千劫阿鼻獄に於てす、第三に云く三千塵點、第六に云く五百塵點劫等云々涅槃經に云く惡象の爲に殺されては三惡に至らず、惡友の爲に殺されては必ず三惡に至る等云々賢慧《けんえ》菩薩の法性論に云く愚にして正法を信ぜず、邪見及び憍慢なるは過去の謗法の障《さはり》なり、不了義に執着し供養恭敬に著し、唯邪法を見て善智識に遠離して謗法者の小乘の法に樂著する是の如き等の衆生に親近して大乘を信ぜざるが故に、諸佛の法を謗す、智者は怨家、蛇火毒、因陀羅霹靂《へきれき》、刀杖、諸の惡獸、虎狼獅子等を畏る應《べ》からず、彼は能く命を斷じても人をして畏るべき阿鼻獄に入らしむること能はづ、畏るべきは深法を謗すると及び謗法の智識也、決定して人をして、阿鼻獄に入らしむ、惡智識に近きて惡心にして佛の血を出し及び父母を殺害し、諸の聖人の命を斷じ、和合僧を破壞し及び諸の善根を斷ずると雖も、念を正法に繫《か》くるを以ての故に能く彼の所を解脫せん、若し復た餘人有つて甚深の法を誹謗せば、彼人無量劫にも解脫を得べからず。以下略す
妙法尼御返事、我等がはかなき心に推《す》するに佛法は唯だ一味なるべし、いづれも、いづれも心に入れて習ひ願はゞ生死を離るべしとこそ思ひ候に、佛法の中に入りて惡ろく習ひ候ぬれば謗法と申す大なる穴に墮入りて十惡、五逆と申して日日夜夜に殺生、偸盜、邪淫、妄語等を犯す人よりも五逆罪と申して父母等を殺す惡人よりも、比丘、比丘尼となりて身には二百五十戒を堅く持ち心には八萬法藏をうかべて候やうなる智者聖人の一生が間に一惡もつくらず、人には佛のように思はれ、我身もさながら惡道にはよも墮まじと思ふ程に十惡五逆の罪人よりもつよく地獄に墮ちて阿鼻大城を栖《すみか》として、永く地獄を出でぬ事の候けるぞ乃至謗法と申す罪をば我身も知らず、人も失《とが》とも思はず、但佛敎を習へば貴しとのみ思ひて候程に、此人も又此人に

隨ふ弟子壇那等も無間地獄へ墮ろ事あり、所謂勝意比丘《しやういびく》、苦岸比丘《くがんびく》なんど申せし僧は二百五十戒を堅く持ち三千の威儀一もかけずありし人なれども無間大城に墮ちて出る期見へず、又彼の比丘に近づき弟子となり壇那となる人人存の外に大地微塵の數よりも多く地獄に墮ちて師と共に苦を受けしぞかし、以下略
勝意比丘とは過去師子音王佛の世に現はれた僧で喜根比丘か諸法實相を說きしを誹謗した、喜根比丘は侮辱を受けしも益々熱心に主張を通せし爲め、遂に成佛し、勝意比丘は却て地獄に墮つ。
苦岸比丘は大莊嚴佛の末世に普事《ふじ》、苦岸《くがん》、薩和田《さつわだ》、將去《しやこ》、跋難陀《はつなんだ》の五比丘か五派に別れ普事の外は皆正法を謗つた罪で永久に大地獄に墮ちたと云ふ故實。

曾谷殿御返事

如何に法華經を信じ給ふことも謗法あらば必ず地獄に墮つべし、うるし千杯に蟹の足一つなるべし毒氣深入失本心故は是れ也。

うるしの中へ蟹の足を入れゝば、うるしは直ぐ腐る、此反對にうるしかぶれのした時、蟹を煎じて其水を附ければ、うるしかぶれはすぐ治るが、之に當って居るのである。

信　仰

華嚴經に云く、信は道の元、功德の母、一切の諸善法を增長し一切の諸疑惑を除滅し、無上道を示現開發す。

菩薩本行經に云く若し一切衆生、初めて三寶海に入る信を以て本とす。

智度論に云く、佛法の大海、信を能入と爲し、智を能度と爲す、乃至信を手と爲す、人、手有つて寶山の中に入り自在に能く取る、若し手無ければ所取有る能はざるが如し、有信の人亦是の如し、佛法の無漏《むろ》の根力覺道禪定《こんりきがくどうせんぜう》の寶山の中に入て自在に所取す。

日女御前御返事

南無妙法蓮華經と唱へて佛となるべき事最も大切なり、信心の厚薄に因るべきなり、佛法の根本は信を以て源とすされば止觀の四に云く佛法は海の如し唯、信のみ能く入る

と、弘決の四に云く佛法は海の如し唯信のみに入るとは、孔丘の言尙ほ信を首《はじめ》とす、況や佛法の深理をや信無くして寧ろ入らんや、故に華嚴に信を道の元、功德の母と爲す等又止の一に云く何んか圓の法を聞くも圓の信を起し圓の行を立て、圓の信に住せん、弘の一に云く圓信とは理に依て信を起す、信を行の本とす。云々

法華題目鈔、に云く

正直捨方便の法華經には信を以て入ることを得と云ひ雙林《そうりん》最後の涅槃經には是の菩提の因は復た無量なりと雖も若し信心を說けば則ち旣に攝盡す等云々、夫れ佛道に入る根本は信を以て本とす、五十二位の中には十信を本とす、十信の位には信心初め也、たとひ悟り無けれども信心あらん者は鈍根も正見の者也、たとひ悟り有れども信心無き者は誹謗闡提《ひほっせんだい》の者也、乃至 さればさせる解なくとも南無妙法蓮華經と唱ふるならば惡道を免るべし、譬へば蓮華は日に向て廻る、蓮《はちす》に心なし、芭蕉《ばしよ》は雷によりて增長す是の草に耳なし、我等は蓮華と芭蕉との如し、法華經の題目は日輪と雷の如し、云々。

持法華問答鈔、に云く、

一切衆生、皆成佛道の敎なれば、上根上機は觀念觀法も然るべし、下根下機は唯信心肝要也、されば經には淨心に信敬して疑惑を生ぜざらん者は地獄、餓鬼、畜生に墮ちずして十方の佛前に生ぜんと說き給へり、いかにも信じて次の生の佛前を期すべき也、譬へば高き岸の下に人ありて登ること能はざらんに、又岸の上に人ありて繩《なり》をおろして此の繩に取り附かば我れ岸の上に引登さんと云はんに引く人の力を疑ひ、繩の弱からん事をあやぶみて 手を納めて取らざらんが如し、爭かでか岸の上に登ることを得べき、若し其詞に從ひて手をのべ是を取らば、即ち登ることを得べし唯我一人能爲救護の佛の御力を疑ひ、以信得入の法華經の敎の繩をあやぶみて、決定無有疑の妙法を唱へ奉らざらん人は力及ばず、菩提の岸に登ること難かるべし、不信の者は墮在泥梨の根元也、されば經には疑を生じて信ぜざらん者は、則ち惡道に墮つべしと說れたり、以上

聖愚問答鈔、に云く、

譬喩品に云く、汝舎利弗《しやりほつ》、尚ほ此經に於て信を以て入ることを得たり、況や餘の聲聞をや、文の心は大智舎利弗も法華經には信を以て入る、其智分の力には非ず、況や自餘の聲聞をやと也、されば法華經に來つて信ぜしかば永不成佛の名を削《けつ》りて華光《けこう》如來となれり、嬰兒《えいじ》に乳をふくむるに其味を知らずと雖も自然に身を生長す、醫師《くすし》が病者に藥を與ふるに病者、藥の根原を知らずと雖も服すれば任運《にんぬん》と病ひ愈ゆ若し藥の源を知らずと云ふて醫者の與ふる藥を服せずば其病愈ゆべしや、藥を知るも知らざるも病の愈ゆること以て是れ同じ、既に佛を良醫と號し法を良藥に譬へ衆生を病人に譬《たと》ふ、されば如來一代の教法を擣簁《とうし》和合《わごう》して妙法一粒の良藥と丸ぜり、豈に知るも知らざるも服せん者、煩惱の病愈へざるべしや、病者は藥を知らず病を辨へずとも服すれば必ず愈《い》ゆ、行者も亦然なり法理をも知らず煩惱をも知らずと雖も只信ずれば見思、塵沙、無明の三惑の病を同時に斷じて實報寂光の臺《うてな》に登りて本有三身の膚を磨かん事疑あるべからず、されば傳敎大師云く能化所化倶に歷劫《りやくかう》無く妙法經の力、即身成佛すと、法華經の法理を敎へん師匠も又習はん弟子も久しからずして法華經の力を以て佛になるべしと云ふ文也。

法蓮鈔、に云く、

佛は此の法華經をさとらせ給ひて、六道四生の父母孝養の功德を身に備へ給へり、此の佛の御功德をば法華經を信ずる人にゆづり給ふ、例せば悲母の食ふ物が乳となりて赤子を養ふが如し、今此三界、皆是我有、其中衆生、悉是吾子等云々、敎主釋尊は此功德を法華經の文字となして一切衆生の口になめさせ給ふ、赤子の水火をわきまへず、毒と藥を知らざれども、乳を含めば身命をつなぐが如し、以上。

妙一尼御前御返事

夫れ信心と申は別には是れなく候、妻の夫を惜《を》しむ如く夫の妻に命を捨《すつ》るが如く、親の子を捨てざるが如く、子の母を離れざるが如く法華經、釋迦多寶十方の諸佛、菩薩諸天善神等に信を入れ奉りて南無妙法蓮華經と唱へ奉るを信心と申候也、然かのみならず正直捨方便、不受餘經一偈の經文を女の鏡を捨てざる如く、男の刀をさすが如く少しも捨る心なく案じ給ふべく候、以上。

上野殿御返事

抑も今の時、法華經を信ずる人あり、或は火の如く信ずる人もあり、或は水の如く信ずる人もあり、聽聞する時は燃《も》へ立つばかり思へども遠かりぬれば捨る心あり、水の如くと申すは、いつも退せず信ずる也、此は如何なる時も常に退せず問はせ給へば、水の如く信ぜさせ給へるか、たうたし尊し。

筒御器鈔、 雜亂の信仰を留め給ふ。

「法華經を」或は少し信ずるようなれども、又惡縁に値ふて信心薄くなり、或は打捨て、或は信ずる日はあれども捨る月もあり、是は水の漏《もる》が如し、或は法華經を行ずる人の一《ひと》口《くち》は南無妙法蓮華經、一口は南無阿彌陀佛なんど申すは飯に糞《ふん》を雜《まぢ》へ沙石を入れたるが如し、法華經の文に但大乘經典を受持するを樂《ねがう》て乃至餘經の一偈をも受けざれ等說くは是れ也、世間の學匠は法華經に餘行を雜へても苦しからずと思へり、日蓮もさこそ思ひ候へども經文は爾《しか》らず、譬へば后《きさき》の大王の種子を姙《はら》めるが又民にとつげば王種と民種と雜りて、天の加護と氏神の守護とに捨てられて其國破るゝ緣となる、父二人出來れば王にもあらず民にも非ず人非人也、法華經の大事と申すは是也、種《しゅ》、熟《じゅく》、脫《だつ》の法門法華經の肝心也、三世十方の佛は必ず妙法蓮華經の五字を種として佛に成り給へり、以上

日嚴尼御前御返事、 信心は强情にすべし

弘安三年十一月八日、尼日嚴の立て申す立願の願書竝に御布施の錢一貫文、又たふかたびら（太布帷子）一つ法華經の御寶前竝に日月天に申し上げ候畢、其上は私に計り申すに及ばず候、叶ひ叶はぬは御信心により候ふべし、全く日蓮がとがにはあらず、水澄めば月うつる、風吹けば木ゆるぐごとく、みなの御心は水の如し、信の弱きは濁《にご》るが如し、信のいさぎよきは、澄《す》めるが如し、木は道理の如し風のゆるがすは經文を讀むがごとしと思し召せ、恐恐

上野殿御返事

されば法華經を持つ人は父と母との恩を報ずる也、我が心には報ずると思はねども、此經の力にて報ずる也、然る

間、釋迦、多寶十方無量の佛、上行地涌等の菩薩も普賢文殊等の迹化の大師も、舍利弗等の大聲聞も、大梵天王日月等の明王諸天も八部王も十羅刹女等も、日本國の大小の諸神も摠じて此の法華經を強く信じまいらせて餘念なく一筋に信仰する者をば、影の身に添ふ如く守らせ給ひ候也、相構へ相構へて心を翻さず、一筋に信じ給ふならば現世安穩後世善處なるべし、以上

顯立正意鈔、に云く、

我が弟子等の中にも信心薄淡《うすき》者は臨終の時、阿鼻獄の相を現ずべし、其時我を恨むべからず等云々

辨殿御消息

思ひ合ぬ人を祈るは、水の上に火を焚き、空に家を造るなり。

四條金吾殿御返事

いかに日蓮か祈り候とも不信ならば、ぬれたるほくちに火を打ちかくるが如くなるべし、はげみをなして強盛に信力を出し給ふべし。以上
前記の祖書に示されし如く祈禱を受くる人の信心の厚薄に依て利益の多少が起る譬へば水道から清い妙法の水が澤山迸《ほとばし》り出でても、是を完全に受ける器が無かつたら自分の者にはならぬ、受ける器とは自己の身體と信仰の力である不信の人は底《そこ》に穴のある桶《をけ》か、汚れ物の澤山附着して居る器である、故に水を受けても完全に保てない、法華經の功徳は同一であるが受くる人の信仰の度に依て種々に變化する、此の器の穴を塞《ふさ》ぎ、器の汚を洗除するのが祈禱法である祈禱により滅罪懺悔した時に完全なる清淨の器となる、そこで心も清淨になり眞の信仰に這入ることが出來るのである。

慚愧懺悔滅罪

懺悔《さんげ》とは、罪を悔《く》ひ改める事で、小乘には自已の罪を摘發して悔改めることゝ、他人の罪を數へて改めさせるのと、二種あるが、已造の罪を洗除する唯一の要法である。

慚愧《ざんき》とは、涅槃經に云く二つの白法あり能く衆生を救ふ一には慚、二つには愧なり、慚とは自から罪を造らず、愧

とは發露して人に向ふ、慙とは人に羞《は》ぢ、愧とは天に羞《は》づ是を慙愧と名く、慙愧無き者は人と爲さず、名けて畜生と爲す、慙愧あるが故に則ち能く、父母、兄弟、師長を敬し慙愧あるが故に父母、兄弟、姉妹あり。

滅罪《めつざい》、涅槃經に智者に二あり一には諸惡を造らず、二つには作り已りて懺悔《さんげ》す、愚《ぐ》者にも亦二あり一つには作惡、二つには覆藏《ふくぞう》なり、先に惡を作ると雖も、後ち能く發露《はつろ》し悔《げ》し已りて慙愧して更に作らず、猶、濁水に明珠を置かば珠の威力を以て水即ち清となるが如く、亦雲除かるれば月則ち清明なるが如く、作惡能く悔《げ》するも亦復是の如し。

結經に云く一切の業障海は皆な妄想より生ず、若し懺悔せんと欲せば端座して實相を思へ、衆罪は霜露の如く慧日能く消除す、是の故に至心に六情根を懺悔すべし。

藥王品に云く、日天子の諸の闇を除くが如く、此經も亦復是の如し、能く一切の不善の闇を破す。

顯謗法鈔に云く、螻《ろう》(をけら)蟻《ぎ》蚊《ぶん》、蝱《ほう》(あぶ)等の小蟲を殺せる者も懺悔無ければ、必ず此地獄に墮つべし、譬へば針は小なれども水の上に置けば必ず沈まざること無きが如し、又懺悔すれとも懺悔の後に重ねて此罪を造れば、後の懺悔には此罪消へ難し、譬へば盜をして獄に入りぬる者の、しばらく經て後に御免を蒙《かうむ》りて獄を出れども、又重て盜をして獄に入りぬれば、出、ゆるされがたきが如し。

光日房御書に云く。

夫れ鍼《はり》は水に沈み、雨は空に留らず、蟻子《あり》を殺せる者は地獄に入り、死屍《しかばね》を切れる者は惡道を免れず、何に況や人身を受けたる者をや、但し大石の海に浮ぶは船の力也、大火も消ゆること水の用に非ずや、小罪なれども懺悔《さんげ》せざれば惡道を免れず、大逆なれども懺悔すれば罪消へぬ、乃至人の親は惡人なれども子善人なれば親の罪赦す事あり、又子惡人なれども親、善人なれば子の罪赦さるゝことあり、
以下略

阿佛房尼御前御返事、に云く

譬へば海上を船に乘るに、船をろそかにあらざれども、あか(水)入りぬれば必ず船中の人々一時に死する也、畷《なは》て堅固なれども蟻《あり》の穴あれば必ず遂に湛《たた》へたる水の溜《たま》らざるが如し、謗法不信のあかを取り、信心のなはてを堅むべき也、淺き罪なれば我より赦して功徳を得さすべし重きあや

まちならば信心をはげまして消滅さすべし。

千日尼御返事、に云く

譬へば女人の一生の間の御罪は諸の乾草《かれくさ》の如し、法華經の妙の一字は小火の如し、小火を衆草に附きぬれば衆草燒け亡ぶるのみならず、大木、大石皆な燒失せぬ、妙の一字の智火以て此の如し、諸罪消ゆるのみならず、衆罪還て功德となる、毒藥變じて甘露となる是也。以下略

無量義經十功德品、に云く。

廣く衆人の爲に此經の義を分別し解說せん者は、即ち宿業の餘罪、重障一時に滅盡することを得、即ち淸淨なることを得ん。

藥王品、に云く。

日天子の能く諸の闇《やみ》を除くが如く、此經も亦復是の如し能く一切の不善の闇を破す。

聖愚問答抄、に云く。

只南無妙法蓮華經とだにも唱へ奉らば、滅せぬ罪やあるべき來らぬ福やあるべき眞實也甚深也之を信受すべし。

法華經を信仰して功德を現身に得るに附て懺悔の必要なることは、例へば日常使用する瓦斯、水道も鐵管に塵芥が詰つて故障が出來ては使用が出來ない、其故障の箇所を修理して塵《ちり》を取り去らねばならぬ、過去の罪障は塵の如く鐵管を塞いで居る、先づ懺悔して此の罪の根を刳《えぐ》り去らねばならぬ、妙法の大威力に變りは無いが罪障があると受けられない、鐵管が塵で塞がつて居るのと同樣で其働が現れない磁石は鐵を引くが其間に妨げがあれば引く事が出來ない即ち是の故障を取るのが懺悔滅罪である、然して此の鐵管を解部して中の塵《ちり》を拔き取り疏通《そつう》さすのが祈禱法で之に從事する職工が修法師に相當する、故に懺悔滅罪するには祈禱法と修法師が必要である。

惡人の成佛

因果は宇宙の大法である故に善を行へば善報を得、惡を爲せば惡報を得るのは當然である、然るに惡人が改心して妙法に歸依し懺悔滅罪すれば成佛を許さる、是は因果の大

法を破り大なる矛盾である何故大悪人が懺悔に依つて罪を赦さるゝか、此の大疑問を妙法に依つて説明する。

　微少なる石も水に浮ばせんとすれども必ず沈む、如何なる小悪も行ずれば其結果は悪となる、是れ因果の大法であつて自然の理である、然るに石を船に積めば、大石も水上に浮ぶ、是が宗教の救ひ、即ち弘誓の船、佛、菩薩、諸天神の力に依て悪道に墮るを救はれるに相當する。

　又た鐵は塊の儘にては如何に小なれども水に浮べば必ず沈む、然れども之を薄板に延ばし、船を造れば何千頓の鐵材も海に浮び、其上に數千の人と貨物を載せて遠洋の荒浪を凌《しの》ぎ航海し得らる。

　是は鐵其物の重量も失はづ性も變化せず（法身）其儘鐵板と形を變へ（報身）船（應身）となる、大乘の教理にして即ち自己の性具の佛性が、妙法の爐《ろ》に入れられ、錬鐵《れんてつ》となり、板となり、船を造る材料となり、終に鐵全體が船を構造し航海の働を爲す時が成佛である、船となれば多くの人を乘せ彼岸に渡すことが出來る、此船を造る術が妙法である、鐵塊も船も同一の鐵である、凡夫も悪人も佛も同一の性である、故に悪人も懺悔滅罪すれば成佛が出來る、祖書に云く、阿鼻《あび》の依正《えしよ》は（地獄にある姿、及苦惱を苦くる報）極聖《ごくせう》（佛）の自身に處し（十界互具なる故に、佛となり修悪は斷ずるも、性悪を斷ぜず）地獄天堂皆な是れ果地の如來なり。

　又云く毗盧《びる》の（佛の法身）身土は（身は正法即ち佛身、土は依報即ち其住所の國土常寂光土）凡下の（我等の如き凡愚下賤の者）一念を逾へず、遮那《しやな》の（佛の法身の略）覺體も（佛の本體日蓮宗にては妙法蓮華經）衆生の迷妄を出でず。と悪人が、懺悔に依て成佛が出來る、原理を明瞭に説明されて居る。

椎地四郎殿御書、に云く。

　此の經を一文一句たりとも聽問して神《たましい》にそめん人は生死の大海を渡る船なるべし、妙樂大師の曰く、一句も神に染ぬれば咸く彼岸を資く、思惟修習永く舟航に用たり云々生死の大海を渡らん事は、妙法蓮華經の船にあらずんば叶ふべからず、抑も法華經の如渡得船の船と申す事は、教主大覺世尊、功智無邊の番匠《はんしよ》（大工）として四味八教の材木を取り集め、正直捨權とけづりなして、邪正一如と切り合せ、醍醐一實の釘を丁《ちやう》と打ちて、生死の大海へをし浮べ、中道一實の帆柱に、界如三千の帆をあげて、諸法實相の追手を得て、以信得入の一切衆生を取り乗せて、釋迦牟尼佛は舵を取り、多寶如來はつな手を取り給へば上行等の四菩薩は函蓋《かんがい》相應してきりきりと漕ぎ給ふ所の船を如渡得船とは申すなり是に乗るべき者は日蓮が弟子檀那等なり、能く〳〵信じさせ給へ。以上

神と魔

神と魔は古來より共存在に付ては疑問の謎《なぞ》であつた、玆に靈界の關係が明瞭になり、靈魂の實質が証明された結果神と魔の實在が確められた、神も魔も一種の靈魂であつて肉眼に見へざるも人類と共に居住し人類と密接の關係を有して居る、神には一神で數十萬の眷屬を引卒し國家を守護する神もある、又世界的に宗敎を興し之に歸依する信者には幸福利益を與へ、信者を增加し自己の勢力を擴《ひろ》めつゝある神もある、日本には古來より八百萬神《やをよろづのかみ》が在すと云ふたのは誇張ではない、又一方魔の方に於いても數十萬の眷屬を引連れ社會を混亂させ、人類に災難を與へ苦しめる事を以て自己の快樂とし世界的に横行して居る大魔王もある、其他小魔は數を知らず斯くして人類を守護する神は常に此の破壞の魔と戰ひつゝあるのである、昔より寸善尺魔と云ふ譬への根據は玆にある、次に其の神と魔との原籍を詳細に說明する。

神とは

神とは如何なる者なるや、本居《もとい》宣長《のぶなが》の古事記傳に、凡てかみは古の御典ともに見へたる、天地の諸諸の神たつを始めて、其祀《まつ》れる社にます御靈《みたま》をも申し、又人はさらひも云はづ、鳥獸草木のたぐひ、海山など、その餘なにまれ尋常ならずすぐれたる德ありて畏《おそ》るべき物を「かみ」と云ふ、以上
日本に於いて太古に出現された神は天神七代、地神五代の神々であるが、今日でも一般に知られて居る神は、天《あめ》の御《み》中主《なかねし》の尊《みこと》、國常立《くにとこだて》の尊《みこと》、伊弉諾《いざなぎ》、伊弉冊《いざなみ》の二尊、天照大神《あまてらすをゝかみ》其他八百萬神が認められ、中間出現された、八幡大神、住吉大神、三十番神等は有名である、天皇は神の末孫故神と祀られ給ひ、又忠臣は神として祀られ、和氣淸麿、菅原道眞、楠正成等である、其内道眞公は天神樣として各所に祀られ最近に乃木神社、又は國家に盡した忠臣は皆悉く靖國

神社に神靈として祀られ、是等は人の死靈を祭つたので、眞の神と區別せねばならぬ、玆に神と云ふは、本居宣長の云ふた、吉凶萬《よろづ》の事みなことごとに神の御所爲なり。（斯の如き神通力卽ち働の出來る靈を神と云ふ）、さて神には善もあり惡もありて、所行もそれに從ふなれば、大がた尋常のことわりを以ては、測りがたき、わざなりかし。と宣長は日本の神にも善神と惡神の有るのを認めて居る此の解決は神の原籍の所で説明する。
世界に於ける各國各宗の神々は上世印度の神々と關係する、故に先づ印度より始めることゝする、上世印度吠陀《ベダ》時代の神（西紀前約千五百年頃）宇宙創造の神として婆羅門《はらもん》教では、韋紐天《いちうてん》と名けた、又「ナーラーヤナ」とも毘濕笯《びちぬ》天とも云ひ、祖書開目抄にも婆羅門教の主神として韋紐天、摩醯首羅《まけいしゆら》天、（大自在天）を認められて居る、大智度論の八に、刧燒盡時、一切皆空、衆生福德因緣の故に十方の風來り相對し相觸れ大水を持つ、水上、一千頭、二千足の人あり、名けて韋《い》紐《ちう》と爲す、是の韋紐の臍中に千葉の妙寶蓮華出づ、其光大に明にして萬日の倶に照すが如し、華中に人あり結跏趺坐《けつかふざ》す、此人亦た無量の光明あり名けて梵天王《ぼんてんのう》と云ふ、此の梵天王の心《むね》に八子を生ず、八子天地人民を産む以上。（此の神の詳細はウパニシャット全集第四卷ナーラーヤナーと萬有の開展にあり詳細略す）
此の宇宙最高の神、萬有の開展を司どらる原人、最高梵なりし韋紐天が、日本の神代の初に國常立の尊と一族を連れて日本へ飛來され、後ち國土の神、天の御中主の尊の再誕たる天照大神と衝突して素盞鳴尊《すさのをのみこと》と共に出雲に降られ、後ち出雲神道を興され、後ち丹波の與謝の比沼の直名井《まない》に鎭座あつて、雄略天皇の時、皇大神の託宣《たくせん》によつて伊勢の山田に移し奉り、之を外宮《げくう》と稱し。豐受大神として出現され、最近、金光教、天理教の尻押しつゝ最後に大本教を興されたのであつて大本教で云ふ、ドヱライ丑寅の金神とは此の韋紐天を指したので、大本教の眞言、唵《オーム》、は婆羅門教に源を發するのである、此神が大正十二年九月一日大震火災、卽ち世の立直し建替へに際し我が道場に出現され法華に歸依され、さしも盛んなりし大本教も主神を失なつたから忽ち速に滅亡したのである、是迄當道場の主神、荒態菩薩は（叡山の山王權現）韋紐天に主席を讓り給ふ、時に大正十二年十二月震災直後の燒トタン葺の極めて貧弱なる道場にて行はれたのである、今我等が奉仕する道場の主神最上位妙雲菩薩は實に韋紐天の後身にして玆に出で給ひ、世尊宗祖と協力して世界の神々を集め、法華經を以て靈界を統一されたのである、玆に出現されたのは余の久遠の過去に於いて此神と宿因を結びしに依つたのである。

法華經に現れたる守護の善神は、八部衆を以つて示されて居る即ち、天、龍、夜叉《やしや》、乾達婆《けんだつは》、阿修羅《あしゆら》、伽樓羅《かるら》、緊那羅《きんなら》、摩睺羅伽《まごらが》の衆が之である、以下天部より說明して行く。

天　部

天部の善神は、梵天王、帝釋《たいしやく》天王、四大天王即ち大持國天王、大增長天王、大毘沙門天王、大廣目天王と云ふ。

梵天王、 法華序品には娑婆世界の主、尸棄梵《しきぼん》天とある法華文句二に尸棄とは此に翻して頂髻と爲す、又外國火を呼び、樹提尸棄と爲す、此王本と火光定を修し欲界の惑を破す故に德に隨て名を立つ、彼れ深く正法を信じ、佛の出世每に必ず最初に來つて轉法輪を乞ひ、又常に佛の右邊にありて手に白拂を持して以て帝釋に對す。とある。

帝釋天王、 忉利《とうり》天の主、須彌山《しゆみせん》の頂、喜見城に居て他の三十三天を統領す、梵名釋迦提桓因陀羅《しやかだいくわんいんだら》、略して釋提《しやくたい》桓因《くわんいん》と云ふ、能天帝《のうてんてい》と譯す。

帝釋天の過去、智度論六に、昔摩訶陀《まかだ》國の中に婆羅門あり名を摩伽《まか》、性は憍尸迦《きやうしか》、福德大智慧あり、知友三十二人共に福德を修し命終して皆須彌山《しゆみせん》の頂、第二の天上に生ず摩訶婆羅門《まかはらもん》は天主《てんしゆ》となり三十二人は輔臣となる、此の三十三人を以ての故に三十三天と爲す、其本性を喚《よ》ぶが故に憍《きやう》尸迦《しか》と云ふ或は天主、或は千眼と云ふ。

因陀羅《いんだら》、 （帝釋天）印度哲學宗教史
吠陀《べだ》神界で最も雄大で人氣があり、殆んど印度國民の保護神とも云ふべき地位を占めたのは因陀羅てある、印伊時代より引續きアヴェスタ（波斯《ペルシヤ》敎）では惡神であるけれど佛敎では釋提桓因として佛敎歸依の神となり、印度敎では喜見城の主として豪奢なる天部とせられ、永く崇拜された神である、梨倶吠陀《りぐべだ》讚歌の約四分の一强は此の神に呈せられたに徵しても人氣の程度が推測される、彼は其母たる牝牛の脇腹を破りて生れ、生後直ちに一個の勇者として振舞ひ、その恐怖の爲に天地が震動したと云ふ、全身茶褐色に

して同色の毛髪と鬚《ひげ》とを備へ一度怒る時はその髪も鬚も竪立し、常に武器として手に金剛杵《こんごうきよ》（電戟）を持つ所から一名金剛手とも名けられる、二疋の茶褐色の軍馬に引かるゝ車に乗り風伯マルツ、及び風神ヴーユを從者として飛ぶが如くに空中を驅け廻つて戰爭に從事する、性來好んでソーマ酒を飲む乃至 因陀羅の功能は多方面に涉り概括に苦しむ所であるけれども、其主なるは惡魔退治、就中ヴリトラの征服である、ヴリトラは水を堰《せ》き止め河の流を斷《た》ち、雲を隱して降雨を妨げる、恐るべき惡龍であるが、因陀羅は之を怒り、蘇摩《ソーマ》酒の餘威に乘じて金剛杵を振りかざして之を討伐するのである、その爭闘は頗る激烈で遂にヴリトラは大樹の仆るゝ如く倒され、天地も爲に恐れて震動するのである、乃至以下略
かく因陀羅は印度民族の特に武士的保護の軍神となつて先に婆樓那《はるな》の所有して居た、支配的方面も之に移り、屢々《しばしば》インドラ、バルナの結合詞を以て呼ばれ、遂に梨倶吠陀《りぐべだ》の第十巻に至れば婆樓那の僅かに影を留めたのに反し、因陀羅は益々優勢となり、世界の大王、諸神の第一と目せらるゝに至つた、然れども因陀羅の特色は飽《あ》く迄强力の勇者の方面に存じ婆樓那の如く道德的方面に發達しなかつた、
以上印度宗敎史。
基督《キリスト》の稱へた天は此の忉利天で、天主は因陀羅で之を天帝「ゴッド」天主と呼んだのである、基督の過去は此の帝釋天の臣三十二人の中の一人である、因陀羅が基督舊敎を興し、殺された惡龍ヴリトラが、敵討に基督を十字架に磔《はりつけ》にし、後ち回々敎《フイフイキヨ》を興した「アルラー」の一神となる、基督舊敎と回々敎の慘憺たる永き戰爭は此の昔の因緣の蕪發である、又因陀羅が率ひ印度へ侵入せしアーリヤ人種と印度の原住人との戰が因陀羅と愛染明王との關係となる。
四天王、 四天王とは帝釋天の外將なり、須彌山の半腹に一山あり由揵陀羅《ゆけんだら》と名く、山に四頭あり四王各之に居り各一天下を護る、依て護世の四天王と云ふ、其所居を四天王天と云ふ、是れ六欲天の第一にて天處の最初なり東は持國天、南は增長天、西は廣目天、北は毘沙門天なり。
善神擁護《ようこ》鈔、 に云く。
帝釋は三十六の善神王をつかはし、二十五の善神王をさ

しそへ持經者を擁護せしめ給ふ、此神王に百億恒沙の眷屬あり、形を隱して番々に相代つて守護せしめ給ふ。持國天は水火の災を除き、廣目天は怨敵の難を退け、增長天は衆病を消除し、多聞天は夜叉の害を除かしむ、皆是れ帝釋の敕也、天諸童子、以爲給使と云云、秘す可し秘す可し。

龍部

龍、梵語那伽《ナーカー》、長身蛇屬の長なり、神力を有し雲雨を變化す、法華經に八大龍王あり、難陀《なんだ》龍王《りゆわう》、跋難陀《ばつなんだ》龍王、娑《しや》伽羅《から》龍王、和修吉《わしゆきち》龍王、德叉伽《とくしやか》龍王、阿那婆《あなは》達多《だつた》龍王、摩《ま》那斯《なし》龍王、優婆羅《うはら》龍王を擧ぐ。
難陀、跋難陀は摩訶陀《まかだ》國に住む兄弟の二龍、譯して歡喜と云ふ、跋難陀は善歡喜と譯す、兄弟常に摩訶陀國を護る。
娑伽羅龍王、娑伽羅は海の名、譯して鹹海《かんかい》と云ふ住所に依て名を得、（天の御中主尊及嚴嶋の神は此一族）
和修吉龍王、九頭龍と譯す、九頭の龍王、日本神代の八岐《やつまた》の大蛇《をろち》は此の一族。
德叉伽龍王、此に現毒と譯す、亦た多舌、或は兩舌と云ふ。
阿那婆達多龍王、住所の池に依て名を受く、此に無熱と云ふ無熱池は雪山の頂にあり。阿耨達池《あのくだつち》と云ふ、中に五柱堂あり、龍王常に其中に處す、（此龍四足あり此の一族淨土宗を興し又回々《フイフイ》敎の主神なり、大正十五年三月十五日天台宗寺門、及淨土宗の因緣を解き此神を最上位阿耨天王さ勸請す）
大正十二年二月十日マホメツト敎の因緣を解き此神を最上位興敎天王と勸請す。
摩那斯《まなし》龍王、大身、慈身、高意など〵譯す、威德あり意餘龍より高し故に高意と云ふ（此龍恒河の神、印度敎を興す、大正十二年九月十七日最正位摩那斯天王と勸請す）
優婆羅龍王、花の名、紅蓮華と譯す、又文句には優鉢羅《うはら》此に黛《たい》色（青黑色）蓮華池と云ふ龍此の池に棲む、池に依て名を得（此龍は背青黑色にして腹部の赤き龍なり江の嶋の辨才天は此の一族なり）
以上龍族終る其一族及び各々百萬の眷屬あり。

夜叉

夜叉《やしや》、又は藥《や》叉羅《しやら》刹婆《せつは》と云ふ、能噉鬼《のうかんき》、捷疾鬼と譯す、人を食噉《かん》す、又は傷者と云ふ、能く人を傷害する故。羅刹は暴惡と譯す、亦可畏と云ふ、三種あり一は地にあり、二は虚空に在り三は天夜叉なり、夜叉は鬼道なり、破壊の神なり、歸佛せし者は佛法を護る、鬼子母神、十羅刹女は其の主なり。

日女品品供養 に云く

陀羅尼品と申すは二聖二天十羅刹女の法華經の行者を守護すべき様を說きけり、二聖と申すは藥王と勇施となり、二天と申すは毘沙門天と持國天となり、十羅刹女とは十人の大鬼神女、四天下の一切の鬼神の母なり、又十羅刹女の母あり鬼子母神是れなり、鬼のならひとして人を食す、人に三十六物あり所謂糞《ふん》と尿《いばり》と唾《つばき》と肉と血と皮と骨と五臟と六腑と髪と毛と氣と命《いのち》等也．而るに下品の鬼神は糞等を食し中品の鬼神は骨等を食す、上品の鬼神は精氣を食す、此十羅刹女は上品の鬼神として精氣を食す疫病《えきびやう》の大鬼神なり鬼神に二つあり一には善鬼、二には惡鬼なり、善鬼は法華經の怨を食す、惡鬼は法華經の行者を食す、今、日本國の去年今年の大疫病は何とか心得べき、此を答ふべき様は一に善鬼也、梵王帝釋日月四天の許されありて法華經の怨を食す、二には惡鬼が第六天の魔王のすゝめにより法華經を修行する人を食す、善鬼が法華經の怨を食ふことは官兵の朝敵を罰するが如し、惡鬼が法華經の行者を食ふは强盜夜討等が官兵を殺すが如し。以下略
靈界には常に神と魔の戦あり鬼子母神十羅刹女は、靈山法華會の時、列席され陀羅尼品に於て誓はれし如く佛滅後今日に至る約三千年の間、法華經の持者を守護し給ひ、宗祖の御在世十羅刹女は常に宗祖に附隨して常に姿を現はして守護されたのである、又た中山にて祈禱修法せし者には必ず千子眷屬の内の一人が終身、行者を守護され、今日に至る迄行者擁護の誓を實行し給ひ、此の功德により世尊は宗祖をして鬼子母神に最上位菩薩號、十羅刹女に最上位天王號を授與され給はつたのである。
「乾達婆《けんだつば》」 樂神の名、酒肉を食はづ、唯、香を求めて陰身を資け、又其陰身より香を出だせば、香神又は尋香神と名け緊那羅《キンナラ》と共に、帝釋天に奉待して音樂を司る、法華經序品に四乾達婆王を擧ぐ、樂乾達婆《がくけんだつば》王《わう》、樂音乾達婆《がくおんけんだつは》王《わう》、美《み》乾達《けんだつ》婆《は》王《わう》、美音乾達婆《みおんけんだつは》王《わう》、各百千の眷屬あり。
「阿《あ》修《しゆ》羅《ら》」 又阿須羅《あすら》、容貌醜陋《ようほうしゆろう》の義、無端正と譯し又非天と云ふ、其果報勝れて天に似たれども天に非ざる義、又無

酒と云ふ、その果報、酒無き義、又不酒神と云ふ、住所は妙光山の北大海の下二萬壹千由旬《ゆゆん》を過ぎて、羅睺阿修羅《らごあしゆら》王の宮あり。

智度論十、阿修羅、惡心鬪爭すれども戒を破らず、大に施福を修す、大海の邊に住す、法華經序品に四阿修羅王を擧ぐ、婆稚《バジ》阿修羅王（獨逸に於て基督新敎を興す）佉羅騫駄《キヤラゲンダ》阿修羅王（波斯《ペルシヤ》敎を興せし神）毘摩質多羅《ビマシツダラ》阿修羅王、羅睺《ラゴ》阿修羅王なり常に帝釋天と戰ふ。

大正十二年九月十七日、キリスト敎獨逸、新敎の因緣を解き、婆稚阿修羅王を最正位正義天王と勸請す。

「伽樓羅《カルラ》」舊譯金翅鳥《きんしちやう》、新譯妙翅鳥、四天下の大樹に居り龍を捕へて食とす、密敎にては此神を主として降伏の呪咀《じゆそ》を爲す、法華序品に四伽樓羅王を擧ぐ、大威德《だいいとく》伽樓羅王、（讚岐の金比羅 愛宕山の主神）大身《だいしん》伽樓羅王（天台宗を守護さる）大滿伽樓羅《だいまんがるら》王《わう》（小田原の道了 鎌倉半僧坊）如意《によい》伽樓羅王、（日蓮宗の守護神 身延の妙法二神）以上百千の眷屬あり。

大正十一年二月三日佛法傳來の因緣を解きし時大威德伽樓羅王出現して因緣を解き給ひ最上位大威德天王と勸請し奉り十二年三月五日曹洞宗の因緣を解く此時大滿伽樓羅王出で給び最上位大滿天王と勸請す。

大正十五年八月二十八日、如意伽樓羅王の化身、身延の妙法二神を最上位如意菩薩と勸請す昭和二年一月五日、天台宗の守護神たりし大身伽樓羅王を最上位妙諦《みやうたい》天王と勸請し奉る。

緊那羅《キンナラ》、　舊譯人非人、疑神、新譯歌神、什《しゆう》曰く秦に人非人と云ふは人の面に似て頭上に角あり、人之を見て人耶非人耶と故に以て之を名く、亦天の伎神なり、小にして乾達婆に及ばず、十寶山に住す、法華經序品に四緊那羅《きんなら》王《わう》を擧ぐ、法緊那羅《ほうきんなら》王《わう》、妙法緊那羅《みやうほうきんなら》王《わう》、（日本に渡り八幡大菩薩となら る）　大法緊那羅《だいほうきんなら》王《わう》、持法緊那羅《ちほうきんなら》王《わう》、各々百千の眷屬あり。

摩睺羅伽《マゴラガ》、　大蟒神なり、人身蛇首、眞言宗にては胎藏界、第三院の一尊にして釋迦如來の眷屬とす。

以上にて法華經序品の八部衆の解釋は終り。

次に上世印度に出現され、後ち各宗敎を興された神を擧げる。

婆樓那《バルナ》、（印度哲學宗敎史）

吠陀《べだ》神界で最も有力なる神を擧ぐれば、天の婆樓那《はるな》、空の因陀羅《いんだら》、地の阿耆尼《あぎに》蘇摩《そうま》とである、就中因陀羅よりも稍早き時間に於て司法神として非常に畏信せられたのは婆樓《はる》那である、此の神の起源も甚だ古く希臘《ギリシヤ》のウラノースと同一で無いとしても、アヴエスタのアフラマツダとその性質の酷似して居る點より遲くも印伊時代の物と見て宜しい、その名稱は「包容する」より來た者で蒼空自身を神化したものらしいこの神は天を以て其座所となし、金色の衣を着し阿耆尼を顏とし、蘇利耶《スーリヤ》を眼とし、ヴーユを呼吸とし、星を其の使者とし、時に馬車に乘じて大空を馳け廻ることがある、されどこの神の性格はその形相よりは、寧ろ偉大なる支配的活動の方面に發揮せられて居る、詩人は之を讃して曰く、彼の威力の範圍《はんい》には、空飛ぶ鳥も、流るゝ河も達すること能はづ。空飛ぶ鳥とは太陽で、流るゝ河とは天地を包容すると云はれてゐる天の河を意味するのであらう又其の全知の力は能く海行く舟の道、空翔《かけ》る鳥の道、天上を拂ふ風の道を知り、人々の瞬《またたき》の數を暗らんじ、隱たる心の奥を洞見す、凡そ立てる者、行く者、彷徨《さまよ》ふ者、歸る者、突進する者、二人相座して語ること等、悉く大王婆樓那の知らざることなし。
斯の如き智慧と力とを以て宇宙の大王として、規律の保護者として自然界にあつては、天、空、地を支持し、四時晝夜の運行を司《つかさど》り、人事界にあつては祭事を裁し道德を維持するは、その主なる作用である、從つて其の命令は頗る峻嚴にして、若し人彼の命令に反して不眞實を敢てし規律を破ることあらば、その恐るべき繩索を以て縛し病(主として水腫病)と死とを以つ罰し、毫も假借する所なしと云ふ、然れども眞實を行ひ罪を悔いて歸崇する者に對しては、その祖先の犯したる罪をも許し、長壽福德を與ふる恩惠的方面にも富んで居る、實に此神に於て古代印度民族がその道德の最高理想を表現したものであつて、天地に通ずる、普遍的道德神、之が遵奉に對する幸福、その背戾《はいれい》に對する災禍の信仰、人をして覺へず襟《えり》を正さしむるものがある。
以下略
此の著者は假裝的の神と思考すれども實在の神で、後の基督新敎の主神であり、佛說の阿彌陀佛は此神を指されたのである、觀世音菩薩は此神と同體である、大正十三年十月基督新敎の因緣を解いた時此神か出現され法華に歸依さる此神を最上位婆樓那《はるな》天王と勸請す。）

提婆《デーバ》、天と譯す光明の義。

印度人が「イラン」人と分離する前に最も尊崇せし天を父と仰ぎ、又主（アスーラ）とせしヤウスにして之が對なる地の母と副へて最大の神なりき、然るに共後、國土風土の變遷につれて、天象光明の崇拜盛んにして、奇幻出沒の神多きに及び最上嚴肅の神は漸次裏面に隱れ、主として日月等の光明現象の萬物を生育する妙用神力は人格的の神に出るとして崇拜せられぬ即ち此等の神格は一般に、提婆《デーバ》即ち光者として以後印度宗教に於ける神の總稱となりぬ。以上。

此神々は婆樓那即ちアスラー王の眷屬にして此神が佛の出世せし時、提婆達《つ》多に憑り、佛法に反對されし神にて、大正十三年十月上世印度の因緣及び釋尊御在世の提婆達多の因緣を解きし時出現され法華に歸依さる依て、最上位提婆天王と勸請す。）

大自在天、（佛教大辭典）

印度、自在天外道の主神なり、梵語摩醯首羅《マケイシユラ》、大自在と譯す、色界の頂にあり、三千界の主たり、此自在天に二種あり、一を毘舍闍摩《びつしやじやま》醯首羅《けいしゆら》と云ひ、一を淨居摩醯首羅と云ふ毘舍闍とは鬼類の名にて摩醯首羅論師の祀る處、三目八臂《つ》にして白牛に乘るもの色界に住す、密教には之を大日如來の應現とす、中古以來今に至る迄、印度に盛んに崇拜さるジバ派のジバ神は即ち大自在天にして牛又は男根を以て標幟《ひやうしき》せらる、大自在天は萬物の生本たる義に依て男根を天神の神實として祀る。
次に淨居摩醯首羅とは第十地の菩薩、將に成佛せんとする時、色界の頂、淨居天の上に於て、大自在天子の勝報を現じ、勝妙の天形を以て佛法を（眞言宗）紹ぐ灌頂を行ふなり。以上

（此の神、婆羅門教より眞言宗を起し大日如來となられ、大正十一年三月五日、眞言宗の因緣を解いた時、此の神出で給ひ法華に歸依さる。依て最上位大自在天王と勸請し奉る。

以上は印度に於ける、上級の神々の大略である、此神々が後に基督舊教、新教、回々教印度教等を興されたのであるが今回玆に集り給ひ各自の因緣を解き法華に歸依され各自法華の守護神となられたのである。

「魔とは」

魔とは、梵語魔羅《まら》の略、能奪命《のうだつみやう》、障礙《しやうげ》、擾亂《ぜうらん》、破壞《はくわい》など譯す、人命を害し、人の善事を障害するもの、欲界の第六天主を魔王とし、其眷屬を魔民魔人とす、又た他化自在天子魔、新譯には自在天魔とも云ふ。

神と魔とは其體は同じであつて婆羅門教の神、提婆《だいば》、自在天は、婆羅門教の信者には福德を與へ守護する故、婆羅門教の人々には善神である、此神、佛法の廣布を妨げ信者を惱亂する故に、佛法の方より見れば魔神である、波斯《ペルシヤ》教にては阿修羅は善神であつて提婆は惡神であり、反對に婆羅門教にあつては提婆は善神、阿須羅は惡神とされて居る斯の如く各其所屬により善神ともなり惡神とも成る事あり又宗教に關係なく、人類を惱亂し苦痛を與ふるを樂と爲す魔神もあり、是等の惡神も改心懺悔し正法に歸し人を護れば善神となる、法華經に現はれたる、鬼子母神、十羅刹女は是に當る、要するに正法を護り人を善道に導く神が善神で、破壞を樂とし邪法を弘め人を惡道に陷る者を魔神と云ふ、次に魔神の大將毘那夜伽《びなやか》及び鬼類を擧ぐ。

毘那夜迦《ビナヤカ》、譯して常隨魔、障礙神《しよげじん》とも云ふ、人身にして象鼻、常に隨待して障礙を爲す惡鬼神にして、一切の殊勝事業を障害する、大魔王である。

眞言宗にて此の毘那夜迦を退治する法を、誐那鉢底《ガナハツテ》、即ち歡喜天と稱す、人身象頭の雙身抱合にして男神は實の毘那夜迦、女神は觀世音菩薩が彼を退治せん爲に、毘那夜迦の女身を現じて彼を教化し抱合し歡喜心を生ずる相なり之を大聖歡喜天と云ふ之を本尊として修法す。

毘那夜迦《ひなやか》は常隨魔又は障礙神《しやうげ》と云ふ大惡魔なり、大勢力あり十萬七千の眷屬あり、種々の大惡事を行ふ、此魔常に行人の耳に入り常に隨逐して其短を伺求し諸の障礙を爲し法を成就せざらしむ、譬へば人の川に沿ふて行くに身岸に在つて影水中に墮ち歩に隨て附す如し、余の魔は時として襲《おそ》ひ來るも此魔は常に隨て遠離することなし故に之を常隨魔と云ふ、信心不堅の行者、洗浴、念誦、睡眠の時此の魔に著《ちつ》さる、行者、洗浴の後ち忽ち飢渴を覺へ、飲食を欲し、或は懈怠懶惰の念生し、或は急に睡眠懶惰等の起るは皆な不依法洗浴により此障礙を被る、此魔に着されたる者は過恚多く心神迷惑して東西を辨ぜず、諸の異相を見、念誦するも語言分明ならず、或は事緣無くして行住を轉じ、或は心に猶豫を生じて邪見を起し、或は亂言綺語、恒なく或は手に草木を折り、或は土塊を弄び、或は眠れる時牙齒を嚙み、或は妄に淫情を起し女人を追求し、或は中夜眠ること能はず、或は眠欲多くして種々の夢を見る、或は獅子狼狗に逼られ種々の畜を見る、或は怪人の惡相、白癩、赤髭の醜陋《しうろう》なる人を見る、或は髑髏《どくろ》枯井、枯地 破屋を見る皆此鬼の狂すに依る、行者常に信心堅固にして行狀淸白にして此等の弄狂を免るゝ事を務むべし。

鬼《き》

梵語に薜荔多《ヘレータ》、舊譯に餓鬼、新譯に鬼、婆娑云く鬼者畏者、謂言怯《けふ》畏多し又威也、能令三ム他畏二レ其畏一ヲ也、又希求爲レ鬼、謂彼餓鬼、恒ニ從ニ他人一、希求飲食、以活ニ生命一鬼に種類多し夜叉羅刹の如く通力を有し、人を害する者、又餓鬼の如く常に飢渴に苦しむ者あり。

順正理論に九鬼を擧ぐ、鬼の種類に三あり、一無財鬼《むざいき》、二少財鬼《しやうざいき》、三多財鬼《たざいき》なり、此三各三あり、無財鬼の三、炬《きよ》口鬼《こうき》、鍼咽鬼《しんえんき》、臭口鬼《しゆこうき》、少財鬼《せうざいき》の三、鍼毛鬼《しんもうき》、其毛針の如く以て自ら刺し他を刺す、二に臭毛鬼《しゆうもうき》、三に癭鬼《えいき》(頸の瘤)なり。多財鬼の三、一に希祠鬼《きしき》、常に社祠の中に居り食物を希ふ、二に希棄鬼《ききき》、常に人の棄《すつ》るを希《ねこ》ふて之を食ふ、三大勢鬼、大勢大福ありて、天の如き者なり。又正法念經に三十六鬼あるも略す。

富恒那鬼《ふうたんなき》、譯して臭穢《しゆうえ》と云ふ身體臭穢なりと雖も是れ餓鬼中の最勝なる者、熱病鬼なり。

吉庶鬼《きつしつき》、譯して所作と云ふ、起尸鬼《きしき》なり、死人を弄び苦惱を與ふるを樂とす、又戰爭及疫病を起し死人の山を築くを樂とする鬼神なり。

鳩槃茶《くはんだ》、譯して甕形《ようけい》冬鬼、冬瓜《とうくわ》鬼と云ふ、南方增長天の領鬼なり、人の精氣を食ふ鬼、陰囊《いんのう》の形ち冬瓜の如し之に依て名く厭魅《えんみ》鬼なり。

毘陀羅鬼《びたら》、呪咀《じゆそ》鬼、西土に呪法あり死屍を立たしめ、去て人を殺さしむ之を毘陀羅《びだら》法と云ふ。

阿跋魔羅《あばつまら》、瘧《ぎやつ》鬼の總稱、一切如來秘密王經に云く復た八大瘧鬼あり一を金剛口、二黄面、三醜面、四、絃身《げんしん》、五、多面、六、三髻《きつ》、七食血、八赤黄と云ふ、是の如き大瘧鬼、常に有情を侵害し、彼の衆生をして色力を失はしめ或は其命を奪ふ、攝大乘證三昧經第十に云く瘧鬼の云く我等人の精氣を吸ふて活命を爲す云々瘧（をこり）は亦恐るふべき鬼病なり。

阿婆多鬼《あはたき》、 疫神《えきしん》、疱瘡《ホーソオ》神なり、其痘痕《とうこん》を「アバタ」と云ふ、疱瘡は此鬼の所爲なり法華經の阿秡摩羅《あはつまら》は即ち是となり。

麻疹《はしか》、 我朝中古支那より傳流せし者なり俗に「ハシカ」と云ふ、一種の惡鬼病なり、牛支迦鬼神の眷屬の所爲なり痲疹《はしか》は鬼神の所爲なり。

雞室陀鬼《けいつだき》、 此鬼に著されたる者は宛も狂人の如く忽ち哭し忽ち笑ふ、其他異條あることなし、此病四十九日にして死す、宜しく急に覺察して治禳すべき者也。雞室陀鬼《けいしつだき》は夜叉の族なり。

十二鬼女小兒に着く、 一切の小兒初生より十二歳に至る迄神氣微弱にして鬼魅甚だ着し易し、就中十二鬼女あり常に世間に流遊して好んで其便を窺ひ、或は睡眠に乘じ、或は孤行孤座せるに乘じ種々の異相を現じ驚怖せしめて其精氣を奪ひ遂に疾病を成して傷夭《しやうえう》せしむ此の十二鬼女は皆祭祀を求めんが爲にす、其名を略す。

十五鬼、 婦人稼して子女なく又孕姙するも成ぜざるは多く十五鬼の爲す所による、此諸鬼は男女交會の時其精氣を吸ひ胎を受けざらしめ、又好んで胎兒の精氣を吸ふ、動物の姿の鬼神なり名を略す。凡そ夫人の此の慘害に遭ふこと皆宿障の深重にして心ろ穢濁《えじよく》せるに依る故に惡魅の殊に侵し易き者とす、三寶の主德に非ざれば免るゝ能はず。

首楞嚴經《しゆりやうこんきやう》、 に說ける十鬼と鬼となる原因、
怪鬼《くわいき》、 所謂金銀、草木等の精怪なり、宿世貪欲多く非理に物を貯ふ者、此報を受く。

魃鬼《はつき》、 所謂旱神《ひでり》なり能く風に詑す、宿世に淫欲多き者此の報を受く。

魅鬼《みき》、 即ち狐狸の精能く人を魅惑《みわく》する者是れなり、宿世も詐僞多く人を惑亂するもの此報を受く。

蟲毒鬼《ちゆどくき》、 即ち蛇毒、蟲毒により人を蟲害する者是れな

り、此者毒類に托して其質を成す、宿世に怨恨結固して捨てざる者、此報を受く。

癘鬼《れいき》、癘疫《れいえき》の類是れなり、宿世、瞋恚多き者此報を受く。（癘とは悪瘡を發する病）

餓鬼《がき》、飮食に遇はづ常に饑餓に苦しむ者、是れなり、氣に遇して其質を成す、宿世慢多くして人を凌ぐ者、又は物を施さずして貪欲なりし者此報を受く。

魘鬼《えんき》、虚空に憑り暗冥に託し昏睡の人を惑す、宿世に欺狂多く常に異議を懐き、詐て有德と現じて人を僞瞞せし者此報を受く。

魍魎鬼《もうりやうき》、山川に遇して其形を託し木石の怪を爲す、宿世に邪見熾《さかん》にして、妄りに執着を生じ自分から明悟なりと謂ふ者、此報を受く。

役使鬼《えきしき》、明顯の境に託し以て形を爲す、能く擔砂、負石の勞を執る、宿世狂曲多く、無辜を撓害する者此報を受く。

傳送鬼《でんそうき》、人身に附託して、吉凶禍福の言を爲す、宿世訴訟を好む者此報を受く、易者の判斷力は此鬼神が其人と合一して、鬼の神通にて調べし事項を卦の表へ現はし、感應を以て教ゆるなり、故に此鬼神の通力自在の者と結びし易者の易は當るなり。

以上の如く諸經に擧ぐる鬼類は其數非常に多けれども大同小異なる故略す事にする。

前述の如く、人間界にも階級がある如く、靈界にも世界的大宗教を興せし神もあり、國を興せる神もあり、宗教を守護する神もある、又各家、各人を守護する神もある、魔にも百萬の眷屬を引連れし大魔王あり、單獨の者もある、千姿萬態、吾人と共に雜居して居るのである、次に此の神と魔の原籍を靈魂不滅を立脚點として說明する。

神と魔の原籍

神の原籍、世界に於ける何れの宗教でも必ず神々を立て又是と同時に魔を認めて居り、吾人は日夜之に接觸して居るのである。又各所に神社佛閣があり諸人は之を參拜して居るから。其實在を認めて居るのであらう、然し其原籍を詳細に說明する者が無い。今之を說くに當つて進化論と、靈魂の實在と、靈魂の不滅に依て說明して行く事にする前說に於いて靈魂は不滅であつて此の靈魂の得た、戒體は、再び入胎して出生する迄、何百萬年でも其儘保有して居る事も說いた即ち前世紀に生じて居つた巨大なる動物の靈は再生しない限り其儘の姿を保有して居るのであつて、即ち報身である、宗祖は法華經の方便品の十如の第二の性如是の性を不改と解釋し之を報身に配當され給ひしは眞理である、其應身と變化する故は因果の大法、十界互具一念三千の大法理に依るのであるから神も佛も衆生も、本體即ち法身に於ては同一である此の神靈の生存時代は、前世紀の三疊紀より儒羅《じゆら》紀、白亞《はくあ》紀に求める事が出來る、吾人が常に殿堂の裝飾又は畫に見る、枝角の生へた四本足の龍は白亞紀の終り頃に生存して居つた龍である、法華經にある八大龍王は皆な此紀の產である、(約五百萬年以前)
羅馬《ろうま》、希臘《ぎりしや》の神話の畫にある翼のある龍は、儒羅紀《じゆらき》から白亞紀《はくあき》の頃に盛んに生存し此の龍族は三疊《でう》紀の終りに尨大なる蚘蟲類の頃より初まり、儒羅紀より白亞紀に至つて居るのである、三疊紀には「マストドンサウルス」蝦蟇《がま》龍、(頭の大さ四尺に達する者)其他魚龍、鰭龍、長頸龍、楯齒龍、鉅齒龍、鷲龍等が生存して居つたので、白亞紀には恐龍が全盛を極め空前絶後の大さに達して居る、禽龍、梁龍雷龍、劍龍、七嘴龍、等多くの種類を產し、身長は雷龍は五十五尺、梁龍は七十尺である、是等の龍族が死後、再生せず其時の靈の儘、今日迄永い間修行して神となつたので是が辨才天及び龍神の原籍である。

夜叉《やしや》族の原籍

前述の蚘蟲類の盛んな時代に、現在產する三四寸の毒蟲蠍《さそり》は其頃七八尺の大さであつたのである。此靈が夜叉族となり、此靈は太古の猛毒を保有する、故に人に接觸すると人が苦惱を受けるのであつて、夜叉族を暴惡と云ふて恐れるは此の毒害に依るのである、又此頃大きな蜈《むかで》が住んで居つた中には長五六十尺の者も澤山居つた、此の姿で日本に現はれ祭られたのが近江の三上明神である、傳說に俵藤太秀鄉が琵琶《びは》湖の龍神に賴まれて、三上山を七卷半卷て居つた大蜈を退治た物語は、此の蜈の姿を何人か感得して得た傳說であらう、原因は三上明神と竹生嶋、辨才天との勢力爭であつた、毘沙門天《びしやもんてん》は夜叉族の頭梁である其紋章に蜈を用ゆるは、此の遠き過去を現はした者である。希臘《ギリシヤ》正教の主神は前世紀の尨大なる蜘蛛《くも》である、フイフイ敎の主神アルラーの神は大龍神である、大魔王の毘那夜迦は象鼻人身である、大自在天は三眼六臂である。

基督教のヱホバの神、及ヱンゼルは人類の翼ある時代即ちキンナラ族の姿である、即ち神とは前世紀の動物靈魂が其當時の戒體を以て今日迄入胎變化せず、善を修して自在の神通を得、國を興し人民を救濟する神と成つたのであつて實に吾人々類の遠き遠き祖先である。

神の原籍は如上の如き者であつて即ちキリスト教の說の如く神が萬物を創造したのでは無く不可思議の妙の力か萬物を造り、神を造り吾人々類を創造したのであつて萬有の眞相は、エレクトロンの一原即ち妙の力用である事を忘れてはならぬ。

宗祖御遺文に現れたる神と魔

神の位置、三澤鈔に云く、神は所從なり法華經は主君也
日本國土の神は釋尊の所屬なり。妙法尼御返事。
今此三界、皆是我有、乃至唯我一人能爲救護と說いて、此の日本國の一切衆生の爲には釋迦佛は、主なり、師なり、親なり、天神七代、地神五代、人王九十代の神と王とすら猶ほ釋迦佛の所從なり、何に況や其神と王との眷屬等をや今、日本國の大地、山河、大海、草木、は皆釋尊の御財ぞかし。

秋元殿御返事、に云く

法華經の行者をば一切の諸天不退に守護すべき經文分明也、經の第五に云く諸天晝夜に常に法の爲の故に而も之を衛護す云々又云く天の諸の童子を以て給使を爲ん、刀杖も加へ不《ら》れず、毒も害すること能はづ云々諸天とは梵天、帝釋日月、四大天王等也、法とは法華經也、童子とは七曜二十八宿　摩利支天《まりしてん》等也。

眞言諸宗違目、に云く

問て云く汝、法華經の行者たらば、何ぞ天、汝を守護せざるや答て云く法華經に云く惡鬼入其身等云々首楞嚴經に云く脩羅王あり世界を執持して能く梵王及び天の帝釋四天と權を諍ふ、此阿修羅、變化に依て有り、天趣の所攝なり等云々能く大梵天王、帝釋四天に戰ふ大脩羅王あり、禪宗、念佛宗、律宗等の棟梁の心中に付け入て次第に國主國中に遷り

入て賢人を失ふ、是の如き大悪は梵釋も猶防き難きか、何に況や日本守護の小神をや、但地涌千界の大菩薩、釋迦多寶、諸佛の御加護に非ざれは叶ひ難き歟、日月は四天の明鏡也諸天定て日蓮を知り玉ふが、日月は十方世界の明鏡也、諸佛定て日蓮を知り玉ふ歟、一分も之を疑ふべからず、但し先業未だ盡きざる也、日蓮流罪に當れば教主釋尊、衣を以て之を覆ひ玉はん、去年九月十二日の夜中には虎口を脱れたる歟必ず心の固きに假《より》て神の守り即ち强し等とは是也、汝等努努《ゆゝゆめ》疑ふこと勿れ、決定に於て疑ひ有る可からざる者也

撰時鈔、 に云く。

日本國にして此法門を立てんは大事なるべし云々、靈山淨土の教主釋尊、寶淨世界の多寶佛、十方分身の諸佛、地涌千界の菩薩等、梵釋日月四天等冥に加し、顯に助け給はずば一時一日も安穩なるべしや。

上野殿御消息、 に云く

されば法華經を持つ人は父と母との恩を報ずるなり、我心には報ずると思はねども此經の力らにて報ずる也、然る間釋迦多寶等の十方無量の佛、上行地涌等の菩薩も普賢文殊等の迹化の大士も、舍利弗等の諸大聲聞も、大梵天王日月等の明主諸天も八部王も、十羅刹女等も、日本國中の大小の諸神も、摠じて此の法華經を信じて餘念なく一筋に信仰する者をは影の身にそうが如く守らせ給ひ候や、相構て相構て心を翻さず一筋に信じ給ふならば、現世安穩、後世善處なるべし。

乙御前御消息、 に云く

人には必ず二の天影《かげ》の如くに添て候、所謂一をば同生天と云ひ、二を同名天と申す、左右の肩にそひ人を守護すれば、失なき者をば天もあやまつ事なし、況や善人に於てをやされば妙樂大師の云く必ず心の固《かたき》に假《より》て神の守り則ち强し等云々。

安國論、 に云く。

世皆な正に背き、人悉く惡に歸す、故に善神國を捨てゝ相去り、聖人所を辭し還《かへ》らず、是を以て魔來り鬼來り災起り

難起る。乃至仁王經に云く佛法を破らば、復た孝子なく六親不和にして天龍祐けず、疾疫惡鬼日に來り侵害し、災怪首尾し連禍縱横し死して地獄餓鬼畜生に入らん。

惡鬼入其身最蓮房御返事、に云く

予、日本の體を見るに第六天の魔王智者の身に入り正師を邪師とし、善師を惡師と爲す、經に曰く惡鬼入其身とは是れ也、日蓮智者に非ずと雖も、第六天の魔王、我身に入らんとするに、兼ての用心深ければ、身に寄せ附けず、故に天魔力及ばずして、王臣を始めとし良觀等の愚痴の法師等に取附て日蓮をあだむなり。

神が兵亂、風雨、饑饉を起す。撰時鈔

問て云く第二の文永八年九月十二日の御勘氣の時は、いかにとして我を損せば自他の軍起るべしとは知り給ふや、答大集經五十云く、若し復た諸の刹利國王、諸の非法を作し、世尊の聲聞の弟子を惱亂し、若し以て毀罵し刀杖を以て打破し及び衣鉢種々の資具を奪ひ、若くは他の給施に留難を作す者有らば、我等彼をして自然に卒《にはか》に他の怨敵を起

さしめ、及び自界の國土にも亦た兵を起し、飢疫饑饉、非時の風雨、鬪諍言訟、誹謗せしめ、又其王をして久しからず、復當に已れが國を亡失せ命《し》む等云々、夫れ諸經に諸文多しと雖も此經文は、身にあたり、時にのぞんで殊に尊くをぼうる故、それを撰し出す、此の經文に我等とは梵王と帝釋と大六天の魔王と、日月と四天等の三界の一切の天龍等なり、此等の上主、佛前に詣して誓て云く、佛滅後、正法像法、末代の中に正法を行せん者を邪法の比丘等が國王に訴へば、王に近き者、王に心をよせたる者、我が尊しと思ふ者の云ふことなれば、理不盡に是非を糾《たゞ》さず、彼の智人をざんざんに恥ぢに及ばせなんどせば、其故ともなく、其國に卒《には》かに大兵亂出現し後には佗國に攻めらるべし、其國王もうせ、其國もほろびんとすと、かゝれて候。

戰爭と神の關係（報恩鈔）

金光明經に云く時に隣國の怨敵、是の如き念を起す、當に四兵を具して彼の國土を壞る可し等云々、又云く時に王見終て即ち四兵を嚴《よろを》ひ彼國に發向し、討罰を爲さんと欲す我等其時眷屬と無量無邊の夜叉諸神と各々形を隱し爲に護

助を作し彼の怨敵をして自然に降伏せしめん等云々、最勝王經の文亦た是の如し、大集經云々仁王經云々、此等の經文の如きんば正法を行ずる國王をあだみ、邪法を行ずる者のかたうどせば、大梵天王、帝釋日月四天等隣國の賢王の身に入りかはりて、其國を攻むべし、とみゆ、例せば訖利《きり》多《た》王を雪山下《せつせんげ》王のせめ、大族王を幻日《げんにち》王の失ひしが如し、訖利多王と大族王は月氏の佛法を失ひし王ぞかし。

佛法傳來の時疫病の流行、日女品々供養

例せば日本國に佛法の渡りてありし時、佛法の敵たりし物部大連《おほむらぢ》、守屋《もりや》等も疫病にやみき、蘇我の宿禰《すくね》の馬子等も病みき、欽明、敏達、用明の三代の國王は心に佛法釋迦如來を信じまいらせ給ひてありしかども、外には國の禮にまかせて天照大神、熊野山等を仰ぎまいらせ給ひしかども、佛と法との信は薄く、神の信は厚かりしかば強きに引かれて、三代の國王、疫病疱瘡《えきびやうはうそう》にして崩御ならせ給ひき、此を以て上の二鬼をも今の代の世間の人人の疫病をも日蓮が方も病み死ぬること心得べし、されば身を捨てゝ信ぜん人は病ぬへんもあるべし、又病むとも助かるへんもあるべし又た大惡鬼に値ひなば命を奪はるゝ人もあるべし、例せば畠山重忠《はたけやましげたゞ》は日本第一の大力の大將なりしかども多勢には遂に亡びぬ、又日本國の一切の眞言師の惡靈となれる、と竝に禪宗、念佛者等が日蓮をあだまん爲め國中に入り亂れたり、又梵釋日月十羅刹女、の眷屬日本國に亂入せり、兩方互に責めとらんとはげむなり、而るに十羅刹女は總じて法華經の行者を守護すべしと誓せ給ひ候。

唱法華題目鈔、に曰く。守護の善神は法味をなめざるが故に威光を失ひ、此の國を捨てゝ佗方に去り給ひ、惡鬼便りを得て、國中に入り替り大地を動かし惡風を起し一天を惱し、五穀を損す、故に飢渴出來し、人の五根には鬼神入りて精氣を奪ふ、之を疫病と云ふ。

神にも盛衰がある

國家を守護する神の盛衰は、其國家の盛衰となる、又宗教を守護する神の盛衰は其宗教の盛衰となる、印度に於ても一般の信仰の對象たる神が時代に依て替る故「マックスミユレル」は其崇拜の對象たる唯一神格の隨時隨所に變轉する點より吠陀の宗教を交替神教と云ふたのである。日本

にも古來流行して崇拜の的となつて居つた神も衰へ、新規に流行神が出來る、神の食物は經典讀誦の音聲である、法華經を以て供養すれば神通力を增し衰へることが無い、故に神は、供養するのは法華經の醍醐味に限ると宗祖は仰せられ之は安國論の中にも充分に述べられてある。

神の位置と守護神の勸請

祈禱に依て先祖の關係、又は自分の過去に信仰し緣を結んだ神が出現し、法華に歸依した時に此神を本人の守護神と勸請する、之に附て諸天神の勸請を迷信と云ふ人があるが、其人は此神を本尊と誤解する事より起るのである、先づ國の行政機關の組織に順じて神の位置を說明する、國家を統轄さるゝ御一人は天皇である、靈界の主は釋尊である故に釋尊を帝の位置に置く、日蓮上人は統理大臣に當る、此許に文武百官が統轄される（宗祖にも文武の守護神があつた文の方は淸澄山で出現された虛空藏菩薩《こくうぞうぼさつ》で、武の方は鬼子母神十羅刹女、身延の妙法二神即ち如意伽樓羅王等其他多くの護法の守護神が常に守護して居られた） さて文の方で說明すれば、文部大臣は六老僧、次官局長は現在の上級僧侶諸氏に當り

各專門學校は寺院敎會に當り、學校の敎師は布敎師に當る學生は若僧信徒に相當する、次に司法大臣は、梵天王、上世印度のバルナ天、韋紐《いちう》天等に相當し、警視總監は妙見大菩薩、鬼子母大菩薩等に當り裁判官は閻魔法王、各警察署が各寺院敎會祈禱所に當る、警部巡査は護法の諸天神に當る。陸軍大臣は帝釋天、次官は四天王。海軍大臣は、八大龍王農商務大臣は稻荷の總督伏見が相當し、海陸軍人は護國護法の守護神に相當する。然して各信者の守護神は請願巡査の位置に當り、特に其人及其家人を護るのである、人としては吾人も大臣も同一である通り神々も神としての本質は同樣であるが、上下の差別はある、大臣と請願巡査と同一にしてはならぬ、神にも斯く階級があるのである。

神の與へる功德

十如是の因果の大法の中に於ける、神の衆生敎化及び利益を與ふる位置は、緣如是に當る即ち助緣である、故に神は妙法の持者を守護し、魔の侵害を妨ぎ、祈禱を成就せしめ、廣宣流布せしめ、共に佛道を成ずるのが正法の神の目的である、故に神は助緣である、故に一切は自己が根本で

ある。祈禱を成就せしめんと欲せば行者の意地、心を淸くし最も强盛の信心を要するのである。例へば人が車で物を運ぶには、車を曳くのは自分の努力で、神は先曳か、後押である、又道路の嶮道を避けて、平坦の道を行かしめ安全に目的を達せしめるが神の働である。

因緣の鬼畜を守護神とする經證

十界互具一念三千の妙法なれば、鬼畜野干も亦佛界に入ることを得、提婆品の龍女の成佛之を證せり、十界の依正は、妙法蓮華經の當體である、鬼畜も元は妙心である、因緣に依て變化せしに過ぎず。明と無明と共體一である、止觀の五に云く心と緣と合すれば即ち三種の世間、三千の性相、心に隨て起る、鬼畜所得の戒體は其業障による、流轉の境に過ぎず、故に妙法に依て懺悔滅罪、得道すれば、妙法の光明に照されて本有の尊形となる、祖書に云く此經の妙は當位即妙と讀めり、當位とは地獄若くは餓鬼若くは畜生と一心が十界となる外に一物もなし、此心を三世常住の法、報、應、三身即一の佛ぞと說き聞かする時、餓鬼・畜生の形體一も改めず、我身心は法身なりと知り定めて、我心の外に妙覺究竟の佛無しと知るを當位即妙、不改本位と云ふ無作本佛、當體蓮華・因果同時の妙法、鬼畜即ち佛身、業通變じて神通となり感應利盛を與ふることを得る、此理に依て因緣の鬼畜を得道せしめ守護神とし、他より來る障害を掃ひ、信力不退ならしめ神も人も共に佛道を成ずるを目的とする。

松野鈔に云く此經を說く者に使はれて功德を得べし、鬼畜なりとも法華經の一偈一句を說かん者は當起遠迎、當如敬佛の道理なれば佛の如く互に敬ふべし、依法不依人此れを思ふべし。以上

薰發因緣の項目

自已の感得した祈禱法に依て修法した結果、大正七年二月より昭和四年八月迄、過去十三年間に薰發した因緣、日本國に於ては神代より大正時代迄、又支那、印度、歐洲各國、米國等の大因緣、及び支那の儒《じゆ》敎、印度の婆羅門《ばらもん》敎、其他基督《きりすと》新敎、舊敎、回々《ふいふい》敎、波斯《ペルシヤ》敎等の大因緣を解き、本門の戒壇は玆に實現し、靈界は統一されたのである、此の空前絕後の事績、即ち世界各國の興亡、世界各宗の神々

の隱れたる裏面を發表し、法華經の威力が世界の各宗に超越せることを示す爲に昭和四年十二月「本門の戒壇と靈界の統一」と題する著書を發行して世に問ふたのである、玆に再び其項目を轉載するのは、次に說く祈禱の威力の實現を示す爲である、即ち本門の戒壇に於て世尊宗祖、諸天神が解かれた因緣、其薫發したる、靈魂が靈媒者に憑り物語りした事績を示すのである、其事實は決して揑造のものでなく悉く體驗し實現した者であり、余の功智に非ず、又誇耀《こよう》にも非ず、是れ即ち妙の力用であり法相の爾からしむるのである。

「**大正七年**」二月より祈禱を初め八年十二月迄に死靈千四百八拾參人の靈を得道せしめ、靈山淨土へ往詣せしめ（靈山とは身延山宗祖の御手許へ送る事）、守護神を勸請すること百四十三躰であつて、其內主なる因緣、現住所、深川東森下町百五番地の地所に絡る松平家の元祿以來の因緣を解く八年七月、浮田中納言秀家の因緣解け、秀家初め一族郎黨八百人の靈得道す。

「**大正九年**」中、薫發せし死靈壹萬貳千七百壹人、神を勸請すること百四十四躰、其內主なる因緣。

五月、臺灣《たいわん》澎湖《ぼうこ》嶋馬《とうば》公《こう》にて日清戰役、出征軍人の疫病にて死亡せし、千人塚の靈を得道せしむ。

五月、余の過去の關係にて、源平兩氏の大因緣を解く、源賴朝初め一族郎黨、參千五百人、平淸盛初め一族郎黨　五千人、木曾義仲一族郎黨、貳百參拾人、和田義盛一族郎黨、貳百八十人、比企《ひき》能員《よしかず》一族郎黨、百貳拾人、和解得道し、兩軍戰死の軍馬千六百頭を共に靈山に送る、賴朝の守護神を大光明天王、義經の守護神、鞍馬大僧正を大勢力天王、平家の守護神を大莊嚴天王と道場の神として勸請す。

六月續て北條の因緣を解く、時宗出で、宗祖に謝罪し一族郎黨、八百人、戰死軍馬、參百頭得道す、北條を倒せし愛宕山の神を蓮德天王と勸請す、八月、日蓮宗、慶長の法難の因緣を解く。

「**大正十年**」中、薫發せし死靈六千貳百五人、神を勸請すること八十八體、其內主なる因緣、二月深川淨心寺の因緣より、豊臣、德川の大因緣解け、秀吉初め一族郎黨千五百人、家康初め一族郎黨千五百人、兩家の戰死の軍馬千頭を靈山に送り、多年結んで解けざりし最も困難なりし大因緣を解く、秀吉の守護神を豊明天王、家康の守護神、黑本尊を淨德天王と勸請す。

六月上旬、織田信長と、明智光秀の確執を解き、各一族郎黨、二千人及び戰死の軍馬八百頭と共に靈山に送る。

斯の如き大因緣の容易に解けしは、宗祖大聖人直々の御敎化に依ると道場の神より告げらる、有難き事也。

六月下旬、鎌倉一の鳥居前の地所は、元と墓地なり是に關し大塔宮護良親王、南の方の因緣を解く、續て著者の過去の父の關係より今川の因緣を解き、今川義元一族郎黨、參百人の靈を得道せしむ。

七月、深川鶴歩町二番地の地所の因緣より享保の頃の德川、老中、田沼意次《をきつぐ》、意知《をきとも》の因緣を解く。

九月、蘇我祐成《すけなり》、時致《ときむね》、仇討の因緣解け、工藤祐經《すけつね》、及び父祐義《すけよし》、母、滿江出でゝ得道す。

十二月、弓削道鏡《ゆげのどうきやう》の因緣を解く。

「大正十一年」中薰發せし死靈五萬六千六百貳拾人、神を勸請すること、八拾六體、其内主なる因緣、一月慶安の變由井正雪の因緣解け、丸橋忠彌外十三人及家族の靈得道す正雪出でゝ云く、軍用金調達の爲め宗祖の大曼荼羅の僞筆を多く書き人を欺き事を懺悔す。

去年十二月中旬より薰發せし佛法傳來の時の、因緣二月初旬蘇我氏と物部氏の確執を解き百參拾人の靈得道す、佛法に最も反對されし伊弉諾《いざなぎ》の尊出で給ひ法華に歸依さる、護國《ごこく》天王と勸請し奉る、此時佛法の守護神、大威德伽樓羅《たいいとくかるら》王、大自在天出で給ふ、續て淨土眞宗の因緣解け親鸞《しんらん》上人初め蓮如《れんによ》、顯如《けんによ》上人外百參拾人の僧侶の靈出でゝ法華に歸伏し、又寒行中、菅原道眞と藤原時平、楠正成と足利氏の因緣解け、正成正季《まさすへ》、一族五百人、尊氏初め一族郎黨、千貳百名得道し兩軍の戰死軍馬五百頭共に靈山に送る、淨土眞宗を興せし神を叢雲《むらくも》天王と勸請す、玆に於て王佛一《つ》乘となる。

二月初旬より曹洞宗の因緣を解く、道元禪師外百五十名の僧侶の靈出でゝ法華に歸依す、道元《だうげん》禪師の過去は行基《ぎやうき》菩薩なり、曹洞宗を興されし、大滿伽《だいまんか》樓羅王出で給ふ、道場の神、大滿天王と勸請す。

三月初旬、眞言宗の因緣解く、弘法大師及び眞義派を起せし覺鑁《かくはん》大師外百八十名の僧侶出でゝ降伏し、眞言宗の守護神大自在天王、金剛神、密迹《みつしや》神出でられ、之を道場に勸請す、弘法大師の過去は、善無畏《ぜんない》三藏なり續て。

天台宗、山門、寺門の因緣を解き、慈覺《じかく》大師 （過去は金剛智三藏なり台密を起す故ある哉）智證《ちしよ》大師出でゝ懺悔し給ひ、山門の僧、貳百人、寺門の僧、四十五人得道し、山門の守護神を妙吉祥《みよきちじやう》天王と寺門の守護神、新羅《しらぎ》明神を、阿耨《あのく》天王と勸請す、淨土宗を起されしは此の神なり、故に引續いて淨土宗の因緣を解く、融通念佛宗を起せし良忍上人、（過去は導綽禪師）外二十人、法然《ほうねん》上人（過去は善導和尙其亦過去は阿彌陀經を譯せて康僧鎧《こうそうがい》なり）外五十八人の僧出でゝ法華に歸依す、茲に於て日本の靈界略、統一され、宗祖御本懷の一部達せらる。

四月一日より淸國傳來の釋尊の像（淸皇室にありし像口繪參照）の因緣より、淸國皇室の因緣解け、淸の太祖初め皇室の一族百貳十人、及明末の忠臣鄭成功、外戰死靈三百人出でゝ佛果を得。

弘安の役、元寇の時玄海灘にて溺死せし、元の將卒五萬人の靈を引出し得道せしむ、是より釋尊我が道場に留り給ひ因緣を解き給ふ、爲に當道場は世界的となる。

七月、宗祖小松原の法難の因緣を解き、東條左衞門出でゝ懺悔す。

八月末、神武天皇、東征の因緣を解く、皇軍五瀨《いつせ》の命外參百人、外討伐されし、長髓彥《ながすねひこ》、兄猾《えうかし》、八十梟《やそたける》等の八百名の靈出でゝ得道す、此の關係の神を觀自在《くわんじざい》天王、護法《ごほう》天王妙智天王、能施天王、救苦《きゆく》天王と勸請し茲に日本建國の因緣解く。

十月、淨心寺の大黑天の因緣より壬申《にんしん》の亂の因緣を解く。

十月末、島原の亂の因緣解け、天草四郞外百八十名の靈得道す。

「大正十二年」中薫發せし靈貳萬貳千三百八十八人、神を勸請すること五拾七躰、其内主なる因緣、一月、鬼子母神と加藤淸正及び文祿征韓の因緣薫發し、韓、皇室の靈百三十五人及び、加藤淸正外一族郞黨、六百三十人及び韓國の戰死者大將闞馗《カンキ》外三百八十七名出でゝ佛果を得、朝鮮の守護神秦王《しんのう》出でらる、之を道場に勸請す、茲に於て日韓の靈界統一さる。

一月九日より日本神代の因緣薫發し、國常立尊、伊弉冊《いざなみ》の尊及び外神出で給ひ、神代の物語を聞く、又聖德太子と物部《もののべ》尾輿《をこし》との因緣を解く。

去年十一月下旬より基督《きりすと》教、回々《ふいふい》教《きやう》の因緣薫發す、十二月十三日基督《キリスト》十字架に釘附されし儘の姿にて出づ、依て釘を抜き修法して苦痛を除く、弟子ボウロ、ペテロ、ヨハネ外五百名、及び日本切支丹《きりしたん》の信者百五十五人出でゝ歸佛す
十二月二十五日、基督教の守護神「ビルパクシヤ」（大廣目天王）出で給ひ、三十一日、回々教を興せし「アルラー」の一神出で給ひ、二月十日迄「マホメツト」外四百名の教徒の靈出でゝ得道す。

二月十三日、基督教の守護神を大廣目天王、福音天王（エンゼル）勇勝天王（羅馬の飛龍神）又回々教の主神を興教《こうきやう》天王と勸請し、何れも法華の守護神となる、茲に於て世界の二大宗教、法華に統一され世界的宗教の紛騒の大因緣茲に解く。

二月下旬、中山法華經寺の因緣として富木氏の祖先神代出雲に於ける因緣、及び眞間《まゝ》の手兒奈《てこな》の因緣を解く、四月下旬中山第二回の因緣を解く此時十羅刹女の各自の御姿を拜す、黑齒羅刹女より靈の苦痛を除く法を授けらる、佛敕により鬼子母神及十羅刹女が陀羅品の誓ひにより三千年の間常に行者を擁護し給ひし功績により、鬼子母神に大菩薩號、十羅刹女に天王號を授與さる、鬼子母神は辭退されしが宗祖は强いて受けさしめ給ふ。

五月二十一日、基督教、回々教の神、法華各道場百日見學修了歸來され、我等が威力を發輝すべき時到れりと仰せられ、歐洲各國の因緣を呼び寄せ給ふ。

五月、宗祖龍《たつ》の口の御法難に付薫發す。

六月中旬、四谷怪談、お岩の因緣を解く。

是迄薫發せし因緣を綜合して『靈界統一』と題し八月一日出版せり。

五月下旬より歐洲大戰爭の因緣を解き、其戰爭の靈界に於ける發端として支那の神出でられ道教の因緣解け、仙人の靈百八十人及び義和團の亂の死者六百二十人救はる、續て西藏の因緣を解き喇嘛《らま》教の僧千二百人出でゝ得道し、續て希臘《ぎりしや》、正教の神出で給ひ露國ロマノフ家の因緣及び虛無黨の靈を救ふ、又獨逸に於て「マルチン、ルーテル」をして基督新教を興さしめし婆稚阿修羅《はにあしゆら》王出で給ふ、此關係は古代日耳曼《ぜるまん》族はアールヤ人種にして原住地は亞細亞の高原にして婆羅門族と同一人種なるによる、モルトケ將軍其他軍人の靈多數出づ。

六月十六日、佛國の因緣に移る、舊教の女神出で給ひ「ナ

ポレオン」「ジャンダルク」外佛國革命の時の横死の靈五千二百人出で得道し、十八日英國の神出で給ひ「ネルソン」外三千二百人の靈出でゝ得道す、二十一日西班牙《スペイン》の舊教の神出で給ひ「イサベラ」女王外八百人の靈出づ。

七月八日、基督舊敎の總督の神、天主「ゴット」出で給ひ、二十九日露國「ポーランド」及虚無黨《きよむとう》の靈百七十四人出づ、此關係に連れ、印度のウパニシャットの神出で給ひ議論され普賢《ふげん》菩薩出でゝ之を解き給ふ、玆に於て尸棄《しき》梵天《ぼんでん》出でられ此の戒壇を踏み給ひ、婆羅門敎と佛敎の因緣の一部解く。

九月一日、印度敎の因緣薫發す、正午大地震起り、續て大火災起り大旋風の爲め、美觀の市街一夜にして瓦礫の荒地と化し、座して富士と筑波を一望に見る、未曾有の大災なり、燒死者七萬人以上、物質の損害百億圓を超ゆと云ふ各橋梁燒落ち交通不能となり、食ふに食なく飮に水なし、死屍到る處、累々として、慘狀筆舌の盡す所に非ず。一日午後四時道場燒失す，庭前の小池に避難すれども池水沸て湯の如し、幸に天神の加護により身命を全ふし、六日燒跡に燒トタン板を以て假小屋を作り、七日より假壇に佛神を祭り奉仕す、神の仰により引續き因緣を解く、「ウパニシャット」の神出でゝ言く、「人の力で造つた一切は皆な、亡びる、其の樣に自然の造つた一切も亦亡びると。我れ荒漠たる燒市街を眺めて感慨無量なりき、佛曰く世は無常なりと。

九月八日印度敎の神、摩那斯《まなし》龍王出で給ひ、道士仙人の靈、千六百餘人得道す、十六日是迄薫發せし因緣一切得道す、十七日死靈合計一萬九千餘人を靈山に送り、各國の出現されし神、十躰を道場の守護神と勸請す、玆に世界各國の神出現され法華に歸依され靈界は略統一されしも、大震災直後の急造バラック、膝を容るゝに足らざる假小屋のみならず、附近に人家も無き荒地となりし故、神許を得て一時道場を解散す。

十二月初旬より、震災橫死の靈の內附近の罪輕き者便り來る、又道場に緣のある者便り來る故に假道場を開き之を救ふ、燒死の靈參百參拾八人苦痛を除かれ得道す。

十二月十日、佛法傳來の時の殘りの因緣、物部尾《もののべを》輿《こし》の一族六十人の靈出でゝ得道す、之に關し出雲の神出でらる。

十二月二十八日、出雲神道統一され、道場の主神荒熊大僧正、主席を此神に讓らる、此神は國常立尊《くにとこたてのみこと》、日本へ移らる時天竺より共に渡られし神にて國家と最も深き因縁ある神なり、此神を我が道場の主神、最上位妙雲天王と勧請し奉る。（上世印度の韋紐天《いちうてん》）

「大正十三年」中薫發せし靈拾五萬千貳百五人、神の勧請拾參體、其内主なる者
八月下旬より上世印度、及び提婆《だいば》達多《たつた》の因縁を解き、續て波斯《ペルシヤ》教の因縁を解く。

九月二十九日、釋尊御在世の因縁、頻婆沙羅《ビンバシャラ》王、阿闍世《アジャセ》王、善星《ゼンシヤウ》、迦留陀夷《カルダイ》、戰遮波羅門《センシヤバラモン》女、波斯匿《ハシノク》王、毘瑠璃《ビルリ》王釋種の虐殺されし靈五千人出でゝ得道し、世尊の布教を妨げ、種々の災を起せし摩醯首羅《マケイシュラ》天出でゝ懺悔し給ふ、之を大古久天王と勧請す。

十二月二十六日、吠陀《べた》仙人及び釋尊御在世の頃の靈九千十人を靈山に送る、續て「ヱジプト」「アッシリア」「バビロニア」の古代の因縁解け、又希臘《ギリシャ》の因縁解け「ソクラテス」等の哲學者の靈出で二千人の靈を送る、「ソクラテス」の過去は釋尊の弟子「ウルビンラ」迦葉なり、玆に於て、希臘《ギリシャ》哲學は佛教より出でたるを知る、又「イスラヱル」猶太《ユデア》の因縁解け「アブラハム」「モーゼ」等の靈出で又神「エホバ」出で給ふ、此神十萬の死靈を連れ給ふ。

十二月三十一日、十二萬人の靈を淨土に送る、玆に於て猶太《ゆでや》教及び、地中海沿岸の太古の因縁解く。

「大正十四年」中薫發せし靈參萬八千七百參拾壹人、神を勧請すること拾七體、其内主なる因縁左に。

二月三日、基督新教の主神、婆樓那《バルナ》天王、法華道場百日見學終了歸還され、直に米國排日の因縁を引出さる、黑人の神出で給ひ、黑人の靈一萬八千人佛果を得、又米國獨立戰爭及南北戰爭の因縁を解く、「ワシントン」「リンカーン」外九千百人の靈出で又此神の關係にて佛國ワーテルロー、の戰の因縁を解き、「ウエリントン」外戰死の靈七千人出づ、又基督舊教ローマ教會の因縁を解く、大教司十人出で、歸佛す、又日本神道の一派、金光教、天理教の主神引出され、各教祖出でゝ降伏す、又身延の因縁を解き六月三日死靈計參萬四千餘人を送る。

六月二十四日より、佛教により支那太古の因縁を解く、殷《いん》を起し秦《しん》を起し萬里の長城を築きし支那太古の神出で給ひ、又漢の高祖をして天下を定めさせられし神出で給ふ、高祖外五千人及び日清戰争、黃海、海戰の死者及び旅順に

て虐殺されし靈八百人得道す、此神日清戰爭を起さる、古來より此の二神の爭ひが支那、戰國時代を現ぜしなり、九月二十八日關係の一切の靈八千百人を靈山に送り神は道場の守護神とす。

二月二日、武田信玄、身延攻めの因緣薫發し、信玄外千五百六十四人得道す。

六月二十三日、關ケ原の戰の因緣薫發し、大谷刑部、石田三成等、三百五十人得道す。

九月二日、深川西永町の地所の因緣より、柳澤吉保及び眞田大助が德川を狙はんが爲に潛伏せし因緣出づ之を解く。

「大正十五年」中薫發せし死靈、貳拾貳萬七千二百六十七人、神の勸請四十體、其内主なる因緣。

一月、元冦の因緣、其他、乃木將軍の因緣より、神武天皇東征の時の過去及戊申の役、西南の役、旅順攻擊の戰死靈、及び建武中興の因緣解け、寒行中薫發せし靈、八萬四千參百七十二人を二月三日送る。

三月、法華經に說かれたる、妙莊嚴王と大魔王の關係、其他不動明王、及び大日如來の原籍等發顯し、眞言宗の龍智三藏、金剛智三藏の因緣解け、眞言宗傳燈の僧十八人得道し、佛法傳來の時の疫病の死者千人得道す。

三月二十日、柳生《やぎゆう》但馬守、柳生十兵衛の關係より、荒木又右衛門、伊賀越へ敵討の死者其他百五十人出でゝ得道す又た鬼怒川堤の怨靈、累《かさね》の因緣を解く。

四月十日、鴦崛摩羅《アウクツマラ》外九百九十九人、苦行婆羅門道士外壹萬人、又た十字軍の因緣薫發し土耳古《トルコ》共軍合せて參萬人の靈を送る。

六月二十二日迄に、吉庶《きつしや》大魔王の關係にて、日持上人、震災橫死者、十字軍、身延山、大野山、加賀騷動、大山家日清日露、歐洲戰爭の一部、松嶋艦爆發の因緣を解き死靈合計八萬千五百餘人を送る。

七月、鎌倉葛原《くづはら》神社、錢洗辨天《ぜにあらいべんてん》、及び雜司ケ谷、威光山の因緣及び阿部貞任外楠氏一族十六人、藤原俊基《としもと》朝臣《あそん》、外三人、玉笹《たまざゝ》の前外二十一人得道す。

七月末より、十月初旬迄、身延、神代熊野、那智、南都の佛法、及び佛法東漸の先驅されし八幡大菩薩、其他高野山、竹生嶋の因緣を解く。

十一月、波木井實長。四十七義士。熱原《あつはら》法難、平の左衞門と阿彌陀佛、婆樓那《バルナ》天の關係を解く。

「昭和二年」中薫發因緣、死靈百六十貳萬貳千九百九人神の勸請、四拾壹體、其內主なる者。

一月、大目犍連《もくけんれん》と執杖梵志《しゅじょうぼんし》、鹿嶋明神との關係、奈良朝の佛法と身延妙法二神の關係を解く。

二月より地獄の因緣を解く、之に關し閻魔《えんま》法皇《ほふわう》、泰山王《たいさんわう》秦廣王《しんかうわう》、半支迦《はんしか》大將出で給ふ。安政の獄、世尊九横の難、坂上田村麿と妙見大菩薩の關係、林道春、外漢學者の靈等其他地獄の靈出ず、四月一日五萬百六十人を送り、五月六日、壹百壹萬九千四百人を送る、此の多大なる死靈の教化には特に世尊大神通を以て自から教化し給ふ、閻魔大王を圓滿天王、泰山王を泰山天王と秦廣王を秦廣《しんこう》天王、半支迦《しか》大將を盛德大王と道場に勸請す。

五月、地獄の關係にて印度、支那に於ける佛法破却の大因緣薫發す、印度の遭難の靈、師子尊者、外壹萬八千人、惡王檀彌羅《ダンミラ》王外四百人、支那の僧壹千人、惡王武帝《ぶてい》外千六百人得道す。續て支那太古の因緣、夏《か》の桀王《けうわう》、周の幽王《ゆうわう》、道教の莊《そう》子其他六百人の靈得道す、七月二十一日靈山へ送る。

六月薫發、奈良大佛鑄造《ちうぞう》の因緣、光明皇后と玄《け》昉《ぼう》僧正の過去、藤原廣嗣等の關係を解く、七月二十一日靈山に送る。

七月より十月迄の間に大三輪《おゝみわ》神社《じんじゃ》と山王權現《さんわうごんげん》。一闡提《けんたい》の人五百人の成佛。二荒山修驗道の因緣。石山本願寺と信長と戰の因緣を解く、

「昭和三年」中薫發、死靈九萬千八百六拾貳人、神の勸請貳拾壹體其內主なる因緣。

一月末、宗祖御在世、極樂寺良觀の因緣、高天《たかあま》の原《はら》の因緣及所在、薫發す。

三月、久遠成院日親上人と足利義教《あしかゞよしのり》の因緣を解く。

四月十日、會津の白虎隊《びゃくこたい》の因緣を解く。

五月二十五日、房州清澄山《きよすみざん》、道善御房《だうぜんごばう》の因緣を解く。

八月安政の地震の時の死者、東都回向院に埋葬せし靈貳萬人を引出し得道せしむ、又佛法傳來の時疫病の死者二千三百人得道す。

十月三日、宗祖佐渡御在中、危害を加へんとせし者七人出づ之を教化し得道せしむ。

六月、釋尊御在世中、阿羅漢《あらかん》となりし不成佛の靈を引出し成佛せしむ、馬鳴《めみやう》菩薩《ぼさつ》、無著《むぢやく》菩薩《ぼさつ》、世親《せしん》菩薩《ぼさつ》の過去薫發

す。

十一月十一日、笠間《かさま》紋三郎《もんさぶらう》稲荷《いなり》の因緣を解く。

十一月二十日、印度原始時代、印歐《いんをう》時代、印伊《いんい》時代（西紀前四千年の頃）及び愛染明王《あいぜんみやうわう》と因陀羅《いんだら》と（帝釋天）との久遠の因緣を解く。

「昭和四年」薫發因緣死靈六千二百二人神を勸請すること貳拾參體。

二月二十七日、日本建國、オノコロ嶋の因緣薫發す。

四月十五日、叡山慈《えいざんじ》覺《かく》大師過去薫發、台密の根本因緣薫發す。

五月四日、禪宗、臨濟《りんざい》の因緣薫發し達磨《だるま》大師榮西禪師《えいさいぜんし》外千七百二十人の僧侶の靈得道す。

六月四日、信長の頃江州安土問答の淨土宗の僧靈譽《れいよ》上人の因緣を解く。

六月二十四日、相州江の嶋、辨才天、及び、宗祖雨乞の田邊の池の因緣薫發す。

以上薫發の因緣の詳細は拙著「本門の戒壇と靈界の統一」に記す故に項目のみを記す以後は稍詳細に記す。

九月中旬薫發、大正六年九月三十日東京灣附近の大海嘯にて死せし靈十三回忌に付千五百人引出さる、藥王菩薩出で給ひ即時に甘露の雨を降し靈の苦痛を除き得道せしめ給ふ、九月二十一日靈山に送る。

十一月中旬より道場の因緣として明治維新の元勳明治神宮の關係にて、大久保利道、大村益次郎、木戸孝允、板垣退助外十六人引出され得道す、十一月三日靈山に送る。

十一月下旬より、日露戰爭、旅順閉塞隊の廣瀨中佐、杉野兵曹外三十八名出でゝ得道す、十二月七日靈山に送る。

「昭和五年」中薫發死靈壹萬六百貳拾四人、勸請せし諸天神五十一躰、其内主なる因緣を次に擧ぐ。

二月初旬薫發、朝鮮鎭海の因緣にて弘安の役、蒙古の水師提督、鄭利功《ていりかう》外三十五名の靈出づ、博多灣外にて大暴風の爲に吹き流され、朝鮮鎭海《ちんかい》に漂着し港外にて難破す、乘組三百人の內辛《から》くも上陸せし者僅に三十人他は悉く溺死す、朝鮮にては敗軍の將卒なる故救助せず、疲勞と饑の爲に遂に一同恨を飮んで死す、此の因緣鎭海の因緣となる、玆に解く、二月十三日靈山に送る。

二月上旬、上總西畑村妙長寺の因緣を解く、日本武尊の東征の時討伐し給ひし梟師の靈三十五人出づ、二月二十四日靈山へ送る。

二月下旬より、中山荒行堂の因緣薰發す、僧侶六十人出でゝ得道す、此因緣は鬼子母大菩薩、十羅刹天王の眷屬は中山にて修行せし驗者には必ず初行の時より緣を結び、行者擁護《をうご》の誓願により其人を終身守護さる、假ひ退轉して惡道に陷るも捨て給はづ、然るに修法師の內破戒惡道に墮ちし者は死後得道出來ず、神は止むを得ず中山に連れ歸られ是が中山の道場の因緣となつて殘る、是が集つて五百年間に多數となる其內六十人を時到り玆に引出さる、此僧出でゝ懺悔し得道す、三月九日靈山へ送る。

續て第二回の因緣薰發し、二十五人の僧、懺悔し得道す三月十一日靈山に送る、各自詳細の懺悔あり北は津輕より西は九州に至る、其關係せし婦人は共にあり。

死して後迄、恥を殘す夫れ修法する者愼まずんばあるべからず。

四月二十六日、日遠上人御直筆の大曼荼羅の關係より、遠師出で給ひ、自からの過去の因緣を解かる。

四月中旬薰發、宗祖小松原の法難の時宗祖が小松原を通過されることを、東條に內通せし、清澄《きよずみ》寺の下男六兵衞引出ださる、今迄地獄にあり日夜苦を受け居りしを玆に引出され助けらるゝと、懺悔、謝罪す、四月二十二日靈山に送る。

五月初旬、越前の信者の關係より柴田勝家、室、小谷の方、佐久間玄蕃、外千六百名の戰死者、及軍馬三百頭の靈出でゝ得道す、五月六日靈山に送る。

五月中旬、樺太《からふと》落合《おちあい》の法華寺の地所の因緣を解く、土人及アイヌの靈八十人、日露戰爭の露人死者百二十人の靈出でゝ得道す、五月二十一日靈山に送る。

五月中旬、宗祖、伊豆御流罪の頃、船守彌三郎及、妻の因緣薰發す、三十一日靈山へ送る、此關係の神船守大明神として鎌倉の長昌寺に祀らる。此關係にて長昌寺の地所の因緣を解く、同所は元と眞言宗の寺の跡なり昔し玄能《げんのう》阿闍梨住めり、此靈、宗祖御在世の時種々の碍《さまた》げず、時來て玆に引出され得道す五月三十一日靈山に送る。

六月初旬、東京赤坂圓通寺の地所の因緣を解く、前九年の役、源義家、凱旋《がいせん》の時、阿部の一族同所にて待伏し、義家を討たんと計り反り討に遇ひ、阿部維時《あべのこれとき》外八十名戰死す、死骸は其儘、野晒とされ捨て置かる其後集めて塚を造る、此因緣により圓通寺建つ、茲に時到り解く、六月九日送る。

五月中旬、島根縣母里《もうり》、圓福寺の地所の因緣を解く、神代素盞鳴尊《すさのうのみこと》の討伐し給ひし梟師《たける》の靈、酋長《しうちやう》バウラ、外百二十人の靈得道す、續て南北朝の忠臣、名和長年《なわながとし》の關係薫發し、船上山其他にて戰死せし靈、名和長年外百六十名出でゝ得道す。

六月九日靈山に送る。

七月初旬、東京深川彌勒寺《みろくじ》、靈岸町の各寺院墓地區劃整理の爲め移轉改葬に付無緣となりし、嬰孩子《えいがい》の靈千二百人を引出し大慈大悲の手を以て救ひ給ふ。

八月初旬、朝鮮金剛山、萬物相《はんぶつそう》の天人の靈薫發す、二男保治、金剛山見物に行き過去の關係にて此因緣を連れ歸る、翼ある人種なり、釋尊御在世、世尊の敎法に反抗して、印度より朝鮮に飛來し一宗敎、建んとし萬物相に立籠りし人印々是が後の仙人の祖となる、天人五十人出でゝ得道す、八月二十九日靈山に送る。

八月中旬、東京京橋區築地本願寺の墓地區劃整理の爲め改葬され無緣となり迷ひ居りし靈八百參十人、神連れられ得道させらる、中に自分が存生中に祠堂金を五十兩納めしに無緣にせしと怨みし靈もありたり。

九月上旬、本所被服廠《ひふくしやう》跡より十二年九月一日震災横死靈四百人引出され得道す、九月八日靈山に送る。

十月初旬、伊豫の松山市の瑞應寺の地所の因緣を解く、珍らしき前世紀の妖怪の靈五十體出づ、四國に種々の怪異あるは斯の如き怪あるに依る、其外前世紀の怪靈を封ぜし所が「オノコロ」嶋なり。

十月初旬、芝增上寺、德川關係の因緣の殘り、黑本尊が引出さる、四代將軍德川家綱、本多中務大輔忠勝 德川の四天王、德川賴宣、傳通院殿 德川家康の母、服部光曜 增上寺住職大久保彥左衞門、其他關ケ原の戰死者の殘り三十人得道す、十月二十八日靈山へ送る。

十一月上旬、織田信長の頃、江州、安土に於ける、日蓮宗と法論せし、淨土宗の安土、西光寺の住職聖譽上人出でゝ懺悔す、大謗法の罪により發狂して、念佛を唱へつゝ悶死せし靈なり、靈媒に引出せしも聽經せず大聲にて念佛を稱へ正氣しなる迄約、半年を要せり、漸く得道し十一月二十日靈山に送る。

十二月中旬、米國ポートランド日蓮宗敎會建設に付、因緣薫發す、釋尊滅后、布教の爲め天竺より同所へ移られし翼ある神なり、土着の神の爲に碍げられ、布教出來ず今日に至る、土人の靈八十人連れらる、之を解き神を、持法天王と勸請し、ポーランド日蓮宗教會の守護神とす。

「昭和六年」 中薫發せし死靈壹萬三十八人、諸天神の勸請すること六拾貳躰也。

一月薫發、大疫神出づ流行感冒の死者三千七百三十人を連れらるる疫神の大將なり、過去の因縁を解く、遠く上世印度人類と鬼人との闘爭時代の關係なり、其頃の鬼人は頭に二本の角あり裸體にして、赤色、火を用ゆる事を知らず凡て生食し人類發生して增殖するに及び戰闘初まる、人類の唯一の武器は火なり、鬼人は火を恐る之を以て鬼を追ひ廻し遂に幽谷の行詰りに追ひ込み四方より火を掛け燒殺す、疫神は其時虐殺れし苦惱を持つ鬼の靈なり、此の久遠の怨念を以て人類に祟る、寒風に乘じて人類の弱身に附け込み、自巳の苦惱を免れんが爲に人に憑附す、其人は煙の苦の爲に水洟《みづはな》出で發熱す、是れ久遠より人類への復讐なり、玆に法華經の威力により此の久遠の因緣解く、此神寒行中道場にて修行さる、二月十日死靈を送り神は道場へ救護大明神と勸請す、眷屬百七十躰と共にす。此神過去の關係により疫魔退散を最も得意とす。

一月初旬、鎌倉の八幡神來られ、鎌倉開闢《かいびっく》以來の死靈を連れてあり解かん事を乞はる、此の八幡の由來は源義家、奥州征伐の時、今の一の鳥居の所へ祭壇を造り戰勝を祈念す、前九年の役終りし時、此處を通過し勝軍の紀念に弓を埋む、此の因緣により鎌倉に八幡宮建つ、兩軍の戰死靈千二百人を連れ給ふ、之を解き、二月三日靈山へ送る。

三月初旬、下總成田山の不動尊來られ、左の因緣を解かる。

天慶の亂の時の死者百五十人。

新勝寺の住職及寺にて死せし靈及び斷食堂《だんじきだう》にて荒行中死せし靈合計百五十人引出され得道す、三月二十一日靈山へ送る、不動尊の希望により道場に新勝天王と勸請す。

三月上旬、朝鮮、鎭海《ちんかい》、德丸《とくまる》寺の觀世音來られ因緣を解かる、觀世音は元と支那鎭海に鎭座す「三寸位の白金像なり」日清戰爭の時紛失を恐れ、趙利倘《ちやうりしよ》と云ふ者、日本公使館の德丸氏に賴り此像を預く、德丸氏日本に歸る時此像を渡す人なし、保管して日本に歸る、十八年跡なり、今より八年跡朝鮮鎭海は同名なる故同所に寺を建て德丸寺と云ふ、日清戰爭の時の死者超利倘外百六十人連れあり之を引出して得道せしむ。

又德丸氏の關係にて維新《いしん》當時の志士、坂本龍馬、高杉晋作、稻垣萬藏外六十人出でゝ得道す、德丸氏は維新の頃、京都の嵐山の附近に住し曙《あけぼの》重兵衛と云ふ、高等會席料理屋にて曙樓と云ふ、義侠の人にて勤王の志强く、家は密談に都合よかりし故、常に志士の集會所となる、雇人の五十人も使ひ盛大に營業せり、新撰組《しんせんぐみ》の知る所となり斬り込まる、重兵衛は志士に味方せしとて家は缺所、所拂となり諸々流浪し遂に下の關に住み病んで死す、今の鎭海、觀世音の堂守せるは重兵衛の養女なり、此因緣により維新の志士の靈を引出さる。

昭和五年、陸軍紀念日に鎭海に於て活動寫眞を寫し土地の小供を集む、映畫中フイルムに引火し火災を起し、出口不完全なりし故、遂に百〇七人の少年少女を燒死せしむ、此死躰を德丸寺に埋葬せしに付、地所の稻荷連れて來らる苦惱を除き得道せしむ、三月二十一日靈山に送る。

續て日淸戰爭の時の死靈、季《り》趙全《てうぜん》外百三十人の靈を得道せしめ三月二十八日靈山へ送る。

四月初旬

阿《あ》竭《か》多《た》仙人の因緣薰發す

去年上世印度の因緣を解きし時より來場されしが謗法の重罪にて得道すること出來ず、今日に至る、世尊苦行中最も妨げを爲す世尊が山中の果實を食糧とさるゝに、其果樹を一夜に枯らし、果實を落し食を得ざらしめ、饑に苦しめし事幾度か、又從者が水を求めんとすれば、其河を干し一滴の水もあらしめず、暑中渴に苦しめし事幾度か、已れの通力を盡して修行の妨げせしも遂に成道さる、故に止むを得ず一團を連れ、朝鮮に渡り金剛山の萬物相に住む、此の關係により去年二男侃治を金剛山に誘ひ一團を連れて道場に來らしむ、三月十六日送りし者共なり、我は過去の大罪により今日迄得道出來ず、地獄にあり今因緣解け、世尊の御赦を得たりと既往を懺悔さる、四月二十六日、仙人過去の姿を示さる暗に空中飛行す遙に海中に樓閣《ろうかく》を見る、龍宮城なり、仙人の遠き過去前世紀の大龍神なり、依て希望により四月二十八日道場に阿竭《あかだ》多天王と勸請す、弟子五人連れらる皆過去の龍神なり。

二十八宿暦の因緣五月薫發す。

五月一日、六老僧の辨の阿闍梨日昭上人出で、宗祖に懺悔し給ふ、其何の故なるを知らず、二日より眼病に惱める僧、出づ右眼、針にて刺さるゝ如き痛を感ず、修法すれども治癒せず、此の如きこと八日間、漸く小康を得、大謗法の罪を犯せし人なり。

九日より、腰痛み堪へ難き、商人らしき死靈出づ、腰を打たれ負傷せり、十二日漸く痛み治す、十二日死靈を靈媒に移す、日泰と云ふ、京都の人、十八歳にて瑳峨《さが》の常寂光寺《しやうじやくこうじ》にて出家し五年修行し祈禱を以て身を立てんと、志し、關東に向ひ、伊豆の王澤の妙法華經寺、（開山日昭上人）三年修行し祈禱法を相承し、此時二十八宿日割暦を相承す、寛永の初め三代將軍の頃、江戸に出で雜司ケ谷に住み祈禱を爲す。

江戸番町に同國の者にて本屋にて山城屋喜兵衛と云ふ者あり、祈禱を受けに來り同國の好みにて懇意となる、喜兵衛は篤信の者にて祈禱法を習はん爲に百日修行せし程の者にて、本屋なりし故、二十八宿日割暦を見て、之を廣布して信仰の一助とし又一方金儲《かねもう》けせんと日泰と相談し彫刻して宗祖の御作なりとし出版す。

其本の體裁を心眼にて見るに、大さは今の四六版位にて紙數五十枚位、前に日蓮上人の御一代を繪にて現はし次に二十八宿を一枚づゝ其善惡を繪にて現はし宗祖の身延にての御作なりと銘を打て發賣せり。

此の大謗法の罪により喜右衛門は寛永十年の地震にて家潰《いへつぶ》れ梁《はり》にて腰を打たれ、即死せず助け出だされ四日苦悶して死す、日泰は四十八歳にて眼病になり苦悶して死せしなり。

二十八宿暦の傳來と靈界の關係

六老僧の日昭上人は、元と叡山の學僧なり、宗祖を慕ふて弟子とならる、叡山は天台法華宗なりしが、慈覺大師の時より密教となる、慈覺大師の過去は眞言宗を起せし金剛智三藏なり、其守護神は摩醯首羅天《まけいしゆら》なり、慈覺大師が支那より、赤山明神を連れ後に叡山の西麓に祀らる、赤山明神は摩醯首羅天《まけいしゆらてん》の一族也、是の過去の宿因により天台に密教を混じ台密となる、故に眞言宗は婆羅門教の轉化なり、故に印度に於ける婆羅門教の二十八宿暦叡山に傳へらる。

日昭上人は叡山修學中赤山明神と緣を結び給ふ、又た二十八宿曆を相承し常に用ひらる、後ち宗祖御隱棲の時身延に於て二十八宿曆の可否を宗祖に問ひ給ふ、宗祖は之を排し給ふ。此の宗祖の御手に觸れしも排斥し給ひし二十八宿曆は其儘昭師が手に殘り本箱の奧に納めらる、昭師は其後此曆を用ひられず。沒後御遺書の內より發見し祈禱する者代々相承す、日泰も之を相承し江戶に出で宗祖の御作なりと誣ひ出版せし爲、大謗法の罪を受け眼病となり、沒せしなり、昭師が宗祖に詫びられしは、宗祖の否定されし、二十八宿曆を其時燒捨てず、其儘仕舞ひ置かれし爲、後の住職が相承し祈禱に用ひ、遂に今日の如く宗祖を誣ゆるに至りしを懺悔されしなり、中山へは祈禱者より傳はる、五月十三日、日泰、喜兵衛を靈山に送る。

五月二十七日、昭師と緣を結び、以後濱門流の祈禱を司られし赤山明神の眷屬を道場の守護神、最正位正法大明神と勸請す見學隨意。

五月末、神敕により一般的に迷信打破の爲に「二十八宿曆の僞妄を辨ず」と題する冊子に科學的に日に依て善惡の起る者に非ず、因果の大法を無視する者なる事、又た天文學に依り曆の起源を說き、全國の日蓮宗の寺院、敎會四千五百寺へ贈呈せり。

五月薫發

身延、西澤、魔の淵の因緣、

昭和六年五月薫發
願滿稻荷の關係

五月三十日、導現阿《だうげんあ》闍梨《じやり》出でゝ懺悔す、台密を修行せし者也、寺を持たず諸國を行脚す、日蓮上人が台密を折伏さるを惡み、之を害せんと謀り、佐渡より身延迄跡を追ひ、西澤に隱れ御草庵を覘ひ、御壽命を詰めんと時を俟つ、或夜崖より落ち非業の最後す、此因緣により西澤の魔となり以後修行の爲め玆に山籠する者を苦しめし爲め西澤の魔の淵と云はる、聖滅六百五十年に際し玆に出づることを得たるを喜び、既往を懺悔す。
六月二日薫發、日遠上人の頃
圓了、出でゝ語る、紀州和歌山の者、高野山にて眞言を修行し三十五歲、山を降り諸國を行脚す、緣あつて妙法に歸依し、身延山に入り又七面山に登り日本一の修驗者にならんと修行せしも五年經つても成就せす、遂に西澤にて終る、今考へ見れば逆緣より這入りながら罪障消滅もなさず修行の成就する筈はなかりきと懺悔す。

六月九日薫發、日遠上人の頃。

堅忍《けんにん》法印出でゝ語る、台密を修行せし者也、日遠上人の威望あるを悪み之を法を以て倒さんと爲し、西澤に籠り咒咀す、（此原因は堅忍法印が或る難病人を加持せしに治癒せず、日遠上人祈禱して之を治す、是より隙を構へ遂に咒咀す）途中一度山を降りしも前後十三年咒咀す、或る夏大雷鳴の時、九字を以て雷を拂はんとし雷擊に遇ひ燒死すと玆に出でゝ懺悔す。

六月十日、細井義右衞門 四十二歳出でゝ語る、攝津芦屋の在に生れ大阪にて、佛師屋となる病氣になり、祈禱を受け全快す、之に感じ俗人ながら修行し一廉の行者となる、覺悟を以て妻子を捨て身延に入り西澤に籠る、罪障深く半年經たぬ内、病氣再發して山を下らんとせしも足立たず四十二歳を以て西澤の小屋に歿す。

齊藤吾助三十歳、妻みね二十五歳、子八藏十五歳。

六月十一日夜、吾助出でゝ語る、明治の初、北海道根室に住む、妻みね肺病にて死し、續いて子八藏も死す、自己も肺病となり、醫者に見放され、身寄りも無く、負摺《おいづる》を負ひ諸國の道場を巡り、身延に參詣し顋滿の瀧にて修行す、一度快方に向ひしも寒さの頃、寒氣に堪へず、凍死す自分の罪障より御山を汚せし事を懺悔す。

十二日の朝、顋滿出でゝ語らる山へ修行に來て死ぬ位の者故、皆な因緣の靈氣を連れて居る、故に死靈は得道しても、其靈氣を得道させることが出來ず、今回を期として身延の大掃除を賴まる。以上六月十七日迄る。

寛正 二十八歳、身延の因緣、明治八年大本山火災の頃の役僧なり、隱してある金を取り出さんが爲に火の廻りある建物へ走り込み火中に燒死す、今地獄より引出され苦痛を除かる、懺悔して云く自己の欲の爲に火中に入り燒死し、御法に疵をつけて申譯なしと懺悔す。

觀圓《くわんえん》法師外十三人。

宗祖御在世の因緣、觀圓は大槻の丹成院の住職なり、宗祖御入山の時、同志十三人を語らひ御草庵を襲ひ殺さんと謀りしも目的を達せず、其時の先達なり、其他種々の方法を以て迫害を加へ大謗法の罪を犯し爲に非業の最後を遂け共に事を謀りし十三人も今漸く玆に引出され懺悔す、此靈は身延の本坊に纒り、世々の住職に障りを爲し、新住職は必ず一度は此靈に惱さる、是の靈を連れし魔神あり其儘とす。

六月十五日、朝、非常なる苦痛を持つ僧靈出づ、苦痛を除く淨因法印《じよういんほういん》と云ふ、十六日朝出でゝ懺悔して云く、越後新發田の住人、眞言宗の法印にして日蓮上人の折伏を惡み法力を以て之を制せんと願し佐渡に渡り樣々の碍《さまた》げをなし赦免の後跡を追ひ身延に至り、自己の法力の强さを示さんと爲め刄物を持たず、法力によつて、御壽命を縮めんものと考へ、西澤に籠り日夜咒咀す、時には御草庵を覘ひ、又時には山を下り食糧を求む、又、故郷に歸りし事もあり、山を出ること前後四度、佐渡以來十一年の間咒咀せしも其成就せざるを覺り直接行動を取らんとし、大雷雨に附け込み御草庵を襲はんと西澤を出で途中雷擊に遇ひ川に落ち、跡より落ちし大石に押し潰さる時に五十二歲なり、爾來地獄にあり今玆に出でゝ懺悔す、自己の腕の未熟なるを省みず、大それた願を起せし事を伏拜懺悔す。

以上西谷の關係六月十七日送る、西谷の大魔王眞言宗の摩醯首羅天の眷屬あり降伏得道されし故道場に圓妙天王と勸請す。

岩本實相寺の因緣、六月十日より薫發

地所の因緣薫發す、日本武尊《やまとたけのみこと》東征の頃、討伐されし梟師《たける》の靈五十人出づ、此梟師に緣を結びし神あり、日蓮上人、經藏にて一切經を調べらるゝ時樣々の碍礙《しよげ》す。

其頃大槻《おゝつき》より眞言宗の法印集り、實相寺の住職を語らひ日蓮上人を苦しめ降伏させんと種々の策を施す、經藏にて終日調べらるゝを幸とし、部屋及び寢具を給せず、藏の中へ閉籠の工夫す、宗祖は藏の中へ邪魔の來らぬを幸とし藏の中にて夜を徹し、三ケ月目に一切經を讀破され目的を達せらる、其期間、寺に若僧伯耆坊《はうきぼう》あり此小僧に法華の守護神憑り之をして食事を運び湯水の給仕せしむ、是の人が後の日興上人なり。

覺善《かくぜん》法印、觀心外十八人。其時關係せし者悉く後に橫死す、玆に出でゝ懺悔す、玆に實相寺の因緣を解く、梟師、關係の神を實相大明神と道場に勸請す。

身延の因緣、妙法二神の關係、六月初旬薫發

關富次郎外二十二人、何れも妙法二神を信仰し祈禱して

因縁を造り神に迷惑をかけし人々詳細は略す。

身延二王門密迹神の關係、　六月十九日薫發

癩《らい》病の死者三十人、此靈は宗祖御在世、宗祖を罵り苦しめし罪により、癩病になり死して懺悔の爲め身延に引附けられし大謗法の癩病の死者、密迹神之を連れ給ひしを玆に解く。

戒壇建立に就て、　六月二十三日

延山三十三世、遠沽院日享上人出でゝ懺悔さる、其頃身延に本門の戒壇、中山に秘密の戒壇、建立の義起り身延に許可を乞ふ、其時我は戒壇は方便なりと主張して之を許さず此大謗法の罪により今日迄成道出來ず、玆に出でゝ懺悔さる、此人は房州小湊の開山日家上人の血統なりと語らる。

小室山妙法寺の因縁、　七月四日薫發

地所の因縁、善智法印以前の山伏仙人の關係。

踏海《こうかい》仙人、此人は大和葛城《かつらぎ》山にて修行せし行者、諸國を巡歴して小室に住み、空海上人と法力競べを爲し、敗卻し之に勝たん爲に修行し山中に木食を爲し仙人となり、死せし時を知らずと云ふ。

此靈、善智法印に憑り、小室にて宗祖と法論し大石を空に上げ（實物を擧げしに非ず、上げし如く見せし幻術なり）宗祖の御眼を、眩まし石の上昇せし如く見す、今懺悔す、此仙人は大地より水を出し火を出し其他の幻術《げんじゆつ》には最も巧なりし、其後、順海仙人、吞海仙人、廣海仙人の後が善智法印と、なる、其他日本武尊東征の時、梟師の小室に追ひ詰められ燒殺されし靈八十人出で苦惱除かれ救はる。

踏海仙人と緣を結び給ひし葛城《かつらぎ》の神は、今小室に草創《くさわけ》稻荷《なり》として祠らる、此神を改めて道場の神、妙傳天王と勸請す。

下山上澤寺、白犬の因縁、　七月十六日薫發

善智法印が宗祖に奉りし毒餅を造りし人、佐山八右衛門及び娘千代香及白犬の因縁薫發す、餅に入れし毒は「ハンメウ」なり、白犬は八右衛門の飼犬にして、此人平家の落人の子孫なり、茶店の如き者を出して通行の人に僅かの商賈をなし、善智法印は度々玆を通り休憩《きうけい》して昵懇《ちつこん》となる、或

る時法印來り天下を亂す惡法師あり、此僧を退治せんとすれども力及ばず、此儘捨て置くべきに非ず、天下の害を除かん爲に毒殺せんとす、とて毒餅の製作を頼まる、再三斷りしも聞かず遂に刀に懸けて娘と共に殺すと脅《おびや》かされ、遂に毒餅を造る、法印之を持て身延に行く、白犬は自分の愛育せし獵に使ひし犬なり、法印にも能く馴染《なじ》めり、共に身延に行く、是より周知の如く聖人に毒餅を見破られ白犬に與へらる、白犬苦悶せしを毒消の法にて一時回復せしも、ヨロ〳〵として家に歸り二日經て死す、其犬を埋めし所が今の上澤寺の白犬天神の處なり、此時法印は既に宗祖に歸依せし後故、白犬の死を身延に報ず、宗祖は態々下山され犬の塚に回向され御所持の杖を印として建て給ふ、後ち半年程過て娘が紀念に植し公孫樹《いちょ》が今の大木となりしなり。

　自分の造りし毒餅の爲に自分の愛犬を殺せし不思議の因緣を偲び、一年程ブラ〳〵病になり是も前世の因緣と感じ死軀は犬といつしよに葬ることを遺言す、娘は跡に殘り尼となり住居を庵とし菩提を弔ふ是が上澤寺となる。

鵜《う》飼《かい》山妙遠寺、勘作の因緣、

昭和六年七月二十三日より嚢發

此の因緣は宗祖直々敎化され寺迄建ちし史跡なるも、御在世の頃は源平の大因緣も解けず、靈界の統一も出來ざりし時代故、根本的に解けず、今日に至る、之を解くは本門の戒壇の威力なり。

　二十四日、朝、勘作出でゝ語る、時は源氏の世となり平家一族は山の奧迄探し求め殺戮されし時代なり、自分も平家の者にて時節を待たんと主君、平時忠初め多くの人々が、小室の山奧、其他遠くは天目山の麓迄世を忍び詫住居す、自分は小室の山奧に隱るゝ一族に糧食を供給する役を引受け、山を出で名を勘作と改め漁師となり、魚を賣に行く振して魚と共に米鹽を隱れ家に運ぶ、故に傳說の如く香魚《あゆ》のみを取らず、他魚も捕ふ、斯くの如き境遇故大漁を希ふ爲に、殺生禁止の區域に入り見廻り役に捕へられ、言葉の訛《なまり》より平家の殘黨と睨《にら》まれ其本據の隱れ家を白狀させん爲に散々に苦しめらる、幾日も强情に白狀せざりし故、遂に惡《にく》しみを受け法規の如くに生きながら簀《す》卷《まき》にしてし深淵へ沈めらる漁を初めしより六年となる唯最後迄心懸りなりしは、自分が死ねば何人が糧食《りょうしょく》を給すや、主君初め皆々が飢に苦しみ給はんと夫れのみ憂へて刑されし故、亡念夜々出でゝ漁せしなり。

日蓮大聖人の直々の有難き御教化を蒙りしも哀しい事には、今日の如く法席に人の體を借り親しく御經も頂けず、其他主君を思ふ一念の爲に今日迄迷ふ、主人の平時忠公と自分と間違へられ寺に祀られ苦しみ居られしも玆に解けしを喜ぶ。

靈界の關係、平家一族は嚴島の神を信仰す、此主神、後の七面大明神なり宗祖を導て勘作の因緣を解き給ふ。勘作云く漁師となつて勘作と云ふ本名は主君の忠の一字を頂き忠太夫と云ふ、四十五歲にて刑せらる、其後里に出でし者あり、主君は切腹さる、殉死せし者捕へられ刑せられし者あり、其迷へる靈百二十人あり玆に出でゝ得道す。

二十六日朝、神曰く其頃甲州を領せし人に下條播摩守時重と云ふ者あり甲府に住み、附近を支配す、其臣に齊藤孫兵衛と云ふ者あり、今の警察の探偵の如き役を爲す、部下を率ひ領內を巡視す、勘作の禁漁區域を犯すを知り、之を捕へ人品を見て平家の殘黨と睨《にら》み白狀させ手柄にせんと慘虐なる責め方すれども强情にして白狀せぬ故遂に法の通り簀卷にして水に沈む、此の報《むくい》により刑に携りし者、孫兵衛初め九人熱病又は負傷し又は身體痲痺《まひ》し種々の苦惱を受けて死す、玆に出でゝ過去の罪を謝す。

以上七月三十日靈山に送る。

身延妙石坊の因緣、 昭和六年七月初旬、薫發

明治十年頃の住職が自ら造りし大因緣の爲め發狂して死し、之に怪猫關連し坊に絡る、此因緣何人にも解く、能はざりしも時來り玆に解く詳細は醜穢故略す。

身延本坊の因緣、 昭和六年六月薫發

身延の地所の因緣、神代の天人素盞嗚尊《すさのをのみこと》と共に出雲に降られ、後に身延に住まる、代々の住職にして不德破戒の人は悉く此神に罰せらる、此靈朝夕各自出でゝ懺悔さる、玆に身延の隱たる大因緣を解く、前提として身延西谷、小室山實相寺の因緣を解き、漸く身延の本坊に至る、此神を最正位延山天王と勸請す後に身延の御山へ勸請すべき者也。

十一月薫發。

身延本坊の因緣

二荒山の山伏七人、東密の山伏六人の靈出づ、發端は稱德天皇の頃、道眞《ごうしん》仙人あり通力自在の人、深山に住み雲に乘り自由に飛行す多くの弟子あり、此仙人の再來が覺念法師なり二荒山にて修行し弟子を連れて身延に來り十八世と祈禱の爭より歸依し弟子となりしも、心服せず、毒を盛る此因緣により覺念の因緣本坊に纒る、其他宗祖御入山前、身延にて修行せしも成就せず死せし山伏の靈、東密の者六人二荒山の者七人あり 是等地所の 關係にて 本坊の因緣となる。

昭和七年一月薫發、 寒行中懺悔會執行す此時薫發

僧侶十三人出でゝ懺悔さる、身延山の關係なり。

前に薫發せし神代より身延關係の延山天王と同時に移られし神出で給ふ、此神僧靈を連れ給ふ神曰く道德堅固ならざる住職は悉く倒すと云はる、朝夕出でゝ懺悔さる、六月三日此神を最正位靈山天王と勸請す、延山天王と共に身延の神として、身延山へ祀るべき者也。


斯く身延の因緣を引出されしは、身延に本門の戒壇を建立さるゝ爲め、清淨なる靈地とせんが爲也。

九月一日、震災燒死の靈本所被服廠より二千人を引出し得道せしむ。

九月十九日、信者の過去の關係より、宗祖の松葉ケ谷燒打の時、火を掛けし秦政成《はたまさなり》外其頃の地震又は饑饉にて死せし靈四十人出でゝ得道す。

十一月三日、信者の過去の關係より宗祖御在世、日朗上人土の牢の頃の因緣薫發す、宿屋光則の臣に富田喜左衞門と云ふ者あり、日朗上人を密に佐渡へ旅立たせし事を執權に告げんとす、光則之を知り斬殺す、朗師の佐渡行にも是の如き隱れたる因緣あり。

小松原の法難の時、 鏡忍坊を討ちし人々

信者の過去より薫發す、木村新右衞門外八人にて鏡忍坊を圍み討ち之を殺す、其罪により皆疫病にて悶死す、今迄地獄にありしなり懺悔して罪を赦さる。

慶長の法難の關係、 十一月二十日薫發

木部大和守吉則、德川家康に仕へ近待頭なり、妹あり梅と云ふ家康の妾となる、於萬の方が一人寵を受くるを妬み於萬の方を陷れんが爲に日蓮宗を邪教なりと云ひ、朝夕家康に訓へ種々の材料を供し、遂に慶長の法難を造ると玆に出でゝ懺悔す。

安國論の關係、 昭和七年二月二日調

平野萬右衛門兼輔は宗祖の時代鎌倉に住み、比企大學の弟子となり儒を學ぶ、大聖人が安國論を執權に奉られし時下讀する役に當る、其書の甚深の義を知らず、唯易者の豫言の如く考へ却下せり、其罪により疫病にて死す出でゝ懺悔す。

龍の口法難の根本因緣 昭和七年六月十五日薫發

遠く陽成院の頃、百濟より日本に渡りし僧に玄黃《げんこう》と云ふ者あり、日本に密教を傳へんとし來りしも時を得ず、諸々巡錫《じゆんしやく》し今の鎌倉の半僧坊の山に籠り世の成行を候《うかが》ふ、遂に世に出でずして山に終る、此關係の神あり後に禪宗を弘め北條氏を歸依せしめ禪宗を盛んにす、日蓮上人出でゝ禪天魔と罵らる故に淨光明寺の住職觀亨《くわんきやう》及び執頭を使つて時宗の生母小夜《さよ》をして時宗に讒《ざん》せしめ、又時宗には日蓮は妖僧なり國を亂す者なりと云ふ感應を與へ、調べも行はず打頸《うちくび》にせんとせし過去の罪を懺悔さる、此神半僧坊《はんそうぼう》となる、玄黃の連れし百濟《くだら》の死靈三十人、任那《みまな》の死靈二十七人、觀亨外十七人、得道す、靈山へ送る。以下略
此の外歷史又は宗門に關係なき因緣は悉く略せり、斯くの如き大因緣の薫發は、法華經の威力の發顯、祈禱法の力用、法相の爾らしむる所である。

本門戒壇、發軫《ほっしん》道場に勸請せし諸天神

世界的關係の神

梵《ぼん》天《でん》王《のう》　世界人類の父
帝釋天王《たいしやくてんわう》　三十三天の主、佛法の守護神
愛染明王《あいぜんみやうわう》　久遠より佛法に反對せし神

日本國土の主なる神

天照大神《あまてらすおほみかみ》　天の御中主の尊の御再誕
國常立尊《くにとこだてのみこと》　皇室の始祖
奉勸請大正十一年二月三日
最上位　護《ご》國《こく》天王　伊弉諾《いざなぎ》の尊《みこと》
奉勸請大正十二年二月三日
最上位　創《そう》國《こく》天王　伊弉冊《いざなみ》の尊《みこと》

奉勸請大正十二年二月三日
最正位　光輝《こうき》天王　火闌《ほすせり》の尊
奉勸請大正十五年八月二十八日
最正位　天祥《てんしやう》天王　石長比賣《いわながひめ》
奉勸請大正十五年八月二十八日
最正位　天德《てんとく》天王　木花咲夜比賣《このはなさくやひめ》
奉勸請昭和二年二月二十四日
最正位　日《ひ》の崎《みさき》天王　奇稻田姫《くしいなだひめ》
奉勸請大正十五年九月十九日
八幡《はちまん》大菩薩　妙法緊那羅《キンチラ》王の示現、佛法傳來の先驅さる
奉勸請大正七年一月
平安《へいあん》大明神　建武中興・後醍醐天皇より京都へ、平安神宮さ祀らる

法華道場守護神

普賢大菩薩《ふげんだいぼさつ》　懺悔《さんげ》教主。聖德太子、として日本に示現さる

藥王大菩薩《やくわうだいぼさつ》

天台大師として支那に示現し、傳教大師として日本に示現し法華を弘めらる。
大正十二年四月八日中山第二回の因縁を解く、此時世尊の敕により、過去約三千年の間、法華經陀羅尼品の行者擁護の誓を履行し給ふ此の功德により、鬼子母神に最上位菩薩號、十羅刹女を最上位天王號に叙せらる鬼子母神は辭退されしが、宗祖は强いて請けさせ給ふ四月八日昇格式を行ふ。

奉勸請大正十二年四月八日
最上位　鬼子母大菩薩《きしもだいぼさつ》

最上位　藍婆《らんば》天王《てんわう》　十羅刹女藍婆
最上位　毘藍婆《びらんば》天王　同　毘藍婆
最上位　曲齒《きよくし》天王　同　曲齒
最上位　華齒《けし》天王　同　華齒
最上位　黑齒《こくし》天王　同　黑齒
最上位　多髮《たはつ》天王　十羅刹女多髮

最上位　無猒足《むえんそく》天王　同　無猒足
最上位　持瓔珞《じえうらく》天王　同　持瓔珞
最上位　皐諦《かうたい》天王　同　皐諦
最上位　奪《だつ》一切《さい》衆生《しうじやう》精氣《しやうけ》天王　奪一切衆生精氣

身延七面山鎭座

昭和四年四月十八日
最上位　鎭護《ちんご》大菩薩

七面大明神、日本國土前世記の神宗祖より菩薩に叙せらる、神は日本國を鎭め護る故に七面を改め鎭護と望まる、宗祖は御在世の時の約により自ら出でゝ勸請さる。

奉勸請大正十五年八月二十八日
最上位　如意《によい》大菩薩

身延の妙法二神元籍は序品列席の如意伽樓羅王、佛法傳來の時、日本に渡られ、奈良朝の佛法を弘めらる、宗祖御出世の時より守護さる後ち身延に妙法と示現され、後ち加藤清正と緣を結ばれ沒後、清正の名により九州に法華廣宣流布の功德を表彰し元の名に歸り菩薩に昇格さる。

攝津能勢妙見山鎭座

妙《めう》見《けん》大菩薩

元籍毘沙門天王、妙見菩薩と示現し特に大坂方面の法華の代表となる。

備中高松鎭座

最上位　經王《きようわう》大菩薩

備中稻荷山に鎭座、日本神代の龍神法華を守護さる、稻荷と勸請せしは誤なり、此故に本尊の開帳せず。

本門戒壇の主神

奉勸請大正十二年十二月二十六日

最上位　妙《めう》雲《うん》大菩《ぼ》薩《さつ》

妙雲閣の主神、上世印度に出現されし、韋紐天、梵天王の母、神代に國常立尊を連れて日本に渡られ、後出雲に移られ、後ち伊勢の外宮に豊受大神となる、初め天王號に勸請せしが靈界の統一なりし時佛祖の敕により菩薩に昇格さる

最上位　荒《あら》熊《くま》菩《ぼ》薩《さつ》

道場の主神なりしが、妙雲菩薩の出現により主席を讓り副主神となる。上世印度の神、支那に渡り漢を起し後ち日本に渡られ崇神天皇の時大三輪神社に祀らる、傳教大師出でられし時出現され叡山の山王權現として祀られ戒壇建立には園城寺と爭はれし神、靈界統一の功績により菩薩に昇格さる、大正十四年十一月八日式を行ふ。

佛法關係の神

奉勸請大正十一年二月三日

最上位　大《だい》威《い》德《とく》天王

法華經序品列席の大威德伽樓羅王讃岐の金刀比羅、京の愛宕山の主神。

奉勸請大正十一年二月三日

最上位　叢《むら》雲《くも》天王

日本神代出雲の神、後ち淨土眞宗を起さる。

奉勸請大正十一年三月五日

最上位　大《だい》滿《まん》天王

法華經序品列席の大滿伽樓羅王禪宗の守護神、小田原の道了、鎌倉の半僧坊の主神。

奉勸請大正十一年三月五日

最上位　大《だい》自《じ》在《さい》天王

印度の大自在天、婆羅門敎、及び眞言宗を起され、大日如來となりし神。

奉勧請大正十一年三月五日
最正位　金《こん》剛《どう》天王
眞言宗の神、元と印度の婆羅門敎の神。

奉勧請大正十一年三月五日
最正位　密《みつ》迹《しや》天王
印度婆羅門敎の神、眞言宗の守護神。

奉勧請大正十一年三月十五日
最上位　阿《あ》耨《のく》天王
天台宗寺門派の守護神、阿那婆《アナバ》達多《ダツダ》龍王、園城寺の新羅《しらぎ》明神と示現さる、後ち淨土宗を起さる。

同上
最上位　妙吉祥《みよきちじやう》天王
叡山の守護神、文殊菩薩の眷屬

奉勧請大正十三年十月二十六日
最正位　大《だい》古《こ》久《く》天王
摩醯首羅天の一族、日本に渡られ大黒天と示現さる。

奉勧請大正十五年三月二日
最正位　倶《く》利《り》迦羅《から》天王
眞言宗の倶利伽羅不動明王

奉勧請大正十五年六月二十八日
最正位　安《あん》國《こく》天王
歐州に百年戰爭を起し又十字軍を長引かせし神、佛法に反對されし神、以後國家を安じ給ふ誓願依て安國と勧請す。

奉勧請大正十五年十二月二十日
最上位　無量《むりやう》光《かう》天王
東京淺草の觀世音、阿彌陀佛の關係にて出で給ふ。

奉勧請昭和二年二月一日
最上位　妙《みやう》諦《たい》天王
天台宗の守護神、序品列席の大身伽樓羅王。

奉勧請昭和二年五月六日
最上位　圓《えん》滿《まん》天王
閻魔大王・地獄の因縁を解きし時、出で給ふ。

同上
最正位　泰《たい》山《ざん》天王
冥界の七七日王地獄の因縁を解きし時、出で給ふ。

同上
最正位　秦《しん》廣《こう》天王
冥界の初七日王　同上

同上
最正位　盛《せい》德《さく》天王
牛支迦《はんしか》大將

奉勧請昭和二年七月二十一日
最正位　福《ふく》惠《え》天王
眞言宗の毘那夜迦王、大和生駒山の聖天

奉勧請昭和四年三月二十日
最正位　勇《ゆう》健《けん》天王　台密の双身毘沙門天

奉勧請昭和四年四月十五日
最上位　赤《しやく》山《ざん》天王　台密の守護神三十番神、比叡山西麓に祭る赤山明神。

奉勧請昭和六年三月二十一日
新《しん》勝《しやう》天王　下総・成田、新勝寺の不動明王

神道關係の神

奉勧請大正八年十二月十八日
最上位　大《だい》勢《せい》力《りき》天王　大和葛城の神、蔵王權現、後の鞍馬大僧正。

奉勧請大正九年八月三十日
最正位　大《だい》忍《にん》力《りき》天王　宇土の神

奉勧請大正十年二月十八日
諏《す》訪《は》大明神　三十番神の諏訪明神

奉勧請大正十一年八月二十一日
最正位　八《はち》幡《まん》天王　宇佐八幡の眷屬

奉勧請大正十年八月十九日
最上位　大《だい》智《ち》徳《とく》天王　伏見稲荷の主神、日本稲荷の總取締

奉勧請大正十一年十月三日
最正位　觀《くわん》自《じ》在《ざい》天王　鎌倉長谷十一面觀世音・本體大和長髄彦《ながすねひこ》の守護神。

同上
最正位　妙《みやう》智《ち》天王　神代大和の神、兄猾《えうかし》の守護神

奉勧請大正十一年十月三日
最正位　救《きゆう》苦《く》天王　神代大和の神、神武東征の時全軍を眠らせし神。

同上
最正位　護《ご》法《ほう》天王　大和長谷觀世音、本體弟猾《をとうかし》の守護護神。

同上
最正位　能《のを》施《せ》天王　神代大和の神　兄磯城《えしき》の守護神

奉勸請大正十二年三月二十五日
最正位　大《だい》慧《え》天王　越後高田の八幡、宗祖佐渡御在中守護されし神。
奉勸請大正十四年六月二十三日
最正位　德《とく》顯《げん》天王　御嶽教の主神
同上
最正位　天《てん》理天王　天理教の主神
奉勸請大正十四年六月二十三日
最正位　金《こん》光《こう》天王　金光教の主神
奉勸請大正十五年九月十九日
最正位　藥《やく》師《し》天王　紀州熊野新宮の主神
同上
最正位　妙《めう》光《かう》天王　紀州那智、観音、元は出雲の龍神
奉勸請大正十五年十月十二日
最正位　天《てん》明《めい》天王　神代の神、竹生島の辨才天

奉勸請大正十五年十二月一日
最正位　天《てん》祐《ゆう》天王　神代の神
奉勸請大正十五年十二月二十日
加《か》茂《も》大明神　三十番神の内
奉勸請昭和二年二月一日
最正位　鹿《か》嶋《しま》天王　鹿嶋明神、元天竺婆羅門の神
同上
最正位　香《か》取《とり》天王　香取明神、元天竺の婆羅門の神
奉勸請昭和二年八月二十日
最正位　日《ひ》吉《よし》天王　三十番神の内小比叡
奉勸請昭和三年十月十四日
繁富天王　富士淺間神社の主神
奉勸請昭和四年二月二日
神《しん》昭《しよ》天王　神代の神
奉勸請昭和四年六月二十四日
蓮成《れんじやう》大明神　相州江の嶋の辨才天、優羅婆龍

王之一族

奉勧請昭和五年二月二日
最上位　葛城《かつらぎ》天王
大和神代の葛城の神。

朝鮮の神

奉勧請大正十二年一月五日
最正位　大智力《だいちりき》天王
朝鮮の守護神秦王、

奉勧請大正十二年四月八日
最正位　恵《え》法《ほう》天王
朝鮮にキリスト教を興せし神

奉勧請昭和五年八月二十九日
鎮海《ちんかい》大明神
朝鮮鎮海地所の前世紀の神鎮海妙法寺へ勧請

奉勧請昭和六年三月二十一日
最正位　大《だい》雄《ゆう》天王
金剛山萬物相・仙人の神、元天竺上世の神。

支那の神

勧請　大正十二年九月十七日
最正位　道《だう》教《きやう》天王
道教を興せし神、老子となりし龍神。

奉勧請大正十二年九月十七日
最正位　法《ほを》音《をん》天王
道教の神、長江の主

奉勧請大正十五年十二月一日
最正位　妙道《みやうだう》天王
元の忽必烈をして支那を統一せし神。

奉勧請大正十四年九月二十八日
最上位　大《たい》鳳《ほう》天王
秦の始皇帝をして支那を統一し萬里の長城を築かしめし神。

同上
最上位　妙《みやう》樂《らく》天王
漢の高祖をして支那を統一せし神。

西藏《ちべつと》の神

奉勧請大正十二年九月十七日
最正位　大威猛《だいいみよ》天王
喇嘛教の主神、茶枳尼天

印度の神

奉勸請大正十二年九月十七日
最正位　摩《ま》那《な》斯《し》天王
印度教の神、摩那斯龍王

奉勸請大正十三年十月二十六日
最正位　阿《あ》修《しゆ》羅《ら》天王
ペルシャ教の主神、佉羅騫陀阿修羅王。

同上
最上位　提《だい》婆《ば》天王
上世印度の神、提婆達多を使ひし神。

奉勸請大正十五年三月二日
最正位　華《け》德《とく》天王
久遠より佛法に反對せし神　妙莊嚴王の關係

奉勸請昭和七年四月二十八日
阿《あ》竭《か》多《た》天王
印度の阿竭多仙人過去龍神

基督教、舊教、新教の神

奉勸請大正十二年二月十日
最上位　大《だい》廣《かう》目《もく》天王
基督を守護せしピルパクシャ、四天王の大廣目天王。

同上
最正位　福《ふく》音《をん》天王
羅馬キリスト教のエンゼル

同上
最正位　勇勝《ゆうしやう》天王
羅馬基督教の鬪將翼ある龍神、

奉勸請大正十二年九月十七日
最正位　光《こう》淨《じやう》天王
露國正教の守護神

同上
最正位　正《せん》義《ぎ》天王
獨逸新教を起せし阿修羅王

同上
最正位　博《はく》愛《あい》天王
佛國のキリスト教の主神、女神

奉勸請大正十二年九月十七日
最正位　英《ゑい》德《とく》天王
英國新教を興せし國土

の神
奉勸請大正十二年九月十七日
最正位　聖《せい》光《こう》天王　西班牙、舊教の神
同上
最正位　歡《くわん》喜《き》天王　露國ポーランドの神、印度の毘那夜伽神
奉勸請大正十三年十月二十六日
最上位　婆《ぼ》樓《ろ》那《な》天王　基督教、新教の總督の神上世印度バルナ天。
勸請大正十三年十二月三十一日
最上位　惠《え》保《ほ》婆《ぼ》天王　猶太教の主神、男女神合祀
奉勸請大正十四年六月二十三日
最正位　正《しやう》應《をう》天王　日本へ最初基督教を渡せし、舊教の神。

世界各國の神

奉勸請大正十二年二月十日
最上位　興教天王　回々教を興せしアルラーの神、上世印度の大龍神。
奉勸請大正十三年十二月三十一日
最正位　創《そう》成《せい》天王　エジプト創國の男神
同上
最正位　生《せい》育《いく》天王　エジプト創國の女神。
同上
最正位　明《みやうしやう》照天王　古代バビロニアの神
同上
最正位　迦《か》葉《しよ》天王　ギリシャ「ツオイス」の神
奉勸請大正十四年六月二十三日
最正位　隆《りう》德《とく》天王　米國土着の神、ミシシッピー河の龍神
奉勸請大正十四年六月二十三日
最正位　寶《ほう》德《とく》天王　米國ロキー山の神
同上
最正位　德《とく》授《じゆ》天王　米國土人の崇拜する巨人、以上三體北米シャートル、日蓮宗教會へ勸請。

奉勧請昭和四年十二月二十五日
持《じ》法《ほう》天王
米國ポーランドの神、ポ市日蓮宗教會へ勧請

以上

寺院關係の神

奉勧請大正十一年七月二日
最正位　慧《え》日《じつ》天王
房州清澄山の神、宗祖小松原の難の時東條の大刀を折りし神。

奉勧請大正十一年七月二日
淨《じやう》妙《みやう》天王
身延の神代の神

奉勧請大正十一年九月六日
最正位　妙《みやう》法《ほう》天王
身延妙法二神の眷屬

奉勧請大正十二年二月二十四日
最正位　弘《ぐ》法《ほう》天王
下總眞間の弘法寺の守護神

同上
最正位　月《げつ》光《こう》天王
中山法華經寺、地所の神

同上
最正位　法《ほう》隆《りう》天王
中山、富木家の祖先關係、伯耆の大山の龍神。

同上
最正位　法《ほう》勝《しやう》天王
中山の地所の神

同上
最正位　福《ふく》授《じゆ》天王
中山の地所の神

奉勧請大正十四年六月二十三日
最正位　妙《みやう》力《りき》天王
身延の神代の龍神二體合祀

奉勧請大正十五年六月一日
最正位　妙《みやう》祐《ゆう》天王
大野山、本遠寺の地所の神

奉勧請大正十五年七月十五日
最正位　慈《じ》眼《げん》天王
七面山奥の院の龍神、眼病守護

奉勧請昭和五年五月二十一日
妙護《みやうご》大明神
鎌倉長昌寺に祀りありし船守大明神。
奉勧請昭和六年五月二十七日
最正位　正法《しやうほう》大明神
伊豆王澤の妙法華經寺の祈禱の主神、日昭上人の守護神。
奉勧請昭和六年六月十四日
妙傳《みやうでん》天王
小室山の地所神代關係、草創稻荷改め勧請。
奉勧請昭和六年九月十四日
圓成《えんじやう》天王
身延西谷の因緣、眞言宗の神
同上
實相《じつそう》大明神
岩本實相寺の地所の神
奉勧請昭和六年十月二十三日
最正位　延山《えんざん》天王
身延本坊の關係神代の神
奉勧請昭和七年二月三日
最正位　靈山《りやうせん》天王
身延本坊の關係神代の神

武將其他の關係の神

最上位　大山《おをやま》大僧正
道場の死靈靈山送りの主神
奉勧請大正六年
最上位　寶珠《ほうじゆ》天王
道場の神、西藏より來らる、元と妙法閣勧請の神
奉勧請大正六年十一月二十九日
最上位　行道《ぎやうどう》天王
道場の死靈教化、得道掛り
奉勧請大正八年三月二十八日
最上位　無量力《むりやうりき》天王
道場の教化、得道掛り
奉勧請大正九年五月三日
最正位　除厄病《じよやくびやう》天王
臺灣馬公の疫神、道場の疫病退散掛り
奉勧請大正九年五月十二日
最上位　大光明《だいこうみやう》天王
源の頼朝に天下を取ら

せし神
奉勸請大正九年五月十二日
最上位　大《だい》莊《さう》嚴《ごん》天王
平家の守護神、嚴島の神
奉勸請大正九年五月十二日
最正位　法《ほう》藏《ざう》天王
淺野家に祠りありし神
奉勸請大正九年五月十六日
蓮《れん》德《とく》天王
北條高時を滅亡せしめし愛宕の神
奉勸請大正九年七月二十一日
普《ふ》明《みやう》天王
橘屋敷の神
奉勸請大正十年二月十八日
最上位　豐《ほう》明《めい》天王
豐臣秀吉の守護神
同上
最上位　淨《じやう》德《とく》天王
德川家康守護神、芝增上寺の黑本尊、元締、毘沙門天
奉勸請大正十年十月二十三日
最正位　正《しやう》敎《きやう》天王
武藏野の大將、不動尊となりし神
奉勸請大正十二年一月五日
泰《たい》正《しやう》天王
淺井の守護神近江伊吹山の神
奉勸請昭和六年二月十日
救《きゆ》護《ご》大明神
疫神の大將、眷屬百五十人、疫病退散掛
奉勸請昭和八年一月十九日
最正位　行《ぎやう》學《がく》天王
行學院日朝上人の守護神、過去釋尊御在世の頃より緣を結ばれし印度の大龍神
七面山奥の院影嚮石を七卷せし姿を示され朝師の歿後、朝師の名に依て眼病を守護されし神

以上

昭和八年一月迄に勸請せし諸天神八百拾三神
內菩薩號　五神
天王號　百貳拾七神
大明神　四拾參神
大善神　六百參拾八神

以上

華嚴經に云く（神の意志は）

我れ當に一切衆生の中に於て、首となり、勝となり、乃至、一切衆生の中に於て依止者と爲るべし、乃至、發願すらく、作す所の一切の善根は、皆衆生を度せんが爲の故に一切衆生の爲に安樂を求めんが故に、一切衆生を利益せんが爲の故に、一切衆生を解脱せしめん爲の故に、一切衆生の苦惱を無くせんが爲の故に、一切衆生の麤惡を無くせんが爲の故に、一切衆生の心を淸淨にせんが爲の故に、一切衆生を調伏せんが爲の故に、一切衆生の諸の憂惱苦を滅して其願を滿ぜしめん爲の故に乃至、一切諸の群生界を度脱す、一切の欲樂に於て心、染着する無く、常に衆生の爲の故に諸の苦因を滅して大悲を捨てず。以上

行者の資格と心得

法華の祈禱を爲す行者は、神聖なる如來の御使である、如來に使はれて如來の事を行ずる者である、我等は釋尊の久遠の弟子である、人身は受け難く佛法には極めて遇ひ難し、我等幸に法華經に遇ひ奉ることを得たるは、三千年に一度海底より浮び出でたる、一眼の龜の浮木の穴に遇へるが如く、千刧にも稀であると世尊は仰せられた、應に身命を法華經に奉りて、報恩の爲に廣宣流布せねばならぬ。

六郎恒長御消息、に云く。

日本國の男女、各々父母有りと雖も、其詮を尋ぬれば敎主釋尊の御子也、三千餘社の神祇も釋尊の御子息也。

法華題目鈔、に云く。

正直捨方便の法華經には、信を以て入ることを得と云ひ雙林最後の涅槃經には此の菩提の因は復た無量なりと雖も若し信心を說けば既に攝盡す等云々夫れ佛道に入る根本は信を以て本とす、五十二位の中には十信を本とす、十信の位には信心初めなり、たとひ悟り無けれども、信心あらん者は、鈍根も正見の者也、譬ひ悟り在れども、信心無き者は誹謗闡提《ひぼうせんだい》の者也。

諸法實相鈔、に云く。

いかにも、今度信心をいたして、法華經の行者にて通り日蓮が一門となりとうし給ふべし、日蓮と同意ならば地涌の菩薩たらんか、地涌の菩薩に定りなば、釋尊久遠の弟子たること、豈に疑はんや、經に云く我れ久遠より來た是等《このか》の衆を敎化すとは是也、末法にして妙法蓮華經の五字を弘めん者は、男女を嫌《きらう》ふべからず、皆な地涌の菩薩の出現に非ずんば唱へ難き題目也、乃至ともかくも法華經に名を立て身を任せ給ふべし。と仰せられた。
故に祈禱を爲さんとする、行者は第一に如來の使であるから、自覺《かく》を起し、强盛の信心を要する、心を淸くし、如何なる大難來るとも堪へ、廣宣流布の爲には身命を惜まざる覺悟を要する。

得受職人功德法門、に云く。

經に云く若し善男子、善女人、法華經の乃至一句に於ても受持し、讀誦し解說し書寫す、乃至當に知るべし此人は大菩薩なり、阿《あ》耨《のく》菩《ぼ》提《だい》を成就し衆生を哀愍して願て此間に生れ、廣く妙法華經を演べ分別する也、何に況や、盡して能く受持し、種々に供養せん者をや、藥王當《まさ》に知る可し、是の人は自ら清淨の業報を捨てゝ我が滅度の後に於て、衆生を愍むが故に惡世に生れて廣く此經を演《のぶ》る也、若し此の善男子、善女人我が滅度の後に能く竊《ひそ》かに一人の爲にも法華經の乃至一句をも說ん、當に知るべし是の人は如來の使なり、如來の所遣として如來の事を行ずる也、何に況や大衆の中に於て廣く人の爲に說かんをや、云々。

四信五品鈔、に云く。


請ふ、國中の諸人、我が末弟等を輕んずる勿れ、進んで過去を尋ぬれば八十萬億劫供養せし大菩薩なり、豈に熈連《きれん》(印度の河の名)一恒の者に非ずや、退て末來を論ずれば八十年の布施に超過して五十の功德を備ふべし、天子の襁褓《むつき》に纒れ、大龍の始て生るゝが如し蔑如する勿れ、蔑如すること勿れ、妙樂の云く若し惱亂せん者は頭べ七分に破れ、供養すること有らん者は福十號に過ん云々。

故に行者は宗祖の仰せられし如く自己の本體を思惟して應に歡喜すべし、然れども祈禱を爲すは大丈夫に非ざれば能はず、祈禱を爲す行者は、次の資格を要す。

行者は法華經、廣宣流布の目的を以て人を救ひ、佛祖の大慈悲に浴せしめ、其人の身心兩病を治し法華經を持たしめ、毎自作是念の大慈悲により得入無上道の佛果を得せしむるを、目的とせねばならぬ。故に男女共二十五歲以上にして、身體强健、五體完備　品行方正にして學力は中學校卒業以上を望むも、止むを得ざる場合、篤信の人にても小學校卒業以上の敎育あるを要す。

衣食を得んが爲に祈禱者と爲ることを得ず、現在の收入で生活困難故、內職的に祈禱をして金を儲けて生活費の足にするか、小遣取にしようと思ふ人は最初から止めること修法師の終《をはり》の惡いのは凡て欲の爲に祈禱する罰である、罪を造つて地獄に墮ちる、故に祈禱者にならんとする人は、他の收入によつて生活の安定を得て居る人であつて、廣宣流布の爲に身命を惜まない覺悟の人ならば、必ず祈禱は成就する、衣食の爲にする者は無理が出來、遂に大謗法の罪を犯す、世尊は行者の施に付て次の如く語る。

涅槃經に云く、諸の衆生を見ること猶し、一子の如し、若し子、病に遇はゞ父母も亦病む、醫藥を求むる爲に勤めて救療を加ふ、病既に差《い》へ已りて遂に念を生ぜず『我れ此子の爲に病苦を療治す」云々。

此の心持で病人の祈禱して全快して報酬を求めず、病氣の快つたのを喜とする、丁度自分の子の病を治療して、全快した時、報酬を求めずに、滿足する如く、此の大慈大悲の菩薩行を成ぜん爲には、無報酬を根本義とする。

行者が施を受くる心得、涅槃經に、施を受くる時は、蜂の蜜を採取するに、其花を傷けず、蜜の小分を受くる如くなるべしとある。故に報酬は先方の心任せにし、決して貪つてはならぬ。

施を爲す時の心得、涅槃經に云く、善男子如何が是れ施にして波羅蜜《はらみつ》に非ざる、乞者あるを見て然して後に即ち與ふ、是を名けて施にして波羅密に非ずと爲す、若し乞者無きに開心して自から施す、是れ即ち名けて檀波羅蜜《だんはらみつ》と爲す、若し時時に施す、是を名けて施にして波羅蜜に非ずと爲す、若し常施を修す、是れ即ち名けて檀波羅蜜と爲す、若し他に施し終りて還て悔心を生ず、是を名けて施にして檀波羅蜜に非ずと爲す、施し終つて悔いず、是れ則ち名けて檀波羅蜜と爲す。

施に三あり、財施（金錢物品を施す）無畏施（他の畏怖を取り除く）法施、（教法を說く）。

此の大慈悲の行者の意地が難解の大因緣を解くのである。

施の功德、人に者を施せば、我身の助けとなる、譬へば人の爲に火をともせば、我が前も明なるが如し。

布施に對する果報の相違、華嚴經、菩薩明難品
文珠師利、目首菩薩に問て云く、佛子如來の福田は等一にして異なること無きに云何か布施の果報同じからずして種々の色、種々の性、種々の家、種々の根、種々の財、種々の奇特、種々の美福、種々の自在、種々の功德、種々の慧ありや、如來は平等にして怨親あることなし、目首菩薩偈を以て答へて曰く。

譬へば大地は一なるも能く種々の芽を生じ、彼に於て怨親無きが如く、佛の福田も亦然なり。

譬へば水は一味なるも器に依て同じからず、諸佛の福田は一なるも衆生の故に異なるなり。

譬へば明淨鏡の對に隨ひ衆像を現ずるが如し、諸佛の福田も衆生の故に異あるなり、以上。

故に行者は施を法の如く行じても、功德の來らぬを恨ん

ではならぬ、各自の過去の因縁がある。

行者となるには、第一に强盛の信仰を以て自己の罪障消滅をなし心身を淨くして行を正しくし再び罪を犯してはならぬ、此の修養に相當の年月を要する、そして完全なる神通力のある守護神と縁を結び、內外から冥加顯助を受けねば、祈禱は成就しない。

一谷入道殿御書、に云く、源濁りぬれば流淸からず、身曲りぬれば影直からず。

故に行者は其行を正くし、心を淸くせねばならぬ。

祈禱者は行が進んでくるに隨つて、魔の爲に試驗に大難を降されるが、之を忍耐する覺悟を要する。

撰時鈔、に云く、裸形《あかはだか》にて大火に入るは易し、須彌を手に取つて投げんは易し、大石を負ふて大海を渡らんは易し日本國にて、此法門を立てんは大事なるべし、云々靈山淨土の敎主釋尊、寶淨世界の多寶佛、十方分身の諸佛、地涌千界の菩薩等、梵釋日月四天等冥に加し、顯に助け給はずば一時一日も安穩なるべしや。

經に云く『諸天晝夜、常に法の爲の故に之を衞護し給ふ』故に行者は魔を恐れず身命を惜まず、報恩の爲に、唯だ一心に努力すれば、其處に十方の菩薩、諸天神の守護があり、利益が現れる。

右の條項を承諾して夫れから、祈禱者になる修行をする中山の行場では百日、身延流では千日の修行がある、其間水行して、法華經を讀誦しなければならぬ、其詳細は、後の修行の所で說明する。

行者の心得、涅槃經、に

願くば心の師と作りて心を師とせず、身口、意業、惡と交らず、能く一切衆生に安樂を施さん、身戒、身慧、動ぜざること山の如く、無上正法を受持せんと欲するが爲に、身、命、財に於て慳悋《けんりん》を生ぜず、不淨の者、福業を爲さず正命自活して心に邪諂《じゃてん》（よこしまにしてへつらう）無く、受恩常に念じて「小恩も大恩に報ぜん」と、善く世中の所有の事藝を知り、善く衆生、方俗の言を解し、十二部經を讀誦し書寫し懈《け》退《たい》、懶《らん》墮《だ》の心を生ぜず、若し衆生聽聞を樂《ねが》はざれば、方便引接して彼を樂聞せしむ、言常に柔軟にして口、惡を宣べず、不和合の衆を能く和合せしめ、憂怖の者あらば、憂怖を離れしめ、飢饉の世には豐足を得せしめ、疾病の世には大醫王となり、病藥所須の財寶自在にして、疾病者をして悉く除愈を得せしむ、刀兵の刧、大力勢あらば、其殘害を斷じて遺餘無からしめ、能く衆生の種種の怖畏を斷ず、謂ゆる、死畏、閉繫、打擲《ちやうちやく》、水火、王賊、貧窮、破戒、惡名、惡道、是の如き等の畏、悉く當に之を斷ずべし、父母師長に深く恭敬を生じ怨憎の中に大慈悲を生ず。乃至
衆生の爲の故に樂ひて三惡に處ること諸の衆生忉利天《とうりてん》を願ふが如く、一一の人の爲に無量劫に於て、地獄の苦を受けて心悔を生ぜず（大悲代受苦）他の利を見て妬心《としん》を生ぜず常に歡喜を生ずること自から樂を得るが如し、若し三寶に値はゞ當に衣服、飮食、臥具、房舍、醫藥、燈明、花香、伎樂、幡蓋、七寶を以て、供養すべし、若し佛戒を受くれば堅固に護持し終に毀犯の想を生ぜず、若し菩薩の難行苦行を聞かば、其心歡喜して悔恨を生せず、自から往世宿命の事を識《し》り、終に貪《とん》、瞋《しん》、痴《ち》の業を造作せず、果報の爲に因緣を集めず、現在の樂に於て貪着を生ぜず、善男子若し能く是の如き願を發する者あらば、是を菩薩終に菩提の心を退失せずと名け、亦施主と名く、能く如來を見、明に佛性を了し、能く衆生を調へて生死を度脫す、善能く無上正法を護持し、能く六波羅密を具足することを得。以下略
行者のみならず一般の僧侶が此の涅槃經の通り實行すれば、寺は死人を扱ふ所と云ふ汚名を消して、信徒の中心となり、說法敎化の外、病める者は祈禱にて治し、迷へる者には相談相手となり、苦情申込所、解決の仕所、家庭不和の調停處となれば、寺は信徒の大依止處となり、缺くべからざる、必要機關となつて活躍する、著者は此の希望を以て居る。

富木殿御書、に云く。

我が門家は夜は眠を斷ち、晝は暇を止め、之を案ぜよ一生空しく過して悔る勿れ。
章安大師の云く、寧ろ身命を喪ふとも敎を匿《かく》さゞれとは身は輕く法は重し、身を死して法を弘めよ。

佛敎、無量義經に云く。

汝等、今者《いま》、眞に是れ佛子なり、弘き大慈悲を以て深く善く苦を拔き厄を救ふ者也、一切衆生の大良福田也、廣く一切衆生の爲に大良導師と作れり、一切衆生の大依止處也一切衆生の大施主なり、常に法利を以て廣く一切に施せ。

行者は難を忍ぶべし

祈禱を爲す行者は必ず魔の爲に惱まさる、之を驚くべからず、畏るゝ勿れ、隨ふべからず、祖書に依て之を證す。

開目鈔、に云く。法華經の第四に云く、而も此法華經は如來の現在すら猶怨嫉多し、況や滅度の後をや等云々、第二に云く、經を讀誦し書持すること有らん者を見て輕賤憎嫉して而も結恨を懷かん等云々第五に云く、一切世間怨多くして信じ難し等云々又云く諸の無智の人惡口罵詈する有ん等。又云く國王大臣、婆羅門居士に向つて誹謗して我が惡を說いて是れ邪見の人也、と云はん又云く數々擯出されん等云々　又云く杖木瓦石を以て而も之を打擲せん等云々、涅槃經に云く、爾の時に多く無量の外道有て和合して共に摩訶陀の王、阿闍世の所に往き、今者唯だ一の大惡人あり瞿《く》曇沙門《どんしゃもん》（釋尊の事）一切世間の惡人利養の爲の故に其所に往集して而も眷屬となつて能く善を修せず、呪術の力の故に迦葉及び舍利弗、目犍連を調伏す等云々、天台云く何に況や末來をや、理化し難にあり等云々、妙樂云く、障り未だ除かざる者を怨とし、聞を喜ばざる者を嫉と名く等云々南三北七の十師、漢土無量の學者、天台を怨敵とす、得一云く咄哉《つたなきかな》、智公汝は是れ惟《たれ》が弟子ぞ三寸に足らざる舌根を以て而も覆面舌《ふくめんぜつ》（釋尊）の所說を謗ずる等云々東春に云く在世の時、許多の怨嫉あり、佛滅度の後ち此經を說く時、何が故ぞ亦留難多きや、答て云く俗に良藥は口に苦しと云ふ如く、此經五乘の異執を廢して一極の玄宗を立つ故に凡《ぼん》を斥《しりぞ》け、聖を呵《か》し、大を排《はら》ひ小を破り、天魔を銘して毒蟲と爲し、外道を說て惡鬼と爲し、執小を貶《へん》して貧賤と爲し、菩薩を挫《ざ》して新學と爲す、故に天魔は聞を惡み、外道は耳に逆へ、二乘は驚怪し、菩薩は怯《けふ》行す、此の如きの徒、悉く留難を爲す、多怨嫉の言、豈に唐《むな》しからん哉等云々秀句に云く、代を語れば像の終り末の初め、地を尋ぬれば則ち唐の東、竭《かつ》の西、人を原ぬれば則ち五濁の生、鬪爭の時なり、經に云く猶多怨嫉、況滅度後、此言良に以《ゆ》へ有る也等云々夫れ小兒に灸治を加ふれば必ず母を怨む、重病の者に良藥を與ふれば定めて口に苦しと憂ふ、在世猶然り乃至像末邊土をや、山に山を重ね、波に波をたゝみ、難に難を加へ、非に非をますべし、云々乃至、佛すら九横の大難に遭ひ給ふ、所謂、提婆《だいは》が大石を飛ばせし、阿闍世《あじゃせ》王の醉象を放し、阿耆達多《あきだった》王の馬麥《めえやく》、婆羅《はら》門城のこんず、旃遮《せんしゃ》婆羅門《はらもん》女の鉢を腹に伏せし、何に況や所化の弟子の數難《すなん》申す計りなし無量の釋子は波瑠璃《はるり》王に殺され、千萬の眷屬は醉象にふまれ、華色《けしき》比丘尼は提婆《たいは》に害せられ、迦盧提《かるだい》尊者は馬糞にうづまれ、目犍連尊者《もくけんれんそんじゃ》は竹杖に害せらる。以下略

單衣鈔、に云く、

日蓮は、生年三十二より今年《ことし》五十四に至るまで、二十餘年間、或は寺を追ひ出され、或は處を追はれ、或は親類を煩《わづら》はし、或は夜討に遇ひ、或は合戰にあひ、或は惡口數を知らず・或は打たれ、或は手を負ふ、或は弟子を殺され、或は頸《くび》を切られんとし、或は流罪再度に及べり、二十餘年の間、一時片時も心安き事無し、賴朝が七年の間の合戰もひまやありけん、賴義が十二年の鬪爭も爭でか之には過ぐべき法華經の第四に云く、如來現在すら猶 怨嫉多し等云々第五に云く、一切世間怨多くして信じ難し等云々、天台大師も恐らくいまだ況滅度後の經文に符合せざるが故に、日蓮日本國に出現せずば、如來の金言も虛くなり、多寶の證明もなにかせん、十方諸佛の御語《ことば》も妄語となりなん。

如説修行鈔、に云く、眞實の 法華經の 如説の修行の行者の師弟檀那とならんには三類の敵人決定せり、されば此經を聽聞し始めん日より思ひ定むべし、況滅度後の大難の三類甚しかるべし、然るに我が弟子等の中にも兼て聽聞せしかども、大小の難來る時は今始て驚き肝を消し信心を破りぬ、兼て申さゞりける歟、經文を先として猶多怨嫉、況滅度後、況滅度後と朝夕敎へし事は是也、予が或は所を追はれ或は疵《きづ》を蒙り、或は再度の御勘氣を蒙りて遠國へ流罪せらるゝを見、聞くとも、今始て驚くべきに非ざる者をや、云々。

佐渡御勘氣鈔、に云く。

佛になる道は必ず心命を捨る程の事ありてこそ佛にはなり候らめとをし計らる、既に經文の如く惡口罵詈、刀杖瓦礫、數々見擯出と說かれて、かゝるめに値候こそ法華經を讀にて候らめと、いよいよ信心も起り後世もたのもしく候死して候はゞ必ず各々を助けたてまつるべし、天竺に師《し》子尊者と申せし人は檀彌羅《たみら》王に頸《くび》をはねられ、提婆菩薩は外道に突き殺さる、漢土に竺の道生と申せし人は蘇山と申す所へ流さる、法道三藏は面にかなやき（火印）を燒かれて

江南と申す所へ流されき、是は皆法華經の德、佛法の故なり、日蓮は日本國東夷東條、安房國の旃陀羅《せだら》が子なり、いたづらに朽《く》ちん身を法華經の御故に捨てまいらせん事、豈に石を黃金にかふるに非ずや、各々嘆《なげ》かせ給ふべからず、云々。
開目鈔、下に云く。詮する所、天も捨て給へ、諸難にも遇へ、身命を期とせん、身子（舍利弗尊者）が六十劫の菩薩行を退せしも乞眼《こつげん》婆羅門の責を堪へざる故、久遠大通の者の三五の塵を經る、惡智識に値ふゆへ也、善に附け、惡に附け法華經を捨つるは地獄の業なるべし、大願を立てん、日本國の位を讓らん、法華經を捨てゝ觀經等に附て後世を期せよ、父母の頸《くび》を刎《はね》ん、念佛申さずば、なんどの種々の大難出來すとも、智者に我義敗られずば用ひじとなり、其外の大難風の前の塵《ちり》なるべし、我れ日本の柱とならん、我日本の眼目とならん、我れ日本の大船とならん等と誓し願を破るべからず。云々
如說修行鈔、に云く、一期を過ること程も無ければ、いかに强敵重なるともゆめゆめ退する心なかれ、恐るゝ心なかれ、縱《たと》ひ頸《くび》を鋸《のこぎり》にて引き切り、胴《どう》をひしほこ、を以てつゝき、足にほたし（鋜）を打ち、錐《きり》を以てもむとも命の通はん程は南無妙法蓮華經、南無妙法蓮華經と唱て唱へ、死に死ぬるならば、釋迦多寶、十方の諸佛は靈山會上にての御契約なれば、須臾《しゆし》の程に飛び來つて手を取り肩に引懸て靈山へ走り給はゞ、二聖二天十羅刹女は受持の者を擁護し、諸天善神は天蓋を指し旛を上げて、我等を守護して慥かに寂光の寶刹へ送り給ふべき也、あらうれしや、あらうれし。
玆に拔萃せし祖書は悉く行者の受難を說き、之を證し給ふ、受難眞實ならば、法華經を行せん者は成佛疑ひ無し、と仰らる金言も眞實なるべし、故に難に遇ふは過去の罪障消滅なりと喜びを爲すべし、譬ひ三障四魔競ひ起るとも驚く事勿れ、畏るゝ事莫れ、隨ふべからず、應に命を法華經に奉りて難を忍び奉行すべし、然れども魔の爲に行者の誑かさるゝは第一女難なり、次に金錢なり、續て生活の脅畏《きようい》なり、之を破り廣宣流布の大願を成就せんは信心强盛は申すに及ばず、其心を淸くして其行を愼むべし、玆に於て行者に持戒の必要起る、故に次に戒を說く。

行者戒を持つべし

法師品、に云く、若し人、此經を說かば、如來の室に入り如來の衣《ころも》を着《き》、而も如來の座に坐して、衆に處して畏るゝ所無く、廣く爲に分別し說くべし、大慈悲を室とし、柔和忍辱を衣とし、諸法空を座とす、此れに處して爲に法を說け、若し此の經を說かん時、人あつて惡口《あつく》し罵り、刀杖瓦石を加ふるも、佛を念ずるが故に忍ぶべし。以下略
安樂行品、に云く、若し菩薩あつて、後の惡世に於て、無怖畏《むふい》の心を以て、此の經を說かんと欲せば、行處《ぎやうしよ》、及び親近處に入るべし、常に國王及び國王子、大官官長、凶險《くけん》の戲者《ぎしや》、及び旃陀羅《せんだら》、外道梵志《げだうぼんし》を離れ、亦增上慢の人、小乘に貪着する三藏の學者に親近せざれ、破戒の比丘、名字の羅漢《らかん》、及び、比丘尼の戲笑を好む者、深く五欲に着して現の滅度を求むる諸の優婆夷《うばい》に親近することなかれ、是の如き等の人等、好心を以て來り、菩薩の所に到つて佛道を聞かんとすれば、菩薩則ち、無所《むしよ》畏の心を以て悕望《けもう》を懷かずして爲に法を說け、寡女處女《くわによしよによ》及諸の不男《ふたん》に皆親近して以て親交を爲すことなかれ、亦、屠兒魁膾《とにけゑ》、畋獵漁捕《でんりやうぎよふ》、利の爲に殺害するに親近することなかれ、肉を販《う》つて自活し女色を衒賣《けんまい》する是の如き人に皆親近することなかれ、凶險《くけん》の相《さう》撲《ぼく》、種々の嬉戲《きけ》、諸の婬女《いんによ》等に盡く親近することなかれ、獨り屏處《ひやうしよ》にして、女の爲に法を說くことなかれ、若し法を說かん時には戲笑《けせう》することを得ることなかれ、里《さと》に入つて乞食《こつじき》せんに一りの比丘を將《ひき》いよ、若し比丘無くんば、一心に佛を念ぜよ、是れ則ち名けて行處近處《ぎやうしよこんしよ》とす、此の二處を以て、能く安樂に說け、又復、上中下の法、有爲無爲《うゐむゐ》、實《じつ》不實《ふじつ》の法を行ぜざれ 亦、是れ男、是れ女と分別せざれ、乃至、若し此の經を說かんと欲せば常に、嫉《しつ》、恚《ち》、慢《まん》、諂《てん》誑《なう》、邪僞《じやぎ》の心を捨てゝ、常に質直《しつじき》の行を修すべし乃至 諸佛世尊に於て無上の、父の想《おもい》を生じ、憍慢《けふまん》の心を破《は》して法を說くに障礙《しやうけ》なからしめよ乃至 常に忍辱を行じ一切を哀愍して乃ち能く佛の讃《は》めたまふ所の經を演說す、後の末世の時に、此の經を持たん者は家と出家と、及び非菩薩とに於て慈悲を生ずべし。以下略
法華經第二に云く、今此三界、皆是我有、其中衆生、悉是吾子、と釋尊は我等の親父なり、宗祖は法華經を誦持す

る者は菩薩なり如來の使なりと仰らる。

法華を廣宣流布して一切衆生の苦惱を救はんとする行者は、法師品、安樂行品に示されし如く實行せねばならぬ、然れども此の域に達するには、相當の順序、修行を經て身心の修養を積む必要がある、無量義經に說かれた『說の如く修行とは』戒を持ち、身心を清淨にすを第一とす。

七佛通戒偈にも『諸惡莫作、諸善奉行、自淨其意、是諸佛法』とある、諸の惡を作す莫れ、諸の善を奉行せよ、とある、何物が惡、何者が善、如何に修行せん、此の修行法を說かれたのが戒である、行者は是に依て修行をして、身心を淸くし、佛の御使として恥ぢざる境智を得なければならぬ、涅槃經梵行品に『小惡を輕んじて以て殃《わざわい》無しと爲す莫れ、水渧微なりと雖も漸く大器に盈つ』

或人云く法華經を持ては、是則勇猛、是則精進、是名持戒行頭陀者の、故に戒を持つ用なしと、是は法華經を持てば大乘戒を持つと同一の功德の有ることを示された者にて、法華經の持者は戒を破り惡事を行つても善いと云ふ御許しではない。

立正安國論に云く、正法を護持せん者は、五戒を受けず威儀を修せず、刀劍弓箭鉾《む》槊《さく》を持すべし、又云く若し五戒を受持せん之者有らば、名けて大乘の人と爲すことを得ざる也、五戒を受けざれども、正法を護るを爲て、乃ち大乘と名く、正法を護る者は應に刀劍器杖を執持す、刀杖を持つと雖も、我是等を說て名けて持戒と曰はんと。此の說明を次の御書でする。

簡御器鈔、不殺生戒と申すは一切の諸戒の中の第一なり五戒の初めにも不殺生戒、八戒、十戒、二百五十戒、五百戒、梵網の十重禁戒、華嚴の十無盡戒、瓔珞《ようらく》經の十戒等の初めには皆な不生殺戒なり、儒家の三千の禁の中にも大辟《たいへき》こそ第一にて候へ、其故は徧滿三千界無有直身命と申して三千の世界に滿つる珍寶なれども命に替《かわ》る事はなし、蟻子《あり》を殺す者尙地獄に墮つ、況や魚鳥等をや、靑艸を切る者猶地獄に墮つ、況や死骸を切る者をや、是の如き重罪なれども、法華經の敵になりぬれば、此を害するは第一の功德と說き給ふ也、況や供養を展ふ可く哉故に仙豫國王は五百の法師を殺し、覺德比丘は無量の謗法者を殺し、阿育大王は十萬八千の外道を殺し給ひき、此等の國王比丘等は閻浮第一の賢王、持戒第一の智者也、仙豫國王は釋迦佛、覺德比

丘は迦葉佛、阿育大王は得道の仁なり。以上
宗祖が安國論に仰せられしは、此謗法の者を退治せん場合である。戒を持つ必要無しと說かれたのでは無い。

曾谷入道殿許御書、

傳敎大師は佛の滅後千八百年像法の末に相當て日本國に生れて、小乘大乘、一乘の諸戒一一之を分別して、梵網、瓔珞の別受戒を以て小乘の二百五十戒を破失し、又法華普賢の圓頓の大王の戒を以て、諸大乘經の戒を臣民の戒と責め下とす、此の大戒は靈山八年を除いて、一閻浮提の內未だ有らざる所の大戒場を叡山に建立す、然る間八宗其偏執を倒し、一國を擧て弟子と爲《な》る、以下略
宗祖は本門戒體鈔一八八一、に於て本門の持戒として十重禁戒を說き給ふ、然れども內容の詳釋無し、故に梵網戒經を以て之に代ふ、行者本門の心を以て此戒を持つべし。

梵網菩薩戒經 拔萃

戒は明なること日月の如く、亦瓔珞珠の如し、微塵の菩薩之に依て正覺を成ず。
大衆心に諦かに信ぜよ、汝は是れ當成の佛、我は是れ、已成の佛なり、常に是の如き信を作さば、戒品已に具足す
一切の心ある者は、皆應に佛戒を攝《つ》ぐべし、衆生佛戒を受けぬれば、即ち諸佛の位に入る、位、大覺に同じ已つて、眞に是れ諸佛の子なり。
佛子諦かに聽くべし、若し佛戒を受けん者は、國王、王子、百官、宰相、比丘、比丘尼、十八梵天、六欲天子、庶民、黃門、婬男、婬女、奴婢、八部、鬼神、金剛神、畜生乃至變化の人に至る迄も、但法師の語を解するものは盡く戒を受得す、皆な第一清淨者と名くるなり。

十重禁戒

若《なん》ぢ佛子、若しは自ら殺し、人をして殺さしめ、方便して殺し、殺すを讚歎し、作すを見て隨喜し乃至呪咀して殺さば、殺の因、殺の緣、殺の法、殺の業あり、乃至一切の命あらん者は、故らに殺すことを得ざれ、是れ菩薩は應に常住の慈悲心、孝順心を起して、方便して一切衆生を救護すべし、而るを反つて更に自から恣心、快意を以て殺生せば是れ菩薩の波羅夷罪《はらいざい》（極惡深重と譯す）なり。
若《なん》ぢ佛子、自ら盜み、人をして盜ましめ、方便して盜み

盗むを讃歎し、作《なす》を見て隨喜し乃至呪して盗まじ、盗の因盗の緣、盗の法、盗の業あり、乃至鬼神、有主、刧賊の者、一切の罪物、一針一草をも故に盗むことを得ざれ、而も菩薩は應に佛性の孝順心、慈悲心を生じて常に一切の人を助けて福を生じ樂を生ぜしむべし、而るを反つて更に人の財物を盗めば、是れ菩薩の波羅夷罪なり。

若《なん》ぢ佛子、自から婬《いん》し、人をして婬せしめ、乃至一切の女人を故らに婬することを得ざれ、婬の因、婬の緣、婬の法、因の業あり、乃至畜生女、諸天鬼神女、及び非道に婬を行ぜんや、而も菩薩は應に孝順の心を生じて、一切衆生を救度し、淨法を人に與ふべし、而るに反つて更に一切の人の淫を起さしめ、畜生を擇《えら》ばつ乃至母女、姉妹六親に婬を行じて慈悲心無きは是れ菩薩の波羅夷罪なり。

若《なん》ぢ佛子、自ら妄語《もうご》し、人をして妄語せしめ、方便して妄語せば、妄語の因、妄語の緣、妄語の法、妄語の業あり、乃至見ざるを見たりと云ひ、見しを見ざると言ひて身心を妄語す、而も菩薩は常に正語、正見を生じ、亦一切衆生の正語、正見を生ぜしむべし、而るに反つて更に一切衆生の邪語、邪見、邪業を起さしめば是れ菩薩の波羅夷罪なり。

若《なん》ぢ佛子、自から酤酒《こしゅ》し、人をして酤酒せしめば、酤酒の因、酤酒の緣、酤酒の法、酤酒の業あり、一切の酒を酤《う》ることを得ざれ、是れ酒は罪を起すの因緣なり、而も菩薩は應に一切衆生の明達の慧を生ぜしむべし、而るに反て一切衆生の顚倒《てんとう》の心を生ぜしめば、是れ菩薩の波羅夷罪なり、（酤とは一夜造の酒、又酤は賣るとも買とも通ず）

若《なん》ぢ佛子、自ら出家、在家の菩薩、比丘、比丘尼の罪過を說き、人をして罪過を說かしめば、罪過の因、罪過の緣罪過の法、罪過の業あり、而も菩薩は外道惡人及び、二乘惡人の佛法の中の非法非律を說くを聞いて常に慈心を生じ是の惡人の輩を敎化して大乘の善信を生ぜしむべし、而るに菩薩反つて更らに自から佛法の中の罪過を說かば、是れ菩薩の波羅夷罪也。

若《なん》ぢ佛子、自讃毀他《じさんきた》し、亦人をしても自讃毀他せしめば毀他の因、毀他の緣、毀他の法、毀他の業あり、而も菩薩は應に一切の衆生に代つて毀辱《きにく》を加ふを受け、惡事は自ら已に向へ、好事を他人に與ふべし、若し自から己が德を揚げて他人の好事を隱し、他人をして毀《そしり》を受けしめば、是れ菩薩の波羅夷罪なり。

若《なん》ぢ佛子、自から慳《やぶさか》にして、人をしても慳ならしめば、慳の因、慳の緣、慳の法、慳の業あり、而も菩薩は一切の貧窮の人の來り乞はん者を見ては、前人の須《もと》むる所に隨ひ一切給與すべし、而るに菩薩、惡心、瞋心を以て乃し一錢、一針、一草にいたるも施さず、法を求むる者あらんに爲に一句一偈、一微塵ばかりの法をも說かずして、而も反つて罵辱《りにく》せば、是れ菩薩の婆羅夷罪なり。

若《なん》ぢ佛子、自から瞋《いか》り、人をして瞋らしめば、瞋《しん》の因、瞋の緣、瞋の法、瞋の業あり、而も菩薩は應に一切衆生の善根無諍の事を生ぜしめ、常に慈悲心、孝順心を生ぜしむべし、而るを反て更に一切衆生に中に於て乃至非衆生の中に於て惡口以て罵辱し、加ふるに手打《しゆちやう》を以てし及び刀杖を以てして意ろ猶息まず、前人へ悔を求めて善言懺謝するも猶怒つて解けざるは、是れ菩薩の波羅夷罪也。

若《なん》ぢ佛子、自から三寶を謗《はう》じ、人をして三寶を謗ぜしば謗の因、謗の緣、謗の法、謗の業あり、而も菩薩は、外道及び惡人の一言も佛を謗ずる音聲を聞きては、三百の矛《ほこ》を以て心を刺《さ》すが如くなるべし、況んや、口自ら謗じて、信心、孝順心を生ぜざらんや、而るに反つて更に惡人、邪見の人を助けて謗ぜしめば、是れ菩薩の波羅夷罪なり。

善學の諸人、是れ菩薩の十波羅提木叉《はらたいもくしや》なり、應當《まさに》に學すべし、中に於て一一に犯すること微塵ばかりの如くすべからず、何に況や、具足して十戒を犯《ぼん》ぜんをや、若し犯すこと有らん者は、現身に菩提心を發することを得ず乃至、佛性常住の妙果を失ふ、一切皆失つて三惡道の中に墮《だ》し、二劫三劫、父母三寶の名を聞かず、是を以て一一に犯すべからず乃至、是の如きの十戒、應當に學して敬心を以て奉持すべし。以上十戒終る。

四《し》十《じふ》八《はつ》輕戒《きやうかい》（抜萃）

佛、諸の菩薩に告げて言く、已に十波羅提木叉を說き竟《をわ》んぬ、四十八輕を今當に說くべし。

若《なん》ぢ佛子、故らに酒を欲せんや、而も酒は過失を生ずること無量なり、若し自身手づから酒器を過《わ》たして人に與へて酒を飲ましむる者すら、五百世手無し、何に況や、自から飲むをや、亦一切の人をして飲ましめ、及び一切衆生に酒を飲ましむることを得ざれ、一切の酒を飲むことを得ざれ若し自から飲み、人をして飲ましめば輕垢罪《きよくざい》を犯す。

若《なん》ぢ佛子、故《ことさ》らに肉を食せんや、一切衆生の肉は食することを得ざれ、夫れ肉を食する者は大慈悲の佛性の種子を斷つ、一切の衆生は見て而も捨て去る、是の故に一切の菩薩一切衆生の肉を食することを得ざれ、肉を食する者は無量の罪を得ん、若し故らに食すれば輕垢罪を犯す。

若《なん》ぢ佛子、五辛《しん》を食することを得ざれ、大蒜《なうにんにく》、茖葱、慈《ひと》葱、蘭葱《にんにく》、興渠《こうこ》なり、是の五辛は一切の食の中に食することを得ざれ、若し故らに食する者は輕垢罪を犯す。

楞嚴經に云く諸の衆生三摩提又は三摩地、(定又は等持、又は一境性と譯す、心念を定止する故に定と云ひ心散亂せざる故に持と云ふ)を求むるには、當に世間の五種の辛菜を斷ずべし、此の五種の辛熟を食すれば婬を發し、生を啖へば恚を増す是の如く世界の辛を食ふ人縱ひ、能く十二部經を宣るも十方の天仙其臭穢を嫌ふて皆遠離す。

興渠《こうく》とは梵語なり譯して辛膨と云ふ日本支那に無き故原語の儘とす。

若ぢ佛子、一切衆生の八戒、五戒、十戒を犯し、禁を毀《つぶ》り、七逆八難、一切の犯戒の罪を見ては、應に敎へて懺悔せしむべし、而るに菩薩敎へて懺悔せしめず、同じく住し僧の利養を同じくし、而も共に布薩《ふさつ》し、一衆に說戒して而も其罪を擧げず、敎へて悔過《けくわ》せしめずんば輕垢罪を犯す。

若ぢ佛子、大乘の法師、大乘の同學、同見、同行の僧房舍宅、城邑に來入し、若しは百里千里より來らんものを見ては、即ち起つて來るを迎へ、去るを送り、禮拜供養すべし、日日三時に供養し、日食三兩の金、百味の飲食、牀座醫藥をもつて法師に供事せよ、一切の所須、盡く之に給與すべし、常に法師を請じて三時に法を說かしめ、日日三時に禮拜して、瞋《しん》心、恚惱《げんのう》の心を生ぜざれ、法の爲には身を滅すとも、法を請ふて懈《おこ》たらざれ、若し爾らずんば輕垢罪を犯す。

若ぢ佛子、一切の疾病の人を見ては、常に應に供養せんこと、佛の如くにして異なること無かるべし、八福田の中には、看病福田是れ第一の福田なり、若し父母、師僧、弟子の病、諸根不具にして、百種の病苦惱あらば、皆供養して差《いや》しめよ、而るに菩薩、瞋恨《しんこん》の心を以て看ず乃至、僧房城邑・曠野、山林、道路の中にして病めるを見て救濟せずんば、輕垢罪を犯す。

若ぢ佛子、一切の刀杖、弓箭《きうせん》、矛斧《むふ》、鬪戰《とうせん》の具を蓄ふることを得ざれ、及び惡綱《あくもう》羅羂《らけん》、殺生の器《うつは》をも一切蓄ふることを得ざれ、而も菩薩乃至父母を殺さるゝとも尙報を加へず、況んや、一切の衆生を殺すに於ておや、衆生を殺す具を蓄ふることを得ざれ、若し故らに蓄ふれば輕垢罪を犯す。

若ぢ佛子、利養惡心の爲の故に國の使命《しめやう》を通じ、軍陣に合會し、師《いくさ》を興して相伐ち無量の衆生を殺さしむることを得ざれ而も菩薩は尙軍中に入りて往來することを得ず、況んや故らに國賊を作らんをや、若し故らに作らば輕垢罪《きやくざい》を犯す。

若ぢ佛子、故らに良人、奴婢、六畜を販賣《はんばい》し、棺材の板《はん》木《もく》、死を盛るの具を市易《しやく》すること尙自ら作すべからず、況や人をして作さしめんや、若し故らに自ら作し、人をしても作さしめば輕垢罪を犯す。

若ぢ佛子、惡心を以ての故に、大火を放ちて山林曠野を燒くこと、四月より九月に至る、火を放ちて若しは他人の家、屋宅、城邑、僧房、田木及び鬼神、官物を燒かんや、一切の有生の物は故《ことさら》に燒く事を得ざれ、若し故らに燒かば輕垢罪を犯す。

若ぢ佛子、自ら飮食《をんじき》、錢財、利養、名譽の爲の故に、國王、王子、大臣、百官に親近し恃《たの》んで形勢を作して乞索《こつさく》、打拍《ちやうびやく》、牽挽《けんばん》して橫《ほしいまゝ》に錢物を取り、一切利を求むるを惡求、多求と爲す、他人をして求めしめ、都《すべ》て慈心無く、孝順の心なくんば、輕垢罪を犯《をか》す。

若ぢ佛子、慈心を以ての故に、放生の業《わざ》を行ずべし、應に此の念を作すべし、一切の男子は是れ我が父、一切の女人は是れ我が母なり、我れ生生に之に從つて生を受けずと云ふこと無し、故に六道の衆生は皆な是れ我が父母なり、而も殺し、而も食せば、即ち我が父母を殺し、亦我が故身を殺すなり、一切の地水は是れ我が先身、一切の火風は是れ我が本體なり、故に常に放生を行じ、生生に生を受けしむるを常住の法とす、人をしても放生せしめよ、若し世人の畜生を殺すを見ん時は、應に方便して救護し、其苦難を解くべし、常に敎化して菩薩戒を講說して衆生を救度すべし、若し父母兄弟死亡の日は、應に法師を請じて、菩薩戒經律を講じ、福を以て、亡者を資けて諸佛を見たてまつることを得《え》、天上に生ぜしむべし、若し爾らずんば、輕垢罪を犯す。

若ぢ佛子、瞋《しん》を以て瞋に報じ、打《ちやう》を以て打に報ずることを得ざれ、若し父母、兄弟 六親を殺さるゝとも報を加ふることを得ざれ、若し國主、他人の爲に殺さるゝも亦報を加ふることを得ざれ、生を殺して生に報ずるは孝順に非ず尙奴婢《ぬび》を蓄《たくは》へて打拍罵辱《うちかゝし》らざれ、日日に三業を起して罪を得ること無量なり、況や、故らに七逆の罪を作らんや、而るに出家の菩薩、慈心無くして讎を報じ乃至六親の中に故らに報じなば輕垢罪を犯す。

若ぢ佛子、佛滅度の後、説法の主となり、行法の主となり、僧房の主、敎化の主、坐禪の主、行來の主とならんに應に慈心を生じて善く闘訟《とうじよう》を和し、善く三寶物を守りて、度なく用ゆること自己の有の如くすること莫《なか》るべし、而るに反て衆を亂して闘諍《とうじやう》せしめ、心を恣にして三寶物を用ひなば輕垢罪を犯す。

若ぢ佛子、惡心を以ての故に、利養の爲に男女の色を販《ぼん》賣《まい》し、自手《てづが》ら食を作り、自ら磨り、自ら舂《うすつ》き、男女を占相し、夢の吉凶、是れ男、是れ女を解し、呪術し、工巧し、醫の方法を調《とゝの》へて、百種の毒藥、千種の毒藥、蛇毒、生金《しやうこん》銀毒《ごんどく》、蟲毒を和合せば、都て慈憫の心なく、孝順の心無し若し故らに作さば輕垢罪を犯す。

若ぢ佛子、惡心を以ての故に一切の男女等の闘ひ、軍陣の兵將、刧賊等の闘を觀ることを得ざれ、亦吹具《すいはい》、鼓角《くかく》、琴瑟《きんびつ》、箏笛《しやうじやく》、箜篌《こ》、歌叫《かけう》、妓樂の聲を聽く事を得ざれ、樗《ちよ》蒲《ほ》(博奕)圍棊《いご》(圍碁)、波羅塞戲《はらさいぎ》、彈棊《たんこ》、六博《ろくはく》、栢毱《はくきく》、擲《ちやく》石《しやく》、投壺《とうこ》、牽道《けんきう》、八道行城し、爪鏡《さうきやう》蓍《し》草《さう》、(草の名、占に用ゆ)、楊枝《やうじ》、鉢盂《はつう》、髑髏《どくろ》を以て卜筮《ぼくぜい》を作すことを得ざれ、若し故らに作さば輕垢罪を犯す。

若ぢ佛子、禁戒を護持して行住座臥、日沒六時に是の戒を讀誦して猶金剛の如くし、浮嚢《ふのう》を帶持して大海を渡らんと欲するが如し、草繫《そうけい》比丘の如くすべし、常に大乘の善信を生《おこ》して、自ら我れは是れ未成の佛、諸佛は是れ已成の佛なりと知るべし、菩提心を發《おこ》して、念念に心を去らしめざれ、若し一念だも二乘外道の心を起さば輕垢罪を犯す。以下略

佛の在世に比丘あり、賊の爲に、生草を以て繫がる、比丘其の生草を壞せんことを恐れて、縛を解かず、自から餓死を待つ、草繫比丘、涅槃經に云く、寧ろ身命を捨てゝも禁戒を毀らず草繫比丘の如くせよ。

諸の佛子、是の四十八輕戒は汝等受持すべし、過去の諸の菩薩は已に誦し、未來の諸の菩薩も當に誦すべし、現在の菩薩も今誦するなり。
諸の佛子諦かに聽け、此の十重、四十八輕戒は三世の諸佛も已に誦し、當に誦し、今誦す、我今又是の如く誦せり汝等一切の大衆、若しは國王、王子、百官、比丘、比丘尼信男、信女の菩薩戒を受持せん者は、應に佛性常住の戒卷を受持し、讀誦し解說し書寫し、三世一切衆生に流布して化化絕へざらしむべし、千佛を見たてまつることを得、佛の爲に手を授けられ、世々に惡道八難に墮せずして常に人道、天中に生ぜん、我今此の樹下に在りて、略して七佛の法戒を開けり、汝等大衆一心に波羅提木叉《はらだいもくしや》を學して、歡喜奉行すべし。以上
涅槃經に云く、一善を修すれば百種の惡を破す、小火能く、一切を燒く、小毒藥、能く衆生を害す、小善も亦然なり、能く大惡を破す、小善と名くと雖も其實は是れ大なり大惡を破するが故也、水渧微なりと雖も漸く、大器に盈つるが如し、善心も亦爾なり、一一の善心能く大惡を破す、若し罪を覆すれば罪則ち增長し、發露懺悔すれば、罪即ち消滅す、是の故に諸佛は有智の者は罪を覆藏せずと說く云々。修行者の時々刻々に爲す所作は、悉く戒體となつて殘る、其有樣は丁度活動寫眞機が活動する所作をフイルムに寫す如く、一切記錄さる、死後閻魔王の前にて淨玻璃《じやうはり》の鏡に寫るのは、此の一生を寫したフイルムの映寫に外ならず故に行者は日夜、行を謹み善を行ひ、戒を持たねばならぬ。
以上持戒終る。

經典讀誦の功德は如何にして起るや

法華經を讀誦して功德が生ずるのは、不可思議の現象であつて、所謂、唯佛與佛、乃能究盡の境界であり、言說に現すことの出來ない、天然の性德、本具の功德力である、其本體の說明は敎相の處で說きし故茲には略する。經典を讀誦して其眞理を感得して、自身に修得するのは別として茲には漢文捧讀を聽いて居つて、文字の意味も解《わ》からないのに、愚鈍の人、又は靈魂が讀經の聲を聞いて功德を得て、氣狂の靈や聾《つんぼ》の靈が得道する道理を少し述べる。

四條金吾殿御返事

梵音聲と申すは佛の第一の相なり、小王、大王、轉輪王等此相を一分備へたるゆへに、此王の一言に國も破れ、國も治る也、宣旨と申すは梵音聲の一分也、萬民の萬言、一王の一言に及ばず。則ち三墳五典なんどと申すは小王の御言也、此れ小國を治す、乃至、大梵天王が三界の衆生を隨ふること、佛の大梵天王、帝釋等をしたがへ給ふことも、此の梵音聲也、此等の梵音聲、一切經と成て一切衆生を利益す、其中に法華經は釋迦如來の御音を書き顯はして、此文字と成し給ふ、佛の御心はこの文字に備れり、たとへば種子と草と稻とは變れども心はたがはず、釋迦佛と法華經の文字とは、かはれども心は一つ也、然ば法華經の文字を拜見せさせ給ふは生身の釋迦如來にあひ進らせたりとおぼしめすべし。

曾谷入道殿御返事

此經の文字は皆な悉く生身妙覺の御佛也、然れども我等は肉眼なれば文字と見る也、例せば餓鬼は恒河を火と見る、人は水と見る、天人は甘露と見る、水は一なれども果報に隨て別別也、此經の文字は盲目の者は是を見ず、肉眼の者は文字と見る、二乘は虚空と見る、菩薩は無量の法門と見る、佛は一一の文字を金色の釋尊と御覽有るべき也、即持佛身とは是也、以下略

本尊供養御書、

法華經の文字は六萬九千三百八十四字、一一の文字は我等が目には黑き文字と見へ候へども、佛の御眼には一一に皆御佛なり、譬へば金粟王と申せし國王は、沙を金となし釋摩男《しやくまなん》と申せし人は石を珠と成し給ふ、玉泉に入りぬる鳥は金色となる也、阿伽陀《あかだ》藥は毒を藥となす、法華經の不思議又是の如し、凡夫を佛に成し給ふ、蕪《かぶら》は鶉《うづら》となり山の芋はうなぎとなる、世間の不思議以て是の如し乃至、法華經を持ちまいらせぬれば八寒地獄の水にもぬれず、八熱地獄の大火にも燒けず、法華經の第七に云く、火モ不レ能レ燒クコト水モ不レ能レ漂スコト等云々。

四信五品鈔、に云く。

其義を知らざる人、唯、南無妙法蓮華經と唱へて解義の功德を具するや、否や、答、小兒乳を含むに其味を知らざれども、自然に身を養ふ耆婆《きば》が良藥、誰か辨へて之を服せん、水心無けれども火を消し、火は物を燒く、豈に覺あら

んや云々。

法華題目鈔、に云く、
させる解無くとも、南無妙法蓮華經と唱ふるならば惡道をまぬかるべし、譬へば蓮華は日に隨て回る、蓮に心なし芭蕉は雷によりて增長す是の草に耳なし、我等は蓮華と芭蕉の如し、法華經の題目は日輪と雷との如し、乃至琥珀は塵を取り、磁石は鐵を吸ふ、我等が惡業は、塵と鐵との如く、法華經の題目は琥珀と磁石との如し、かく思ひて常に南無妙法蓮華經と唱ふべし。

四恩鈔、に云く。法華經は一文一句なれども、耳にふるゝ者は皆な佛になるべきと、いたう大六天の魔王もなげき思ふが故に方便を廻して留難をなし、經を信ずる心を捨てしめんと誑る。
結經に云く、其れ大乘經典を讀誦することあらば、當に知るべし、此の人は佛の功德を具し諸惡永く滅して佛慧より生ぜん。

涅槃經、に云く。
一切衆生皆な佛性あり、是の性を以ての故に無量億の諸の煩惱を斷じて、即ち阿耨多羅《あのくたら》三藐《みやく》三菩提《ぼだい》を成ずることを得ん。

法聞の功德、毛孔より入る、大般涅槃經菩薩品第十六
譬へば國ありて清凉の風多く、若し衆生の身、諸の毛孔に觸るれば、能く一切の欝蒸の惱を除くが如し、此の大乘經典、大涅槃經も亦復是の如し、徧く一切衆生の毛孔に入りて、爲に菩提微妙の因緣を作す、一闡提を除く、何を以ての故に、法器に非ざるが故なり。

如來の音聲の遍徹力、華嚴經佛不思議法品
一切の諸佛は無障礙の微妙なる音聲を出して、皆悉く一切の世界に充滿し所應に隨ひて度し給ひ、聞かざる者なし、彼の諸の如來の出し給ふ音聲は一切の衆山も障ふること能はざる所、須彌山王、寶山、小金剛圍山、大金剛圍山も障ふること能はざる所、天宮、龍宮、夜叉《やしゃ》、乾達婆《けんだつば》、阿修羅《あしゅら》緊那羅《きんなら》、摩睺羅伽《まごらか》、人非人等の一切の宮殿も障ふること能はざる所、一切世間の廣大なる音聲も亦障ること能はづ、其所應に隨ひて皆悉く之を聞きて障礙する所無し、佛子、是を一切諸佛の第七の大力那羅延幢佛の住する所の法と爲す。

（ラヂオの言語は電波によつて世界に響く）

法蓮鈔、に云く。

假ひ法界に遍せん、斷善の諸の衆生あらんに、一たび法華經を聞かば、決定して菩提を成ぜん、乃至。「法華經を讀誦すれば」一一の文字變じて日輪となり、日輪變じて釋迦如來となり、大光明を放つて大地をつきとをし、三惡道、無間大城を照し、乃至東西南北上方に向ては、非想、非非想へものぼり。いかなる所にも過去の聖靈のおはすらん處迄、尋ね行き給ふて、彼の聖靈に語り給ふらん、我をば誰とか思し食す、我は是れ汝が子息法蓮が毎朝、誦する所の法華經の自我偈の文字なり、此文字は汝が眼とならん、耳とならん、足とならん、手とならんとこそ、ねんごろに語らせ給ふらめ、其時過去聖靈は、我子息、法蓮は子に非ず善智識なりとて、娑婆世界に向つておがませ給ふらん、是こそ實の孝養にては候なれ。

讀經が神靈の糧食となる宗祖の證明

諫曉八幡鈔、に云く、此時佛出現し給ひ、佛教と申す藥を天と人と神とに與へ給ひしかば、燈に油を添へ、老人に杖を與へたるが如く、天神等還て威光を増し勢力を増長せし事、成劫の如し、佛教には又五味のあじわい別れたり、在世の衆生は成劫ほどこそなかりしかど、果報いたう衰へぬ衆生なれば五味の中に何の味をもなめても威光勢力をもまし候き、佛滅度の後ち正像二千年過て末法になりぬれば本の天も神も阿修羅、大龍等も、年もかさなりて身もつかれ、心も弱くなり、又今生れ來る天人、修羅は或は小果報或は惡天人等なり、小乘、權大乘の乳酪、生蘇、熟蘇味を服すれども老人に麤食をあたへ、高人に麥飯を奉るが如し而るを當世是を辨へざる學者等、古へにならいて、日本國の一切の諸神等の御前にして阿含經、方等、般若、華嚴、大日經等を法樂し、倶舍、成實、法相、三論、華嚴、淨土禪等の僧を護持し給へる、唯老人に麤食を與へ小兒に强飯をくゝめるがごとし。以上祖書より抜萃

讀經の音聲で整ふ全身の調節

讀經の音聲は音樂である、最近、音樂で整ふ全身の調節と云ふ事が發見された、夫れは、音樂を聽く人に感動を與へる理由は、其調節が腦の「ビチユイタリ」線に影響する

所があるからだと云ふ。

音樂の調律に刺戟されると、此線は身體各部の調律に影響し玆に快感乃至不快な感情を經驗せしめるのであるが、若し一歩を進めて適當に此の作用を利用すれば、憂鬱性、又狂暴性など治療することが出來ると或る學者は主張して居る。「ビチユイタリ」線とは腦髓の内面殆んど、中央に位する卵形の小さな物體で、往昔は痰《たん》の製造場だろう位に思ひビチイタリ（即粘液樣）などゝ云ふ名稱を附けられたので近來の研究によると此線は共樣な卑しい者でなく、却つて人體の最高尙の一部である事が判明して來た、身體は呼吸でも脈搏でも又は胃壁の伸縮でも、凡て一種の調節運動で生命を保つて居る者だが、是等の調節運動一般を監視し調節する事が此の粘液腺の重要な職務の一であることも判明して來た、身體を一團の音樂隊とすれば、粘液線は樂長に等しいのである、ところが此の粘液線は音樂に對しては受感性が非常に鋭いと云はれて居る、聽神經及聽覺中樞とは直接に聯絡が着いて居るので、粘液線は音樂が耳に響くと直に共鳴して居る。

さうして此の共鳴の結果は迷走神經に傳はり、迷走神經は心臟及び胃の調節運動に影響するのだが、心臟、胃などの調節運動は全身の調節運動の基礎であるから、粘液腺の變化は即ち全身の變化を引き起さなければ止まない、或る音樂が粘液腺を刺戟してそれが作用を促進する時、吾々は其音樂が愉快であると感じ、夫れに反して他の音樂が粘液腺の作用を鎭壓するに於ては、吾々は之を不快な音樂と感じるのである、それから腎臟の上にある副腎が各人の性質の勇慊を決定して居るは既に證明されてる事だが、米國の或る學者はこの副腎と粘液質との間に直接の神經聯絡が存在してることを主張して居る、果して、さうとすれば粘液質の共鳴は副腎にも直接の影響を及ぼし、其人を憂欝、または狂暴ならしむるに與て力あるに相違ないと云はれて居る、是が音樂が身體に關係する科學的說明の一つである。

佛法には法門は毛孔より入つて遠く菩提の縁となる、即ち理解の出來ない人でも、御經を聽て置けば、其經の功德が音響に依て物質化され、毛孔より這入つて菩提の種となる。

讀經に依て音聲が物質化されて、功德の起るのは、譬へば呼鈴に使用する乾電池は、電流の兩極に充塡された藥品が化合して藥品自身に見出し得ざる一種不思議の電氣を送り出す如く、人と經の讀誦が化合する時、人及び經典の文字に於て見出し得ざる功德が人の口より迸り出るのである、俱舍論には聲を色法即ち物質として說明して居る、然し其發する功德は肉眼には見へぬ、ラヂォは遠隔の地より吾人に言語音樂を傳へる、然れども其電波は肉眼に見へず、感覺にも上らない、即ちラヂオの構造の原理を知らなくとも、其受信の設備をすれば、愚人も聽き得る如く、經の眞理を覺らずとも、信仰すれば功德を受ける道理は「ラヂオ」が說明して居る、法華經は釋尊が宇宙の眞理を說かれた言語を文字に綴《つゞ》つたので、之を讀誦するは、釋尊の說法を轉說するのである、其眞理が音響に依て物質化され（肉眼に見へぬが不思議の體）之が神佛の糧《かて》ともなり、又經を受くる者の耳より又は毛孔より這入つて營養となる、故に神が經を聽て神通增益し死靈が聞いて得道するのである、前に拔萃した祖書は此の理を示されたのである、經に云く「此の經は即ち閻浮提《えんぶだい》の人の病の良藥となる、人若し病あらんに此經を聞く事を得ば、病即ち消滅して不老不死ならん」。

音聲の物質たる說明

聲（音）の佛敎の說明
俱舍論に聲を色法即ち物質なりと說く、即ち左に
聲は五塵の一。四大種（地水火風）の所造にして色法（物質）に屬し、耳根所對の境なり。
聲に八種あり、人の口より發する聲の如く、有情（動物）の發する聲を、有執受大種爲因と云ふ、木石等の聲の如く非情の發する聲を無執受大種爲因と云ふ、此の二種の聲に各言語の聲と然らざるものとあり、之を有情名と非有情名と云ふ、即ち有執受の大種より發して言語の聲を爲すは吾人の語聲、同じく有執受の大種より發しても言語を爲さゞる者とは拍手の如し、次に無執受の四大より發して言語の聲を爲す、佛陀の神通力により變作せる化人の言語、（現今の蓄音機の出す音）又無執の大種より發して言語ならざる聲、即ち溪聲、水聲、風聲の如し、以上の四種に又各々可意聲、不可意聲、即ち好惡の二種に分ちて八種とす。
聲爲敎體、佛の敎法は聲を以て體と爲すこと小乘有部の正義なり。

倶舍論に、諸の說ける佛敎は聲を以て體と爲す、彼の說ける法蘊は皆な色蘊の攝なり。

次に音聲が物質である證明に科學の音と光と熱の說明をする。

音の說明、（物理學）

音響は吾人の聽神經を刺激して一種の感覺を起さしむる。外界の原因を音響《おんきやう》と云ふ。

大皷《たいこ》、琴《こと》等を鳴らす時は膜《まく》及び絃《げん》の振動するを目擊し得可く、之に手を觸るれば其振動止むと同時に發音の止むを見るべし、故に音響を發するは物體即ち發音體の音を發せしむるは振動を要するを知るなり。

音響は彈性體の振動によりて、其周圍の空氣中に傳播する一種の縱波にして、其の粗密部が耳の皷膜《こまく》に達し聽神經《ちやうしんけい》を刺激《しげき》して音響《おんきやう》の感覺を與ふるなり、音響の波動を音波と云ふ。

音の速力は空氣中に於て氣壓《きあつ》七百六十粍《みり》の時一秒間に三百三十一米なり。

噪音《さうおん》及び樂音、 音聲及び樂器の如く吾人に快感を與ふる音を樂音と云ひ、砲聲、擊音、車の軋《きし》る音等の不快の感を與ふる音を噪音と云ふ、樂音は規則正しく振動する發音體より發する音にして其波形は一定の形を反覆するなり、噪音は不規則に振動する物體より發する音波にして、其波形は不規則なり」

人の發音機、 即ち聲帶《せいたい》は喉頭《こうとう》にありて、吾人の發音する用を爲す、平常呼吸する時は、聲帶は弛《ゆる》みて空氣は自由に通過す、聲を發する場合は聲帶は緊張《きんちやう》し其間を狹《せば》くする、故に聲帶は呼吸の爲に振動して音を發す、然して此の聲帶の緊張の度によりて、音の調子を加減し得るなり、一般に女子及び小兒の聲帶は男子に比して薄きが故に其調子高し、吾人か各種の母音を發し得るは口腔《こうくう》の形を變じ、聲帶の原音に伴ふべき倍音を變ずるに由るなり。

蓄音機の原理は、音の振動を圓盤に記錄して之に依て再び其振動を爲さしめ、元の音を發せしむる者なり。

音は分子の振動に依て起る。此の振動に依て起る音波が何故に物質となるや、蓄音機の吹込の蠟管は吾人の音聲を記錄する、吾人の音聲は音波となり其振動を蠟管に刻す、故に音波には力あり、吾人の「エネルギー」の變形なり、力

は實在なり、「エネルギー」は不滅なり、故に音聲は實在なり、(三諦圓融の現象即ち實在)
經典は世尊の說法である。世尊の說法は眞理の發現で、之を轉讀《てんどく》すれば功德力を現す事は丁度、蓄音機に吹込みし音樂は何時何處にても同轉の裝置に依て再現し吾人に快感を與ふると同一である。
一念三千鈔、に云く　此の娑婆世界は耳根得道の國也。妙音の御義に云く、法界の音聲、南無妙法蓮華經の音聲に非ずと云ふ事なし。
日向記、に云く　法華經二十八品は影の如く響の如し、題目の五字は體の如く音の如くなり、題目を唱へ奉る音は十方世界にとづかずと云ふ所なし、我等が小音なれども、題目の大音に入れ唱る間、一大三千界いたらざる所なし、譬へば小音なれども貝に入れて吹く時は遠く響くが如し、手の音わづかなれども皷《つゞみ》を打つに遠く響《ひゞ》くが如し、一念三千の大事の法門是れ也。次に音聲の起る振動が物質たる科學的說明の爲めに光と熱とに就て說明する。

太陽の光と熱、

昔の學者は光なる者も矢張り一種の物質であつて、物の燃燒によるに從つて其物質から或る部分が飛散するものであると考へた。
然るに今日は光は「エーテル」の振動である事を證して居る。太陽の光は通常白色なるも之を分析《ぶんせき》すれば分かれて美麗なる七色を現はす、然れども其發光の中より色と云ふ別な者が現れるので無く、エーテルの振動の多少に依て、其部分が異なつた色に見へるのである、即ちエーテルの振動が視神經を通ずる振動數の多少に依て、吾人の心に異なる感じを起す、之を名けて色と云ふ、故に此の感じは畢竟主觀的の者であつて客觀的に色と云ふ別物が實在するので無い。
三角形の硝子棒を以て太陽の光線を通過させると七色となつて現る、即ち
赤、橙、黃、綠、青、藍、紫、
七色になつて現れ、此の光線の波長に從つて各色の屈曲の度を異にするに依て起る、即ち波長の最少なる紫は最大の屈曲を爲し、波長の最も大なる赤は最少の屈曲をする、其結果として赤より紫に至る七色が順序能く配列する、此

外肉眼に見へざる赤外線、紫外線等がある、
光を放つ迄に熱した固形體、又は流動體より發する光線は七色景を現はす。

「ドレーパー」は光と熱との波の法則を研究した結果、如何なる物體も攝氏五百二十五度に達すれば赤色の光を放つ、赤色は光の中に於ても最も波長の長い者である、溫度が五百二十五度に達すれば熱は光となる。

光の速度は秒速十八萬八千哩である、其光の進行する波動は紫の光波の長さは六萬分の一吋（一吋は曲尺八分三厘）である、故に一秒間の振動數は五百十ピリオン（一ピリオンは十億）毎秒五千一百億回、即ち吾人の肉眼に對して一秒間に五千百億の振動を與へて居るのである、此速力で太陽から飛んで來て、地球上の何物かの不透明の物體に遮《さへぎ》らるれば光線の運動は止まりて熱の「エネルキー」に變化するのである。

電氣は摩擦によりて電子の振動によつて起る、其の帶電の原泉は最初より物質中に存在する者にして、之を人爲的方法によりて創造し、或は消滅し能はざる者なり、電氣は肉眼に見へざる一種の微妙なる不思議の物質にして、動力（モーター、電車等）電燈、電熱器、電信、電話、無線電信「ラジオ」電送寫眞、X光線、化學分解、植物の肥料、動物の內臟機關の運動等一切を掌り、吾人生活に一日も缺くべからざる、肉眼に見へざる物質である、然も其働は振動に依て起る。

斯の如く電氣、光、熱、音も悉く電子の振動に依て起るエネルギー（力）である事が說かれ、佛敎に於ては此の不思議の力を妙力と稱し、其の存在を說明するのは現象即ち實在の諸法實相、圓融の三諦論であるが、前に說明せし故茲には略する、又た妙樂大師の說かれた、十不二門論の中、色心不二（色は物質即有形の者、心は無形の者此二つ同一の說明）三業不二（三業とは身口意の三）身業は身の發動、口は音聲、即ち言語、意は心の發動、此の三即ち物質と心と音は同一であると說かれて居る。

吾人に日夜裨益《ひえき》を與へ、人生に缺くべからざる機關となつた「ラジオ」も「マイクロホン」の前に於て發する音の振動が、其機の裝置により高壓電流に其振動を傳へ、之を空中線より電波として四方に傳播し（其速度一秒三億米）是が各自の受電線（アンテナ）に感じ受話器の作用により、

電波は再び音波となり、吾人の耳に音聲として聽かれる、故に音聲は「エネルギー」であつて、見へざる力、働を起す即ち實在である、讀經の音聲は所用に隨て不思議の利益を現はす、强力なる電波は遠巨離より戰車を動かし魚形水雷を操縱し驚くべき働を起す、要するに天體（太陽、地球月、星）の運行も見へざる力の不思議なる働である、故に天台大師の開經の偈に云く、
至極の大乘は思議すべからず、見聞觸知、皆な菩提に近く、能詮、（詮は顯詮なり經典の文句能く義理を現すを能詮と云ひ）は報身、所詮（經典の義理を現さゞるを所詮と云ふ）は法身、色相（色身の相貌、外に顯れて見ゆを色相と云ふ）の文字は即ち是れ應身なり、無量の功德皆な此の經に集れり、是の故に自在に冥に薰じ密に益す、有智、無智、罪を滅し善を生ず、若しは信、若しは謗、共に佛道を成ず三世の諸佛の甚深の妙典なり、生々世々値遇し頂載せん。

讀經の功德力の發現、

譬へば玆に山上の湖水がある（此湖水を世尊に譬へる）此湖水から發する（說法）川の下流に（末法に於て修行する場合）鐵管を備へて水車を回轉せしめ（說法の轉說即ち經典讀誦の場合）其回轉力（讀誦の力）が電流の「エネルギー」に變じ、今迄少しも電氣を認めなかつた所に驚くべき電力（功德力）が起つて、此の電力を利用すれば數百里の外に於て、電燈を點け、電車を走らせ、機械を運轉せしめ、玆に世を動かす力が湧き來るのである、其不思議の力は（妙法力）吾人の胸中に常に潛んで居るのである（法身常住）我が胸中の發電機に依つて世尊の說き給ふた妙法が讀誦に依て、音波となり、空中に傳り、日光が萬物を生育する如く無量の功德となり、一方は自己の體內に留り自受法樂となり、自己の榮養となる。
此の不思議の大功德力は平素何れの所に潛在するやについて經證を求むれば、
無量義經十功德品第三に曰く
善男子、汝、是の經は何の處より來り去つて何の處にか至り、住《とゞま》つて何の處にか住すると問はゞ、當に能く諦かに聽くべし、善男子、此經は諸佛の室宅の中從り來り、去つて一切衆生の發菩提心に至り、諸の菩薩修行の處に住す、善男子、是の經は斯くの如く來り、是の如く去り、是の如

く住し給へり、是故に此經は能く是の如き無量の功德、不思議の力を有して、衆をして疾く無上菩提を成ぜしむ。以上
經の讀誦の功德の起るのは、不思議にも電氣に似て居る、電氣は平素中和して空中、地中を問はず一切の萬物に含まれ其體內に潛在する、讀經の功德も讀誦せざる時は一切衆生の體內に潛在ず（丁度電氣が中和した狀態の如く）電氣の利用を初めて發見せし時が、無量義經に於ける諸佛の室宅より來る、即ち諸佛の說法により初めて眞理現はる、衆生が此の眞理を聞て修行する、即ち發電裝置して發電する、經の功德力に依て性具の妙法を發揮して起る、又電氣は摩《ま》擦《さつ》を止めれば發電を停止する、讀經も止めれば同時に功德の發生は停止する、此の消息を經に衆生の發菩提心に至り即ち信仰の實行に依て發し。菩薩修行の處に住するとは菩薩は上求菩提、下化衆生にして休息なし、即ち不斷の努力の所に住す、即ち電氣の發電機の回轉を止めざれば引續き發電繼續するに譬へられる、熱烈なる信仰に依る讀誦の大功德は大なる回轉か大なる電力を起し得るのと同一である、電氣は宇宙的なる故、水力、火力、風力、人力にても發電し、又其場所は山林にても曠野にても市街にても、住宅の內にても其他如何なる所にも起る、讀經の功德も何れの處にても信仰と讀誦に依て起る、以上は神力品よく之を證する所である。
御義口記に今、日蓮等の類ひ、聖靈を訪ふ時、法華經を讀誦し、南無妙法蓮華經と唱へ奉る時、題目の光り、無間に至り即身成佛せしむ。
草山要路に云く、叙して曰く誦經の利甚だ大ひなり、諸經に皆曰く、無量の珍寶を以て布施するも誦經一偈の功に及ばず、要す、須らく一心專念にして音吐遵亮《おんとじゆんりやう》に文句文明なるべし、謂はゆる法音を歌誦して以て音樂とする者か、智者大師の曰く、凡そ誦經の時は座下に皆な天龍八部四衆有つて圍繞《ゐぎやう》聽經す（是は事實なり）乃ち我れ能く法師となつて佛の正法を傳へ、四衆の爲に之を說くと觀せよ、誦經既に終らば此の功德を以て一切衆生未來世に於て共に正覺を成ぜんと願すべし、南岳大師の曰く、散心に法華を誦し禪三昧に入らず、座立行一心に法華の文字を念ず、行若し成就すれば即ち普賢の身を見る、荊溪《けいけい》尊者の曰く、一句も神に染ぬれば咸く彼岸を資く、思性修習永く舟航に用たり隨喜見聞恒に主伴となる、若しは取、若しは捨、耳に經て

は縁となる、或は順、或は違、遂に之に依て脫す、無盡居士の曰く、佛は無上の法王なり、金口の所説、聖教の靈文一たび之を誦すれば、即ち法輪となつて地に轉ず、夜叉空に唱へて四天王に報ず、天王聞き已つて、是の如く展轉して乃ち梵天に至る、幽に通じ明に通じ龍神悅懌《えつとく》すること猶綸言《りんげん》の如し、孰れか欽奉せざらん、誦經の功、其旨是の如し。

是の不思議の働をする讀經の功德は貯蓄することを得る、其れは蓄電池が證明する。

蓄電池とは鉛板を硫酸液中に浸し、其鉛板に電流を通じて電力を蓄積する器具である、故に一度蓄電池に電力を充電すれば、後に電流の本源を離れても、其蓄藏さるゝ電力を以て潛行艇を走らし、飛行器を飛ばすことを得る、是は祈禱者が常に多く讀經して其功德を自身に貯藏して之を祈禱の時、利用して不思議の力を現す場合に相當する、故に修法師が百日の行から出行せし當座は祈禱に非常の威力があり効果を奏するのは、行中蓄積せし功德力の發揮に外ならない、故に祈禱者は常に充電即ち自行の讀經をする必要がある、入行中多くの卷數を讀むのは此の理であつて、本宗加行の所詮は讀誦行である、充電せぬ蓄電池は次第に力は衰へる、積善流祈禱法の口傳相承に病人加持等に病者に一卷の經を讀誦する場合、病者に接する前、密に（蔭にて）十卷を讀誦すべし』とある故に讀經を怠る祈禱者の祈禱は威力が現れない、肉體の健康さへ日々食事をせねば、力は保ち難いのと同じ理である、人が修行して神通力を得るのは、自己の體に充分經力を充實した時、電氣の如く火花を飛ばして遠方と通信し、感應自在を得る、是れ即ち自法受樂である、千里眼、透視等は此の一分の發現である、又遠方の人を祈禱し感應を與へ病氣を平愈せしめることも出來る、妙法の讀誦の功德は斯くの如く實現し得るのである。

菩薩は完全に充電された蓄電器である、故に感應自在に利益を與ふることを得るのである、讀經の功德の蓄藏力は未來世に及ぼし、電魂にも蓄藏することが出來る、其功德を蓄藏した靈は、自由自在であつて、即ち直に成佛して極樂に遊ぶ。

法華經讀誦及び唱題の功德は、是の如く廣大無邊にして吾人の一日も缺くべからざることは、丁度吾人に衣食住の必要ある如くである、然して此の實は經典、題目の讀誦の行に依て得らる、丁度吾人が正道に働いて衣食住を得る如くに。
唱へ奉る妙法は、是れ三世の諸佛、所證の境界上行薩埵、靈山別付の眞淨大法也、一たびも南無妙法蓮華經と唱へ奉れば、即ち事の一念三千正觀成就し、常寂光土現前し無作三身の覺體顯はれ、我等行者と一切衆生と同じく、法性の土に居して自受法樂せん、此の法恩を運らして法界に充滿し三寶に供養し、普く衆生に施し大乘一實の境界に入らしめ佛土を嚴淨し衆生を利益せん。以上

神通力は如何にして得べきや

人を教化して法華に歸依せしめ、心身兩病を治し、魔を降伏させるには、法華經讀誦の大功德力と諸天神の威神力の守護に依るも、叉行者の意地、感應、神通力にもよる、此の力を得るには菩薩行を要する、其行は大慈悲《じひ》行である其修行をするには絕對の信仰が必要である。
涅槃經迦葉菩薩品に、阿《あ》耨《のく》多羅《たら》三藐《みやく》三菩《ぼ》提《だい》は信心を因と爲すと說く、是の菩提の因は復た無量なりと雖も、若し信心を說く時は、則ち已に攝し盡す。

妙一尼御前御返事、に云く。

夫れ信心と申すは別には是れなく候、妻のをとこ(夫)をおしむが如く、をとこの妻に命を捨るが如く、親の子を捨てざるが如く、子の母を離れざるが如くに、法華經、釋迦多寶十方の諸佛、菩薩、諸天神等に信を入れ奉りて、南無妙法蓮華經と唱へ奉るを信心とは申し候也。

上野殿御消息、に云く。

然る間、釋迦多寶等の十方無量の佛、上行地涌等の菩薩も普賢、文殊等の迹化の大士も、舍利弗等の諸大聲聞も大梵天王、日月等の明王諸天も八部王も十羅刹女も日本國の大小の諸神も、總じて此の法華經を強く信じまいらせて餘念なく一筋に信仰する者をば、影の身に添ふが如く守らせ給ひ候也。
強盛に信仰すれば、佛祖、諸天神の守護を得、次に行者は最も、心を清くし、衆生を饒益して而も報を望まず、一切衆生に代りて諸の苦惱を受け、所作の功德盡く以て之を施す、此の心を以て次の如く發願せよ。

發願すらく我今、妙法蓮華經を誦持す、日蓮大聖人の弟子となり、自から身命を惜まず奉行し奉り、一切衆生に妙法を誦持せしめ無上道に入らしめん爲の故に、作す所の一切の善根は皆な衆生を度せんが爲の故に、一切衆生の爲に安樂を求めんが故に、一切衆生を利益せんが爲の故に、一切衆生を解脱せしめん爲の故に、一切衆生の苦惱を無くせんが爲の故に、一切衆生の麤《そ》惡《あく》を無くせん爲の故に、一切衆生の心を淸淨にせんが爲の故に、一切衆生を調伏せんが爲の故に、一切衆生の諸の憂惱を滅して共願を滿ぜしめん爲の故に、我、當に一切衆生の中に於て首となり、勝となり依止者となるべし。

斯くの如く願し、慚愧、懺悔滅罪し六度の行を爲す、是れ菩薩の修行なり。

菩薩の六度行

六度とは六波羅蜜なり又た波羅蜜多と云ふ、譯して究竟到彼岸　度無極、又は單に度とす、菩薩の大行に名く、菩薩の大行能く一切の自行、化他の事を究竟すれば事究竟と名く、此の大行に乘じて生死の此岸より涅槃の彼岸に到れば到彼岸と名く、此の大行に因て能く諸法の廣遠を度すれば度無極と名く。

一に檀《だん》波羅蜜、檀は檀那の略、布施と譯す、施に、財施法施、無畏施の三あり、之を實行すること。

二に尸《し》羅《ら》波羅蜜、尸羅は戒と譯す、在家、出家、小乘、大乘の一切の戒行を堅固に持つ事。

三に羼《せん》提《だい》波羅蜜とは忍辱と譯す、一切有情の罵詈、擊打等及び非情の寒熱、飢渴等の苦を忍受する大行なり。

四に毘《び》梨《り》耶《や》波羅蜜、毘梨耶とは精進と譯す、身心を精勵して前後の五波羅蜜を進修すること、
五に禪《ぜん》波羅蜜、禪は禪那の略・惟修と譯し、新譯には靜慮又は三昧と名け定と譯す、眞理を思性して散亂の心を定止する要法、四禪、八定、乃至百八三昧の別あり。

六般若《はんにゃ》波羅蜜、般若は智惠と譯す、諸法に通達する智、及び斷惑證理する慧なり。

菩薩此の六法を修して自利利他の大行を究竟して涅槃の彼岸に到れば六波羅蜜と稱す。

六波羅蜜の說意に二義あり、一には對治の故に、二には次第生の故に。

對治の故とは善法に對する六事あり。

一は慳貪、二は惡業、三は恚心、四は懈怠、五は亂心、六は愚痴なり此の六法の因緣により無上菩提を得ず、六法を破せんが爲に六波羅蜜を說く、即ち慳貪を壞らん爲に施を行じ、惡業を壞らん爲に戒を持ち、恚心を壞らん爲に忍辱を行じ、懈怠を壞らん爲に精進を行じ、亂心を治せん爲に禪定を脩し、愚痴を治せん爲に智慧を修す。

二に次第生とは、菩薩一切世俗の者を捨てゝ出家學道するを檀波羅蜜と名く、戒を護るを以ての故に罵詈《はり》打擲《ちよちやく》さるも默受して報ひざるを羼提波羅蜜《せんだいはらみつ》と名く、戒既に淸淨にして善道を勸修するを毘梨耶波羅蜜と名く、精進以ての故に五根調伏するを禪波羅蜜と名く、五根既に調ひ眞法界を知るを般若波羅蜜と名く。

次に大慈大悲の菩薩行を爲せ。

安樂行品に云く、此の經を持たん者は家と出家と及び非菩薩に於て慈悲を生ずべし。

華嚴經に云く、諸の功德を修習して善智識に親近し廣く菩薩の道を行ぜよ、若し歸依なき者には應に大慈の心を起すべし、諸の三惡道に在る者には大悲の念を發すべし、一切諸の法界は成る有れば必ず敗るゝ有り、捨心を以て平等に觀じ煩惱魔に隨ふ莫れ、應に菩提心を發して諸の群生を覺悟し無量劫に於て疲倦《ひけん》の心を起さゞるべし。

慈悲とは、樂を與ふるを慈と云ひ、苦を拔くを悲と云ふ智論に云く、大慈は一切衆に樂を與へ、大悲は一切衆の苦を拔く。


慈悲を行ずる行者の心得。

華嚴經金剛幢菩薩品に云く、我當に修學し日天子の普く一切を照すが如くなるべし、恩報を求めず、又云く一切の心の垢穢《くゑ》を除滅して無上の智を思惟し修習するも、自ら己れの爲に安樂を求めず、常に諸の群生を利益せんと欲す。

法華經、序品に列席せられし大菩薩は昔し諸佛の所《みもと》にて衆の德本を植へ乃至慈を以て身を修め、能く佛慧に入り大智を通達し彼岸に到るとあり、慈は本なり、故に慈を說く
涅槃經梵行品、に云く。

諸佛如來の有らゆる善根は慈を根本と爲す、善男子、菩薩摩訶薩慈心を修習すれば、能く是の如き無量の善根を生ず、所謂不淨、出息入息、無常生滅、四念處、七方便、三觀處、十二因緣、無常等觀、煖法、頂法、世第一法、見

道、修道、正勤如意、諸根諸力、七菩提分、八道、四禪、四無量心、八解脫、十一切入、空無相觀、無爭三昧、知他心智、及び諸の神通、知本立智、緣覺智、菩薩智、佛智なり善男子是の如き等の法は慈を本と爲す、善男子是の義を以ての故に慈は是れ眞實にして虛妄に非ざるなり若人、誰か是れ一切諸善の根本と問ふあらば、當に慈是れなりと云ふべし、是の義を以ての故に、實にして虛妄に非ず、善男子、能く善を爲す者を實思惟と名く、實思惟とは即ち名けて慈と爲す、慈は即ち如來なり、慈は即ち大乘、大乘は即ち慈、慈は即ち如來なり、善男子、慈は即ち菩提道、菩提道は即ち如來、如來は即ち慈なり、善男子、慈は即ち大梵大梵は即ち慈、慈は即ち如來なり、善男子、慈とは能く一切衆生の爲に父母と作る、父母は即ち慈、慈は即ち如來なり、善男子、慈とは乃ち是れ不可思議諸佛の境界なり、不可思議諸佛の境界は即ち慈なり、當に知るべし、慈とは即ち如來なり、善男子、慈とは即ち衆生の佛性なり、是の如き佛性は久しく煩惱に覆蔽せらる、故に衆生をして覩見することを得ざらしむ、佛性は即ち慈、慈は即ち如來なり、善男子、慈は即ち大空、大空は即ち慈、慈は即ち如來なり慈は即ち虛空、虛空は即ち慈、慈は即ち如來なり、善男子慈は即ち是れ樂、樂は即ち是れ法、法は是れ僧なり、僧は即ち慈、慈は即ち如來なり、善男子、慈は即ち是れ淨、淨は即ち是れ法、法は即ち是れ僧なり、僧は即ち是れ慈、慈は即ち是れ如來なり、善男子、慈は即ち是れ我、我は即ち是れ法、法は即ち僧なり、僧は即ち是れ慈、慈は即ち如來なり、善男子、慈は即ち甘露、甘露は即ち慈なり、慈は即ち佛性、佛性は即ち法、法は是れ僧なり、僧は即ち是れ慈慈は即ち如來なり、善男子、慈とは即ち是れ一切菩薩の無上の道なり、道は即ち是れ慈、慈は即ち如來なり、善男子慈とは是諸佛世尊の無量の境界なり、無量の境界は即ち是れ慈なり、當に知るべし、慈は即ち是れ如來なり、我が說く此の慈は無量の法門あり、所謂神通なり、慈善根の力、種々の變化を起し、遠方の衆生を、我れ至らずして彼に見へしめ、彼を救ひ、彼を治療せしむ。

涅槃經に云く、如來は無量の福を作すと雖も身口意、恒に淸淨なり、常に衆生の爲にして已が爲にせず。

大悲代受苦、　行者は病者の苦に代るべし。

華嚴經、離世間品に云く、菩薩摩訶薩は、大悲を成就して一切衆生を捨てず、一切衆生に代りて諸の地獄、畜生、餓鬼、閻魔王の苦を受け、衆生を利益して心に疲厭なく、一切諸の群生界を度脱す、一切の欲樂に於て心染着する無く、常に衆生の爲の故に諸の苦陰を滅して大悲を捨てず、是を菩薩摩訶薩の第七の不共法と爲す。

涅槃經に云く、如來苦を受けて苦を覺らず、衆生の苦を見ること己が苦の如し、衆生の爲に地獄に處すと雖も、苦想及び悔心を生ぜず一切衆生の異苦を受くるは、悉く如來一人の苦なり、覺り已りて其心轉た堅固なり乃至、佛は一味の大慈心を具す、衆生を愍念すること子想の如し。云々
諫曉八幡鈔、に云く。日蓮云く一切衆生の一切の苦を受くるは悉く日蓮一人の苦と申すべし。

維摩經香積品、に云く。(菩薩は)衆生を饒益して而も報を望まず、一切衆生に代りて諸の苦惱を受け、所作の功德盡く以て之を施す。

法華經讀誦の功德力と佛祖の威神の力を承け此の大慈悲の行を爲せば、行者は自然に神通力を得。

次に解脱を説く、解脱とは縛を離れて自在を得るに名く
涅槃經に云く解脱とは斷絶と云ふ、人縛せられんに縛を斷ちて脱を得る如し、解脱も亦然なり、一切の疑心結縛を斷絶す、是の如き斷疑、即ち眞の解脱なり、眞の解脱は即ち如來なり。又解脱とは諸愛を滅し、淫欲を雜へざるに名く、譬へば女人の諸の愛欲多きが如く、解脱は爾らず、是の如き解脱即ち是れ如來なり、如來是の如き貪欲、瞋恚、愚痴、憍慢等の結有ること無し、又解脱とは名けて無愛と云ふ愛に二種あり、一つには餓鬼愛、二つには法愛なり、眞の解脱は餓鬼愛を離る、衆生を憐愍するが故に法愛あり是の如き法愛即ち眞の解脱なり、眞の解脱即ち是れ如來なり、又解脱とは我我所を離る、是の如き解脱は即ち如來なり、如來は是れ法なり。

又解脱とは乃ち滅盡なり、諸有の貪を離る、是の如き解脱は即ち是れ如來なり、如來は是れ法なり。

又解脱とは即ち是れ救護なり、能く一切の諸の怖畏者を救ふ、是の如きの解脱は即ち是れ如來なり、如來は即ち是れ法なり。

又解脱とは、是れ無所畏なり、師子王の諸の百獸に於て怖畏を生ぜざるが如し、解脱も亦爾なり、諸の魔衆に於て

怖畏を生ぜず、無怖畏の者、即ち眞の解脱なり、眞の解脱は即ち如來なり。

又解脱とは諸の因縁を拔く、譬へば乳により酪を得、酪に依て酥を得、酥に因て醍醐を得るが如し、眞の解脱の中都て此の因縁無し、是の因縁無き即ち眞の解脱なり、眞の解脱は即ち如來なり。

又解脱とは能く無明を除く、上妙の酥、諸の滓穢を除き即ち醍醐と名くるが如く、解脱も亦然なり無明の滓を除いて眞明を出す、是の如き眞明即ち解脱なり、眞の解脱は即ち如來なり。

又解脱とは無作樂と名く、無作樂とは、已に貪欲、瞋恚癡を吐くが故に、譬へば人有りて誤ちて毒藥を飲み、毒を除くが爲の故に、即ち吐藥を服せん、既に吐くを得、已りて毒則ち除愈し身安樂を得るが如し、解脱も亦然なり、諸の煩惱結縛の毒を吐き、身安樂を得、無作樂と名く、無作樂は即ち眞の解脱なり、眞の解脱は即ち是れ如來なり、乃至、涅槃とは即ち眞の解脱なり、眞の解脱は即ち是れ如來なり、以上
秀句十勝鈔、即身六根互用勝、七、

謹んで法華經法師品を案ずるに云く、當に八百の眼の功德、千二百の耳の功德、八百の鼻の功德、千二百の舌の功德、八百の身の功德、千二百の意の功德を得ん、是の功德を以て六根を莊嚴して皆な清淨ならしむ、已上經文。

當に知る可し受持の法師、讀の法師、誦の法師、解說の法師、寫の法師、是の五種の法師各法華經に依て各六千の功德を獲る、其六即位の中の第四相似即の位なり、父母所生、清淨の肉眼明に知りぬ、父母所生とは即身の異名なり偈に云く未だ天眼を得ずと雖も肉眼の力是の如し（已上經文）當に知る可し實經の力用は、肉眼をして淨からしむ、佗宗所依の經には都て此眼の用無し、天台法華宗、具に此眼の用あり、又云く未だ無漏法性の妙身を得ずと雖も、清淨の常體を以て一切中に於て現ず、天親菩薩謂く、諸の凡夫、經力を以ての故に勝根の用を得（已上論文）、當に知る可し、諸の凡夫の修行すべき經なり、佗宗所依の經には都て此の力無き也、乃至權實檢すべし、妙行進むべし、互用の文論に具に說くが如し。

法華經八の卷に云く、所願空しからず、亦た現世に於て其福報を得ん。又云く當に現世に於て、現の果報を得べし

等云々、天台大師の云く天子の一言虚しからず。云々
觀心本尊鈔、に云く、釋尊の因行果徳の二法は妙法蓮華經の五字に具足す、我等此の五字を受持すれば、自然に彼の因果の功德を讓り與へ給ふ、四大聲聞の領解に云く、無上寶珠求めずして自から得たり。
行者は斯くの如く思惟し修習して常に妙經を唱へば、速に神通力を得べし、先づ第一に眼根の淸淨を得、靈の姿を視ることを得、次に耳根淸淨にして障外の聲を聽く事を得其の遲速《ちそく》は行者の過去の宿因と現在の修行の如何に依る詳しくは觀普賢菩薩行法經にあり、其他の神通に付ては法師功德品に詳に說けり。
無量義經十功德品第七に云く、是の經の不可思議の功德力とは、若し善男子、善女人、佛の在世、若しは滅度の後に於て、是の經を聞く事を得て歡喜し信樂し希有の心を生じ、受持し、讀誦し、書寫し、解說し、說の如く修行して菩提心を起し、諸の善根を起し、大悲の意を起して、一切の苦惱の衆生を度せんと欲せば、未だ六波羅蜜を修行することを得ずと雖も六波羅蜜自然に在前して、即ち其身に於て無上法忍を得、生死煩惱一時に斷壞じて菩薩の第七地に昇らん、乃至、汝等今者、是れ佛子なり、弘き大慈悲を以て深く善く苦を拔き厄を救ふ者也、一切衆生の良福田なり廣く一切衆生の爲に大良導師となれり、一切衆生の大依止處なり、一切衆生の大施主なり、常に法利を以て廣く一切に施せ。以上

此經難持、十三箇の秘訣

抑も此經難持の偈、六行九十六字の要文は、釋尊靈山にして、本迹二門の中間に於て、十方分身の諸佛を召し集め多寶塔中にして二佛座を並べ、一會の大衆を虚空の事の寂光に上げ給ふて、六難九易の法門を說き顯し畢て、佛意秘密の一大事、法華至極の法門を說き顯はし給ふ所の九十六字の要文也、秘密の中の秘密也、此文の中に十三個の大事の相承あり。
一に諸佛の勸請、若暫時者、我即歡喜、諸佛亦然の三句の文也。
二には諸天の勸請
三には諸神の勸請
已上の二箇は、佛は本地、神は垂迹也、故に同じく上の

三句の文也。

四には法華の行者は如說修行。是則勇猛の文。

五には法華の行者は六度萬行。是則精進の文也。

釋に云く精進を擧ぐれば六度を攝す。云々
六には法華の行者の圓頓戒、是名持戒の文、圓頓は圓滿なり、十界三千の依正、萬法を攝する也。

七には法華の行者即身成佛。則爲疾得、無上佛道の文。

八には、行者の住處、住淳善地の文、四土一念、皆常寂光の妙土。

九には開眼供養。佛滅度後、能解其義、是諸天人、世間之眼の文也。

十には俗諦常住。於恐畏世の文、森羅の諸法、皆是れ法性なり。

十一に廣宣流布、於恐畏世、能須臾說、一切天人、皆應供養の文也、天人供養したまはゞ、一天廣宣流布疑ひ無き者也。

十二に一身寶塔。此經難持の文也、持者の當體五大の寶塔也。

十三に繼圖、是眞佛子の文也、佛種を繼ぐ、故に繼圖の文也。

是の此經難持偈六行、九十六字の要文は、釋尊、靈山の多寶塔中にして、御聲下方に徹し、直に本化上行菩薩に傳へ給ふ、然るに日蓮、自然に自解佛乘して、此文の意を得る也、此文を一心に信じ、色心不二に誦し奉る人は、上三世十方の諸佛の御內證に契《かな》ひ、中は諸天善神の擁護に預り、日本の善神は之を守り、諸の龍神は之を敬ひ、下もは則ち六親眷屬をして菩提の大道に到らしめ、自身心中の諸願必定として成就し、未來の得脫掌を指すが如くならん以上。

宗門緊要

夫れ一言の妙法は、本地果德の秘要也、十方の諸佛は以て師となし、三世の如來は以て母となす、久遠の本師、妙覺果滿の境界、强いて示して不可說、不可思議となす、尙迹佛等覺の量る所に非ず、況や復其餘をや、言語同斷、心行所滅、唯信得すべし、識得すべからず茲に吾が本化の薩埵靈山の塔中に於て、親《まのあた》り此の法を承け、後五百歲如來の懸識(豫言)に膺《あたつ》て日域に應現し、熾《さかん》んに別頭の敎化を振て專ら四衆に勸むるに信心を以てす、或は之を聞いて言下に悟入し、法界圓融する者は上也、修習して入る者は次や、勝緣を結ぶ者は其の次也、毒皷の緣となる者は又其次也、利鈍順逆有りと雖も、其の之を攝する所以の者は一也、大なる哉本化の道や矣、然るに即聞即證の者は修習を假らざれども、其の未だ入らざる者は、深信に妙法を唱へ以て修し以て證すべし、其の方法とは先づ三千三諦、圓融の妙法は、能所の相無く、心緣の相無く、因果不二、事理一際なり、是の故に地獄の心を起すときは即ち法界皆地獄なり、佛心を起すときは、則ち法界皆佛なりと了し、念念須らく佛界に住すべし、其の佛界の如きは則ち南無妙法蓮華經と稱するの心是也、趣《わずか》に之を念ずれば則ち法界と融し、一たび之を唱ふれば、則ち全體三身の如來也、十方の諸佛は歡喜し、一切の天龍は恭敬す、是の如く信得及し、是の如く信得徹して毫も疑惑を生ぜざれ、義味を離れ情量を亡し、其心直く正しきこと矢の如く砥の如し、前際後際を思はざれ、只現今の刹那に就いて南無妙法蓮華經と稱し、唱へ來り唱へ去り、念じ去り念じ來て、一時相續すれば一時の佛一日相續すれば一日の佛、乃至千萬年相續すれば即ち千萬年の佛也、個中《そのなか》若し餘想雜へ起らば、則ち其想を顧みず、直に當念に於て南無妙法蓮華經と稱し、只身心清淨にして凡卑に墮せざらしめんことを要せよ、若しくは三業不善を起さば、當に此の念を作すべし、佛豈に之れ有んや、深く慚愧し深く改悔し、而して行住座臥、語默作作、心念口唱し、法界に回向し、間斷無きときは、即ち法力、佛力、信力、感應道交し、功德冥に薰じ、惑障自ら消へ豁然として大朗、融妙の三千、自在顯現し、自然に成就せんこと日有ら矣、戲《あゝ》乎要中の要、易中の易、徹上徹下の妙門也、今末法に居して此の玄旨を受く、宿《つと》に妙因を殖へたるに非るよりんば、誠に遇ひ難き所なり、信力堅强に勤修精進して現に巨益を得べし、豈に悠々然として徒《いたづ》らに遐劫の微祿を甘ぜんや、謂ふこと莫れ、妙法を唱ふる者は、惡を作しても亦能く消すと、一念即三千なれば、則ち惡は自ら惡、善は自ら善、甘露を以て毒藥と爲ること勿れ、高祖師の曰く、佛に成らんと欲する要は、我慢偏執の心無く只南無妙法蓮華經と唱へよと、又云く信心淺薄の者は臨終に至らん時、阿鼻の相を現ずべし、其時我を恨むべからずと、志あらん者は三たび斯の言を復せよ、問ふ一向に解せざる者、たゞ妙法を唱へん功德も亦通ぜんや、曰く祖師の言《のたま》へるが如き小兒乳を含むに其味を知らずと雖も自然に身を養ふ、耆婆《きば》が良藥、誰が其方を辨ぜん、木瓜《ぼけ》と稱して轉筋を療し、梅子と呼んで渇を止むるが如きに至つては、世間の淺事尙思議し難し、況や妙法の力をや、行者其義を解せずと雖も、四德一心不思議の力、法能く人を持つ、譬へば船に乘じて彼岸に到るが如し、噫之を謗するも尙、供佛に勝る、況や復信じて之を唱へんをや、只須らく一心一意、唱念相續すべし、一乘の船に乘じて更に精進の櫓棹を加へば、所止に到らんこと最も速ならん、喜ばざるべけんや、勵まざるべけんや、（燈師作 日蓮宗法要式より拔萃）
右は唱題の心得の爲に先師の說を拔華せり、能く〳〵御參考あるべき事。

數《じゆ》珠《す》の事

數珠は叉た念珠と云ふ、數珠經其他に典據《てんきよ》がある、法華の數珠は、大珠が二つ、小珠が百八つ別に特種の小珠が四つある、更に兩房珠、數へ珠等がある、是には種々の解釋があるが、今一說に依ると、小珠の百八は、百八の煩惱《ぼんのう》を表し、大珠の二つは天父、地母と云ふも、今は釋尊、多寶の二佛の表示とし、四小珠は大導師本化の四菩薩たる上行無邊行、上行、安立行を表示したる者、大圓形の空間は南無妙法蓮華經であると云はれて居る、さて法華圓宗の敎理では、煩惱と菩提と、迷と悟と、毒と藥と其本體は一つでも、當面に於ては煩惱は迷ひ、毒の者は菩提佛果の障りなり、そして法華經の信者行者は、一面に於て佛性を具すると同時に、他面には無始の煩惱罪障を有するから、佛性を開發して菩提を增進させる爲には、煩惱を除き、罪障を消滅せねばならぬ、そこで成佛の唯一正因たる、御題目を一遍唱へて一珠を爪操《つまぐ》り、かくて一佛性、一菩提を開發して一煩惱　一罪障を消滅せしむるのである、叉同時に唱題の數を記する便もある。
併し爪操らざる場合には、勸請、唱題、回向等の外には兩手の中指に掛けて合掌し、其他の場合は多くは、左手の拇指と示指《ひとさしゆび》との間に束ね掛けて合掌する。以上
（日蓮主義第三卷五號より拔萃）
此の一つの數珠で一万遍の唱題の數が取れる、兩方の房の內、まんなかの留つて居る二本の方が天で、三本の方が地である、此の三本は、五珠が二本、十珠が一本である、

是が數取《かずとり》である、先づ天の親珠より初め唱題一遍に一つゞつ繰り一週した時、房の五珠の方の一番上の珠を上へ上げる次に一週した時又一つ上げる、此くして五回した時、次の新しい五珠へ移り、順々に一つゞつ上げる、兩方が一杯になつたら千である、其時五珠二指しを下へざげ、別の一本の十の方の珠を一つ上げる、是を繰返し、此全部の十珠が一杯になつたら一萬遍になる、然し正確には、親珠と四菩薩と小珠が百八あるから合計百十四であるから、合計壹萬千四百遍になる、故に一萬遍唱ふるならば十の珠の九つ目で止めれば一萬二十六遍になる。以上

合掌《がつしやう》の事

行者堂に入り、最初合掌して本尊を禮す。

合掌の意地、十指を十界と心得、十指の合掌は十界互具胸に合せし時は一念三千、胸中に諸法實相の思ひを起す。（行進めは此時當體蓮華即身成佛と覺知すべし） 昭和七年十一月八日、朝讀經の時、死の刹那の時是の如く念じ合掌し、當體蓮華、速身成佛と覺知し唱題すべし、宗祖龍の口の首の座にて斯くし給ふと、感應を與へらる。

袈裟《けさ》の事

袈裟は梵語なり、譯して赤色とす、佛道の修行する者の衣なり即ち比丘の法衣也、大中小の三枚あり、青黄赤白黑の五正色を避けて、他の雜色を用ゆれば、色に隨つて、袈裟と云ひ、其相、小片に割截する故割截衣、又は田相衣と云ふ、其他、道服、法衣、忍辱鎧、解脱幢相など種々の德名あり大中小三枚の別名は其小なるを安陀會《あんだゑ》、又五條と云ひ、其中なるを欝多羅僧、又七條と云ひ、其大なるを僧伽梨、又は九條、大衣とも云ふ、天竺には此の三枚の袈裟より外に衣と云ふはなきなり、支那日本は寒國なるが故に裏に衣を着し、表に掛くる事となれるなり、但し天竺にては五條の上に七條或は大衣を重ね、又五條七條の上に大衣を重ねて着すれども、此方にては必ず別々に着するは裏に衣あればなり、其色は三如法色ある中、通常天竺にては乾陀《けんだ》色と云ひ、支那にては木蘭色と云ひ、日本にては香染と云ふを用ゆ、赤に黑みを帶びたるものなり。

袈裟の十利（心地觀經五）

一に身を覆ひ羞耻を離れて慚愧を具す、二に寒熱蚊蟲を離る、三に沙門の相を示し、見る者歡喜し邪心を離る、四に是れ人天寶幢の相、梵天の福を生ず、五に之を着する時寶塔の想を生じ諸罪を滅す、六に壞色、貪欲を生ぜず、七に袈裟は是れ佛の淨衣、永く煩惱を斷じて良田を作る。八に罪を消して十善を生ず、九に良田の如し、能く菩提の芽を增長す、十に甲冑の如し、煩惱の毒箭も害すること能はず、是の故に三世の諸佛共に服す。とある。

袈裟の五德、 悲華經八

釋迦如來、昔、寶藏佛の前に於て、已れ成佛の時、袈裟に五德あらんことを誓ふ、一に或は犯重邪見の四衆も一念敬心を以て袈裟を尊重せば必ず三乘に於て受記せん、二に天龍、人、鬼、若し袈裟の小分を恭敬せば、即ち三乘の不退を得ん、三に若し鬼神、諸人、袈裟の少分乃至四寸を得ば飲食充足せん、四に衆生共に違背せんに袈裟を念ぜば、便ち悲心を生ぜん、五に若し兵陳に在て、此少分を持して恭敬尊重せば、常に他に勝つことを得ん。

袈裟は如來の衣なり、之を受持するは如來の弟子なり、如來の使なり、故に勇猛精進《ゆうみやうしやうじん》、柔和《にうわ》忍辱《にんにょく》ならざるべからず故に此の袈裟を授與又は頂載する時の誦文。

善男子《ぜんなんし》、善女人《ぜんにょにん》、入如來室《にうにょらいしつ》、著如來衣《ちやくにょらいい》、坐如來座《ざにょらいざ》、當知《たうち》是《ぜ》人《にん》、著慚愧服《ちやくざんぎふく》、諸佛護助《しよぶつごじよ》、不久當成《ふくとうじやう》、阿耨多羅三藐三菩提《あのくたらさんみやくさんぼだい》是眞佛子《ぜしんぶつし》、住淳善地《じゆうじゆんぜんぢ》、皆成佛道《かいじやうぶつだう》、南無妙法蓮華經。三返唱へ頂載せしむべし。

禮拜の事

長阿含經に云く、二肘(ひぢ)、二膝、頭頂、之を五輪と云凡そ禮拜するには必ず、足を並べ、身を正しく合掌し、首を俯《ふ》し、手を以て衣を褰《かゝ》ぐ、衣は即ち袈裟なり、五百問論に云く、若し三衣を褰げて禮拜せずんば、衆多の罪を得んと、先づ右の膝を以て地に着け、次に左の膝を下し、二の肘を以て地に着け、二の掌を舒《の》べて額を過ぎ、空を承け接足の敬あるを示すなり、頭を地に在《を》き、良久《やゝ》しうして一拜をなす、若し中拇指を以て相支《きし》へ、或は掌を以て面を受け或は地に捺す等は非儀也。

祈禱相承心得（古傳書に云く）

夫れ先づ其仁體器量を簡《えら》み、夫れ〳〵に切紙口傳《くでん》等致すべき事肝要也、縱《たと》ひ拙僧は御祈禱執心にて數座利益の功有り、去りながら無相傳にては恐れある故、冥加《めうが》報恩の爲め加行仕りたし抔《など》申し來るの砌《みぎ》り、是は好き志なりとて左右なく傳授すべからず、扨は已前に何程の行功之れあるとも、堅く一百日の加行を致させ、當流の行儀作法、加持一通り切紙を以て相承致すべし、相構《かま》へ〳〵意安《こころやす》く一度二度に御祈禱箱内を明《ちか》すべからず、又不信不學の僧に傳授すべからず、所以《ゆい》者何《はいかん》とならば、相承し畢《おわっ》て實信之れなき時は、妙經の力用を顯《あらわ》さず、剩《あまつさ》へ信心の道俗をして猶豫《ゆうよ》の心を生ぜしむ、然るときは信心の檀越《だんのつ》、不信の修法に依て、現世に御罰《ばつ》を蒙り未來墮獄《だごく》の因をなすも量《はか》られず、尚亦自己に於て、慚愧《ざんき》の必無くば我が不信實を悔《くい》ず、還《かへっ》て修法加持力並に妙符《めうふ》等現益之れなき時は、法寶相承の金言を疑ひ他の誹謗に逢ふ、是れ却て不信に由て、妙之咒術の大怨敵となり、師檀共に冥罰《めうばつ》を蒙《かうむ》ること必然なり、恐る可し愼《つゝし》むべし、經に曰く、其習學せ不《ざ》る者は此れを曉了《ぎやうりやう》すること能は不《じ》云々。

又有解有信の仁《ひと》も、無相傳にて修法抄、妙符抄等を見て、恣《ほしいまゝ》に加持祈念致す者、是れ亦相違の事出來し、意得違《こころえちがい》等出來し自然と妙之咒術を疑ふこと有り、是れ即ち冥罰を蒙る可き也、若し碩學宏才《せきがくくわうさい》にして强信の僧に、深秘口決相承せば、修法抄等の肝文を見て、自ら義理を觀察し正理に契當《けいたう》し、速に無有虚《むうこ》妄《もう》の現益を得せしむること、果を掌《たなこゝろ》に握《にぎ》るが如くなるべし、假令《たとへ》學解有らざるとも、信力強盛なるべし、返す〳〵も能授之師、所受之仁躰を簡《えら》み申すこと専要也、文に言く、慚愧清淨《ざんきしやうじやう》にして佛道を志求する者有らば、當に是の如き等の爲に廣く一乘の道を讃《ほ》むべし云々。以上
祈禱法を修行せんとする人は、先づ最初に百日の苦行して身心の鍛練をしなければならぬが、入行前に師に就て自己の罪障消滅し、完全なる守護神と縁を結びし後、守護神と共に修行する。
加行中は、淨衣を着し、不淫、淸淨、毎日本尊へ香華、燈明を供へ信心堅固に、別して加行中は餘事を交へず、瞋恚を起さず、如法に修行すること（淨衣とは白麻の衣、本蘭色の袈裟、白木綿の衣物、上下帶共新調の事）
新淨衣を着し、遍身に水を灑くは、是れ身淸淨なり、讀誦唱題して佛天へ祈念するは、是れ心の淸淨、行住座臥に、信心堅固は是れ内外安穩なり。
修行中の食事は三食共白粥で、精進潔齊で副食物は肉類一切禁止、澤庵、味噌汁、豆腐、昆布、梅干等の五辛を除く野菜物で、酒と煙草は禁止、其他の不淨食は絶對に禁止である。
一水行は一日に七度、其餘は大小便の都度水行致すべき事。

妙法受持の事、「行者は最初に妙法を受持せなければならぬ」

如我昔所願、今者已滿足、一切衆生、皆令入佛道、於我滅度後、應受持斯經、是人於佛道、決定無有疑、是眞佛子、住淳善地、皆成佛道、信力の故に受け、念力の故に持つ。現世安穩、後世善處、今身より佛身に至る迄、上行所傳の南無妙法蓮華經、能く持つや否やと、導師文を唱へば、受者能く持ち奉ると唱へ合掌すべし、又導師右の如く、受者右の如く以上三度、授け畢らば、弟子佛前に向ひ三禮して、其次に導師に向ひ三禮して着座すべし、受持の時三返持つや否やと、之を唱へ、三度納受せしむるは、佛の三誠三請を之れ表する也。

禮三寶觀、（輝師作）

一心は三寶の總體也、三寶は一心の妙德也、良《まこと》に我等一念の性、周偏廣大にして法として具せ不《ざ》ること無し、諸佛既に此體を證して、彼の圓果を成じ、經卷は能く此理を詮して、以て敎法を作し、僧伽は能く佛法を護りて、世に傳持す、法界無量の大德、三寶人天の歸する所、龍神の仰ぐ所也、大利益有つて、廣く衆生を度して、而も此の三寶、我と同性同體也、故に諸佛は心中の衆生に應じ、衆生は身內の諸佛を感じ、感應冥合し妙德斯に顯る、故に今一心に斯の三寶を禮拜し奉れば、能禮の自身、所禮の諸佛、本と自《じ》の一心にして能所有ること無し、能所無しと雖も感應宛然たり、不拜の拜、禮せ不《ざ》る所無し、故に十方法界と言ふは、即ち是れ一心の體、徧《あまね》き也、常住は即ち是れ一心の用長き也、三寶は即ち是れ一心三位高き也。

讀誦經典觀、

讀誦法華要心鈔に云く、夫れ法華經を讀誦せん者は、先づ須《すべか》らく朝に手を洗ひ、口を漱《そゝ》ぎ、經を取る時に、當に法界道場を觀念すべし、諸佛現在前し此に於て法を說き給ふ、經に云く常住此說法、常に此に住して法を說く、我常に此に住すと云々、又云く娑婆世界、其地瑠璃、坦然平正閻浮《えんぶ》提金《だいごん》を以て八道を界へり、又云く當に知る可し、是の處は即ち是れ道場なり、諸佛此に於て阿《あ》耨多羅《のくたら》三藐三菩《さんみやくさんぼ》提《だい》を得、諸佛此に於て法輪を轉じ、諸佛此に於て般涅《はつね》槃《はん》し給ふと說き給へる、豈に伽耶《がや》と離れて別に常寂光を求めんや、寂光の外に別に娑婆あるに非ず、此等の明文を以て當に法界道場を觀察すべし。

而して後に惣願を發せよ、頌して云く、衆生無邊誓願度《しゆじやうむへんせいぐわんど》、煩惱無數誓願斷《ぼんのうむしゆうせいぐわんだん》、法門無盡誓願知《ほうもんむじんせいぐわんち》、無上菩《むじやうぼ》提誓願證《だいせいぐわんしやう》と、次に別願の頌に云く、願くば我れ生生、諸佛に見へ、世世常に法華經を聞き、恒に不退の菩薩行を修し、疾《と》く無上の大菩提を證せんと云云。次に開頌に云く、無上甚深微妙の法は百千萬劫にも遭遇し上り難し、我れ今見聞して受持することを得たり、願くば如來の第一義を解せん、然して後に此の念を發せよ、三界の長途には萬行を以て資料とし、生死の廣海には智を以て船筏《しゆばつ》とすと云へり、此經は三有の海を渡るの船筏、菩提の道に入るの資糧なり、世世生生の中にも是の法を聞く事亦難し、能く此經を聞く人亦復難し云々、我等幸に今ま値遇することを得たり、慇懃《いんごん》の志を以て讀誦し、自他同じく菩提に至ら令めんと發せよ、次に經を讀まん時は此の觀を成せ、妙樂の釋に云く、法華一部は方寸に知んぬべし一代の教門は刹那《せつな》に便ち知る。
妙法蓮華經の五字は能開の妙也、二十八品は所開の法也、然るに句句の下通じて妙名を結す、一一の文字は眞佛に非ざること無し、故に六萬九千の文字一一法界なり、其功德互に無增無減なり、如意寶珠の能く衆寶を雨《ふ》らすが如し、一珠少に非ず多きに非ず、功德平等、亦復是の如し、一一の文字言音、法界に徹して佛事を作し、三際を窮めて而も利益を施さん。
草山要路に云く、「經を讀誦せん者は」一心專念にして音吐遵亮に文句文明なるべし、謂ゆる法音を以て音樂とする者か、智者大師の曰く、凡て誦經の時は座下に皆な天龍八部、四衆有つて圍繞《いぎやう》聽法《ちやうほう》す、乃ち我れ能く法師となつて佛の正法を傳へ四衆の爲に之を說くと觀せよ。以上
私に云く、讀經せん者は「ラヂオ」を放送する時「マイクロホン」の前に立ちて講說する如く、緊《きん》張《ちやう》したる心地になり誠意を以て音吐亮々明晰《めいせき》に讀誦すべきである、讀經の音聲は世界に響く。以上

加行御經の次第、

中山及身延流では讀經一日に壽量品七十七度、陀羅尼品七十七度、題目百二十度、其他何々品百返何品何十返等と指定されあり、所詮人間の力で一日に讀み終るべきでない、讀み殘しは明日へ廻すと二日目も同じような日課であるから、次から次へと御經の借りが出來、百日間に返濟が出來ない、有名無實に終るも、卒業免狀はもらへる、然し實際大部の御經を讀むのに、一語も誤たず讀むことは不

可能である、又誤の無いように、字句に捕はれて居つては三昧境に這入ることが出來ない。

宗祖は題目を以て正行とし、壽量品を以て助行とせよと仰せられて居る。

十如是事に、妙法蓮華經の體のいみじくおはしますは、何樣なる體にておはしますぞと、尋ね出して見れば、我が心性の八葉の白蓮華にてありける事也、されば我身の體性を妙法蓮華經と申しける事なれば、經の名にてはあらずしてはや、我身體にてありけると知りぬれば、我身頓て法華經にて、法華經は我身の體を呼び顯し給へる佛の御言にてこそありければ、やがて我身三身即一の本覺の如來にてある者也、かく覺りぬれば、無始より己來、今迄思ひならはし、ひが思ひの妄想は、昨日の夢を思ひやるが如く、あとかたも無く成ぬる事也、是を信じて一遍も南無妙法蓮華經と申せば、法華經を覺つて如法に一部を讀み奉るにてある也、十遍は十部、百遍は百部、千遍は千部を如法に讀み奉るにてあるべき也、かく信ずるを如說修行の人とは申也、南無妙法蓮華經。

聖愚問答鈔に云く、只南無妙法蓮華經と唱へ奉らば、滅せぬ罪やあるべき、來らぬ福やあるべき、眞實なり、甚深なり、之を信受すべし。

曾谷殿御返事に云く、法華經の題目は一切經の神《たましい》一切經の眼目也。

妙心尼御返事に云く、佛不死の藥を說かせ給へり、今の妙法蓮華經の五字是也、しかもこの五字は閻浮提の人の病の良藥ととかれて候へ。

當體義鈔に云く、十界の依正、妙法蓮華經の當體也。以上
生死一大事血脈鈔に云く、此の妙法蓮華經の五字は過去遠々劫より已來、寸時も離れざる血脈也乃至總じて日蓮が弟子、檀那等、自他彼此の心無く、水魚の思ひなして、異體同心にして、南無妙法蓮華經と唱へ奉る處を、生死一大事の血脈とは云ふ也、然も今、日蓮が弘通する所の所詮是れ也。以上
宗祖御出世の本懷、所詮の法は、妙法蓮華經の題目である、一遍唱へて一部の功德を具す、十遍は十部、百遍は百部と宗祖自から證し給ふ、故に我等此の易行の法を以て、祈禱修法の正行とし久遠偈(自我偈)を以て助行とし加行する者である。

加行次第、

加行は苦修練行である故に最初の百日の行は極寒を狹み、十一月一日より初め二月十日に終る。

加行の順序
午前五時起床、一番水
御寶前へ法樂の御經、序品・方便品、壽量品、神力品、屬累品、唱題百二十度。終て朝食。
午前七時、二番水、讀經、久遠偈、三十卷、唱題一萬遍以上(讀めるだけ讀む)九時半より十時迄休憩
十時、三番水、唱題を續ける、十二時中飯、一時間休憩。
一時、四番水、唱題を續ける、三時、五番水、唱題を續ける、唱題壹萬遍後は氣力次第四時三十分休憩

五時、六番水、唱題、七時、七番水、唱題九時終り、祖書謹讀、十時臥床、右の外便所へ行きし時、及他人に面會せし時は水行すること。

右毎日繰返すこと。

十二月五日、五七、三十五日にて自行を終る、此日より撰法華經を書寫し、以後は毎朝、自行の爲に、寶前法樂の御經の終りし後、式の如く讀誦すること、(是は一生毎朝必ず讀誦すること)

十二月十二日、御祈禱肝文經を相承すること。

十二月十九日、木劍相承、以後毎日練習すること。

十二月二十六日より加持相承、續て符等の相承。

二月十日出行の事。

右堅く相守るべき事。

是は優婆塞行者の爲に規定せる者にて、本門の祈禱道場に於ては更正すべき者とす。

水　行、(大正十一年發行眞力より取意)

先づ水行場を作り、豫め大桶へ水を汲み置き、小桶を用意す、裸體にして水行場に入り、先づ合掌一拜し、小桶に水を汲み
「若持法華經《にゃくじほくゑきゃう》、其身甚清淨《ごしんじんしょうじゃう》、得聞此經《とくもんしきゃう》、六根清淨《ろくこんしゃうじゃう》、神通力故《じんつうりきこ》、増益壽命《ぞうやくじゅめう》」と唱へ「頭頂禮敬《づちゃうらいきゃう》、一切供《いっさいく》

養《よう》」と唱へて頭を洗ひ、「面目悉端嚴《めんもくしつたんごん》、爲人所喜見《いじんしよきけん》」と唱へて顔を洗ひ「口中常出《くうちうじやうすい》、青蓮華香《しやうれんぐえこう》」と唱へて口を嗽《そゝ》ぎ「合掌以敬心《がつしやういきやうしん》、欲聞具足道《よくもんぐそくどう》」と唱へて兩手を洗ひ「身意泰然《しんにたいねん》、快得安穩《けさくあんのん》」と唱へて胴を洗ひ「淫欲皆已斷《いんよくかいいだん》、純一變化生《じゆんいちへんげしやう》」と唱へて腰部を洗ひ「有大筋力《うだいこんりき》、行歩平正《ぎよぶびやうしやう》」と唱へて兩足を洗ひ、畢つて更に一拜して形を正し聲を改め
謹しみ敬つて言上し奉る、南無佛《なむぶつ》、南無法《なむほう》、南無僧《なむそう》、南無本師釋迦牟尼佛《なむほんししやかむにぶつ》、南無一乘妙法蓮華經《なむいちじやうめうほうれんぐえきやう》、南無大導師日蓮大菩薩《なむだいどうしにちれんだいぼさつ》、南無法華守護《なむほつけしゆご》の諸菩薩《しよぼさつ》、南無普賢大菩薩《なむふけんだいぼさつ》、南無最上位妙雲大菩薩《なむさいじやういめううんだいぼさつ》、南無最上位《なむさいじやうい》智見《ちけん》鬼子母大菩薩《きしぼだいぼさつ》、十羅刹天王《じうらせつてんわう》、道場勸請の諸天王《しよてんのう》、諸大明神《しよだいめうじん》、祈禱相承の先師先哲各々來臨影響《らいりんようこう》、照覽《しやうらん》なさしめ給へ仰き願くば
天地清寧妙法廣布、今上皇帝寶祚《ほうそ》長久、國家安全萬民快樂《けらく》、達近檀越《をんごんだんのつ》現當願滿、沙門某《それがし》、罪障消滅降伏怨魔《ごうぶくおんま》、經力不唐と唱へ
更に聲を早め語尾を長く引き祈念し終りて、立ち上り手諭の水を捧げて「噪浴塵穢《そうよくぢんね》、着新淨衣《ちやくしんじやうゑ》」と唱へて頭上より其水を浴び、三抔又は五抔浴び、終つて合掌して佇《たゝず》みて我不愛身命《がふあいしんみやう》、但惜無上道《たんじやくむじやうどう》、一心欲見佛《いつしんよくけんぶつ》、不自惜身命《ふじしやくしんみやう》、如那羅延《によならえん》、堅固之身《けんごししん》、世尊大恩《せそんだいおん》、以希有事《いけうじ》、憐愍教化《れんみんきやうけ》、利益我等《りやくがとう》、乃能問《ないのうもん》、釋迦牟尼佛《しやかむにぶつ》、如斯之事《によししじ》、利益無量《りやくむりやう》、一切衆生《いつさいしゆじやう》、有供養者《うくようじや》、福過十號《ふくかじうごう》、是眞精進《ぜしんしやうじん》、是名眞法《ぜみやうしんほう》、供養如來《くようによらい》、と唱へて水行の式を畢る。

續て咒陀羅尼《しゆだらに》を唱へながら水着で身體を拭ひ、衣類を更へ御寶前にて讀經する。

御禱祈經、相承、撰法華經

祈禱經送り狀、 最蓮房御授與

一、仰を蒙りて候、末法の行者息災延命の祈禱の事、別紙に一巻註し進らせ候、毎日一返闕如《けつによ》無く讀誦被《せら》る可く候、日蓮も信じ始め候し日より毎日此等の勘文《かんもん》を誦し候て、佛天に祈誓し候によりて、種々の大難に遇ふと雖も法華經の功力、釋尊の金言深重なる故に今まで相違無くて候也、其に付ても法華經の行者は信心に退轉無く、身に詐親《さしん》無く、一切法華經に其身を任せて金言の如く修行せば、慥《たしか》に後世は申すに及ばず、今生も息災延命にして勝妙の大果報を得。廣宣流布の大願も成就すべき也乃至猶猶、向後は此の一巻の書を誦して佛天に祈誓《きせい》し御弘通あるべく候、但此書は弘通の志あらん、人に取つての事也、此經の行者なればとて、器用に能はざる者には、左右無く之を授與す可からず候歟穴賢、恐恐謹言

文永十年癸酉、正月二十八日

日蓮　花押

最蓮房御返事
右は宗祖大聖人より最蓮房へ、御祈禱經を送られし、送り狀也

御《ご》祈《き》禱《とう》經《ぎやう》（讀方）

南《な》無《む》歸《き》依《え》佛《ぶつ》兩《りやう》足《そく》尊《そん》　三拜
南《な》無《む》歸《き》依《え》法《ほう》離《り》欲《よく》尊《そん》　三拜
南《な》無《む》歸《き》依《え》僧《そう》衆《しゆう》中《ちう》尊《そん》　三拜
次に御經頂載
今身より佛身に至る迄、能く持ち奉る上行所傳の南無妙法蓮華經　三返頂載

撰法華經《ごくにゆしたてまつろせんほつくゑきやう》
末《まつ》法《ほう》一《いち》乘《じやう》の行《ぎよう》者《じや》息《そく》災《さい》延《えん》命《めい》所《しよ》願《がん》成《じやう》就《じゆう》祈《き》禱《とう》經《きやう》文《もん》
日蓮撰《まつほうしやうたうのだいしにちれんだいほさつぎよせん》

勸請《くわんじやうしたてまつる》

南無《なむ》靈山淨土《りやうぜんじやうどの》釋迦牟尼佛《しやかむにぶつ》　一禮
南無《なむ》寶淨世界《ほうじやうせかい》多寶佛《たほうぶつ》　一禮
南無《なむ》十方分身《じつぽうぶんじん》諸釋迦牟尼佛《のもろもろのしやかむにぶつ》　一禮
南無《なむ》藥王藥上《やくわうやくじやう》、普賢文殊《ふげんもんじゆ》、妙音觀音《めうおんかんのん》等八萬《とうはちまん》の大士《だいじ》、身子目連《しんしもくれん》等靈山會上《とうれうぜんゑじやう》の諸《しよ》賢聖衆《けんしやうしう》、仰《あを》ぎ願《ねかは》くば願主《ぐわんしゆ》の心中《しんちう》の所願《しよぐわん》をして決定成就圓滿《けつじやうじやうじゆえんまん》ならしめ給《たま》へ、
妙法蓮華經《めうほうれんごゑきやう》、卷第一《くわんだいいち》
今見此瑞《こんけんしずゐ》、與本無異《よほんむい》、是故惟忖《ぜこゆいじゆん》、今日如來《こんにちによらい》、當說大乘經《とうせつだいじやうきやう》、名妙法蓮華《みやうめうほうれんくゑ》、敎菩《きやうぼ》薩法《さつほう》、佛所護念《ぶつしよごねん》、佛所成就《ぶつしよじやうじゆう》、第一希有《だいいちけう》、難解之法《なんげしほう》、唯佛與佛《ゆいぶつよぶつ》、乃能究盡《ないのくじん》、諸《しよ》法實相《ほうぢつそう》、所謂諸法《しよいしよほう》、如是相《によぜそう》、如是性《によぜしやう》、如是體《によぜたい》、如是力《によぜりき》、如是作《によぜさ》、如是因《によぜいん》、如《によ》是緣《ぜえん》、如是果《によぜくわ》、如是報《によぜほう》、如是本末究竟等《によぜほんまつくきやうとう》
舍利弗當知《しやりほつたうち》、諸佛語無異《しよぶつごむい》、於佛所說法《おぶつしよせつほう》、當生大信力《ほうせうだいしんりき》、世尊法久後《せそんほうくご》、要當說眞《えうとうせつしん》

實《じつ》、我《が》本《ほん》立《りう》誓《せい》願《ぐわん》、欲《よく》令《りやう》一《いつ》切《さい》衆《しゆ》、如《によ》我《が》等《とう》無《む》異《い》、如《によ》我《が》昔《しやく》所《しよ》願《ぐわん》、今《こん》者《じや》已《い》滿《まん》足《ぞく》、聞《もん》法《ほん》歡《くわん》喜《き》讃《さん》、乃《ない》至《し》發《ほつ》一《いち》言《ごん》、則《そく》爲《い》已《い》供《く》養《やう》、一《いつ》切《さい》三《さん》世《ぜ》佛《ぶつ》
法《ほつ》華《くゑ》妙《めう》理《り》　釋《しやく》尊《そん》金《きん》言《げん》　當《たう》生《しやう》信《しん》心《じん》　無《む》有《う》虚《こ》妄《もう》

妙《めう》法《ほう》蓮《れん》華《ぐゑ》經《きやう》　卷《かん》第《だい》二《に》

我《が》有《う》如《によ》是《ぜ》　七《しつ》寶《ほう》大《だい》車《しや》　其《ご》數《しゆ》無《む》量《りやう》　應《おう》當《とう》等《とう》心《しん》　各《かく》各《かく》與《よ》之《し》　便《べん》得《とく》無《む》量《りやう》　安《あん》穩《のん》快《け》樂《らく》
今《こん》此《し》三《さん》界《がい》　皆《かい》是《ぜ》我《が》有《う》　其《ご》中《ちう》衆《しゆ》生《じやう》　悉《しつ》是《ぜ》吾《ご》子《し》　而《に》今《こん》此《し》處《しよ》　多《た》諸《しよ》患《げん》難《なん》　唯《ゆい》我《が》一《いち》人《にん》能《のう》爲《ゐ》救《く》護《ご》　深《じん》自《じ》慶《きやう》幸《こう》　獲《ぎやく》大《だい》善《ぜん》利《り》　無《む》量《りやう》珍《ちん》寶《ぼう》　不《ふ》求《ぐ》自《じ》得《とく》。
法《ほつ》華《くゑ》妙《めう》理《り》　釋《しやく》尊《そん》金《きん》言《げん》　當《とう》生《しやう》信《しん》心《じん》　無《む》有《う》虚《こ》妄《もう》

妙《めう》法《ほう》蓮《れん》華《ぐゑ》經《きやう》　卷《くわん》第《だい》三《さん》

皆《かい》令《りやう》歡《くわん》喜《ぎ》　快《け》得《とく》善《ぜん》利《り》　是《ぜ》諸《しよ》衆《しゆ》生《じやう》　聞《もん》是《ぜ》法《ほう》已《い》　現《げん》世《ぜ》安《あん》穩《のん》　後《ご》生《しやう》善《ぜん》處《しよ》　以《い》道《だう》受《じゆ》樂《らく》
亦《やく》得《とく》聞《もん》法《ぼう》　既《き》聞《もん》法《ぼう》已《い》　離《り》諸《しよ》障《しやう》礙《げ》　皆《かい》令《りやう》離《り》苦《く》　得《とく》安《あん》穩《のん》樂《らく》　世《せ》間《けん》之《し》樂《らく》　及《ぎう》涅《ね》槃《はん》樂《らく》
無《む》有《う》魔《ま》事《じ》、雖《すゐ》有《う》魔《ま》、及《ぎう》魔《ま》民《みん》、皆《かい》護《ご》佛《ぶつ》法《ぼう》、如《によ》以《い》甘《かん》露《ろ》灑《しや》、除《じよ》熱《ねつ》得《とく》淸《しやう》涼《りやう》、如《によ》從《じゆう》飢《け》國《こく》來《らい》、忽《こつ》遇《ぐ》大《だい》王《わう》膳《ぜん》、告《かう》衆《しゆ》人《にん》言《ごん》、汝《によ》等《とう》勿《もつ》怖《ぶ》、莫《まく》得《とく》退《たい》還《げん》、今《こん》此《し》大《だい》城《じやう》、可《か》於《お》中《ちう》止《し》、亦《やつ》

可《か》得《とく》去《こ》、是《ぜ》時《じ》疲《ひ》極《ごく》之《し》衆《しゆ》、心《しん》大《だい》歡《くわん》喜《ぎ》、歎《たん》未《み》曾《ぞう》有《う》、我《が》等《とう》今《こん》者《じや》、免《めん》斯《し》悪《あく》道《だう》、快《け》得《とく》安《あん》穩《のん》
法《ほつ》華《くゑ》妙《めう》理《り》　釋《しやく》尊《そん》金《きん》言《げん》　當《とう》生《しやう》信《しん》心《じん》　無《む》有《う》虛《こ》妄《まう》

妙《めう》法《ほう》蓮《れん》華《ぐゑ》經《きやう》　卷《くわん》第《だい》四《し》

常《じやう》以《い》二《に》食《じき》、一《いつ》者《しや》法《ほう》喜《き》食《じき》、二《に》者《しや》禪《ぜん》悦《えつ》食《じき》、壽《じゆ》命《みやう》無《む》量《りやう》阿《あ》僧《そう》祇《ぎ》劫《こう》、法《ほう》住《ぢう》甚《じん》久《く》、示《じ》以《い》所《しよ》繫《け》珠《しゆ》、貧《びん》人《にん》見《けん》此《し》珠《しゆ》、其《こ》心《しん》大《だい》歡《くわん》喜《き》、富《ふう》有《う》諸《しよ》財《ざい》物《もつ》、五《ご》欲《よく》而《に》自《じ》恣《し》、我《が》等《とう》亦《やく》如《によ》是《ぜ》、身《しん》心《じん》徧《へん》歡《くわん》喜《ぎ》
我《が》願《ぐわん》既《き》滿《まん》、衆《しゆ》望《まう》亦《やく》足《そく》、所《しよ》願《ぐわん》具《ぐ》足《そく》、心《しん》大《だい》歡《くわん》喜《ぎ》、世《ぜ》尊《そん》慧《ゑ》燈《とう》明《みやう》、我《が》聞《もん》授《じゆ》記《き》音《おん》、心《しん》歡《くわん》喜《ぎ》充《じう》滿《まん》、如《によ》甘《かん》露《ろ》見《けん》灌《かん》、
佛《ぶつ》告《こう》藥《やく》王《わう》、又《う》如《によ》來《らい》滅《めつ》度《ど》之《し》後《ご》、若《にやく》有《う》人《にん》、聞《もん》妙《めう》法《ほう》華《くゑ》經《きやう》、乃《ない》至《し》一《いち》偈《げ》一《いつ》句《く》、一《いち》念《ねん》隨《ずい》喜《き》者《しや》、成《じやう》就《じゆ》大《だい》願《ぐわん》、愍《みん》衆《しゆ》生《じやう》故《こ》、生《しやう》此《し》人《にん》間《げん》、是《ぜ》人《にん》一《いつ》切《さい》世《せ》間《けん》、所《しよ》應《おう》瞻《せん》奉《ぶ》、應《おう》以《い》、如《によ》來《らい》供《く》養《よう》、而《に》供《く》養《やう》之《し》、若《にやく》是《ぜ》善《ぜん》男《なん》子《し》、善《ぜん》女《によ》人《にん》、我《が》滅《めつ》度《ご》後《ご》、能《のう》竊《せつ》爲《ち》一《いち》人《にん》、說《せつ》法《ほつ》華《くゑ》經《きやう》、乃《ない》至《し》一《いつ》句《く》、當《とう》知《ち》是《ぜ》人《にん》、則《そく》如《によ》來《らい》使《し》、如《によ》來《らい》所《しよ》遣《けん》、行《ぎやう》如《によ》來《らい》事《じ》、何《が》況《きやう》於《お》大《だい》衆《しゆ》中《ちう》、廣《くわう》爲《い》

人《にん》說《せつ》、藥《やく》王《わう》、若《にやく》有《う》惡《あく》人《にん》、以《い》不《ふ》善《ぜん》心《しん》、於《お》一《いつ》劫《かう》中《ちう》、現《げん》於《の》佛《ぶつ》前《ぜん》、常《じやう》毀《き》罵《めい》佛《ぶつ》、其《こ》罪《ざい》尙《じう》輕《きやう》、若《にやく》人《にん》以《い》一《いち》惡《あく》言《ごん》、毀《き》呰《し》在《ざい》家《け》出《しゆつ》家《け》、讀《どく》誦《じゆ》法《ほつ》華《くえ》經《きやう》者《しや》、其《こ》罪《ざい》甚《ぢん》重《じゆう》、有《う》人《にん》求《ぐ》佛《ぶつ》道《だう》、而《に》於《を》一《いち》劫《こう》中《ちう》、合《かつ》掌《しやう》在《ざい》我《が》前《ぜん》、以《い》無《む》數《しゆ》偈《げ》讚《さん》、由《ゆ》是《ぜ》讚《さん》佛《ぶつ》故《こ》、得《とく》無《む》量《りやう》功《く》德《どく》、歎《たん》美《み》持《ぢ》經《きやう》者《しや》、其《こ》福《ふく》復《ぶ》過《くわ》彼《ひ》、而《に》此《し》經《きやう》者《しや》、如《によ》來《らい》現《げん》在《ざい》、猶《ゆう》多《た》怨《おん》嫉《しつ》、況《きやう》滅《めつ》度《ど》後《ご》、藥《やく》王《わう》當《たう》知《ち》、如《によ》來《らい》滅《めつ》後《ご》、其《こ》能《のう》書《しよ》持《ぢ》、讀《どく》誦《じゆ》供《く》養《やう》、爲《ゐ》他《た》人《にん》說《せつ》者《しや》、如《によ》來《らい》則《そく》爲《い》、以《い》衣《ゑ》覆《ふ》之《し》、又《う》爲《い》他《た》方《ほう》現《げん》在《ざい》諸《しよ》佛《ぶつ》、之《し》所《しよ》護《ご》念《ねん》、是《ぜ》人《にん》有《う》大《だい》信《しん》力《りき》、及《ぎふ》志《し》願《ぐわん》力《りき》、諸《しよ》善《ぜん》根《こん》力《りき》、當《たう》知《ち》是《ぜ》人《にん》、與《よ》如《によ》來《らい》共《ぐ》宿《しゆく》、則《そく》爲《い》如《によ》來《らい》、手《しゆ》摩《ま》其《こ》頭《づ》、藥《やく》王《わう》、我《か》於《お》餘《よ》國《こく》、遣《けん》化《げ》人《にん》、爲《い》其《こ》集《しう》聽《ちやう》法《ぼう》衆《しゆう》、亦《やく》遣《けん》化《げ》、比《び》丘《く》、比《び》丘《く》尼《に》、優《う》婆《ば》塞《そく》、優《う》婆《ば》夷《い》、聽《ちやう》其《ご》說《せつ》法《ぽう》、是《ぜ》諸《しよ》化《け》人《にん》、聞《もん》法《ぽう》信《しん》受《じゆ》、隨《ずい》順《じゆん》不《ふ》逆《ぎやく》、若《にやく》說《せつ》法《ぽう》者《じや》、在《ざい》空《くう》閑《げん》處《しよ》、我《か》時《じ》廣《くわう》遣《けん》、天《てん》龍《りう》鬼《き》神《じん》、乾《けん》達《だつ》婆《ば》、阿《ち》修《しゆ》羅《ら》等《とう》、聽《ちやう》其《こ》說《せつ》法《ぽう》、我《か》雖《すい》在《ざい》異《い》國《こく》、時《じ》時《じ》令《りやう》說《せつ》法《ぽう》者《しや》、得《とく》見《けん》我《が》身《しん》、是《ぜ》諸《しよ》人《にん》等《とう》、於《お》諸《しよ》佛《ぶつ》所《しよ》、成《じやう》就《じゆ》大《だい》願《ぐわん》、愍《みん》衆《しゆ》生《じやう》故《こ》、生《しやう》此《し》人《にん》間《げん》
若《にやく》我《が》滅《めつ》度《ど》後《こ》、能《のう》說《せつ》此《し》經《きやう》者《しや》、我《か》遣《けん》化《げ》四《し》衆《しゆ》、比《び》丘《く》比《び》丘《く》尼《に》、及《ぎふ》淸《しやう》信《しん》士《し》女《によ》、供《く》養《やう》於《お》法《ほつ》師《し》、引《いん》導《だう》諸《しよ》衆《しゆ》生《じやう》、集《しう》之《し》令《りやう》聽《ちやう》法《ぼう》、若《にやく》人《にん》欲《よく》加《か》惡《あく》、刀《たう》杖《ちやう》及《ぎふ》瓦《ぐわ》石《しやく》、則《そく》遣《けん》變《へん》化《げ》人《にん》、爲《い》之《し》

作《さ》衛《え》護《ご》
爾《に》時《じ》寶《ほう》塔《たう》中《ちう》、出《すい》大《だい》音《をん》聲《じやう》、歎《たん》言《ごん》、善《ぜん》哉《ざい》善《ぜん》哉《さい》、釋《しや》迦《か》牟《む》尼《に》世《せ》尊《そん》、能《のう》以《い》平《びやう》等《どう》大《たい》慧《え》、敎《きやう》菩《ぼ》薩《さつ》法《ほう》、佛《ぶつ》所《しよ》護《ご》念《ねん》、妙《めう》法《ほう》華《くゑ》經《きやう》、爲《ゐ》大《だい》衆《しゆ》說《せつ》、如《によ》是《ぜ》如《によ》是《ぜ》、釋《しや》迦《か》牟《む》尼《に》世《せ》尊《そん》、如《によ》所《しよ》說《せつ》者《しや》、皆《かい》是《ぜ》眞《しん》實《じつ》
此《し》經《きやう》難《なん》持《ぢ》　若《にやく》暫《ざん》持《ぢ》者《しや》　我《が》卽《そく》歡《くわん》喜《き》　諸《しよ》佛《ぶつ》亦《やく》然《ねん》　如《によ》是《ぜ》之《し》人《にん》　諸《しよ》佛《ぶつ》所《しよ》歎《たん》　是《ぜ》則《そく》勇《ゆう》猛《みやう》
是《ぜ》則《そく》精《しやう》進《じん》　是《ぜ》名《みやう》持《ぢ》戒《かい》　行《ぎやう》頭《づ》陀《だ》者《しや》　則《そく》爲《い》疾《しつ》得《とく》　無《む》上《じやう》佛《ぶつ》道《だう》　能《の》於《を》來《らい》世《せ》　讀《どく》持《ぢ》此《し》經《きやう》
是《ぜ》眞《しん》佛《ぶつ》子《し》　住《ぢゆう》淳《じゆん》善《ぜん》地《ぢ》　佛《ぶつ》滅《めつ》度《ど》後《ご》　能《のう》解《げ》其《ご》義《ぎ》　是《ぜ》諸《しよ》天《てん》人《にん》　世《せ》間《けん》之《し》眼《げん》　於《お》恐《く》畏《い》世《せ》
能《のう》須《しゆ》臾《ゆ》說《せつ》　一《いつ》切《さい》天《てん》人《にん》　皆《かい》應《おう》供《く》養《よう》
法《ほつ》華《くゑ》妙《めう》理《り》　釋《しやく》尊《そん》金《きん》言《げん》　當《たう》生《しやう》信《しん》心《じん》　無《む》有《う》虛《こ》妄《もう》
妙《みよ》法《ほう》蓮《れん》華《ぐゑ》經《きやう》　卷《くわん》第《だい》五《ご》
時《じ》世《せ》人《にん》民《みん》、壽《じゆう》命《めう》無《む》量《りやう》、佛《ぶつ》告《こう》諸《しよ》比《び》丘《く》、未《み》來《らい》世《ぜ》中《ちう》、若《にやく》有《う》善《ぜん》男《なん》子《し》、善《ぜん》女《によ》人《にん》、聞《もん》妙《めう》法《ほ》華《くゑ》經《きやう》、提《だい》婆《ば》達《だつ》多《た》品《ほん》、淨《じやう》心《しん》信《しん》敬《けう》、不《ふ》生《しやう》疑《ぎ》惑《わく》者《しや》、不《ふ》墮《だ》地《ぢ》獄《ごく》、餓《が》鬼《き》畜《ちく》生《しやう》、生《しやう》十《じつ》方《ぱう》佛《ぶつ》前《ぜん》、所《しよ》生《しやう》之《し》處《しよ》、常《じやう》聞《もん》此《し》經《きやう》、若《にやく》生《しやう》人《にん》天《てん》中《ちう》、受《じゆ》勝《しよう》妙《みやう》樂《らく》、若《にやく》在《ざい》佛《ぶつ》前《ぜん》、蓮《れん》華《くゑ》化《け》生《せう》

濁《ぢよつ》劫《こう》悪《あく》世《せ》中《ちう》、多《た》有《う》諸《しよ》恐《く》怖《ふ》、悪《あつ》鬼《き》入《にう》其《ご》身《しん》、罵《め》詈《り》毀《き》辱《にく》我《が》、我《が》等《とう》敬《けう》信《しん》佛《ぶつ》、當《とう》著《ちやく》忍《にん》辱《にく》鎧《がい》、爲《い》説《せつ》是《ぜ》經《きやう》故《こ》、忍《にん》此《し》諸《しよ》難《なん》事《じ》
諸《しよ》天《てん》晝《ちう》夜《や》　常《じやう》爲《ゐ》法《ほう》故《こ》　而《に》衛《ゑ》護《ご》之《し》　讀《とく》是《ぜ》經《きやう》者《しや》　常《じよう》無《む》憂《う》惱《のう》　又《う》無《む》病《びやう》痛《つう》　顔《げん》色《しき》鮮《せん》白《びやく》
不《ふ》生《しよう》貧《びん》窮《ぐ》　卑《ひ》賤《せん》醜《しゆ》陋《ろ》　衆《しゆ》生《じやう》樂《ぎよ》見《けん》　如《によ》慕《ほう》賢《けん》聖《しやう》　天《てん》諸《しよ》童《どう》子《じ》　以《い》爲《い》給《きう》使《じ》　刀《とう》杖《じやう》不《ふ》加《か》
毒《どく》不《ふ》能《のう》害《がい》　若《にやく》人《にん》悪《お》罵《め》　口《く》則《そく》閉《へい》塞《そく》　遊《ゆう》行《ぎやう》無《む》畏《い》　如《によ》師《し》子《し》王《わう》　智《ち》慧《ゑ》光《こう》明《みやう》　如《によ》日《につ》之《し》照《しやう》
若《にやく》於《お》夢《む》中《ちう》　但《たん》見《けん》妙《めう》事《じ》
法《ほつ》華《くゑ》妙《めう》理《り》　釋《しやく》尊《そん》金《きん》言《げん》　當《とう》生《しやう》信《しん》心《じん》　無《む》有《う》虚《こ》妄《もう》

已上迹門經の勸文なり

勸請《くわんじやうしたてまつる》

本《ほん》門《もん》壽《じゆ》量《りやう》の本《ほん》尊《ぞん》　一禮
南《な》無《む》久《く》遠《おん》實《じつ》成《じやう》大《だい》恩《おん》敎《きやう》主《しゆ》釋《しや》迦《か》牟《む》尼《に》如《によ》來《らい》　一禮
南《な》無《む》證《しやう》明《みやう》法《ほつ》華《くゑの》多《た》寶《ほう》如《によ》來《らい》　一禮

南《な》無《む》自《じ》界《かい》他《た》方《ほう》本《ほん》佛《ぶつ》迹《しやく》佛《ぶつ》等《とう》　一禮
南《な》無《む》上行《じやうぎやう》、無《む》邊行《へんぎやう》、淨行《じやうぎやう》、安立行《あんりうぎやう》等《こう》六《ろく》萬《まん》恒《こう》河《か》沙《しや》等《とう》地《ち》涌《ゆう》、千界《せんがいの》大《だい》菩薩《ぼさつ》　一禮
南《な》無《む》開《かい》迹《しやく》顯《けん》本《ほん》法《ほ》華《くえ》經《きやう》中《ちう》一《いつ》切《さいの》常住《じやうじゆう》三寶《さんぽう》　一禮
惣《さう》じて受持《じゆじ》の者《もの》を擁護《おうご》し給《たま》ふ、諸《しよ》天《てん》善《ぜん》神《じん》、末法《まつぽう》の行者《ぎやうじや》に於《おい》て息《そく》災《さい》延《えん》命《めい》、眞《しん》俗《ぞく》如意《によい》、廣《こう》宣《せん》流《ろ》布《ふ》をして已《すで》に、滿《まん》足《ぞく》することを得せ令め給へ

南無妙法蓮華經　（題目一遍密唱）

涌《ゆ》出《じゆつ》品《ほん》を以《もつ》て本《ほん》門《もん》の序《じよ》と爲《な》す、壽量《じゆりやう》の大《だい》藥《やく》師《し》は種《しゆ》智《ち》還《げん》年《ねん》の藥《くすり》を服《ふく》し給《たま》へ者《ば》、老《をい》たれども而《しか》も少《わか》きが如《こと》く、良藥《りやうやく》附屬《ふぞく》の地《ち》涌《ゆう》の大士《だいじ》は、久《ひさ》しく常住《じやうじゆう》不死《ふし》の方《くすり》を稟《う》け給《たま》へば、少《わか》けれども而《しか》も老《ちい》たるに似《に》たり、是《こ》の故《ゆへ》に我《われ》等《ら》深《ふか》く斯《こ》の旨《むね》を信《しん》じ奉《たてまつ》る、父《ふ》母《ぼ》既《すで》に然《しか》り、子《こ》豈《あ》に疑《うたが》ふ可《べ》けん哉《や》

南無妙法蓮華經　（最も大音聲）

南無妙法蓮華經　（同　上）

妙《めう》法《ほう》蓮《れん》華《ぐゑ》經《きやう》　卷《くわん》第《だい》六《ろく》

我《が》成《じやう》佛《ぶつ》已《い》來《らい》、甚《じん》大《だい》久《く》遠《おん》、壽《じゆ》命《みやう》無《む》量《りやう》、阿《あ》僧《そ》祇《ぎ》劫《こう》、常《じやう》住《ぢう》不《ふ》滅《めつ》、我《が》本《ほん》行《ぎやう》菩《ぼ》薩《さつ》道《だう》、所《しよ》成《じやう》壽《じゆ》命《みやう》、今《こん》猶《ゆ》未《み》盡《じん》、諸《しよ》佛《ぶつ》如《によ》來《らい》、法《ほう》皆《かい》如《によ》是《ぜ》、爲《ゐ》度《ど》衆《しゆ》生《じやう》、皆《かい》實《じつ》不《ふ》虛《こ》、依《え》諸《しよ》經《きやう》方《ほう》、求《ぐ》好《かう》藥《やく》草《さう》、色《しき》香《かう》美《み》味《み》、皆《かい》悉《しつ》具《ぐ》足《そく》、擣《たう》篩《し》和《わ》合《かふ》、與《よ》子《し》令《りやう》服《ぶく》、而《に》作《さ》是《ぜ》言《ごん》、此《し》大《だい》良《らう》藥《やく》色《しき》香《かう》美《み》味《み》、皆《かい》悉《しつ》具《ぐ》足《そく》、汝《によ》等《とう》可《か》服《ぶく》、速《そく》除《ぢよ》苦《く》惱《のう》、無《む》復《ふ》衆《しゆ》患《けん》、見《けん》此《し》良《らう》藥《やく》、色《しき》香《かう》俱《ぐ》好《こう》即《そく》便《べん》服《ぶく》之《し》、病《びやう》盡《じん》除《ぢよ》愈《ゆ》、是《ぜ》好《こう》良《らう》藥《やく》、今《こん》留《る》在《ざい》此《し》、汝《によ》可《か》取《しゆ》服《ぶく》、勿《もつ》憂《う》不《ふ》差《さい》、乃《ない》知《ち》此《し》藥《やく》色《しき》香《かう》美《み》味《み》、即《そく》取《しゆ》服《ぶく》之《し》、毒《どく》病《びやう》皆《かい》愈《ゆ》
常《じやう》住《ぢう》此《し》說《せつ》法《ほう》、我《が》常《じやう》住《ぢう》於《お》此《し》、常《じやう》在《ざい》此《し》不《ふ》滅《めつ》、常《じやう》在《ざい》靈《りやう》鷲《じゆ》山《せん》、我《が》此《し》土《ど》安《あん》穩《のん》、天《てん》人《にん》常《じやう》充《じう》滿《まん》、園《をん》林《りん》諸《しよ》堂《どう》閣《かく》、種《しゆ》種《じゆ》寶《ほう》莊《しやう》嚴《ごん》、寶《ほう》樹《じう》多《た》花《け》果《くわ》、衆《しゆ》生《じやう》所《しよ》遊《ゆう》樂《らく》、諸《しよ》天《てん》擊《ぎやく》天《てん》鼓《く》、常《じやう》作《さ》衆《しゆ》伎《ぎ》樂《がく》、雨《う》曼《まん》陀《だ》羅《ら》華《け》、散《さん》佛《ぶつ》及《きふ》大《だい》衆《しゆ》、我《が》淨《じやう》土《ど》不《ふ》毀《き》、壽《じゆ》命《みやう》無《む》數《しゆ》劫《こふ》、久《く》修《しゆ》業《ごう》所《しよ》得《とく》、汝《によ》等《とう》有《う》智《ち》者《しや》、勿《もつ》於《よ》此《し》生《しやう》疑《ぎ》、佛《ぶつ》語《ご》實《じつ》不《ぶ》虛《こ》、以《い》常《じやう》見《けん》我《が》故《こ》、我《が》常《じやう》知《ち》衆《しゆ》生《じやう》
其《こ》有《う》衆《しゆ》生《じやう》、聞《もん》佛《ぶつ》壽《じゆ》命《みやう》、長《ぢやう》遠《をん》如《によ》是《ぜ》、乃《ない》至《し》能《のう》生《しやう》、一《いち》念《ねん》信《しん》解《げ》、所《しよ》得《さく》功《く》德《ごく》、無《む》有《う》限《げん》量《りやう》若《にやく》能《のう》持《ぢ》此《し》經《きやう》、則《そく》如《によ》佛《ぶつ》現《げん》在《ざい》

第《だい》五《ご》十《じふ》人《にん》、展《てん》轉《てん》聞《もん》法《ほ》華《くえ》經《きやう》、隨《ずゐ》喜《き》功《く》德《どく》、尙《しやう》無《む》量《りやう》無《む》邊《へん》、阿《あ》僧《そう》祇《ぎ》、何《か》況《きやう》最《さい》初《しよ》、於《お》會《え》中《ちう》聞《もん》、而《に》隨《ずい》喜《き》者《しや》、其《こ》福《ふく》復《ぶ》勝《しやう》、無《む》量《りやう》無《む》邊《へん》、阿《あ》僧《そ》祇《ぎ》、不《ふ》可《か》得《とく》比《ひ》、何《が》況《きやう》一《いつ》心《しん》聽《ちやう》、解《げ》說《せつ》其《こ》義《ぎ》趣《しゆ》、如《によ》說《せつ》而《に》修《しゆ》行《ぎやう》、其《こ》福《ふく》不《ふ》可《か》限《げん》、若《にやく》善《ぜん》男《なん》子《し》、善《ぜん》女《によ》人《にん》、受《じゆ》持《じ》是《ぜ》法《ほつ》華《くえ》經《きやう》、若《にやく》讀《どく》、若《にやく》誦《じゆ》、若《にやく》解《げ》說《せつ》、若《にやく》書《しよ》寫《しや》、是《ぜ》人《にん》當《とう》得《とく》、八《はつ》百《ぴやく》眼《げん》功《く》德《どく》、千《せん》二《に》百《ひやく》耳《に》功《く》德《どく》、八《はつ》百《ひやく》鼻《び》功《く》德《どく》、千《せん》二《に》百《ひやく》舌《ぜつ》功《く》德《どく》、八《やつ》百《ひやく》身《しん》功《く》德《どく》、千《せん》二《に》百《ひやく》意《い》功《く》德《とく》、以《い》是《ぜ》功《く》德《どく》、莊《しやう》嚴《ごん》六《ろつ》根《こん》、皆《かい》令《りやう》清《しやう》淨《じやう》
法《ほつ》華《くゑ》妙《めう》理《り》、釋《しやく》尊《そん》金《きん》言《げん》、當《とう》生《しやう》信《しん》心《じん》、無《む》有《う》虛《こ》妄《もう》
妙《めう》法《ほう》蓮《れん》華《くゑ》經《きやう》　卷《くわん》第《だい》七《しち》
增《ぞう》益《やく》壽《じゆ》命《みやう》　復《ぶ》爲《ゐ》諸《しよ》人《にん》　廣《くわう》說《ぜつ》是《ぜ》經《きやう》　說《せつ》是《ぜ》經《きやう》故《こ》　得《さく》無《む》量《りやう》福《ふく》　是《ぜ》故《こ》行《ぎやう》者《じや》　於《お》佛《ぶつ》滅《めつ》後《こ》
聞《もん》如《によ》是《ぜ》經《きやう》　勿《もつ》生《しやう》疑《ぎ》惑《わく》
如《によ》來《らい》一《いつ》切《さい》所《しよ》有《う》之《し》法《ほう》、如《によ》來《らい》一《いつ》切《さい》自《じ》在《ざい》神《じん》力《りき》、如《によ》來《らい》一《いつ》切《さい》秘《ひ》要《えう》之《し》藏《ぞう》、如《によ》來《らい》一《いつ》切《さい》甚《じん》深《しん》之《し》事《じ》、皆《かい》於《お》此《し》經《きやう》宣《せん》示《じ》顯《げん》說《せつ》、若《にやく》經《きやう》卷《がん》所《しよ》住《じゆ》之《し》處《しよ》、卽《そく》是《ぜ》道《だう》場《ぢやう》、諸《しよ》佛《ぶつ》於《お》此《し》、得《さく》阿《あ》耨《のく》多《た》羅《ら》三《さん》藐《みやく》三《さん》菩《ぼ》提《だい》、諸《しよ》佛《ぶつ》於《お》此《し》、輪《てん》於《の》法《ほう》輪《りん》

是《ぜ》人《にん》此《し》功《く》德《どく》、無《む》邊《へん》無《む》有《う》窮《ぐ》、如《によ》十《ぢつ》方《ぽう》虚《こ》空《くう》、不《ふ》可《か》得《とく》邊《へん》際《ざい》、能《のう》持《じ》是《ぜ》經《きやう》者《しや》、則《そく》爲《い》已《い》見《けん》我《が》、亦《やく》見《けん》多《た》寶《ほう》佛《ぶつ》、及《ぎふ》諸《しよ》分《ぶん》身《じん》者《しや》、又《う》見《けん》我《が》今《こん》日《にち》、敎《けう》化《け》諸《しよ》菩《ぼ》薩《さつ》、能《のう》持《ぢ》是《ぜ》經《きやう》者《しや》、令《りやう》我《が》及《ぎふ》分《ぶん》身《じん》、滅度《しやうめう》多《た》寶《ほう》佛《ぶつ》、一《いつ》切《さい》皆《かい》歡《くわん》喜《ぎ》、十《ぢつ》方《ぽう》現《げん》在《ざい》佛《ぶつ》、並《ひやう》過《か》去《こ》未《み》來《らい》、亦《やく》見《けん》亦《やく》供《く》養《よう》、亦《やく》令《りやう》得《とく》歡《くわん》喜《ぎ》、能《のう》持《ち》是《ぜ》經《きやう》者《しや》、如《によ》風《ふう》於《お》空《くう》中《ちう》、一《いつ》切《さい》無《む》障《しやう》礙《げ》
如《によ》來《らい》是《ぜ》一《いつ》切《さい》衆《しゆ》生《じやう》之《し》大《だい》施《せ》主《しゆ》
妙《めう》法《ほう》蓮《れん》華《ぐゑ》經《きやう》、今《こん》以《に》付《ふ》屬《ぞく》汝《によ》等《とう》、汝《によ》等《とう》應《おう》當《たう》一《いつ》心《しん》、流《る》布《ふ》此《し》法《ほう》、廣《くわう》令《りやう》增《ぞう》益《やく》、若《にやく》復《ぶ》有《う》人《にん》以《い》七《ひち》寶《ほう》滿《まん》、三《さん》千《ぜん》大《だい》千《せん》世《せ》界《かい》、供《く》養《よう》於《お》佛《ぶつ》、及《ぎう》大《だい》菩《ぼ》薩《さつ》、辟《ひやく》支《し》佛《ぶつ》、阿《あ》羅《ら》漢《かん》、是《ぜ》人《にん》所《しよ》得《とく》功《く》德《どく》、不《ふ》如《によ》受《じゆ》持《ち》、此《し》法《ほ》華《くゑ》經《きやう》、乃《ない》至《し》一《いつ》四《し》句《く》偈《げ》、其《ご》福《ふく》最《さい》多《た》、宿《しゆく》王《わう》華《け》、此《し》經《けふ》能《のう》救《く》、一《いつ》切《さい》衆《しゆ》生《じやう》者《しや》、此《し》經《きやう》能《のう》令《りやう》、一《いつ》切《さい》衆《しゆ》生《じやう》、離《り》諸《しよ》苦《く》惱《のう》、此《し》經《きやう》能《のう》大《だい》饒《ぎう》益《やく》、一《いつ》切《さい》衆《しゆ》生《じやう》、充《じゆう》滿《まん》其《ご》願《ぐわん》、如《によ》清涼《しやうりやう》池《ち》、能《のう》滿《まん》一《いつ》切《さい》、諸《しよ》渇《かつ》乏《ぼう》之者《しや》、如《によ》寒《かん》者《じや》得《とく》火《くわ》、如《によ》裸《ら》者《や》得《とく》衣《ゑ》、如《によ》商《しやう》人《にん》得《とく》主《しゆ》、如《によ》子《し》得《とく》母《も》、如《によ》渡《ど》得《とく》船《せん》、如《によ》病《びやう》得《とく》醫《い》、如《によ》暗《あん》得《とく》燈《とう》、如《によ》貧《びん》得《とく》寶《ほう》、如《によ》民《みん》得《とく》王《わう》、如《によ》賈《こ》客《かく》得《とく》海《かい》、如《によ》炬《こ》除《じよ》暗《あん》、此《し》法《ほつ》華《くゑ》經《きやう》、亦《やく》復《ぶ》如《によ》是《ぜ》、能《のう》令《りやう》衆《しゆ》生《じやう》、離《り》一《いつ》切《さい》苦《く》、一《いつ》切《さい》病《びやう》痛《つう》能《のう》解《げ》一《いつ》切《さい》生《せう》死《じ》之《し》縛《ばく》、若《にやく》人《にん》得《とく》聞《もん》、此《し》法《ほ》華《くゑ》經《きやう》、若《にやく》自《じ》書《しよ》、若《にやく》敎《きやう》人《にん》書《しよ》、所《しよ》得《とく》功《く》德《どく》、以《い》

佛《ぶつ》智《ち》慧《ゑ》、籌量《ちうりやう》多少《たせう》、不《ふ》得《とく》其《ご》邊《へん》、思惟《しゐ》是經《ぜきやう》、爲《い》他《た》人《にん》說《せつ》、所得《しよとく》福德《ふくとく》、無量無邊《むりやうむへん》、火《くわ》不《ふ》能《のう》燒《しやう》、水《すい》不《ふ》能《のう》漂《ひやう》、汝《によ》之《し》功德《くどく》、千《せん》佛《ぶつ》共《ぐ》說《せつ》、不《ふ》能《のう》令《りやう》盡《じん》、汝《によ》今《こん》已《い》能《のう》、破《は》諸《しよ》魔《ま》賊《ぞく》、壞《え》生死《しやうじ》軍《ぐん》、諸《しよ》餘《よ》怨《おん》敵《てき》、皆《かい》悉《しつ》摧《ざい》滅《めつ》、後《ご》五《ご》百《ひやく》歲《さい》中《ちう》、廣《こう》宣《せん》流《る》布《ふ》、於《お》閻《えん》浮《ぶ》提《だい》、無《む》令《りやう》斷《だん》絕《ぜつ》、惡《あく》魔《ま》魔《ま》民《みん》、諸《しよ》天《てん》龍《りう》夜《や》叉《しや》、鳩《く》槃《はん》茶《だ》等《とう》、得《とく》其《ご》便《べん》也《や》、宿《しゆく》王《わう》華《け》、汝《によ》當《たう》以《い》神《じん》通《つう》之《し》力《りき》、守《しゆ》護《ご》是《ぜ》經《きやう》、所《しよ》以《い》者《しや》何《か》、此《し》經《きやう》則《そく》爲《い》、閻《えん》浮《ぶ》提《だい》人《にん》、病《びやう》死《し》良《らう》藥《やく》、若《にやく》人《にん》有《う》病《びやう》、得《とく》聞《もん》是《ぜ》經《きやう》、病《びよ》卽《そく》消《しやう》滅《めつ》、不《ふ》老《らう》不《ふ》死《し》、得《とく》現《げん》一《いつ》切《さい》色《しき》身《しん》三《さん》昧《まい》、得《とく》法《ほつ》華《け》三《さん》昧《まい》
法《ほつ》華《け》妙《めう》理《り》　釋尊金《しやくそんきん》言《げん》　當生《さうしやう》信《しん》心《じん》　無《む》有《う》虛《こ》妄《まう》

妙《めう》法《ほう》蓮《れん》華經《ぐゑきやう》　卷《くわん》第《だい》八《はち》

念《ねん》念《ねん》勿《もつ》生疑《しやうぎ》、觀《くわん》世《ぜ》音淨聖《おんじやうしやう》、於《お》苦《く》惱《のう》死《し》厄《やく》、能《のう》爲《ゐ》作《さ》依《え》怙《こ》、具《ぐ》一《いつ》切《さい》功《く》德《どく》、慈《じ》眼《けん》視《じ》衆《しゆ》生《じやう》、福《ふく》聚《じう》海《かい》無《む》量《りやう》
能《のう》於《お》是《ぜ》經《きやう》、乃《ない》至《し》受《じゆ》持《ぢ》一《いつ》四《し》句《く》偈《げ》、讀《どく》誦《じゆ》解《げ》義《ぎ》、如《によ》說《せつ》修行《しゆぎやう》、功《く》德《どく》甚《じん》多《た》、若《にやく》有《う》侵《しん》毀《き》、此《し》法《ほつ》師《し》者《しや》、則《そく》爲《い》侵《しん》毀《き》、是《ぜ》諸《しよ》佛《ぶつ》已《ち》、持《ぢ》是《ぜ》經者《きやうしや》、令《りやう》百《ひやく》由《ゆ》旬《じゆん》內《ない》、無《む》諸《しよ》衰《すい》患《げん》、爾《に》時《じ》有《う》羅《ら》刹《せつ》女《によ》等《とう》、一《いつ》名《みやう》藍《らん》婆《ば》、二《に》名《みやう》毗《び》藍《らん》婆《ば》、三《さん》名《みやう》曲《きよく》齒《し》、四《し》名《みやう》華《け》齒《し》、五《ご》名《みやう》黑《こく》齒《し》、六《ろく》名《めう》多《た》

髮《ほつ》、七名《しちみやう》無猒足《むえんそく》、八名《はちみやう》持瓔珞《ちやうらく》、九名《くみやう》皐諦《かうたい》、十名《ぎうみやう》奪一切衆生精氣《だついつさいしゆじやうしやうき》、是十羅刹女《ぜじうらせつによ》與鬼子母《よきしも》、幷其子《びやうごし》、及眷屬《ぎうけんぞく》、俱詣佛所《ぐけいぶつしよ》、同聲白佛言《ごうじやうびやくぶつごん》、世尊《せそん》、我等亦欲擁護《がとうやくよくおうご》、讀誦受持《どくじゆじゆぢ》、法華經者《ほつくえきやうしや》、除其衰患《ぢよごすいげん》、若有伺求《にやううしぐ》、法師短者《ほつしたんじや》、令不得便《りやうふさくべん》、寧上我頭《にやうじやうがづ》上《じやう》、莫惱於法師《まくなうおほつし》、若夜叉《にやくやしや》、若熱病若一日《にやくねつびやうにやくいちにち》、若二日《にやくににち》、若三日《にやくさんにち》、若四日《にやくしにち》、乃至七日《ないしひちにち》、若常熱病《にやくじやうねつびやう》、若男形《にやくなんぎやう》、若女形《にやくによぎやう》、若童男形《にやくどうなんきやう》、若童女形乃至夢中《にやくどうによげやうないしむちう》、亦復莫惱《やくぶまくのう》若不順我咒《にやくふじゆんがにう》、惱亂說法者《のうらんせつぽうしや》、頭破作七分《づはさしちぶん》、如阿梨樹枝《によありじゆし》、如殺父母罪《によしふもざい》、亦如壓油殃《やくによあふゆあう》、斗秤欺誑人《とうびやうごわうにん》、調達破僧罪《でうだつはそうざい》、犯此法師者《ほんしほつししや》、當獲如是殃《さうぎやくによぜあう》、我當亦當《がとうやくさう》、身自擁護《しんじおうご》、受持讀誦《じゆぢどくじゆ》、修行是經者《しゆぎやうぜきやうしや》、令得安穩《りやうとくあんのん》、離諸衰患《りしよすいげん》、消衆毒藥《しよしゆどくやく》、受持法華名者《じゆぢほつけみやうしや》福不可量《ふくふかりやう》、如來之法《によらいしほう》、具足成就《ぐそくじやうじゆ》、不可思議《ふかしぎ》、微妙功德《みめうくどく》、敎戒所行《きやうかいしよぎやう》、安穩快善《あんのんけぜん》成就不可思議《じやうじゆふかしぎ》、諸善功德《しよぜんくどく》、佛告普賢菩薩《ぶつごうふげんぼさつ》、若善男子《にやくぜんなんし》、善女人《ぜんによにん》、成就四法《じやうじゆしほう》、於如來滅後《おによらいめつご》、當得是法華經《とうとくぜほくえきやう》、一者爲諸佛護念《いつしやいしよぶつごねん》、二者植諸德本《にしやじきしよとくほん》、三者入正定聚《さんじやにふしやうぢやうしゆ》四者發救一切衆生之心《ししやほつくいつさいしゆじやうししん》、善男子《ぜんなんし》、善女人《ぜんによにん》、如是成就四法《によぜじやうじゆしほう》、於如來滅後《おによらいめつご》、必得《ひつさく》是經《ぜきやう》爾《に》時《じ》普《ふ》賢《げん》菩《ぼ》薩《さつ》。白《びやく》佛《ぶつ》言《ごん》、世《せ》尊《そん》。於《お》後《ご》五《ご》百《ひやく》歳《さい》。濁《しよく》惡《あく》世《せ》中《ちう》、其《ご》有《う》受《じゆ》持《ぢ》、是《ぜ》經《きやう》典《てん》者《しや》我《が》等《とう》守《しゆ》護《ご》、除《じよ》其《ご》衰《すい》患《げん》。令《りやう》得《さく》安《あん》穩《のん》、使《し》無《む》伺《し》求《ぐ》。得《さく》其《ご》便《べん》者《しや》。諸《しよ》惱《のう》人《にん》者《じや》、皆《かい》不《ふ》得《さく》便《べん》世《せ》尊《そん》。我《が》今《こん》以《い》神《じん》通《づう》力《りき》故《こ》、守《しゆ》護《ご》是《ぜ》經《きやう》。於《お》如《によ》來《らい》滅《めつ》後《ご》。閻《えん》浮《ぶ》提《だい》内《ない》、廣《こう》令《りやう》流《る》布《ふ》。使《し》不《ふ》斷《だん》絶《ぜつ》、令《りやう》多《た》諸《しよ》衆《しゆ》生《じやう》。安《あん》樂《らく》利《り》益《やく》、若《にやく》有《う》受《じゆ》持《ぢ》讀《どく》誦《じゆ》、正《しよ》憶《おく》念《ねん》、修《しゆ》習《しゆ》書《しよ》寫《しや》。是《ぜ》法《ほ》華《くゑ》經《きやう》者《しや》。當《さう》知《ち》是《ぜ》人《にん》。則《そく》見《けん》釋《しや》迦《か》牟《む》尼《に》佛《ぶつ》。如《によ》從《じゆ》佛《ぶつ》口《く》、聞《もん》此《し》經《きやう》典《てん》。當《さう》知《ち》是《ぜ》人《にん》。供《く》養《やう》釋《しや》迦《か》牟《む》尼《に》佛《ぶつ》、當《さう》知《ち》是《ぜ》人《にん》。佛《ぶつ》讃《さん》善《ぜん》哉《ざい》。當《さう》知《ち》是《ぜ》人《にん》。爲《い》釋《しや》迦《か》牟《む》尼《に》佛《ぶつ》。手《しゆ》摩《ま》其《ご》頭《づ》。當《さう》知《ち》是《ぜ》人《にん》。爲《い》釋《しや》迦《か》牟《む》尼《に》佛《ぶつ》。衣《え》之《し》所《しよ》覆《ぶく》、所《しよ》願《がん》不《ぶ》虚《こ》。亦《やく》於《お》現《げん》世《ぜ》、得《さく》其《ご》福《ふく》報《ほう》、若《にやく》有《う》供《く》養《やう》。讃《さん》歎《だん》之《し》者《しや》。當《さう》於《お》今《こん》世《ぜ》。得《さく》現《げん》果《くわ》報《ほう》。是《ぜ》故《こ》普《ふ》賢《げん》、若《にやく》見《けん》受《ぢゆ》持《ぢ》。是《ぜ》經《きやう》典《てん》者《しや》。當《さう》起《き》遠《おん》迎《ぎやう》當《さう》如《によ》敬《きやう》佛《ぶつ》。法《ほつ》華《け》妙《めう》理《り》、釋《しやく》尊《そん》金《きん》言《げん》。當《さう》生《しやう》信《しん》心《じん》。無《む》有《う》虚《こ》妄《もう》

南無妙法蓮蓮經

一《いち》部《ぶ》八《はち》卷《くわん》、二《に》十《じう》八《はつ》品《ぽん》。六《ろく》萬《まん》九《く》千《せん》三《さん》百《びやく》八《はち》十《じふ》餘《よ》字《じ》、品《ほん》品《ほん》之《の》内《うち》、咸《ことごと》く躰《たい》等《さう》を具《ぐ》し、句《く》句《く》の下《しも》通《つう》じて妙《めよ》名《みやう》を結《けつ》す、一《いち》一《いち》の文《もん》文《もん》は是《こ》れ眞《しん》佛《ぶつ》也《なり》、眞《しん》佛《ぶつ》の說《せつ》法《ほう》は衆《しゆ》生《じやう》を

利《り》す、一《ひと》たび聞《き》けば能く一切《いつさい》の法《ほう》を持《たも》つが故に未《いま》だ六波羅蜜《ろくはらみつ》を修行《しゆぎやう》することを得《え》ずと雖《いへど》も、六波羅蜜自然《ろくはらみつじねん》に在前《ざいぜん》せん、一切《いつさい》の業障海《ごつしやうかい》は皆《み》な妄想《もうざう》より生ず衆罪《しゆざい》は霜露《さうろ》の如《ごと》く、惠日《えにち》能《よ》く消除《しやうじよ》す、若《も》し末法弘經廣宣流布《まつぽうぐきやうこうせんろふ》の志《こゝろざし》あらん行者《ぎやうじや》は法華金口《ほつくえきんく》の明説《みやうせつ》に於《おい》て信心《しんじん》を致《いた》さば、現當二世《げんさうにせ》の所願《しよぐわん》必《かなら》ず決定圓滿《けつぢやうえんまん》することを得《え》せしむ可《べ》き也《なり》、我《が》が不信《ふしん》を以《もつ》て金言《きんげん》を疑《うたが》はされ、若《も》し其《そ》れ信心強盛《しんじんこうじやう》にして、深重《じんちう》ならば、息災延命決定得樂《そくさいゑんめいけつぢやうとくらく》ならん。

末法法華一乘《まつぽうほつくゑいちじやう》の行者《ぎやうじや》、息災延命所願成就《そくさいえんめいしよがんじやうじゆ》、祈禱經《きこうきやう》の文《もん》

撰法華經、授與及勘文の由來。讀方

此經を傳授せんと欲せば、必らず應に能く其人を撰ぶべし、若し法器堪能の仁に非ずんば、卒爾に之を授くべからず、世の淺近和歌の道等の如きすら、猶傳授の人甚だ希有と爲す、何に況や、佛法宗門の大事、豈輙《たやす》く之を傳へんや、甚だ之を愼むべし、若し其人を得て之を授けんと欲せば、復須らく深く愼みて之を授け、若し加行無くんば之を授くべからず、加行の法、或は三七、五七、七七乃至百日意に隨て行ずべし、縱ひ故障ありと雖も、一七日を減ずべからず、又傳授の後、百箇日の間、闕如な

く相續して之を讀み行ずべし。

略撰の興致を明さば、夫れ御弟子最蓮坊日淨、屢、勞病に沈み、弘經利生の志を癈せんとす、之に依て、尊師に除病延命の方術を請ふ焉、因て此文を撰み之を授與し給ふ、其旨最蓮坊御返事、送狀の如し、只一人の請《こひ》に赴くに似たりと雖も、兼て亦諸餘の弟子の慇請《おんしゅう》に備へ、以て周《あまね》く弘經の諸生に逗《さう》し給ふ、故に惣題して末法の行者等云ふ。

送り狀に曰く日蓮法華經を信じ始めしより、毎日此等の勘文を誦すと云々、始めより、自ら之を誦するの例、佛の自證の如し、今始て之を撰みて他に授くること、靈山に始て之を顯說し給ふが如し。

勘文の大意を明さば。惡世の弘經は定で惱難多し、若し惱難を被らば、豈に能く道を通せんや、亦初心の弘經者既に神力なし、妙經の力用に非ずんば、安ぞ《いっくん》能く此の災夭を除かん、故に此の要文を誦し以て災難を攘はしめんと欲して此文を撰み給ふ。(法華の行者の擁護の文也)

此經を讀まん者、若し一念も受樂の欲心を生ぜば、豈に佛意に應はんや、甚だ撰述の本意に違す、故に送り狀に曰く、此の書は但し弘經の志有る人の爲なり云々、諸天傳に云く、四明の云く若し自身五欲の樂を受け爲に財寶を希望せば、即ち輪回の業、衆聖の呵する所、尊天寧ろ護らんや、是に知んぬ、若し世間の福を感得すと雖も、瓶終に破散すべし、福を以て壽を資け、出世間の因を成ずれば、則ち二嚴の果滿し依正殊報有り己上、若し小分も受樂の爲にせば、則ち但に祈願應ぜざるのみにあらず、還て罪過を招かん、若し夫れ罪を招かば、但に舊災を攘はざるのみにあらず、復新難彌々盛んならん、甚だ愼むべし、最も恐るべし矣、古德の云く、祈禱に二あり、俗塵執心の故に壽福を持ち災夭を攘はんと欲す、是れ世間の祈なり、三寶の哀憐を求め以て道を進むるに障り無からんと欲するは出家の祈なり、僧家絢情《じゆんじやう》の祈禱豈に理所宜ならん哉云云、此の言、最も依怙と爲すべし。

此經を讀まんには必ず先づ須らく應に道場を嚴淨すべし、次に三業を淸淨にし、謂ゆる能く遍身を沐浴し新淨の衣を着し、復、揚子淨水を用ひ、次に道場に入り、恭敬禮拜深く三寶を念じ之を行ずるなり。

凡そ行者の志は、專ら廣宣流布に在り、廣布は即ち是れ利他の勝利なり、若し利他の志に非ずんば豈に是れ眞善ならんや、若し眞善に非ずんば豈に佛意に應ぜんや、若し佛意に應ぜずんば、豈に所願成就をなさんや、故に但深く愼み能く其心を誡む云々。

次に讀文は、一傳に云く、凡そ卷を開く時、先づ之を頂載することすべて九度なり、初の頂載に、南無極難値遇一乘妙法蓮華經と唱へ、又次に頂載して南無生生値遇一乘妙法蓮華經と云ひ、次に又頂載して云く南無平等大慧一乘妙法蓮華經、是の如く各三遍に至る、即ち三三九度の頂禮なり云云、又傳に云く凡そ讀時の音聲は則ち翁聲《おうせい》にて之を讀むべし、哀音を雜る莫れ、調子は緩からず、一句づゝ力を入れ低音にて讀むなり。

末法一乘の行者息災延命、所願成就、祈禱經文、讀方是の如し。
日蓮撰は、末法の唱導師日蓮大菩薩と誦すべし。
勸請は、勸請し奉ると誦すべし。
南無靈山淨土の釋迦牟尼佛、餘の二佛之に准ぜよ。

一禮

凡そ禮拜の段は、必らず心念に有り、法華三昧に云く、當に所禮の佛に隨て至心に憶念すべし、此佛の法身、猶虛空の如し、物に應じ形に顯れ目前に對し我が供養禮拜を受くるが如し云々禮每に起立丁寧に五體を地に投げ之を拜す、拜する時は、祈禱經を机上に安置すべし、若し故障至り或は急事の時は、只愼みて頂載し以て禮拜に擬すべし、是れ希有の儀なり常途には然るべからず、(禮拜の式は前にあり略す)
仰ぎ願くば願主心中所願をして決定成就圓滿ならしめ玉へ、讀方爾なり。
妙法蓮華經卷第一、上の成就圓滿ならしめ玉へと、中間の斷りなく、同音同息に之を讀むべし、是れ速疾成就の儀を表す故なり、已下無有虛妄と妙法蓮華經卷第、等、中間並に調子皆是に同じ、所謂諸法如是相等、三轉の讀法ありと雖も當流は則ち爾ならず、但假諦の轉讀なり、常途の直讀の儀の如くなり。

以上迹文經の勘文、讀方此の如し。

勸請し奉る本門壽量の本尊、餘は上の迹門中讀方の例の如し。

惣じて受持の者擁護の諸天善神、末法の行者に於て息災延命、眞俗如意、廣宣流布をして己に滿足することを得せ令め給へ、爾讀むなり、題目一遍、口の内にて微密に唱ふ、首題は只一遍なり、是れ未だ顯説を表せざる故也。

涌出品を以て本門の序と爲す、壽量の大藥師は種智還年の藥を服したまへば、老いたれども而も少《わか》きが如く、良藥附屬の地涌の大士は、久しく常住不死の方《くすり》を稟けたまへば、少けれども而も老たるに似たり、是の故に我等深く此の旨を信じ上る、父母既に然り、子豈に疑ふべけん哉、爾讀むなり。

南無妙法蓮華經、南無妙法蓮華經。

是れ同じ調子に二遍著明に之を唱ふべきなり、之れ則ち本門顯説の義を表すなり、自行、化他の心地、上に云ふ文の如し。

滅度多寶佛、(神力品偈拔萃中の)

應に證明法華多寶佛と讃て云ふべし、是れ延壽祈念の故に、世儀に順じて爾讀むべし、然れども滅度を改めて證明と書くべからず、只讀み更へるのみ。

妙法蓮華經、今以付屬汝等。

今蓮の字を加へ之を書き之を讀む云云、私に云く、是れ附屬の經文にして肝心なる故歟、又一本に蓮の字なし、亦之を加へ讀むべし、經に云く阿耨菩提と云ふ、其體即ち妙法の故なり。

若し末法弘經廣宣流布の志あらん行者、法華金口の明說に於て信心を致さば、現當二世の所願必ず決定圓滿することを得せしむべき者なり、我が不信を以て金言を疑はざれ、若し其れ信心强盛にして深重ならば、息災延命、決定得樂ならん。

末法、法華一乘の行者息災延命所願成就祈禱經文　已上

祈禱の根本的聖典　祈禱肝文經に付て

宗祖は行者の自行、息災延命の祈禱の爲には、撰法華經を撰出さる、是は前に記載した最蓮房送り狀で證明する、又病人、加持、祈禱の化他布敎に就ては此の祈禱肝文經を撰出されし者にて、宗門の修法師は必ず之を讀誦し奉るべきであるが、從來は宗祖直授、無漏《ひろ》相承の大秘法なれば縱《たと》ひ命に及ぶとも他見せしむべからず、と云ふ嚴《きび》しい掟《おきこ》があつて、積善坊一千日の加行を成滿したる者以外には、「絕對秘密」唯授一人、千金莫傳とか秘密主義を楯《たて》にして僅かの人の占有《ぜんゆう》であり、他の者は其の名目

すら窺《うかゞ》ひ知る事が出來なかつたのである、是は明に宗祖大聖人の本來の思し召に背《そむ》く者であり、且つ教法流布と云ふ事を思はざる偏見固《へんけんこ》陋《ろう》な考へであつたと云はねばならぬ、私しは過去十六年前に此經を相承し、毎夜加持の時、此の肝文經を闕如《けつによ》なく讀誦して得たる其偉大なる經力は到底筆紙に盡すことは出來ない、其功德は前に詳記せし薰發因緣が證明して居る、取扱つて居る自身さへ唯々驚嘆の外は無いのである、靈界統一の空前の大偉業も肝文經讀誦の威力に依ると斷定し得るのである、宗祖の御直筆の原本は、現在身延の寶庫に嚴存して居る、題號の御眞筆の寫眞は夫れである、願くば宗門化他布教に從事する先輩、諸賢、是經に依て所願成就、釋尊の化儀を資けられん事を。

「禱祈鈔に云く」此經文は即ち釋迦如來の御魂《みたま》也、一一の文字は佛の御魂なれば、此經を行せん人をば釋迦如來、我が御眼の如くまほり給ふべし、人の身に影のそへる如く添せ給らん、いかでか祈とならせ給はざるべき云々されば法華經の行者の祈る祈は響の音に應ずるが如し、影の體に添へるが如し澄る水に月の寫るが如し、方諸（月より水を取る鏡）の水をまねくが如し、磁石の鐵を吸ふがごとし、琥珀《こはく》の塵を取るが如し、あきらかなる鏡の物の色を浮ぶるが如し、云々諸天菩薩は本より大悲代受苦の誓ひ深し、佛の御諫なしとて、いかでか法華經の行者を捨て給ふべき、其上我成佛の經なる上、佛殷懃に諫め給ひしかば、佛前の御誓丁寧なり、行者を助け給ふこと疑ふべからず。云々

道妙禪門御書に

御親父祈禱の事承り候間、佛前にて祈念申べく候、祈禱に於ては、顯祈顯應、顯祈冥應、冥祈冥應冥祈顯應の祈禱ありと雖も、只肝要は此經の信心を致し給ひ候はゞ、現當の所願滿足有るべく候、法華經第三に云く魔及び魔民有りと雖も、皆佛法を護る、第七に云く、病則消滅不老不死ならんとの金言、之を疑ふべからず——卷物壹卷、之を參らせ候、被見有るべく候、南無妙法蓮華經。
建治二年丙子八月十日　　日蓮花押
道明禪門
此の卷物一卷とは此の肝文經を御授與になつて居るのであります。

宗祖の御眞筆
身延山の寶庫に嚴存

御祈禱大秘法

祈《ご》禱《たう》肝《かん》文《もん》經《ぎやう》

醍《だい》醐《ご》妙《めう》典《でん》二《に》十《じふ》八《はつ》品《ぽん》の肝《かん》文《もん》

日《にち》蓮《れん》大《だい》菩《ぼ》薩《さつ》撰《ぎよせん》

妙《めう》法《ほう》蓮《れん》華《ぐゑ》經《きやう》序《じよ》品《ほん》第《だい》一《いち》
我《が》見《けん》燈《とう》明《みやう》佛《ぶつ》、本《ほん》光《くわう》瑞《ずゐ》如《によ》此《し》、以《い》是《ぜ》知《ち》今《こん》佛《ぶつ》、欲《よく》說《せつ》法《ほつ》華《くゑ》經《きやう》、今《こん》相《さう》如《によ》本《ほん》瑞《ずゐ》
妙《めう》法《ほう》蓮《れん》華《ぐゑ》經《きやう》方《ほう》便《べん》品《ほん》第《だい》二《に》
諸《しよ》佛《ぶつ》世《せ》尊《そん》、唯《ゆい》以《い》一《いち》大《だい》事《じ》因《いん》緣《ねん》故《こ》、出《しゆつ》現《げん》於《の》世《せ》、舍《しや》利《り》弗《ほつ》、云《うん》何《が》名《みやう》、諸《しよ》佛《ぶつ》世《せ》尊《そん》、唯《ゆゐ》以《い》一《いち》大《だい》事《じ》因《いん》緣《ねん》故《こ》、出《しゆつ》現《げん》於《の》世《せ》、諸《しよ》佛《ぶつ》世《せ》尊《そん》、欲《よく》令《りやう》衆《しゆ》生《じやう》、開《かい》佛《ぶつ》智《ち》見《けん》、使《し》得《とく》清《しやう》淨《じやう》故《こ》、出《しゆつ》現《げん》於《の》世《せ》、欲《よく》示《じ》衆《しゆ》生《じやう》、佛《ぶつ》知《ち》見《けん》故《こ》、出《しゆつ》現《げん》於《の》世《せ》、欲《よく》令《りやう》衆《しゆ》生《じやう》、悟《ご》佛《ぶつ》智《ち》見《けん》故《こ》、出《しゆつ》現《げん》於《の》世《せ》、欲《よく》令《りやう》衆《しゆ》生《じやう》、入《にふ》佛《ぶつ》知《ち》見《けん》道《だう》故《こ》、出《しゆつ》現《げん》於《の》世《せ》、舍《しや》利《り》弗《ほつ》、是《ぜ》爲《い》諸《しよ》佛《ぶつ》、唯《ゆゐ》以《い》一《いち》大《だい》事《じ》因《いん》緣《ねん》故《こ》、出《しゆつ》現《げん》於《の》世《せ》、十《じつ》方《ほう》佛《ぶつ》土《ど》中《ちう》、唯《ゆゐ》有《う》一《いち》乘《じやう》法《ほう》、無《む》二《に》亦《やく》無《む》三《さん》、除《ちよ》佛《ぶつ》方《ほう》便《べん》說《せつ》、但《たん》以《い》假《け》名《みやう》字《じ》

引導《いんだう》於《お》衆生《しゆじやう》、説《せつ》佛《ぶつ》智《ち》慧《ゑ》故《こ》、諸《しよ》佛《ぶつ》出《しゆつ》於《お》世《せ》、唯《ゆゐ》此《し》一《いち》事《じ》實《じつ》、餘《よ》二《に》則《そく》非《ひ》眞《しん》、終《じう》不《ふ》以《い》小《せう》乘《じやう》、濟《さい》度《ど》於《お》衆生《しゆじやう》、佛《ぶつ》自《じ》住《ぢう》大乘《だいじやう》、如《によ》其《ご》所《しよ》得《とく》法《ほう》、定慧《ぢやうゑ》力《りき》莊嚴《しやうごん》、以《い》此《し》度《ど》衆生《しゆじやう》、自《じ》證《しよう》無上道《むじやうだう》、大乘《だいじよう》平等《びやうどう》法《ほう》、若《にやく》以《い》小乘《せうじやう》化《け》、乃至《ないし》於《お》一人《いちにん》、我《が》則《そく》墮《だ》慳貪《けんどん》、此《し》事《じ》爲《ゐ》不可《ふか》、舍利弗《しやりほつ》當知《たうち》、我《が》本《ほん》立《りつ》誓願《せいぐわん》、欲《よく》令《りやう》一切《いつさい》衆《しゆう》、如《によ》我《が》等《とう》無《む》異《い》、如《によ》我《が》昔《しやく》所《しよ》願《ぐわん》、今者《こんしや》已《い》滿《まん》足《そく》

妙《めう》法《ほう》蓮《れん》華《ぐゑ》經《きやう》譬《ひ》諭《ゆ》品《ほん》第《だい》三《さん》

今《こん》此《し》三界《さんがい》、皆《かい》是《ぜ》我《が》有《う》、其《ご》中《ちう》衆生《しゆじやう》、悉《しつ》是《ぜ》吾《ご》子《し》、而《に》今《こん》此《し》處《しよ》、多《た》諸《しよ》患《げん》難《なん》、唯《ゆい》我《が》一《いち》人《にん》
能《のう》爲《ゐ》救《く》護《ご》

妙《めう》法《ほう》蓮《れん》華《ぐゑ》經《きやう》信《しん》解《げ》品《ほん》第《だい》四《し》

此《し》實《じつ》我《が》子《し》、我《が》實《じつ》其《ご》父《ふ》、世尊《せそん》大恩《だいおん》、以《い》希有《けう》事《じ》、隣愍《れんみん》教化《けうけ》、利益《りやく》我等《がとう》

妙《めう》法《ほう》蓮《れん》華《ぐゑ》經《きやう》藥《やく》草《さう》諭《ゆ》品《ほん》第《だい》五《ご》

我《が》爲《ゐ》如來《によらい》　兩足《りやうそく》之《し》尊《そん》　出《しゆつ》于《う》世間《せけん》　猶《ゆ》如《によ》大《だい》雲《うん》　充《じう》潤《にん》一切《いつさい》　枯槁《こかう》衆生《しゆじやう》　皆《かい》令《りやう》離《り》苦《く》
得《とく》安穩《あんのん》樂《らく》　世間《せけん》之《し》樂《らく》　及《ぎふ》涅槃《ねはん》樂《らく》　貴賤《きせん》上下《じやうげ》　持戒《ちかい》毀戒《きかい》　威儀《いぎ》具足《ぐそく》　及《ぎふ》不《ふ》具足《ぐそく》

正《しやう》見《けん》邪《じや》見《けん》　利《り》根《こん》鈍《どん》根《こん》　等《とう》雨《う》法《ほう》雨《う》　而《に》無《む》懈《け》倦《けん》

妙《めう》法《ほう》蓮《れん》華《ぐゑ》經《きやう》授《じゆ》記《き》品《ほん》第《だい》六《ろく》

如《によ》以《い》甘《かん》露《ろ》灑《しや》、除《ぢよ》熱《ねつ》得《とく》清《しやう》涼《りやう》、　如《によ》從《じう》飢《け》國《こく》來《らい》、忽《こつ》遇《ぐ》大《だい》王《わう》膳《ぜん》

妙《めう》法《ほう》蓮《れん》華《ぐゑ》經《きやう》化《け》城《じやう》諭《ゆ》品《ほん》第《だい》七《しち》

願《ぐわん》以《に》此《し》功《く》德《どく》、普《ふ》及《ぎふ》於《お》一《いつ》切《さい》、我《が》等《とう》與《よ》衆《しゆ》生《じやう》、皆《かい》共《ぐ》成《じやう》佛《ぶつ》道《どう》、大《だい》聖《じやう》轉《てん》法《ぼう》輪《りん》、顯《けん》示《じ》諸《しよ》法《ほつ》相《さう》、度《ど》苦《く》惱《のう》衆《しゆう》生《じやう》、令《りやう》得《とく》大《だい》歡《くわん》喜《ぎ》、衆《しゆう》生《じやう》聞《もん》此《し》法《ほう》、得《とく》道《どう》若《にやく》生《しやう》天《てん》、諸《しよ》惡《あく》道《どう》減《げん》少《しやう》、忍《にん》善《ぜん》者《しや》增《ぞう》益《やく》

妙《めう》法《ほう》蓮《れん》華《ぐゑ》經《きやう》五《ご》百《ひやく》弟《で》子《し》受《じゆ》記《き》品《ほん》第《だい》八《はち》

常《じやう》以《い》二《に》食《じき》、一《いつ》者《しや》法《ほう》喜《き》食《じき》、二《に》者《しや》禪《ぜん》悅《えつ》食《じき》

妙《めう》法《ほう》蓮《れん》華《ぐゑ》經《きやう》授《じゆ》學《がく》無《む》學《がく》人《にん》記《き》品《ほん》第《だい》九《く》

諸《しよ》願《ぐわん》具《ぐ》足《そく》、心《しん》大《だい》歡《くわん》喜《ぎ》、得《とく》未《み》曾《ぞう》有《う》

妙《めう》法《ほう》蓮《れん》華《ぐゑ》經《きやう》法《ほつ》師《し》品《ほん》第《だい》十《ぢう》

若《にやく》是《ぜ》善《ぜん》男《だん》子《し》善《ぜん》女《によ》人《にん》、我《が》滅《めつ》度《ど》後《ご》、能《のう》竊《せつ》爲《ゐ》一《いち》人《にん》、說《せつ》法《ほつ》華《くゑ》經《きやう》、乃《ない》至《じ》一《いつ》句《く》、當《たう》知《ち》是《ぜ》人《にん》

則《そく》如《によ》來《らい》使《し》、如《によ》來《らい》所《しよ》遣《けん》、行《ぎやう》如《によ》來《らい》事《じ》、須《しゆ》臾《ゆ》聞《もん》之《し》、即《そく》得《とく》究《く》竟《ぎやう》、阿《あ》耨《のく》多《た》羅《ら》三《さん》藐《みやく》三《さん》菩《ぼ》提《だい》故《こ》、藥《やく》王《わう》今《こん》告《かう》汝《によ》、我《が》所《しよ》說《せつ》諸《しよ》經《きやう》、而《に》於《お》此《し》經《ぎやう》中《ちう》、法《ほつ》華《くゑ》最《さい》第《だい》一《いち》

妙《めう》法《ほう》蓮《れん》華《ぐゑ》經《きやう》見《けん》寶《ほう》塔《さう》品《ほん》第《だい》十《じふ》一《いち》

此《し》經《きやう》難《なん》持《ぢ》　若《にやく》暫《ざん》持《ぢ》者《しや》　我《が》即《そく》歡《くわん》喜《ぎ》　諸《しよ》佛《ぶつ》亦《やく》然《ねん》　如《によ》是《ぜ》之《し》人《にん》　諸《しよ》佛《ぶつ》所《しよ》歎《たん》　是《ぜ》則《そく》勇《ゆう》猛《みやう》
是《ぜ》則《そく》精《せう》進《しん》　是《ぜ》名《みやう》持《じ》戒《かい》　行《ぎやう》頭《づ》陀《だ》者《しや》　則《そく》爲《い》疾《しつ》得《とく》　無《む》上《じやう》佛《ぶつ》道《だう》　能《のう》於《お》來《らい》世《せ》　讀《どく》持《じ》此《し》經《きやう》
是《ぜ》眞《しん》佛《ぶつ》子《し》　住《ぢう》淳《じゆん》善《ぜん》地《ぢ》　佛《ぶつ》滅《めつ》度《ど》後《ご》　能《のう》解《げ》其《ご》義《ぎ》　是《ぜ》諸《しよ》天《てん》人《にん》　世《せ》間《けん》之《し》眼《げん》　於《お》恐《く》畏《い》世《せ》
能《のう》須《しゆ》臾《ゆ》說《せつ》　一《いつ》切《さい》天《てん》人《にん》　皆《かい》應《おう》供《く》養《よう》

妙《めう》法《ほう》蓮《れん》華《ぐゑ》經《きやう》提《だい》婆《ば》達《だつ》多《た》品《ほん》第《だい》十《じふ》二《に》

佛《ぶつ》告《ごう》諸《しよ》比《び》丘《く》、未《み》來《らい》世《せ》中《ちう》、若《にやく》有《う》善《ぜん》男《なん》子《し》、善《ぜん》女《によ》人《にん》、聞《もん》妙《めう》法《ほつ》華《くゑ》經《きやう》提《だい》婆《ば》達《だつ》多《た》品《ほん》、淨《じやう》心《しん》信《しん》敬《ぎやう》、不《ふ》生《しやう》疑《ぎ》惑《わく》者《しや》、不《ふ》墮《だ》地《ち》獄《ごく》、餓《が》鬼《き》畜《ちく》生《しやう》、生《しやう》十《じつ》方《ぽう》佛《ぶつ》前《ぜん》、所《しよ》生《じやう》之《し》處《しよ》、常《じやう》聞《もん》此《し》經《きやう》若《にやく》生《しやう》人《にん》天《てん》中《ちう》、受《じゆ》勝《しやう》妙《めう》樂《らく》、若《にやく》在《ざい》佛《ぶつ》前《ぜん》、蓮《れん》華《ぐゑ》化《け》生《しやう》、皆《かい》見《けん》龍《りう》女《によ》、忽《こつ》念《ねん》之《し》間《げん》、變《へん》成《やう》男《なん》子《し》、具《ぐ》菩《ぼ》薩《さつ》行《ぎやう》、即《そく》往《わう》南《なん》方《ぽう》、無《む》垢《く》世《せ》界《かい》、坐《ざ》寶《ほう》蓮《れん》華《ぐゑ》、成《じやう》等《こう》正《しやう》覺《がく》、三《さん》十《じう》二《に》相《そう》、八《はち》十《じゆ》種《しゆ》好《かう》、普《ふ》爲《ゐ》十《じつ》方《ぽう》、一《いつ》切《さい》衆《しゆ》生《じやう》、演《ゑん》說《ぜつ》妙《めう》法《ぽう》

妙《めう》法《ほう》蓮《れん》華《ぐゑ》經《きやう》勸《くわん》持《じ》品《ほん》第《だい》十《じふ》三《さん》
世《せ》尊《そん》導《だう》師《し》　安《あん》穩《のん》天《てん》人《にん》　我《が》等《とう》聞《もん》記《き》　心《しん》安《あん》具《ぐ》足《そく》
妙《めう》法《ほう》蓮《れん》華《ぐゑ》經《きやう》安《あん》樂《らく》行《ぎやう》品《ほん》第《だい》十《じふ》四《し》
諸《しよ》天《てん》晝《ちう》夜《や》、常《じやう》爲《ゐ》法《ほう》故《こ》、而《に》衞《ゑ》護《ご》之《し》、文《もん》殊《じゆ》支《し》利《り》、是《ぜ》法《ほつ》華《くゑ》經《きやう》、於《お》無《む》量《りやう》國《こく》中《ちう》、乃《ない》至《し》名《みやう》字《じ》、不《ふ》可《か》得《とく》聞《もん》、何《が》况《きやう》得《とく》見《けん》、受《じゆ》持《じ》讀《どく》誦《じゆ》、
天《てん》諸《しよ》童《どう》子《じ》、以《い》爲《ゐ》給《きう》使《じ》、刀《たう》杖《じやう》不《ふ》加《か》、毒《どく》不《ふ》能《のう》害《がい》、若《にやく》人《にん》惡《を》罵《め》、口《く》則《そく》閉《へい》塞《そく》、遊《ゆ》行《ぎやう》無《む》畏《い》
如《によ》師《し》子《し》王《わう》、智《ち》慧《ゑ》光《くわう》明《みやう》、如《によ》日《につ》之《し》照《せう》、若《にやく》於《お》夢《む》中《ちう》、但《たん》見《けん》妙《めう》事《じ》
妙《めう》法《ほう》蓮《れん》華《ぐゑ》經《きやう》從《じう》地《ぢ》涌《ゆ》出《しゆつ》品《ほん》第《だい》十《じふ》五《ご》
我《が》今《こん》說《せつ》實《じつ》語《ご》、汝《によ》等《とう》一《いつ》心《しん》信《じん》。我《が》從《じう》久《く》遠《おん》來《らい》、敎《けう》化《け》是《ぜ》等《とう》衆《しゆ》、若《にやく》有《う》於《お》此《し》經《きやう》、生《しやう》疑《ぎ》不《ふ》信《しん》者《じや》、即《そく》當《たう》墮《だ》惡《あく》道《だう》
南《な》無《む》妙《めう》法《ほう》蓮《れん》華《ぐゑ》經《きやう》如《によ》來《らい》壽《じゆう》量《りやう》品《ほん》第《だい》十《じふ》六《ろく》
如《によ》來《らい》如《によ》實《じつ》知《ち》見《けん》、三《さん》界《がい》之《し》相《さう》、無《む》有《う》生《しやう》死《し》、若《にやく》退《たい》若《にやく》出《しゆつ》、是《ぜ》好《かう》良《らう》藥《やく》、今《こん》留《る》在《ざい》此《し》、汝《によ》可《か》取《しゆ》服《ぶく》、勿《もつ》憂《ぶ》不《ふ》差《さい》、我《が》此《し》土《ど》安《あん》穩《のん》。天《てん》人《にん》常《じやう》充《じゆう》滿《まん》、毎《まい》自《じ》作《さ》是《ぜ》念《ねん》、以《い》何《が》令《りやう》衆《しゆう》生《じやう》。得《とく》入《にふ》

無上道《むじやうだう》。速成就佛身《そくじやうじゆぶつしん》
妙法蓮華經《めうほうれんぐゑきやう》分別功德品《ぶんべつくどくほん》第十七《だいじふしち》
若我滅度後《にやくがめつどご》、能奉持此經《のうぶちしきやう》、斯人福無量《しにんふくむりやう》、如上之所說《によじやうししよせつ》、是則爲具足《ぜそくゐぐそく》、一切諸供《いつさいしよく》養《よう》
妙法蓮華經《めうほうれんぐゑきやう》隨喜功德品《ずいきくどくほん》第十八《だいじふはち》
世尊滅度後《せそんめつどご》、其有聞是經《ごうもんぜきやう》、若能隨喜者《にやくのうずいきしや》、爲得幾所福《ゐとくきしよふく》
妙法蓮華經《めうほうれんぐゑきやう》法師功德品《ほつしくどくほん》第十九《だいじふく》
若持法華經《にやくぢほつくゑきやう》、其身甚淸淨《ごしんじんしやうじやう》、如彼淨瑠璃《によひじやうるり》、衆生皆喜見《しゆじやうかいきけん》、又如淨明鏡《うによじやうみやうきやう》、悉見諸色《しつけんしよしき》像《ざう》
妙法蓮華經《めうほうれんぐゑきやう》常不輕菩薩品《じやうふぎやうぼさつほん》第二十《だいにじふ》
我深敬汝等《がじんきやうによとう》、不敢輕慢《ふかんきやうまん》、所以者何《しよいしやか》、汝等皆行菩薩道《によとうかいぎやうぼさつだう》、等得作佛《とうとくさぶつ》、聞如是經《もんによぜきやう》、勿生疑惑《もつしやうぎわく》、應等一心《おうとういつしん》、廣說此經《くわうせつしきやう》、世世値佛《せぜちぶつ》、疾成佛道《しつじやうぶつだう》
妙法蓮華經《めうほうれんぐゑきやう》如來神力品《によらいじんりきほん》第二十一《だいにじふいち》

以《い》要《よ》言《ごん》之《し》、如來《によらい》一切《いつさい》所有《しよう》之《し》法《ほう》、如來《によらい》一切《いつさい》自在《じざい》神力《じんりき》、如來《によらい》一切《いつさい》秘《び》要《よう》之《し》藏《ざう》、如來《によらい》一切《いつさい》甚深《じんじん》之《し》事《じ》、皆《かい》於《お》此《し》經《きやう》、宣示《せんじ》顯說《けんぜつ》、是故《ぜこ》汝等《によとう》、於《お》如來《によらい》滅後《めつご》、應當《おうたう》一心《いつしん》、受持《じゆぢ》讀誦《どくじゆ》、解說《げせつ》書寫《しよしや》、如說《によせつ》修行《しゆぎやう》、所在《しよざい》國土《こくど》、若有《にやくう》受持《じゆぢ》讀誦《どくじゆ》、解說《げせつ》書寫《しよしや》、如說《によせつ》修《しゆ》行《ぎやう》、若《にやく》經卷《きやうくわん》所住《しよぢう》之《し》處《しよ》、若於《にやくお》園中《をんちう》、若於《にやくお》林中《りんちう》、若於《にやくお》樹下《じゆげ》、若於《にやくお》僧坊《そうほう》、若《にやく》白衣《びやくえ》舍《しや》若在《にやくざい》殿堂《でんだう》、若《にやく》山谷《せんこく》曠野《くわうや》、是中《ぜちう》皆應《かいおう》、起塔《きたう》供養《くよう》、所以者何《しよいしやが》、當知《たうち》是處《ぜしよ》、即是《そくぜ》道場《だうぢやう》、於我《おが》滅度後《めつどご》、應受持斯經《おうじゆぢしきやう》、是人《ぜにん》於《の》佛道《ぶつだう》、決定《けつぢやう》無《む》有《う》疑《ぎ》

妙《めう》法《ほう》蓮《れん》華《ぐゑ》經《きやう》囑《ぞく》累《るい》品《ほん》第《だい》二《に》十二《ぢゆに》

佛《ぶつ》之《し》智慧《ちゑ》、如來《によらい》智慧《ちゑ》、自然《じねん》智慧《ちゑ》、如來《によらい》是《ぜ》一切《いつさい》衆生《しゆじやう》之《し》大《だい》施主《せしゆ》、汝等《によとう》亦《やく》應《おう》隨學《ずいがく》、如來《によらい》之《し》法《ほう》、勿生《もつしやう》慳悋《けんりん》、於《お》未來世《みらいせ》、若有《にやくう》善男子《ぜんなんし》善女人《ぜんによにん》、信《しん》如來《によらい》智慧者《ちゑしや》、當爲《たうゐ》演說《えんぜつ》此《し》法《ほつ》華經《くゑきやう》

妙《めう》法《ほう》蓮《れん》華經《くゑきやう》藥王《やくわう》菩薩《ぼさつ》本事品《ほんじほん》第二十三《だいにじゆさん》

若復有《にやくぶう》人《にん》、以《い》七寶《ひちほう》滿《まん》、三千大千世界《さんぜんだいせんせかい》、供養《くやう》於《お》佛《ぶつ》、及《きう》大《だい》菩薩《ぼさつ》辟支佛《ひやくしぶつ》、阿羅漢《あらかん》、是人《ぜにん》所得《しよとく》功德《くどく》、不如《ふによ》受持《じゆぢ》、此《し》法華經《ほつくゑきやう》、乃至《ないし》一四句偈《いつしくげ》、其福《ごふく》最多《さいた》、宿王華《しゆくわうげ》、譬《ひ》

如《によ》一切《いつさい》、川流江河《せんろがうが》、諸水之中《しよすゐしちう》、海爲第一《かいいだいいち》、此法華經《しほつくゑきやう》、亦復如是《やくぶによぜ》。於諸如來《おしよによらい》、衆《しゆ》諸說經中《しよせつきやうちう》、最爲甚大《さいいじんたい》、又如土山《うによどせん》、黑山《こくせん》、小鐵圍山《せうてついせん》、大鐵圍山《だいてついせん》、及十寶山《きよじつほうせん》、衆《しゆ》山之中《さんしちう》、須彌山爲第一《しゆみせんゐだいいち》。此法華經《しほつくゑきやう》、亦復如是《やくぶによぜ》、於諸經中《おしよきやうちう》、最爲其上《さいゐごじやう》、又如衆《うによしゆ》星之中《しやうしちう》、月天子《ぐわつてんじ》、最爲第一《さいゐだいいち》、此法華經《しほつくゑきやう》、亦復如是《やくぶによぜ》。於千萬億種《おせんまんのくしゆ》、諸經法中《しよきやうほうちう》、最爲照明《さいゐせうみやう》、又如日天子《うによにちてんじ》、能除諸闇《のうじよしよあん》、此經亦復如是《しきやうやくぶによぜ》、能破一切《のうはいつさい》、不善之闇《ふぜんしあん》、又《う》如諸小王中《によしよせうわうちう》、轉輪聖王《てんりんじやうわう》、最爲第一《さいゐだいいち》、此經亦復如是《しきやうやくぶによぜ》、於衆經中《おしゆうきやうちう》、最爲其尊《さいいこそん》、又《う》如帝釋《によたいしやく》、於三十三天中王《おさんじうさんてんちうわう》、此經亦復如是《しきやうやくぶによぜ》、諸經中王《しよきやうちうわう》、又如大梵天王《うによだいぼんてんわう》、一切衆《いつさいしゆう》生之父《じやうしふ》、此經亦復如是《しきやうやくぶによぜ》、一切賢聖《いつさいけんしやう》、學無學《がくむかく》、及發菩薩心者之父《きふほつぼさつしんじやしふ》、又如一切凡《うによいつさいぼん》夫人中《ぶにんちう》、須陀洹《しゆだごん》、斯陀含《しだごん》、阿那含《あなごん》、阿羅漢《あらかん》、辟支佛《ひやくしぶつ》、爲第一《いだいいち》、此經亦復如是《しきやうやくぶによぜ》一切如來所說《いつさいによらいしよせつ》、若菩薩所說《にやくぼさつしよせつ》、若聲聞所說《にやくしやうもんしよせつ》、諸經法中《しよきやうほうちう》、最爲第一《さいゐだいいち》、有能受持《うのうぢうぢ》是經典者《ぜきやうてんしや》、亦復如是《やくぶによぜ》、於一切衆生中《おいつさいしゆうじやうちう》、亦爲第一《やくゐだいいち》、一切聲聞《いつさいしやうもん》、辟支佛中《ひやくしぶつちう》、菩薩《ぼさつ》爲第一《ゐだいいち》、此經亦復如是《しきやうやくぶによぜ》、於一切諸經法中《おいつさいしよきやうほうちう》、最爲第一《さいゐだいいち》、如佛爲諸法王《によぶつゐしよほうわう》、此經亦《しきやうやく》復如是《ぶによぜ》。諸經中王《しよきやうちうわう》、宿王華《しゆくわうげ》、此經能救《しきやうのうご》、一切衆生者《いつさいしゆうじやうしや》。此經能令《しきやうのうりやう》、一切衆生《いつさいしゆうじやう》、離諸苦惱《りしよくのう》、此經《しきやう》能大饒益《のうだいねうやく》、一切衆生《いつさいしゆうじやう》、充滿其願《じうまんごぐわん》、如清涼池《によしやうりやうち》、能滿一切《のうまんいつさい》、諸渴《しよかつ》乏者《ほうしや》、如寒者得火《によかんしやとくくわ》、如裸者得衣《によらしやとくい》、如商人得主《によしやうにんとくしゆ》、如子得母《によしとくも》、如渡得船《によととくせん》、如病得《によびやうとく》醫《い》、如暗得燈《によあんとくとう》、如貧得寶《によひんとくほう》、如民得王《によみんとくわう》、如賈客得海《によかかくとくかい》、如炬除暗《によきよじよあん》、此法華經《しほつくゑきやう》、亦《やく》復如是《ぶによぜ》、能令衆生《のうりやうしゆうじやう》、離一切苦《りいつさいく》、一切病痛《いつさいびやうつう》、能解一切《のうげいつさい》、生死之縛《しやうししばく》、宿王華《しゆくわうげ》、汝《によ》當以神通之力《さういじんつうしりき》、守護是經《しゆごぜきやう》。所以者何《しよいしやが》、此經則爲《しきやうそくゐ》、閻浮提人《えんぶだいにん》、病之良藥《びやうしらうやく》、若人《にやくにん》有病《うびやう》、得聞是經《とくもんぜきやう》、病卽消滅《びやうそくせうめつ》、不老不死《ふらうふし》

妙法蓮華經妙音菩薩品第二十四《めうほうれんぐゑきやうめうおんぼさつほんだいにぢうし》

是妙音菩薩《ぜめうおんぼさつ》、能救護娑婆世界《のうぐごしやばせかい》、諸衆生者《しよしゆじやうしや》、是妙音菩薩《ぜめうおんぼさつ》、如是種種《によぜしゆじゆ》、變化現身《へんげげんしん》在此娑婆國土《ざいししやばこくど》、爲諸衆生《ゐしよしゆうじやう》、說是經典《せつぜきやうでん》

妙法蓮華經觀世音菩薩普門品第二十五《めうほうれんぐゑきやうくわんぜおんぼさつふもんほんだいにじふご》

呪咀諸毒藥《しゆそしよどくやく》、所欲害身者《しよよくがいしんじや》、念被觀音力《ねんぴくわんのんりき》、還着於本人《げんちやくおほんにん》、觀音妙智力《くわんのんめうちりき》、能救世間《のうぐせけん》苦《く》、具足神通力《ぐそくじんづうりき》、廣修智方便《くわうしゆちほうべん》、十方諸國土《じつぽうしよこくど》、無刹不現身《むせつぶげんしん》、怖畏軍陣中《ふゐぐんじんちう》、念彼《ねんぴ》觀音力《くわんのんりき》、衆怨悉退散《しゆをんしつたいさん》、具一切功德《ぐいつさいくごう》、慈眼視衆生《じげんじしゆうじやう》、福聚海無量《ふくじゆかいむりやう》、是故應頂禮《ぜこおうちやうらい》、

妙法蓮華經陀羅尼品第二十六《めうほうれんぐゑきやうだらにほんだいにじうろく》

令百由旬內《りやうひやくゆじゆんない》、無諸衰患《むしよすいげん》、若熱病《にやくねつびやう》、若一日《にやくいちにち》、若二日《にやくににち》、若三日《にやくさんにち》、若四日《にやくしにち》、乃至七日《ないししちにち》、若常熱病《にやくじやうねつびやう》、若男形《にやくなんぎやう》、若女形《にやくによぎやう》、若童男形《にやくどうなんぎやう》、若童女形《にやくどうによぎやう》、乃至夢中《ないしむちう》、亦復莫惱《やくぶまくのう》若不順我咒《にやくふじゆんがじゆ》、惱亂說法者《のうらんせつぽうしや》、頭破作七分《づはさしちぶん》、如阿梨樹枝《によありじゆし》、受持法華名者《じゆじほつくゑみやうしや》、福不可量《ふくふかりやう》

妙法蓮華經妙莊嚴王本事品第二十七《めうほうれんぐゑきやうめうそうごんわうほんじほんだいにじふしち》

彼佛法中《ひぶつほうちう》、有王名妙莊嚴《うわうみやうめうそうごん》、其王夫人《こわうぶじん》、名曰淨德《みやうわつじやうとく》、有二子《うにし》、一名淨藏《いちみやうじやうざう》、二名淨眼《にみやうじやうげん》、是二子《ぜにし》、有大神力《うだいじんりき》、福德智慧《ふくとくちゑ》、久修菩薩《くしゆぼさつ》、所行之道《しよぎやうしだう》、一切世間《いつさいせけん》、諸天人民《しよてんにんみん》、亦應禮拜《やくおうらいはい》、佛說是妙莊嚴王《ぶつせつぜめうしやうごんわう》、本事品時《ほんじほんじ》、八萬四千人《はちまんしせんにん》、遠塵離苦《おんぢんりく》、於諸法中《おしよほうちう》、得法眼淨《とくほうげんじやう》

妙法蓮華經普賢菩薩勸發品第二十八《めうほうれんぐゑきやうふげんぼさつくわんはつほんだいにじふはち》

佛告普賢菩薩《ぶつがうふげんぼさつ》、若善男子《にやくぜんなんし》、善女人《ぜんによにん》、成就四法《じやうじゆしほう》、於如來滅後《おによらいめつご》、當得是法華經《たうとくぜほつくゑきやう》、一者爲諸佛護念《いつしやゐしよぶつごねん》、二者植諸德本《にしやぢきしよとくほん》、三者入正定聚《さんしやにふしやうじやうじゆ》、四者發救一切衆生之心《ししやほつぐいつさいしゆじやうししん》、若《にやく》

但《たん》書《しよ》寫《しや》、是《ぜ》人《にん》命《みやう》終《しう》、當《たう》生《しやう》忉《さう》利《り》天《てん》上《じやう》、是《ぜ》時《じ》八《はち》萬《まん》四《し》千《せん》天《てん》女《によ》、作《さ》衆《しゆ》伎《ぎ》樂《がく》、而《に》來《らい》迎《ぎやう》之《し》其《ご》人《にん》即《そく》着《ちやく》七《ひち》寶《ほう》冠《くわん》、於《お》婇《さい》女《によ》中《ちう》、娛《ご》樂《らく》快《け》樂《らく》、何《が》況《きやう》受《しゆ》持《じ》讀《どく》誦《じゆ》、正《しやう》憶《おく》念《ねん》、解《げ》其《ご》義《ぎ》趣《しゆ》、如《によ》說《せつ》修《しゆ》行《ぎやう》、若《にやく》有《う》人《にん》受《じゆ》持《じ》讀《どく》誦《じゆ》、解《げ》其《ご》義《ぎ》趣《しゆ》、是《ぜ》人《にん》命《みやう》終《しゆう》、爲《ゐ》千《せん》佛《ぶつ》授《じゆ》手《しゆ》、令《りやう》不《ふ》恐《く》怖《ふ》、不《ふ》墮《だ》惡《あく》趣《しゆ》、卽《そく》往《わう》兜《と》率《そつ》天《てん》上《じやう》、彌《み》勒《ろく》菩《ほ》薩《さつ》所《しよ》、彌《み》勒《ろく》菩《ほ》薩《さつ》、有《う》三《さん》十《じふ》二《に》相《さう》、大《だい》菩《ほ》薩《さつ》衆《しゆ》、所《しよ》共《ぐ》圍《ゐ》繞《ねう》、有《う》百《ひやく》千《せん》萬《まん》億《のく》、天《てん》女《によ》眷《けん》屬《ぞく》、而《に》於《お》中《ちう》生《しやう》
所《しよ》願《ぐわん》不《ふ》虛《こ》、亦《やく》於《お》現《げん》世《ぜ》、得《とく》其《ご》福《ふく》報《ほう》、若《にやく》有《う》人《にん》、輕《きやう》毀《き》之《し》言《ごん》、汝《によ》狂《わう》人《にん》耳《に》、空《くう》作《さ》是《ぜ》行《ぎやう》、終《しう》無所《しよ》獲《ぎやく》、如《によ》是《ぜ》罪《ざい》報《ほう》、當《たう》世《せ》世《せ》無《む》眼《げん》、若《にやく》有《う》供《く》養《よう》、讃《さん》歎《たん》之《し》者《しや》、當《たう》於《お》今《こん》世《ぜ》、得《とく》現《げん》果《くわ》報《ほう》

妙《めう》法《ほう》蓮《れん》華《ぐゑ》經《きやう》卷《くわん》第《だい》八《はち》

法《ほつ》華《くゑ》妙《めう》理《り》　釋《しやく》尊《そん》金《きん》言《げん》　當《たう》生《せう》信《しん》心《じん》　無《む》有《う》虛《こ》妄《もう》

祈禱肝文經讀方心得

御經を開く時
南無極難値遇一乘妙法蓮華經《なむこくたんちぐういちじやうめうほうれんぐゑきやう》　一禮
南無生生値遇一乘妙法蓮華經《なむしやうじやうちぐういちじやうめうほうれんぐゑきやう》　一禮
南無平等大慧一乘妙法蓮華經《なむびやうどうだいゑいちじやうめうほうれんぐゑきやう》　一禮
以上唱へながら三遍頂載すべき事
一　拜讀の音聲は、高からず、低からず、緩《ゆる》やかならず、急ならず、丹田《たんでん》に氣勢を籠《こ》め、一一文文に文句分明の事。
一　讀方は所願速疾《しよぐわんそくしつ》に成就せん事を願ふが故に品品の結文と題號の中間を斷《き》らず、同音同息に讀み奉る事、即ち醍醐《だいご》妙典《めうでん》二十八品の肝文妙法蓮華經序品第一、今相如本瑞妙法蓮華經方便品第二、今者已滿足妙法蓮華經譬諭品第三と讀み續くるが如し、但し誦出品は生疑不信者即當墮惡道にて斷り、音聲更《あらた》め至信《ししん》に頂載し長音に、南無妙法蓮華經如來壽量品第十六と始《はじ》むべき事。

總じて題號の妙法蓮華經の妙には特に氣力を加ふべき事。

終り普賢品《ふげんぼん》は、所願不虚《しよぐわんふこ》より音聲を緩《ゆる》め妙法蓮華經卷第八にて結び、法華妙理乃至無有虚妄の十六字は經文に非ざれば普通音を以て讀み納め、御題目を三遍唱へ頂載し奉るべき事、但し法華妙理の御文は宗祖大聖人の御勸誡《ごくわんかい》也、勸誡とは信心を勸め疑心を誡《いまし》め給ふ事なり、即ち此御經は皆釋尊の金言にして悉く眞實なるを以て特に行者をして疑心無く深く信仰せしめん爲め、此處に註《ちう》し給ふものなれば須《すべか》らく拜讀の行者、其御眞意を體《たい》し、決して輕想《けいそう》の念ある可からざる事。以上

御加持肝文經頂載誦文《おんかじかんもんきやうちやうだいじゆもん》

師資相承《ししさうじやう》し奉《たてまつ》る祈禱根本身延積善流向尊傳法末法《きとうこんほんみのぶしやくぜんりうかうそんでんほうまつほう》の大導師日蓮大菩薩御撰《たいだうしにちれんだいぼさつぎよせん》
御祈禱肝文經《ごきとうかんもんきやう》
南無極難値遇一乘妙法蓮華經《なむごくなんちぐういちじやうめうほうれんぐゑきやう》

南《な》無《む》生《しやう》生《じやう》値《ち》遇《ぐう》一《いち》乘《じやう》妙《めう》法《ほう》蓮《れん》華《ぐゑ》經《きやう》
南《な》無《む》平《びやう》等《どう》大《たい》會《え》一《いち》乘《じやう》妙《めう》法《ほう》蓮《れん》華《ぐゑ》經《きやう》
一《いち》部《ぶ》八《はち》巻《くわん》二《に》十《じふ》八《はち》品《ほん》六《ろく》萬《まん》九《く》千《せん》三《さん》百《びやく》八《はち》十《じふ》餘《よ》字《じ》、品《ほん》品《ほん》の內《うち》咸《ことごと》く躰《たい》等《とう》を具《ぐ》し、句《く》句《く》之《の》下《しも》通《つう》じて妙《めう》名《みやう》を結《けつ》す、一《いち》一《いち》の文《もん》文《もん》は是《こ》れ眞《しん》佛《ぶつ》なり、眞《しん》佛《ぶつ》の說《せつ》法《ぽう》は衆《しゆ》生《じやう》を利《り》す一《ひと》たび聞《き》けば能《よ》く一《いつ》切《さい》の法《ほう》を持《たも》つが故《ゆへ》に、未《いま》だ六《ろく》波《は》羅《ら》蜜《みつ》を修《しゆ》行《ぎやう》することを得《え》ずと雖《いへど》も、六《ろく》波《は》羅《ら》蜜《みつ》自《じ》然《ねん》に在《ざい》前《ぜん》せん、一《いつ》切《さい》の業《こう》障《しやう》海《かい》は皆《みな》妄《もう》想《ぞう》より生《しやう》ず、衆《しゆ》罪《ざい》は霜《そう》露《ろ》の如《ごと》く慧《え》日《にち》能《よ》く消《しやう》除《じよ》す、若《も》し末《まつ》法《ぽう》弘《ぐ》經《きやう》廣《ごう》宣《せん》流《ろ》布《ふ》の志《こゝろざし》あらん行《ぎやう》者《じや》は、法《ほつ》華《くゑ》金《きん》口《く》の明《みやう》說《せつ》に於《おい》て信《しん》心《じん》を致《いた》さば、現《げん》當《こう》二《に》世《せ》の諸《しよ》願《ぐわん》必《かなら》ず決《けつ》定《じやう》圓《ゑん》滿《まん》することを得《え》せしむべきなり、我《わ》が不《ふ》信《しん》を以《もつ》て金《きん》言《げん》を疑《うたが》はざれ、若《も》し其《そ》れ信《しん》心《じん》強《こう》盛《じやう》にして深《じん》重《ぢう》ならば、息《そく》災《さい》延《えん》命《めい》決《けつ》定《じやう》得《さく》樂《らく》ならん。
現《げん》加《か》持《じ》頂《ちやう》載《だい》の面《めん》々《めん》、各《おの》々《おの》信《しん》心《じん》懺《ざん》悔《げ》、三《さん》世《ぜ》罪《ざい》障《しやう》消《せう》滅《めつ》、眼《げん》耳《に》鼻《び》舌《ぜつ》身《しん》意《に》、得《さく》聞《もん》此《し》經《きやう》六《ろつ》根《こん》清《しやう》淨《じやう》、神《じん》通《づう》力《りき》故《こ》增《ぞう》益《やく》壽《じゆ》命《めう》、年《ねん》中《ちう》安《あん》泰《たい》諸《しよ》願《ぐわん》成《じやう》就《じゆ》、眞《しん》俗《ぞく》如《によ》意《い》宣《くわう》流《せん》廣《ろ》布《ふ》、得《さく》已《い》滿《まん》足《ぞく》、如《によ》風《ふう》於《お》空《くう》中《ちう》一《いつ》切《さい》無《む》障《しやう》礙《げ》

立《たち》わたる身《み》のうき雲《くも》も晴《は》れぬべしたえぬ御法《みのり》の鷲《わし》の山風《やまかぜ》
南無妙法蓮華經、南無妙法蓮華經、南無妙法蓮華經三度唱へて三度命息の息を以て何にも強く長く細く寒く當るよう吹くべし

御《ご》祈《き》禱《こう》加《か》持《じ》肝《かん》文《もん》

元品《ぐわんほん》の無明《むみやう》を切《き》る大利劍《だいりけん》、生死《せうし》の長夜《ちやうや》を照《てら》す大燈明《だいとうみやう》、毎自作是念《まいじさぜねん》、以何令衆《いがりやうしゆう》生《じやう》、得入無上道《とくにうむじやうだう》。速成就佛身《そくじやうじゆぶつしん》、以佛教門《いぶつきよもん》、出三界苦《しゆつさんがいく》。是人於佛道《ぜにんおぶつどう》、決定無有《けつじやうむう》疑《ぎ》。此經則爲《しきやうそくい》、閻浮提人《えんぶだいにん》、病之良藥《びやうしろうやく》、若人有病《にやくにんうびやう》、得聞是經《とくもんぜきやう》。病則消滅《びやうそくしやうめつ》、不老《ふろう》不死《ふし》。梵天王魔王《ぼんてんのうまわう》、自在大自在《じざいだいじざい》。如我昔所願《によがしやくしよぐわん》、今者已滿足《こんしやいまんぞく》、曠野嶮隘處《くわうやけんないしよ》、師《し》子象虎狼《しぞうころう》、野牛水牛等《やごすいごとう》、若男形《にやくなんぎやう》、若女形《にやくによぎやう》、若童男形《にやくどうなんぎやう》、若童女形《にやくどうによぎやう》、乃至夢中《ないしむちう》、亦復莫惱《やくぶまくのう》、若不順我咒《にやくふじゆんがしゆ》、惱亂說法者《のうらんせつほつしや》、頭破作七分《つはさひちぶん》、如阿梨樹枝《によありじゆし》、咒咀諸毒藥《しゆそしよどくやく》、所欲害身者《しよよくがいしんじや》、念彼妙法力《ねんぴめうほうりき》、還着於本人《けんぢやくおほんにん》、惡鬼入其身《あつきにふこしん》、罵詈毀辱我《めりきにくが》、我等敬信《がとうきやうしん》佛《ぶつ》、當着忍辱鎧《とうちやくにんにくがい》、是諸惡鬼《ぜしよあつき》、尙不能以《しやうふのうい》、惡眼視之《あくげんじし》、况復加害《きやうぶかがい》、離一切苦《りいつさいく》、一《いつ》

切《さい》病痛《びやうつう》、能解《のうげ》一切《いつさい》、生死《しやうじ》之《し》縛《ばく》、離《り》諸《しよ》衰患《すいげん》、消衆《せうしゆう》毒藥《どくやく》、現世《げんせ》安穩《あんのん》、後生《ごしやう》善處《ぜんしよ》、以《い》道《どう》受樂《じゆらく》、亦得《やくとく》聞法《もんぽう》、既《き》聞法《もんほう》已《き》、離《り》諸《しよ》障礙《しよげ》、轉《でん》我《が》邪心《じやしん》、令得《りやうさく》安住《あんぢう》、於《お》佛法《ぶつほう》中《ちう》得《さく》見《けん》世尊《せそん》、諸《しよ》餘《よ》怨敵《おんてき》、皆悉《かいしつ》摧滅《ざいめつ》、還念《げんねん》本誓《ほんせい》、怨敵《をんてき》退散《たいさん》、妙法《めうほう》蓮華經《れんぐゑきやう》衆《しゆ》怨《をん》悉《しゆ》退《たい》散《さん》
今此《こんし》三界《さんがい》、皆是《かいぜ》我有《がう》、其《ご》中《ちう》衆生《じゆうじやう》、悉是《しつぜ》吾子《こし》、而《に》今此《こんし》處《しよ》、多《た》諸《しよ》患難《けんなん》、唯我《ゆいが》一人《いちにん》能爲《のうゐ》救護《くご》、受持《じゆじ》法華《ほつくゑ》名者《みやうしや》、福《ふく》不可量《ふかりやう》、如《によ》日月《にちぐわつ》光明《こうみやう》、能除《のうじよ》諸《しよ》幽冥《ゆうめやう》、斯人《しじん》行《ぎやう》世間《せけん》能滅《のうめつ》衆生闇《しゆじやうあん》、如《によ》世尊《せそん》敕《ちよく》、當《さう》具《ぐ》奉行《ぶぎやう》、諸天《しよてん》晝夜《ちうや》、常爲《ぐやうゐ》法故《ほうこ》、而《に》衞護《えご》之《し》、天《てん》諸《しよ》童《どう》子《じ》、以爲《いゐ》給使《きゆじ》、刀杖《さうじやう》不加《ふか》、毒《どく》不能《ふのう》害《がい》、如來《によらい》祕密《ひみつ》、神通《じんつう》之《し》力《りき》、是《ぜ》好《こう》良藥《ろうやく》、今《こん》留《ろ》在此《ざいし》、明練《みやうれん》方藥《ほうやく》、善治《ぜんじ》衆病《しゆびやう》、即取《そくしゆ》服之《ふくし》、毒病《どくびやう》皆愈《かいゆ》、擣簁《こうし》和合《わごう》、與子《よし》令服《りやうふく》、頭《づ》頂禮敬《ちやうらいきやう》、一切《いつさい》供養《くやう》、合掌《がつしやう》以《い》敬心《きやうしん》、欲聞《よくもん》具足《ぐそく》道《だう》、有《う》大《だい》筋力《きんりき》、行歩《ぎやうふ》平正《びやうしやう》、澍《じゆ》甘露《かんろ》法雨《ほうう》、滅除《めつじよ》煩惱《ほんのう》燄《えん》、甘露《かんろ》淨法《じやうほう》、其《ご》法《ほう》一味《いちみ》、身意《しんい》泰然《たいねん》、快得《けさく》安穩《あんのん》、安住《あんじゆう》不動《ふどう》、如《によ》須彌山《しゆみせん》、婬欲《いんよく》皆《かい》已《い》斷《だん》、純一《じゆんいち》變化生《へんげしやう》、卽便《そくべん》服之《ふくし》、病盡《びやうじん》除愈《じやうゆ》、安住《あんじゆ》心《しん》不亂《ふらん》、持《じ》

此《し》一《いつ》心《しん》福《ふく》、妙《めう》法《ほう》蓮《れん》華《ぐゑ》經《きやう》信《しん》解《げ》品《ほん》第《だい》四《し》、妙《めう》法《ほう》蓮《れん》華《ぐゑ》經《きやう》身《しん》下《げ》出《しゆつ》水《すい》、是《ぜ》人《にん》當《とう》得《とく》、八《はつ》百《ぴやく》眼《げん》功《く》德《どく》、千《せん》二《に》百《ひやく》耳《じ》功《く》德《どく》、八《はつ》百《ぴやく》鼻《び》功《く》德《どく》、千《せん》二《に》百《ひやく》舌《ぜつ》功《く》德《どく》、八《はつ》百《ぴやく》身《しん》功《く》德《どく》、千《せん》二《に》百《ひやく》意《い》功《く》德《どく》、是《い》功《ぜ》以《く》德《どく》、莊《しやう》嚴《ごん》六《ろつ》根《こん》、皆《かい》令《りやう》清《しやう》淨《じやう》、若《にやく》持《じ》法《ほつ》華《くゑ》經《きやう》、其《ご》身《しん》甚《じん》清《しやう》淨《じやう》、得《とく》聞《もん》此《し》經《きやう》、六《ろく》根《こん》清《しやう》淨《じやう》、神《じん》通《つう》力《りき》故《こ》、增《ぞう》益《やく》壽《じゆ》命《めう》、所《しよ》願《ぐわん》具《ぐ》足《そく》、心《しん》大《だい》歡《くわん》喜《き》、所《しよ》願《ぐわん》不《ふ》虛《こ》、亦《やく》於《お》現《げん》世《ぜ》得《とく》其《ご》福《ふく》報《ほう》、是《ぜ》人《にん》得《とく》大《だい》利《り》、如《によ》上《じやう》諸《しよ》功《く》德《どく》。當《とう》於《お》今《こん》世《せ》、得《とく》現《げん》果《くわ》報《ほう》、令《りやう》百《ひやく》由《ゆ》旬《じゆん》內《ない》、無《む》諸《しよ》衰《すい》患《げん》、如《によ》風《ふう》於《お》空《くう》中《ちう》、一《いつ》切《さい》無《む》障《しやう》礙《げ》。法《ほつ》華《け》妙《めう》理《り》、釋《しやく》尊《そん》金《きん》言《げん》、當《たう》生《しやう》信《しん》心《じん》、無《む》有《う》虛《こ》妄《もう》。妙《めう》法《ほう》蓮《れん》華《ぐゑ》經《きやう》序《じよ》品《ほん》第《だい》一《いち》
（右相承に重々の口訣有之究めざれば其意を得難し）

御《ご》祈《き》禱《とう》言《ごん》上《じやう》

南《な》無《む》平《びやう》等《どう》大《だい》慧《ゑ》一《いち》乘《じやう》妙《めう》法《ほう》蓮《れん》華《ぐゑ》經《きやう》
南《な》無《む》靈《りやう》山《せん》淨《じやう》土《ど》久《く》遠《おん》實《じつ》成《じやう》釋《しや》迦《か》牟《む》尼《に》佛《ぶつ》
南《な》無《む》寶《ほう》淨《じやう》世《せ》界《かい》證《しやう》明《みやう》法《ほつ》華《け》多《た》寶《ほう》如《によ》來《らい》

南《な》無《む》上行《じやうぎやう》無邊行《むへんぎやう》、淨行《じやうぎやう》安立行《あんりつぎやう》等《とう》本化《ほんげ》地《じ》涌《ゆうの》大士《だいし》
文殊《もんじゆ》、彌勒《みろく》、普賢《ふげん》、藥王《やくわう》、觀音《くわんのん》等《とう》迹化《しやくけ》他方《たはう》大權《だいこん》薩埵《さつた》
身子《しんし》、目連《もくれん》、迦葉《かせう》、阿難《あなん》等《とう》新得記《しんとくき》の諸大聲聞《しよだいじやうもん》、惣《そう》じ而《て》、靈山《りやうせん》虚空《こくう》二處《にしよ》三會《さんえ》發起《ほつき》影《えう》向《こう》、當機《たうき》結緣《けつえん》の四衆《ししう》乃至《ないし》盡《じん》虚空《こくう》微塵《みじん》刹土《せつど》古來《こらい》現在《げんざい》の一切《いつさい》の三寶《さんぽう》に申《まう》して言《まうさ》く
願《ねがは》くは讀誦《どくじゆ》し奉《たてまつ》る壽量品《じゆりやうほん》を以《もつ》て助行《ぢよぎやう》と爲《な》し、唱《とな》へ奉《たてまつ》る妙法蓮華經《めうほうれんぐゑきやう》を以《もつ》て正行《しやうぎやう》として、速《すみやか》に正助《じやうじよ》の二行《にぎやう》を整足《そく》して之《これ》を讀誦《どくじゆ》し奉《たてまつ》る、此功徳《このくどく》に依《よつ》て信心《しんじん》の行《ぎやう》者《じや》除病延命《じよびやうえんめい》ならむ耳《のみ》、其《そ》れ陀羅尼《だらに》と者《は》、二邊《にへん》の惡《あく》を除《のぞ》いて中道《ちうどう》の善《ぜん》に歸《き》し、遮惡持善《しやあくぢぜん》の者《もの》は、何《なん》ぞ惡《あく》を除《のぞ》いて善《ぜん》に歸《き》せしめざらむ哉《や》、然《しか》らば則《すなは》ち鬼子母《きしぼ》神《じん》十羅刹女《ぢふらせつによ》は、若不順我咒《にやくふじゆんがじゆ》惱亂說法者《のうらんせつほうしや》、頭破作七分《づはさひちぶん》、如阿梨樹枝《によありじゆし》と誓《ちか》ひ給《たま》ふ、佛《ぶつ》前《ぜん》の御約束《ごやくそく》爭《いかで》か虚《むな》しからむ乎《や》、故《ゆゑ》に五番神咒《ごばんしんじゆ》の力《ちから》、遠《とを》くは一乘圓經《いちじやうゑんきやう》の妙理《めうり》を顯《あらわ》し、近《ちか》くは自身《じしん》擁護《おうご》之《の》威勢《いせい》を示《しめ》す、之《これ》に依《よつ》て二聖二天《にしやうにてん》十羅刹女《ぢうらせつによ》、天照大神《てんしやうだいじん》正八幡宮《しやうはちまんぐう》等《とう》を始《はじ》め奉《たてまつ》り、一切《いつさい》の諸神《しよしん》、惣《そう》じて本朝《ほんちやう》大小《だいせう》の神祇《じんぎ》等《とう》面面《めんめん》に法樂《ほうらく》し奉《たてまつ》る、隨喜《ずいき》せしめ給《たま》へ、仍《よつ》て法味《ほうみ》を聽聞《ちやうもん》して報恩《ほうおん》を垂令《たれしめ》たまへ、内《うち》には智慧《ちえ》

の弟子《でし》有《あり》て佛法《ぶつほう》の深義《じんぎ》を覺《さと》り、外《そと》には清淨《しやうじやう》の檀越《だんおつ》有《あつ》て佛法《ぶつほう》久住《くじゆ》し、法華折伏《ほつくゑしやくぶく》破權門理《はごんもんり》、終《つひ》に諸乘一佛乘《しよじやういちぶつじやう》に歸《き》せよと納受《なうじゆ》せしめ玉《たま》へ、仰《あを》ぎ願《ねがわ》くは精誠《しやうじやう》の祈《き》願《ぐわん》に依《よつ》て縱《たと》ひ年《とし》の難《なん》、月《つき》の難《なん》、日《ひ》の難《なん》、時《とき》の難等《なんとう》の所來《しよらい》の定難《じやうなん》を返《へん》じ轉《てん》じて除病延壽息災延命《じよびやうえんじゆそくさいえんめい》と守護《しゆご》せしめ玉《たま》へ、令百由旬內《りやうひやくゆじゆんない》、無諸衰患《むしよすいげん》、受持法華名者《じゆじほつくゑめうしや》福不可量《ふくふかりやう》、諸餘怨敵皆悉摧滅《しよよおんてきかいしつざいめつ》、得聞是經病則消滅《とくもんぜきやうびやうそくしやうめつ》、不老不死《ふろうふし》と云《い》へり。國《くに》謗法《ほうほう》の音《こゑ》無《な》くんば萬民《ばんみん》數《かず》を減《げん》ぜず、家《いへ》に讃經《さんきやう》の頌《つとめ》あらば七難《しちなん》必《かなら》ず退散《たいさん》せし令《め》めむ矣。

天下泰平國土安穩祈念《てんかたいへいこくどあんのんきねん》

南無一乘妙法蓮華經本門壽量佛本尊《なむいちじやうめうほうれんげきやうほんもんじゆりやうぶつほんぞん》
南無久遠實成大恩敎主釋迦牟尼如來《なむくおんじつじやうだいおんきやうしゆしやかむににょらい》
南無末法唱導師本化日蓮大菩薩《なむまつほうしやうだうしほんげにちれんだいぼさつ》
南無扶桑本主天照太神正八幡大菩薩《なむふさうほんしゆてんしやうだいじんしやうはちまんだいぼさつ》

南無《なむ》最上位《さいじやうい》妙雲《めううん》大菩薩《だいぼさつ》
南無《らむ》最上位《さいじやうい》鎭護《ちんご》大菩薩《だいぼさつ》
南無《なむ》本門《ほんもん》戒壇《かいだん》勸請《くわんしやう》の諸天王《しよてんわう》、諸大明神等《しよだいみやうじんとう》法樂《ほうらく》莊嚴《そうごん》威光《いこう》增益《ぞうやく》、廣讃《くわうさん》功德《くとく》護持《ごじ》妙法《めうほう》。
御祈禱《ごきとう》肝文經《かんもんきやう》（全文讀誦）
所詮《しよせん》天下《てんか》泰平《たいへい》國土《こくど》安穩《あんのん》は、君臣《くんしん》の樂《ねが》ふ所《ところ》、土民《どみん》の思《おも》ふ所《ところ》也、夫《そ》れ國《くに》は法《ほう》に依《よ》て昌《さか》へ、法《ほう》は人《ひと》に依《よつ》て貴《たつと》し、法華經《ほつくゑきやう》を以《もつ》て國土《こくど》を祈《いの》らば、上一人《かみいちにん》より、下萬民《しもばんみん》に至《いた》るまで、悉《ことごと》く悅《よろこ》び榮《さか》へ給《たま》ふべき、鎭護《ちんご》國家《こつか》の大白法《だいびやくほう》也《なり》
天下《てんか》萬民《ばんみん》、諸乘《しよじやう》一佛乘《いちぶつじやう》と成《なつ》て、妙法《めうほう》獨《ひと》り繁昌《はんじやう》せん時《とき》、萬民《ばんみん》一同《いちどう》に、南無妙法蓮華經《なむめうほうれんぐゑきやう》と唱《とな》へ奉《たてまつ》らば、吹《ふ》く風枝《かぜえだ》を鳴《なら》さず、雨壤《あめつちくれ》を碎《くだ》かす、代《よ》は、義農《ぎのう》の世《よ》となりて、今生《こんぜう》には、不祥《ふしやう》の災難《さいなん》を拂《はら》ひ、長生《ちやうせい》の術《じゆつ》を得《え》、人法《にんほう》共《とも》に、不老不死《ふらうふし》の理《ことわり》、顯《あらわ》れん時《とき》を各各《おのおの》御覽《ごらん》ぜよ、現世《げんせ》安穩《あんのん》の證文《しやうもん》疑《うたが》ひあるべからざる者《もの》也
云々
南無妙法蓮華經《なむめうほうれんぐゑきやう》（三唱又は百遍）

仰《あを》ぎ祈《いの》らく、一天《いつてん》四海《しかい》皆《かい》歸《き》妙法《めうほう》、五五《ここ》百歳《ひやくさい》廣宣《くわうせん》流布《るふ》、今上《こんじやう》皇帝《こうてい》、寶祚《ほうそ》無窮《むきう》玉體《ぎよくたい》安全《あんぜん》、聖壽《せいじゆ》長久《ちやうきう》、天下《てんか》泰平《たいへい》國土《こくど》安穩《あんのん》、五穀《ごこく》成就《じやうじゆう》萬民《ばんみん》快樂《けらく》を守護《しゆご》せしめ給《たま》へ、如風《によふう》於空中《おくうちう》、一切《いつさい》無障礙《むしやうげ》の御祈禱《こきたう》。

懺悔章《さんげしやう》

本尊に向ひ奉り、式の如く勸請をなし、讀經は方便品究竟等迄、壽量品、神力品、屬累品以上全文、唱題百二十反唱へ、座を退き兩手を附き、頭を垂れ懺悔の意を表し、御本尊を仰ぎ唱へて云く。

至心《ししん》に懺悔《さんげ》す、我《わ》れ弟子《でし》一切《いつさい》衆生《しゆじやう》と、無始《むし》より已來《このかた》、眞心《しんしん》を迷失《めいしつ》し、生死《しやうし》に流轉《るてん》す。六根《ろつこん》の罪障《ざいしやう》無量《むりやう》無邊《むへん》、圓妙《ゑんめう》の佛乘《ぶつじやう》、以《もつ》て開解《かいげ》すること〻なく、一切《いつさい》の所願《しよぐわん》現前《げんぜん》することを得《え》ず、我《わ》れ今《いま》、妙法華經《めうほつくゑきやう》を禮敬《らいきやう》す、此《こ》の善根《ぜんこん》を以《もつ》て黑惡《こくあく》を發露《はつろ》し、現過《くわげん》未來《みらい》三業《さいぎやう》に造《つく》る所《ところ》の、無邊《むへん》の重罪《ちうざい》、皆《みな》消滅《せうめつ》することを得《え》ん、身心《しんしん》淸淨《しやうじやう》にして、惑障《わくしやう》蠲除《けんぢよ》し、福智《ふくら》莊嚴《そうごん》し、淨因《じやういん》增長《ぞうちやう》し、自他《じた》の行願《ぎやうぐわん》速《すみやか》に圓《ゑん》成《じやう》することを得《え》ん、願《ねがわ》くば諸《もろ〳〵》の如來《によらい》、常《つね》に在《ましま》して法《ほう》を說《と》き玉《たま》へ、所有《あらう》る功德《くさく》隨喜《ずいき》の心《こゝろ》を起《おこ》し菩提《ぼだい》に回向《えこう》し、常樂《じやうらく》の果《くわ》を證《しやう》せん、命終《みやうしゆう》の日《ひ》、正念現前《しやうねんげんぜん》し、衆《しゆう》如來《によらい》及《およ》び諸《もろ〳〵》の聖衆《せいしゆう》に面奉《めんぶ》し、一刹那《いつせつな》の頃《あいだ》に常寂光《じやうじやくかう》に到《いた》らん、普《あまね》く願《ねがわ》くば、衆《しゆう》生倶《じやうとも》に佛道《ぶつだう》を成《じやう》ぜん
南無《なむ》(付)十方法界《じつぽうほうかい》(立)一切三寶《いつさいさんぽう》(付禮)慚愧懺悔《ざんぎさんげ》
南無《なむ》(付)法華經中《ほつくゑきやうちう》(立)一切三寶《いつさいさんぽう》(付禮)慚愧懺悔《ざんぎざんげ》
南無《なむ》(付)懺悔教主《さんげきやうしゆ》(立)普賢大士《ふげんだいし》(付禮)慚愧懺悔《ざんぎさんげ》
三禮終らば其儘手を仕へ本尊を仰ぎ次の如く至心に懺悔せよ。
我《わ》れ昔《むかし》より造《つく》る所《ところ》の諸《もろ〳〵》の惡業《あくごう》、皆無始《みなむし》の貪《とん》、瞋《しん》、癡《ち》に由《よ》る、身語意《しんごい》より生《しやう》ずる所《ところ》一切《いつさい》我《わ》れ今《いま》皆《みな》懺悔《さんげ》す。(唱へ終つて其儘一禮)
右終りて本尊を背にし、信者懺悔者に向ひ、教主の代理となり懺悔に依て罪を赦すと云ふ意地を以て次の如く讀め。
一切《いつさい》の業障海《ごうしやうかい》は皆妄想《みなもうぞう》より生《しやう》ず、若《も》し懺悔《さんげ》せんと欲《ほつ》せは、端座《たんざ》して實相《ぢつそう》を思《おも》へ、衆罪《しゆうざい》は霜露《そうろ》の如《ごと》く、慧日《ゑにち》能《よ》く消除《しやうぢよ》す、是《こ》の故《ゆへ》に、應《まさ》に至心《ししん》に六情根《りくじやうこん》を懺《さん》

悔《げ》すべし、煩惱《ぼんのう》を斷《だん》ぜず、五欲《ごよく》を離《はな》れずして、諸根《しよこん》を淨《ぎよ》め、諸罪《しよざい》を滅除《めつじよ》することを得《う》、父母《ふも》所生《しよしやう》の清淨《しやうじやう》の常眼《じやうげん》、五欲《ごよく》を斷《だん》ぜずして而《しか》も能《よ》く諸《もろ〳〵》の障外《しやうがい》の事《じ》を見《み》ることを得《え》ん、無量《むりやう》の勝方便《しやうほうべん》は、實相《じつそう》を思《おも》ふに從《よつ》て得《う》、未《いま》だ六波羅蜜《ろくはらみつ》を修行《しゆうぎやう》することを得《え》ずと雖《いへど》も、六波羅蜜《ろくはらみつ》自然《じねん》に在前《ざいせん》す、所願《しよぐわん》空《むな》しからず、亦《ま》た現世《げんせ》に於《おい》て、其《そ》の福報《ふくほう》を得《え》ん、法華《ほつくゑ》の名《な》を受持《じゆうじ》せん者《もの》は福量《ふくはか》るべからず、是《こ》の經《きやう》を修行《しゆぎやう》せん者《もの》は、安穩《あんのん》なることを得《え》せ令《し》む、是《こ》の經《きやう》を讀《よ》まん者《もの》は、常《つね》に憂惱《うのう》無《な》く、又病痛《またびやうつう》なく、顏色鮮白《げんしきせんびやく》ならん、智慧《ちゑ》の光明《くわうみやう》、日《ひ》之《の》照《てら》すが如《ごと》くならん、若《も》し夢《ゆめ》の中《なか》に於《おい》ても、但《た》だ妙《たゑ》なる事《こと》を見《み》ん、此《こ》の經《きやう》を聞《き》くことを得《え》て、六根清淨《ろくこんしやうじやう》なり、神通力《じんつうりき》の故《ゆへ》に壽命《じゆめう》を增益《ぞうやく》せん大乘經《だいじやうきやう》を誦《じゆ》し、大乘《だいじやう》の義《ぎ》を思《おも》ひ大乘《だいじやう》の事《じ》を念《ねん》じ、大乘《だいじやう》を供養《くやう》す、是《こ》の功德《くどく》を以《もつ》て、六根《ろつこん》、莊嚴《しやうごん》し、皆清淨《みなしやうじやう》なら令《し》め、魔事《まじ》あること無《な》けん、魔《ま》及《およ》び魔民《まみん》有《あ》りと雖《いへど》も、皆《みな》佛法《ぶつほう》を護《まも》らん、志《し》念力堅固《ねんりきけんご》にして、常《つね》に智慧《ちゑ》を勤求《ごんぐ》し、種々《しゆじゆ》の妙法《めうほう》を說《と》いて、其《そ》の心《こゝろ》、畏《おそ》るゝ所《ところ》無《な》く、忍辱《にんによく》の心決定《こゝろけつじやう》し、端正《たんしやう》にして威德《いとく》あり、十方《じつほう》の佛《ほとけ》讃《ほめ》たもう所《ところ》なり、善《よ》く分別《ぶんべつ》し說《と》かん、諸佛道場《しよぶつたうじやう》に座《ざ》して、得《え》たまへる所の秘要《ひよう》の法《ほう》、能《よ》く此經《このきやう》を持《たも》たん者《もの》は、久《ひさ》しからずして、亦當《またまさ》に得《う》べし、能《よ》く此經《このきやう》を持《たも》たん者《もの》は、諸《しよ》法《ほう》の義《ぎ》、名字及言辭《めうじおよびごんじ》に於《おい》て、樂說《ぎやうせつ》窮盡《くじん》なきこと、風《かぜ》の空中《くうちう》に於《おい》て、一切障礙《いつさいしやうげ》無《な》きが如《ごと》くならん、我《わ》が滅度《めつど》の後《のち》に於《おい》て、斯經《このきやう》を受持《じゆじ》すべし、此《こ》の人佛道《ひとぶつだう》に於《おい》て、決定《けつぢやう》して疑《うたが》ひあること無《な》けん、心歡喜充滿《こころくわんきぢうまん》せること、甘露《かんろ》を以《もつ》て灑《そゝ》がるゝが如《ごと》し、法華《ほつけ》の妙理《めうり》は釋尊《しやくそん》の金言《きんげん》なり、當《まさ》に信心《しんじん》を生《しやう》ずべし、虚妄《こもう》あること無《な》けん。（次に大音聲にて信者と題目二度合唱、以下寶塔偈終迄合唱）
南無妙法蓮華經
南無妙法蓮華經
「寶塔偈」を唱へながら本尊に向ひ合掌して式を終る。

本　尊

本尊とは、本有にして出世間に於て、最勝最尊なる故に本尊と名く、又諸尊の中に於て、其尊を本とし尊崇する故に本尊と名く、信仰の對象なり、各宗教により、又各宗派により、其教義に依て、本尊の內容の發現形式が、繪像、木像、文字等に配列し、其形式を通じて佛陀と信者との心の感應道交をはかる對象なり。

日女御前御返事に云く

爰に日蓮如何なる不思議にてや候らん、龍樹天親等、天台妙樂等だにも顯はし給はざる大曼茶羅を末法二百餘年の頃、はじめて法華弘通の旗印として顯はし奉るなり、是れ全く日蓮が自作に非ず、多寶塔中の大牟尼世尊分身の諸佛すりかたぎ（摺形木）たる本尊也、されば首題の五字は中央にかゝり四大天王は寶塔の四方に座し、釋迦、多寶、本化の四菩薩は肩を竝べ、普賢文殊等、舍利弗、目連等座を屈し、日天、月天、第六天の魔王、龍王、阿須羅、其他不動、愛染は南北の二方に陣を取り、惡逆の達多、愚痴の龍女一座をはり、三千世界の人の壽命を奪ふ、惡鬼たる鬼子母神、十羅刹女等、しかのみならず、日本國の守護神たる天照大神、八幡大菩薩、天神七代、地神五代の神々、總じて大小の神祇等體の神連る、其餘の用の神、豈にもるべけんや、寶塔品に云く、諸の大衆を接して皆な虛空に在り云々、此等の佛菩薩、大聖等、總じて序品列座の、三界八番の雜衆等一人ももれず、此御本尊の中に住し給ひ、妙法五字の光明に照されて、本有の尊形となる、是を本尊とは申す也、經に云く諸法實相、是也、妙樂の云く實相は必ず諸法、諸法は必ず十如乃至十界必ず身土云々又云く實相の深理本有の妙法蓮華經等云々傳教大師云く一念三千即自受用身、自受用身とは出尊形の佛なりと文此の故に未曾有の大曼荼羅とは名づけ奉る也、佛滅後二千二百二十餘年には此の御本尊いまだ出現し給はずと云ふ事也、云々此の御本尊、全く餘所に求る事なかれ、唯我等衆生の法華經を持つて南無妙法蓮華經と唱ふる、胸中の肉團におはします也、是を九識心王、眞如の都とは申す也、十界互具とは、十界一界もかけず一界にある也、之に依て輪圓具足とも功德聚とも名くる也、此本尊も只信心の二字に納まれり、以信得入とは是れなり、日蓮が弟子檀那等、正直捨方便、不受餘經一偈と無二に信ずる故によつて、此御本尊の寶塔の中へ入るべきなり、たのもし、たのもし。以上

祈禱本尊

昭和五年二月上旬、中山荒行堂の因緣を解く。

荒行堂の因緣とは、修法師が中山で修行すれば、鬼子母大菩薩の千子の一人が、靈山法華會上に於て陀羅尼品の行者擁護の誓により、三千年の今日迄、法華の持者を擁護し給ふ、此の本誓により中山にて修行せし行者と緣を結び給ひ、終身影の身に添ふ如く守護さる、假ひ退轉するも一生捨て給

はず、修法師の死後は中山へ歸らる、然るに修法師の惡因緣を造りし者は成道出來ず、惡道に墮つ神は止むを得ず、此靈を中山に連れ歸らる、是が中山の道場の因緣となつて殘つたのである、過去五百年間故、かなり蓄つて居つた、之を解く爲に鬼子母神の長子は此靈を連れて來られ、我が道場に於て此の困難なる因緣を解いた、死靈が全部得道した時、祈禱の本尊に就て語らる。

現在中山の荒行堂の本尊は鬼子母神なり、然れども修法師の初行は滅罪懺悔である、懺悔教主は、普賢大菩薩である、法華經結經に詳しく說かるゝ通りである、鬼子母神、十羅刹女は行者擁護が本誓である、此本誓により釋尊御在世より今日迄法華の行者を擁護さる、荒行堂に於ける修法は懺悔滅罪である故に古來より、百日の行中、普賢大菩薩は必ず中山の行堂に來られ、懺悔教主となる、故に行中は普賢大菩薩を念じ懺悔せねばならぬ、然るに代々の傳師は是を知らず、今迄是を發表することも出來ず、鬼子母大菩薩も常に之を遺憾に思し召せり。

祈禱本尊は大曼荼羅を以てすべきが當然である、是を上段に安置し、其前へ普賢大菩薩、右に（向て）鬼子母大菩薩、左に十羅刹天王、一段下に右に五百子、左に五百の眷屬の幣を立つ、他は式の如く、香華を供へ、本尊とすべしと仰らる。

（中山の荒行堂の本尊を斯く改革すべき者であると長子は語らる）

是に鑑み一般祈禱の本尊を案ずるに

中央大曼荼羅、其前に世尊の立像、其前に宗祖の坐像、其前に法華經一部、右の方に普賢大菩薩、左の方に鬼子母大菩薩（中山派）妙雲大菩薩（我が道場）鎭護大菩薩（身延派七面大明神）妙見大菩薩、經王大菩薩、如意大菩薩（妙法二神）等各自の信仰する主神を左の方に祀る、其次に眷屬の幣を立つ、二段には水、神酒洗米鹽等を供へ、三段には生果、菓子等を供へ跡は道場の都合により階段に造り香爐、蠟臺、花等、崇嚴に式の如く飾ること。

祈禱本尊を斯くすべき經證

無量義經說法品に云く
善男子譬へば、水の能く垢穢を洗ふに、若しは井、若しは池、若しは江、若しは河、溪、渠、大海、皆悉く能く諸有の垢穢を洗ふが如く、其の法水も亦復、是の如し、能く衆生の諸の煩惱の垢を洗ふ、善男子、水の性は是れ一なれども、江、河、井、池、溪、渠、大海、各々別異なり、其法性も亦復是の如し、塵勞を洗除すること等しくして差別なけれども、三法、四果、二道不一なり、善男子、水は倶に洗ふと雖も、井は池に非ず、池は江河に非ず、溪渠は海に非ず、如來世雄の法に於て、自在なるが如く、所說の諸法も亦復是の如し。

題目書方相承

題目は本尊なり、點を撥《はね》かすは光明を現す、中山の相傳に云く、光明は譬へば日月の光明の闇を破る如く、此の本尊現顯せば正法像法の權大乘經建立の寺塔と本尊等は悉く滅する如きなり、此を本尊光明と云ふ乃至十界互具、百界千如、一念三千の光明たる、南無妙法蓮華經は中央より光明を放して東西南北、四維上下を照し給ふ、此の光明の照す處、寂光土に非ざることなし、故に妙法五字に光明點を用ひ給ふ、高祖曰く妙法五字の光明に照されて本有の尊形となる、之を本尊と云ふ也云々 我等衆生は題目の外に光明無きなり、念々の所作皆な題目にして法體本有の光明を朝夕放つなり、善惡不二邪正一如、凡聖不二、一念三千の光明なり、我等の語言音聲光明なり、光明の體は南無妙法蓮華經な

り。云々

題目の書方口傳（朗門傳）

文字を書く點に六點あり、一に懸針、二に水露、三に廻鸞、四に魚鱗、五に反雀、六に虎爪なり此の六點の内、水露と魚鱗は用ひざるなり、其故は水露は日に向へば落ち散る故也、我法は末法萬年に

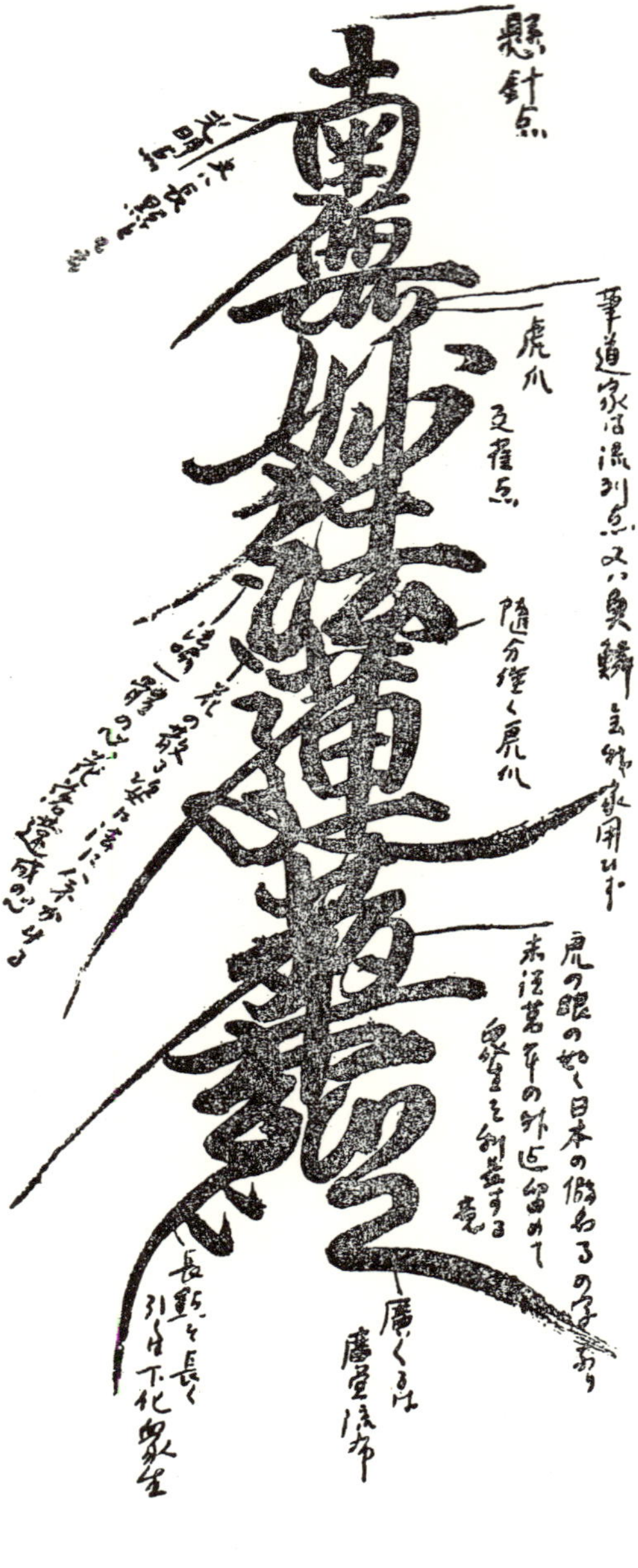

斷絕せざる弘經なる故に之を忌む、魚鱗は本尊に不淨なる故用ひず、爰を以て無字の列火の魚鱗を我家の本尊を書く時灬の如く書き虎爪と呼び、書方口傳する也、故に相傳ありや否やと問ふ時、點に宗祖用と不用と有る哉と申すべし、是にて不相傳は知れる也
凡そ本尊（題目）に四種の長點あり大事の習也、南字に一點、妙字に一點、蓮字に一點、經字に一點也、是を四種の長點と云ふ、此外に長點を書くは時宜に依る乃至華字のるは日本の假名、るなり、四種の長點は四波羅蜜に配する習あり、南は樂波羅蜜、故は南無を歸命と云ふ、衆生の生死、本尊に歸すれば離苦得樂する故に樂なり、妙は我波羅蜜なり、故は妙法の二字は我等が色心なり、本有本覺と云ふ心なり、蓮は淨波羅蜜なり、故は蓮は不染泥の故也、經は常波羅蜜なり、故は常住の法體を現す故也、總じて長點は人が長刀を引副ふて立てる形に書くなり、又蓮の字の偏は古字に辵なり、上の點を法に「はね」あげるは法喩一體を表す、又た華落蓮成、癈權現實と云ふ、華落を爾然に喩へ、蓮成を今經に喩ふ故に辶の點を花辨の落る如く書くべし、日蓮の蓮の字も同事也、以上
或る口傳には經の糸偏の下の二點を最後に虎爪に書き、其筆を其儘、法の前、蓮の偏の點の上に天地點（丶乚）を入れる法もあり、法は天地の法なる意味にて入れる口傳もあり、何れにても差問なし時機に隨ふべし、以上
守札、符等に書く御題目も必ず此の所傳の如く書く可し

不動愛染二明王、梵字相承

日蓮宗の本尊大曼荼羅の左右に梵字にて不動、愛染の二明王を顯はさる、其説明に六老僧の日向聖人と日興聖人の相承を傳ふ
向尊傳法、二明王大事口決に云く、今此の本尊は三國の文字を攝す、故に不動、愛染は梵字（印度の字）を以て現はす、口決に云く不動明王は迹門の一心三觀の體也、故に右方の下座に居ます、愛染明王は本門の無作三身の體也、故に左方の上座に座せしむ、而して一心三觀、無作三身の兩義は種子に非ざれば顯し難き者也

不動明王は一心三觀の種子なり、明王の體は中道なり、劍は空なり、索は假、一身は一心なり、愛染明王は十界の本覺、無作の體なり、因の三觀なれば、不動明王を迹門に配し、愛染明王を本門に配す、以下略
興門流、の口傳に云く

愛染明王は煩惱即菩提の體なり、其色の赤きは淫欲の道なり、是れ淫欲即ち道と觀すれば明王なり、
不動明王は生死即涅槃の體なり、其色の黑きは界內險道、生死の果業不改不動なり、故に明王なり去れば愛染明王は惠なり、不動明王は定なり、此の愛染、不動、何物ぞ定惠の二法なり、我等が境智の二法何ぞや、是れ我等が本分の妙法也、爰を以て經には歡喜シ受レ敎能、爲ニシ千萬種善好之語言ヲ一分別シ而演ニ說センカ於法華經ヲ一故と說き、入無量義處三昧身心不動と說くなり、去れば我等が煩惱に愛染する時も妙法を唱ふれば即ち菩提の明王なり、我等が生死に動轉する時も妙法を觀すれば即ち涅槃の明王なり、全く愛染、不動として別體なし、唯我等が色心、境智、定惠の妙法是れなり。

梵字法事

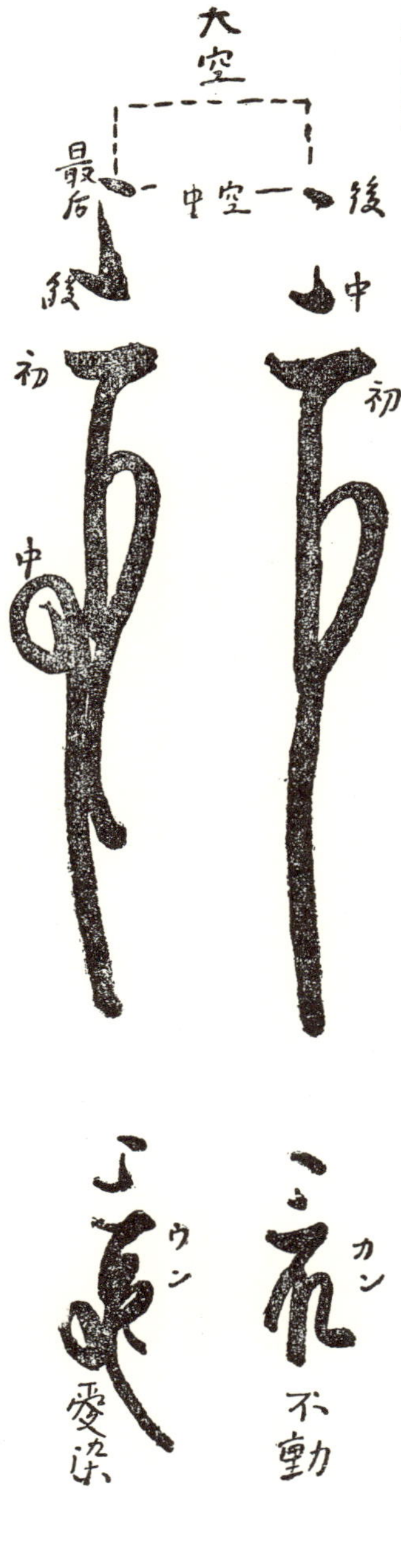

怨敵拂梵字

御符御守等の梵字は左の略附號を以て示す

九字相承

一般に用ゆる、臨《りん》、兵《へい》、闘《とう》、者《しゃ》、皆《かい》、陳《じん》、列《れつ》、在《ざい》、前《ぜん》、の九字は遠く支那の道教より起り兵家に廣く用ひらる。

宗祖の教判、秋元殿御返事

臨兵闘者皆陳列在前、是れ又刀杖不可の四字也、此等は隨分の相傳也、能く能く案じ給ふ可し、第

六に云く一切世間の治世は皆な實相と相ひ違背せず云々

四條金吾殿御返事

臨兵鬪者皆陳列在前、の文も、法華經より出でたり、若説俗間經書、治世語言、資生業等、皆な正法に順ずとは是れなり乃至何の兵法よりも法華經の兵法を用ひ給ふ可し、諸餘怨敵皆悉摧滅の金言空しかるべからず、兵法劍形の大事も此の妙法より出でたり、深く信心をとり給へ、あへて臆病にては叶ふべからず候。

九字十字の事

南無妙法蓮華經上行　是は天竺の事
南無妙法蓮華經日蓮　是は日本の事
南無妙法蓮華經上行唱　是の十字は天竺也
南無妙法蓮華經日蓮判　是は日本なり秘す可し
口叟云　臨兵鬪者皆陳列在前
妙法蓮華經序品第一　傳云薩達磨《サツタルマ》芬陀利《ブンダリ》蘇《ソ》多《タ》覽《ラン》、云々
上行菩薩、日蓮と顯れ御座して、首題劍形の修行を日本國に立て給ひ、諸宗の怨敵を對治し、無明

煩悩の盗賊を敵し玉ふ、我不愛身命、但惜無上道の御修行爰許なり、是れ則ち自行化他に各々其益有る可き者也、又云く當家に九字の大事を移し、兵法の七箇の中の劍形の大事を移すこと、名を借り義を借らずと意得べきや、以上
九字は大事の秘密なり、口傳して心に住し相傳すべし、假へ信心强盛の人なりとも、三七日加行成滿の上相承すべき者也、加行中不淫、清淨堅固にして、別火、毎日三寶諸天善神、三禮、香華、燈明、水行、讀經等の次第別に之れ在り相守るべき事
讀經毎日、壽十卷、普十卷、陀羅尼十、普賢咒十返、以上

九字切合の大事

傳に云く、大の月は横の點より切り初む、小の月は竪の點より切る可し云々、竪は四菩薩、横は五番善神と習ふ也、藥王に初め上行に立て、鬼子母に納むる也、竪四本は四大、横五本は五臟なり、是の九字の德を以て四大五臟の邪を切り拂ふて精氣を增し、一身を調はしむるなり、尚十字の時は竪の點より初め終りの一點を所用の字を唱へて切る也、切付、切結、切拂、切捨等口傳の如し

妙九字の大事

妙法蓮華經序品第一と妙の形に切る也、文は畫に合せ唱へ切るなり、妙の字全體七畫の字なり、今九字に作る事、甚深の秘事也、云々

札守等に書き顯す時は右下の如くすべし、其故は妙の字を九畫に書けば知らざる者之を見て謗言すべし、又九畫の字は隨分の秘事なれば秘して顯に書かず、故に常の字形なり、但し其時も誦文に畫を合すべきなり、九點の○星に意を附くべし、尚妙字に法字を付する時は、令百由旬内無諸衰患の九字を唱へて法の字の畫に合せよと也

伊《い》泥《でい》履《び》、伊《い》泥《でい》履《ひ》、阿《あ》提《でい》履《び》、　十羅刹女の九字

阿《あ》耨《のく》多《た》羅《ら》三《さん》藐《みやく》三《さん》菩《ぼ》提《だい》　本迹一致九字
若《にやく》惱《のう》亂《らん》者《しや》頭《づ》破《は》作《さ》七《ひち》分《ぶん》　調伏の九字

十字の大事

怖《ふ》畏《ゐ》軍《ぐん》陣《ぢん》中《ちう》衆《しゆ》怨《をん》悉《しつ》退《たい》散《さん》
斯《し》人《にん》行《ぎやう》世《せ》間《けん》能《のう》滅《めつ》衆《しゆ》生《じやう》闇《あん》
妙《めう》法《ほう》蓮《れん》華《ぐゑ》經《きやう》衆《じゆ》怨《をん》悉《しつ》退《たい》散《さん》
受《しゆ》持《じ》法《ほつ》華《くゑ》名《みやう》者《しや》福《ふく》不《ふ》可《か》量《りやう》
我《が》此《し》土《ど》安《あん》穩《のん》天《てん》人《にん》常《じやう》充《じゆう》滿《まん》

傳に云く九字十字の神秘の法は、有情非情、摧破切斷すべき事疑ひ無き者なるを以て容易に之を修する時は、郤《かへつ》て佛神の御罰を我身に受くる事必せり、極信に住して修し奉る可き者也

九字切り樣相承

妙法蓮華經序品第一、呼出、拂、調伏の九字

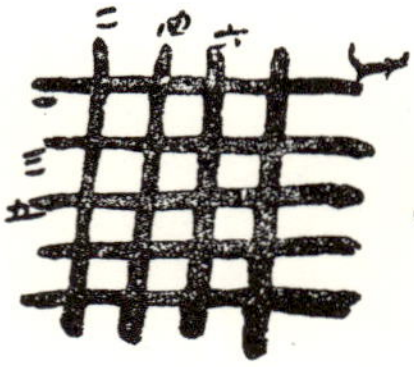

妙法蓮華經序品第一、勝事退散調伏の九字

如來秘密神通之力
秘法五行の九字

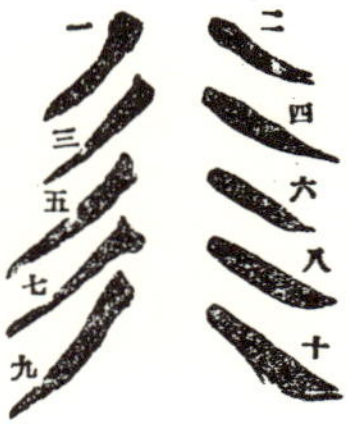

妙法蓮華經衆怨悉退散
八拂、十字の九字

九字相承

妙法蓮華經序品第一擁護、留、成滿九字

妙法蓮華經諸法實相、祈禱極秘鎭護の九字

是好良藥今留在此、本因下種妙法九字

令百由旬內無諸衰患、引取、拂、九字

右の九字は一切に與ふる符、野狐、生靈、死靈、疫病、惡鬼、亂心、惡靈、天魔、破旬、犬神、王崎、ミサキ、夜鳴、其他萬事の符、守札及び加持等に用ゆる深秘なる一大事の相傳也
傳に云く九字に付き大事の傳授あり、則ち是れ一字一名の秘法と云ふ、先づ手の内に切と云ふ字を左に書き、右の手の指を握り、扨て誦文は、諸餘怨敵皆悉摧滅と七反唱へ、敵に向つて切り斷ずると觀念して九字を切るべし、然らば敵を段々に切り殺すこと忽也、不思議也、惣じて草木等にても是の如し利生忽ち也、常には致すべからず可秘唯授一人也

頭破七分九字

數座に亘り懇ろに教化をなすに、之を用ひず愈々法華一乘の信者を惱亂する惡鬼、邪神、天魔、怨靈あらば、遂に、鬼子母尊神、佛前の御誓約たる、妙法蓮華經頭破七分の妙九字を切て、彼の無明を摧破すべし、但し此九字は、容易に之を用ふ可からず、其故は、此の九字を以て摧破し畢りなば、彼の障碍、即時に頭べ七分に割れて墮獄し、無量億劫を過ぐるとも、救出する事難きを以てなり、深く嚴秘し愼むべき也

以上九字十字相傳終る

鬼字相承

御符御札其他何に係らず、鬼の字は斯くの如き順序に書く可き事、極秘也

木劍にて九字の切方

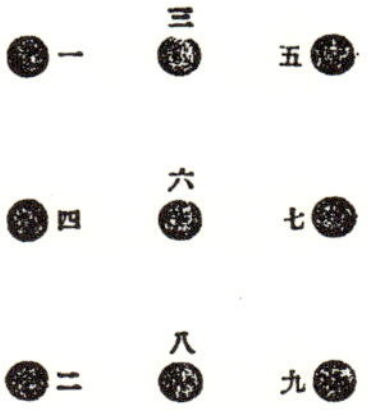

妙法蓮華經序品第一
切込、拂九字

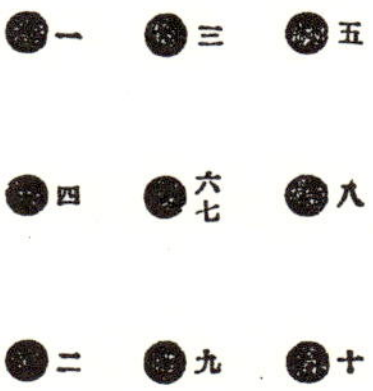

妙法蓮華經衆怨悉退散
拂、切込、十字

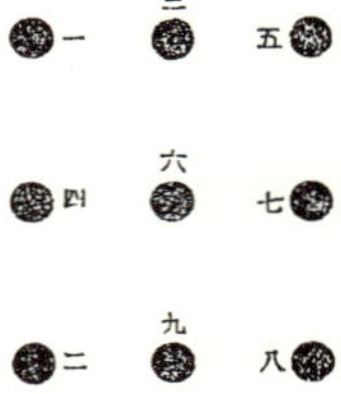

妙法蓮華經序品第一
切込留九字

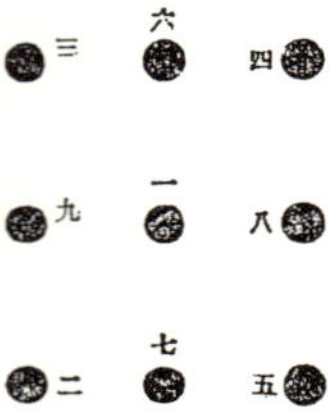

妙法蓮華經諸法實相
十界、十如鎮九字

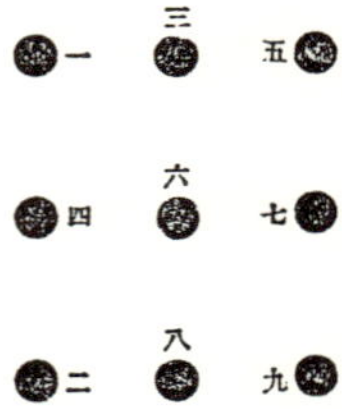

妙法蓮華經衆怨悉退散
拂切込十字、九字

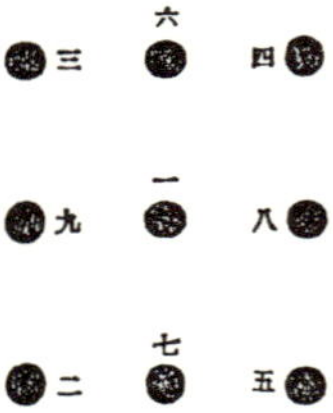

阿耨多羅三藐三菩提
本迹一致觀心九字

止縛傳

荒れる靈を縛する法、木劍にて胸の所へ鬼字を書き、身體を卷き縛する心持にて全身の力を入れ、五番神咒を唱へつゝ、木劍を細かに力を入れて打ちつゝ三度其身體を卷く、如く打ち終りムの字にて大に力を入れ締め附ける、是は練習と熟練を要する、

以上

木劍相承

夫れ劍を尊重する所以は身を護り邪を防ぎ敵を亡ぼす器也、然して其名は元と兵家より出づ、今釋門の劍形は木を以て作り凡劍に象り、邪を防ぎ敵を亡ぼし、惡魔を降伏せしむる器也、然して其木劍に印する文字は甚深秘密の妙法蓮華經なり、妙法を以て木劍に移す、即ち木は佛身なり、文字は應身なり、故に宗祖曰く、妙經の劍を提げ、又曰く元品の無明を切る大利劍と、然して其相は劍形なり、妙法の光明に照されて不可思議の寶器となる、然して其理自から備る也、森羅萬法は唯妙法の一法より生じ、而も玄題の一法に蘊む、而して其互融自在の妙、言語を以て述ぶべからず、凡心を以て測るべからず　宜なる哉、妙法利劍の德、深秘幽遠なり、故此の木劍を以て丹心に護持し奉り慇懃に祈禱し修法せば、其木劍の響き上有頂天より下阿鼻獄に至り、遍く十方界に週遍し、所有の賢聖冥焉として感應し陰邪の者には慧日となつて之を罰し、情非情の爲には、證得の種となり、惡魔を降伏せしめ、心身の二病を治し、九界の執を蕩し、懺悔滅罪せしめ、遂に佛果を得せしむ。然して其所念に應ずるや猶響の音に應ずるが如し、何ぞ凡劍の唯割斷の一に比すべけんや、故に行者は宜しく慇懃に此の觀を修す可し、苟も此の觀解無くんば、則ち修持の功、微少にして其得益も亦少し、劍形を修せんと欲せば、則ち必ず劍と名くる意を認めて而して物を割斷する觀無かるべからず夫れ病に身病あり、心病あり怪病あり、將に之を治せんと欲せば、則ち此の利劍を以てせば即ち悉く成就し、其邪魔をして悉く斷破消滅せしめん、是れ此の寶器の德也、豈に他の劍の及ぶ處ならんや將來此の劍形に於て、若し輕易の心を生じ慢瀆すれば、即ち佛神の怒に値ふべし恐るべし、愼むべし粗略にすべからず、苟も惡魔を降伏せんと欲せば、是の靈德具足の劍形に非ずんば能はざる處也、略して劍形の靈德を述ぶ、以上

加持木劍　身延流にては加持楊枝と云

表

諸有怨敵　皆悉摧滅
一聖（●）梵天王魔王
火不能燒　我此土安穩　八幡大菩薩　天照大神
南無上行無邊行菩薩大三光天子　鬼子母大菩薩
無諸衰患
令百由旬內
南無多寶如來南無文殊普賢菩薩
南無妙法蓮華經南無日蓮大菩薩十方佛土中唯有一乘法　東西南北四維上下
南無釋迦牟尼佛南無身子目連尊者
南無淨行安立行菩薩大古久天神十羅刹天王
受持法華名者
水不能漂天人常充滿鎭護菩薩
福不可量
二天（●）自在大自在
雲雷鼓掣電降雹樹大雨
呪咀諸毒藥　遊行無畏　地神
曠野險隘處
師子象虎狼　如師子王　水神
念彼觀音力
還着於本人應時得消散

裏

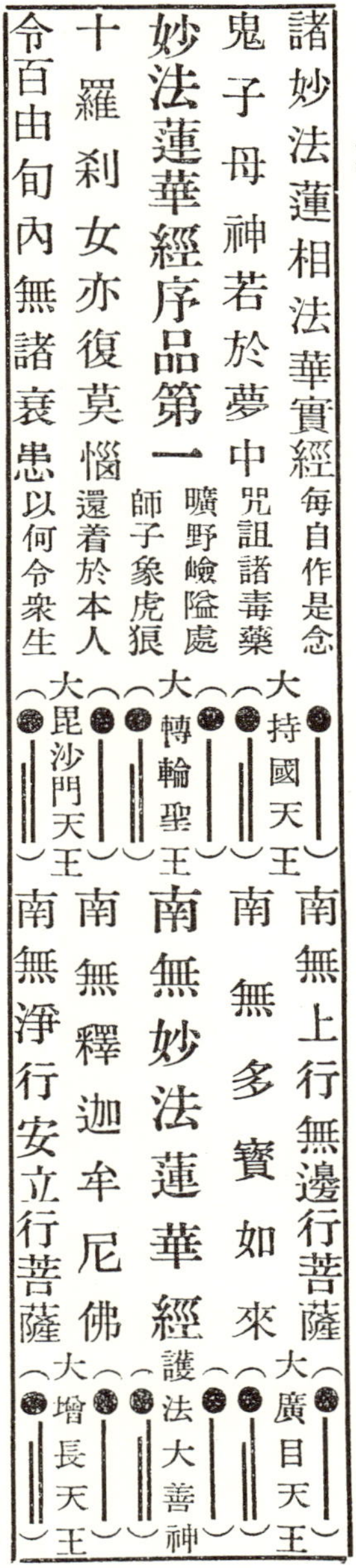
諸妙法蓮相法華實經毎自作是念
鬼子母神若於夢中咒詛諸毒藥
妙法蓮華經序品第一
曠野嶮隘處
師子象虎狼
十羅刹女亦復莫惱還着於本人
令百由旬內無諸衰患以何令衆生
大持國天王
大轉輪聖王
大毘沙門天王
南無上行無邊行菩薩
南無多寶如來
南無妙法蓮華經
南無釋迦牟尼佛
南無淨行安立行菩薩
大廣目天王
護法大善神
大增長天王

右

如三世諸佛說法之儀式

左

佛音甚希有能除衆生惱

表

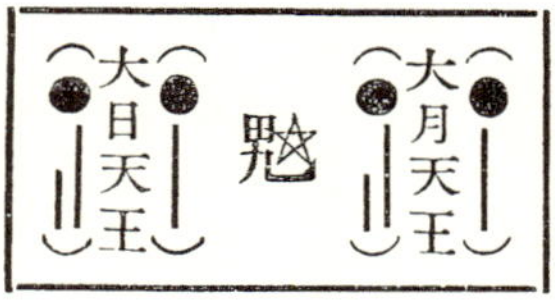
大月天王
大日天王

裏

右長さ七寸巾上部壹寸七分、下部壹寸三分厚さ三分、木質は勝の木、あらゝぎ、椎の木、其他の淨木を撰び、三禮を以て拜寫し通序、方便、提婆、壽量、神力、囑累、念彼段、陀羅尼、普賢咒、祈禱肝文經を讀誦し、題目百二十反にて開眼して拜用すべき也

祈念の誦文

心中《しんちう》所願《しよくわん》如意《によい》滿足《まんぞく》祈念《きねん》

所願不虚《しよぐわんふこ》、亦於《やくお》現世《げんせ》、得其《とくご》福報《ふくほう》、當於《たうお》今世《こんせ》、得現果報《とくげんくわほう》、此經能大饒益《しきやうのうだいねうやく》、一切衆生《いつさいしゆじやう》、充滿其願《にうまんごぐわん》、如清涼《によしやうりよ》池《ち》、能滿一切《のうまんいつさい》、諸渇乏者《しよかつぼうしや》、若不順我咒《にやくふじゆんがしゆ》、惱亂説法者《のうらんせつぽふしや》、頭破作七分《づはさしちぶん》、有供養者《うくようしや》、福過十號《ふくくわぢうごう》、法華妙理《ほツくえめうり》、釋尊金言《しやくそんきんげん》、當生信心《たうしやうしんじん》、無有虚妄《むうこもう》

天長地久《てんちやうちきゆう》、國土安穩《こくとあんのん》、令法久住《りやうほうくじう》、萬民快樂《ばんみんけらく》の祈念《きねん》

毎自作是念《まいじさぜねん》、以何令衆生《いがりやうしゆじやう》、得入無上道《とくにうむじやうどう》、速成就佛身《そくじやうじゆぶつしん》、如我昔所願《によがしやくしよがん》、今者已滿足《こんしやいまんぞく》、所願具足《しよくわんぐそく》、心大歡喜《しんたいくわんき》

重病祈念《ぢうびやうきねん》

此大良藥《しだいらうやく》、色香美味《しきかうみみ》、皆悉具足《かいしつぐそく》、汝等可服《によとうかぶく》、是好良藥《ぜこうらうやく》、今留在此《こんるざいし》、勿憂不差《もつぶふさ》、我此土安穩《がしどあんのん》、天人常充《てんにんじやうじう》滿《まん》、面目悉端嚴《めんもくしつたんごん》、爲人諸喜見《ゐじんしよきけん》、毎自作是念《まいじさせねん》、爲何令衆生《いかりやうしゆうじやう》、得入無上道《とくにうむじやうだう》、速成就佛身《そくしやうじうぶつしん》○

眼根祈念《げんこんきねん》

説是法華經《せつぜほくゑきやう》、汝聽其功德《によちやうごくどく》、是人得八百《ぜにんとくはツぴやく》、功德殊勝眼《くどくしゆしやうげん》、以是莊嚴故《いぜしやうごんこ》、其目甚清淨《ごもくじんしやうじやう》、父母所生眼《ふもしやうじやうげん》、悉見三《しつけんさん》千界《ぜんかい》○

眼根祈念《げんこんきねん》

妙法蓮華經《めうほうれんぐゑきやう》、眼根清淨《げんこんしやうじやう》、諸佛因是《しよふついんぜ》、得具五眼《とくぐごげん》、開佛智見《かいふつちけん》、使得清淨《しとくしやうじやう》、父母所生眼《ふもしやうじやうげん》、悉見三千界《しつけんさんせんかい》、以是《いぜ》莊嚴故《しやうごんこ》、其目甚清淨《こもくじんしやうじやうじ》、慈眼視衆生《じげんじしゆしやう》、福聚海無量《ふくしゆかいむりやう》。

耳根祈念《にこんきねん》

父母所生耳《ふもしやうじやうに》、清淨無濁穢《しやうじやうむぢよくゐ》、以此常耳聞《いしじやうにもん》、三千世界聲《さんぜんせかいじやう》。

鼻根祈念《びこんきねん》

成就八百鼻功德《じやうじゆはつぴやくびくどく》、是人鼻清淨《ぜにんびしやうじやう》、於此世界中《おしせかいちう》、若香若臭物《にやくかうにやくしゆもつ》、種々悉聞知《しゆじゆしつもんち》。

舌根祈念《せつこんきねん》。

是人舌清淨《ぜにんぜつしやうじやう》、終不受惡味《じゆうふじゆあくみ》、其有所食噉《ごうしよじきかん》、悉皆成甘露《しツかいじやうかんろ》。

身根祈念《しんこんきねん》。

若持法華經《にやくぢはくゑきやう》、其身甚清淨《こしんじんしやうじやう》、如彼淨瑠璃《によひじやうるり》、衆生界喜見《しゆじやうかいきけん》、又如淨明鏡《うによしやうめうきやう》、悉見諸色像《しつけんしよしきぞう》

意根祈念《いこんきねん》

是人意清淨《ぜにんいしやうじやう》、明利無穢濁《みやうりむゐぢよく》、以此妙意根《いしめういこん》、知上中下法《ちじやうちうげほう》。

惣身祈念《そうしんきねん》

今此三界《こんしさんがい》、皆是我有《かいぜがう》、其中衆生《ごちうしゆじやう》、悉是吾子《しつぜごし》、而今此處《にこんししよ》、多諸患難《たしよけんなん》、唯我一人《ゆいがいちにん》、能爲救護《のゐくご》、苦道即法身《くどうそくほつしん》煩惱則般若《ほんのうそくはんにや》、結業即解脫《けつぎやうそくげだつ》、三千具足《さんぜんぐそく》、妙色妙心《めうしきめうしん》、得聞此經《とくもんしきやう》、六根清淨《ろくこんしやうじやう》、神通力故《じんつうりきこ》、増益壽命《ぞうやくじゆめう》。

病者祈念《びよしやきねん》

離《り》一切苦《いつさいく》、一切病痛《いつさいびやうつう》、病即消滅《びやうそくせうめつ》、不老不死《ふろうふし》。

此經《しきやう》則爲《そくゐ》閻浮提人《えんぶだいにん》、病之良藥《びやうしらうやく》、若人有病《にやくにんうびやう》、得聞是經《とくもんぜきやう》、病則消滅《びやうそくしやうめつ》、不老不死《ふらうふし》。

若時法華經《にやくじほくえきやう》、其身甚清淨《こしんじんしやうじやう》、四大調和《しだいちようわ》、氣力安樂《きりよくあんらく》、除其衰患《ぢよこすいげん》、令得安穩《りやうとくあんのん》。

如來秘密《によらいひみつ》、神通之力《じんつうしりき》、明練方藥《みやうれんほうやく》、善治衆病《ぜんじしゆうびやう》、是好良藥《ぜこうらうやく》、今留在此《こんるざいし》、即便服之《そくべんふくし》、病盡除愈《びやうじんじやうゆ》。

狂氣祈念《きやうききねん》

如醫善方便《によいぜんほうべん》、爲治狂子故《ゐじおうしこ》、顛狂荒亂《てんわうこうらん》、作大正念《きたいしやうねん》、妙法蓮華經《めうほうれんぐえきやう》、心遂醒悟《しんついしやうご》、是人意清淨《ぜにんいしやうじやう》、明利無穢濁《みやうりむゑじよく》、
安住實知中《あんじゆうじつちちう》、其心安如海《こしんあんじよかい》、欲令衆生《よくりやうしゆうじやう》、開佛智見《がいぶつちけん》、使得清淨《しとくしやうじよう》、出現於世《しゆつげんおぜ》。

除熱祈念《じよねつきねん》

澍甘露法雨《じゆかんろほうう》、滅除煩惱燄《めつじよほんのうえん》、如以甘露灑《によいかんろしや》、除熱得清涼《じよねつとくしやうりやう》。

火傷《やけど》の咒

大火所燒時《だいくわしよしやうじ》、我此土安穩《がしどあんのん》、身上出水《しんじやうしゆつすい》、身下出水《しんげしゆつすい》と稱へ題目を稱へながら火傷の處を水に入れる、水に入れられぬ場所ならば器に水を入れ右の如く咒し火傷の所へかける。

水氣の滯《とゞこほ》りたる人、通じ惡しき人。

妙法蓮華經、爲說令通利《いせつりやうつうり》。妙法蓮華經、身下出水《しんげしゆつすい》。

障礙《しやうげ》拂《ら》ひの誦文《じゆもん》

諸餘《しよよ》怨敵《おんてき》、皆悉摧滅《かいしつざいめつ》。

道中安全《どうちうあんぜん》、足痛祈念《そくつうきねん》

有《う》大筋力《だいきんりき》、行歩平正《ぎよぶびやうしやう》、遊行無畏《ゆうぎやうむゐ》、如師子王《によししわう》、

咳止《せきど》め祈念《きねん》

妙法蓮華經、咳嗽除愈《がいそうぢよゆ》。

安産《あんさん》の祈念《きねん》

妙法蓮華經、安樂産福子《あんらくさんふくし》。

小兒《こ》夜《ごちよ》咒《な》き及び夢中《むちう》に怯《をび》ゆるを治《ち》ず誦文《じゆもん》

曠野《こうや》撿隘處《けんないしよ》、師子《しし》象虎《ぞうこ》猨《らう》、遊行無畏《ゆうぎやうむゐ》、如師子王《によししわう》、咒咀《じゆそ》諸毒藥《しよどくやく》、還着於本人《げんちやくおほんにん》。

憑附《ひよふ》惡靈《あくれい》の退散《たいさん》（**疫病、風邪等**）

若不順我咒《にやくふじゆんがじゆ》、惱亂說法者《のうらんせつほうしや》、頭破作七分《づはさひちぶん》、如阿梨樹枝《によありじゆし》、令百由旬內《りやうひやくゆじゆんない》、無諸衰患《むしよすいげん》、若於無中《にやくおむちう》、亦復莫惱《やくぶまくなう》。

咒咀《じゆそ》遠離《おんり》の誦文《じゆしん》

雖有《すいう》魔《ま》及魔民《きうまみん》、皆護佛法《かいごぶつほう》、魔即法界《まそくほうかい》、法界即魔《ほうかいそくま》。

我此土《がしど》安穩《あんのん》、天人常充滿《てんにんじやうじうまん》、梵天王魔王《ぼんてんのうまわう》、自在大自在《じざいだいじざい》、還着於本人《げんぢやくおほんにん》。
咒咀《じゆそ》諸毒藥《しよどくやく》、所欲害身者《しよよくがいしんじや》、念彼《ねんぴ》妙法力《めうほうりき》、還着於本人《げんぢやくをほんにん》。

野狐祈念《やこきねん》

妙法蓮華經序品第一、令百由旬內《りやうひやくゆじゆんない》、無諸衰患《むしよすいげん》、雖有魔及魔民《すいうまきふまみん》、皆護佛法《かいごぶつほう》、遊行無畏《きうぎやうむい》、如師子王《によしゝわう》、梵天王魔王《ぼんてんわうまわう》、自在大自在《じざいだいじざい》、諸餘怨敵《しよよをんてき》、皆悉摧滅《かいしつざいめつ》、頭破作七分《づはさひちぶん》、如阿梨樹枝《によありじゆし》。

疫病祈念《ゑきびやうきねん》

是人不爲三毒惱《ぜにんふゐさんごくのう》、離一切苦《りいつさいく》、一切病痛《いつさいびやうつう》、能解一切《のうげいつさい》、生死之縛《しやうしのばく》、乃至夢中《ないしむちう》、亦復莫惱《やくぶまくのう》、破諸魔賊《はしよまぞく》、壞生死軍《ゑしやうしぐん》、諸餘怨敵《しよよおんてき》、皆悉摧滅《かいしつざいめつ》、澍甘露法雨《じゆかんろほうう》、滅除煩惱燄《めつじよぼんのうえん》、如以甘露灑《によいかんろしや》、除熱得清涼《じよねつとくしやうりやう》。
今此三界《こんしさんかい》、皆是我有《かいぜがう》、其中衆生《ごちうしゆうじやう》、悉是吾子《しつぜごし》、多諸患難《たしよけんなん》、唯我一人《ゆいがいちにん》、能爲救護《のういくご》、病則消滅《びやうそくしやうめつ》、不老不死《ふらうふし》。

饑餓《きが》の苦《く》を持《も》つ死靈《しりやう》及び餓鬼《がき》に與《あた》ふる文

一者法喜食《いつしやほうきじき》、二者禪悅食《にしやぜんえつじき》、如從飢國來《によじゆうけこくらい》、忽遇大王膳《こつぐうだいわうぜん》、南無妙法蓮華經。

頸縊《くびくゝり》及び縛《ばく》されし靈の縛を解く誦文

離一切苦《りいつさいく》、一切病痛《いつさいびやうつう》、能解一切《のうげいつさい》、生死之縛《しやうしのばく》。
此の句を唱へ木劍を以て靈の縛の繩を切る心持にて切る、即時に苦を除かる。

死靈《しりやう》の苦痛《くつう》を除《のぞ》く誦《じゆ》文

毎自作是念《まいじさぜねん》、爲何令衆生《いがりやうしゆうじやう》、得入無上道《とくにうむじやうだう》、速成就佛身《そくじやうじゆうぶつしん》、於我滅度後《おがめつどご》、應受持斯經《をうじゆうじしきやう》、是人於佛道《ぜにんのをぶつだう》、決定無《けつじやうむ》有疑《うぎ》。次に唱題
以佛敎門《いぶつきやうもん》、出三界苦《しゆつさんがいく》、毎自作是念《まいじさぜねん》、以何令衆生《いがりやうじゆうじやう》、得入無上道《とくにうむじやうだう》、速成就佛身《そくじやうじゆぶつしん》。

生靈祈念《せいりやうきねん》

如日月光明《によにちぐわつこうみやう》、能除諸幽冥《のうじやうしよゆうめう》、斯人行世間《しじんぎやうせけん》、能除衆生闇《のうじよしゆうじやうあん》、以漸悉令滅《いぜんしつりやうめつ》、衆怨悉退散《しゆをんしつたいさん》。

來難退治《らいなんたいじ》

衆怨悉退散《しゆをんじつたいさん》、觀音妙智力《くわんのんめうちりき》、能苦世間苦《のうくせけんく》、具足神通力《ぐそくじんつうりき》、廣修智方便《こうしうちほうべん》、諸餘怨敵《しよよをんてき》、皆悉摧滅《かいしつざいめつ》。

方除《ほうよけ》の祈念文《きねんぶん》

迷故三界成《めいこさんかいじやう》、悟故十方空《ごこぢつほうくう》、本來無東西《ほんらいむとうざい》、何所有南北《かしようなんほく》。

觀念《くわんねん》の文

我此土安穩《がしごあんのん》、天人常充滿《てんにんじようじゆうまん》、我常在此《がじやうざいし》、娑婆世界《しやばせかい》、説法敎化《せつぽうきやうけ》、十方佛土中《ぢつぽうぶつどちう》、唯有一乘法《ゆうういちじやうほう》、諸佛兩足尊《しよぶつりやうそくそん》、知法常無性《ちほうじようむしやう》、佛種從縁起《ぶつしゆじゆうゑんぎ》、是故説一乘《ぜこせついちじやう》、是法住法位《ぜほうちうほうい》、世間相常住《せけんそうじやうじゆう》、當知是處《たうちぜしよ》、即是道場《ほくぜごうじやう》。

我身成就《がしんじやうじゆう》の文

我本行菩薩道《がほんぎやうぼさつだう》、所成壽命《しよじやうじゆめう》、今猶未盡《こんゆうみじん》、復倍上數《ぶばいじやうすう》、所願不虚《しよぐわんふうこ》、亦應現世《やくをうげんせ》、得其福報《とくこふくほう》、（以上三遍毎日唱ふ壽命長遠、壽福增進疑なし秘すべし秘すべし）

死靈《しりやう》の教化《きよけ》の文

漸々修學《ぜんぜんしうがく》、悉當成佛《しつとうじやうぶつ》、願以此功德《ぐわんいしくどく》、普及於一切《ふきうをいちさい》、我等與衆生《がとうよしゆうじやう》、皆共成佛道《かいぐじやうぶつだう》、毎自作是念《まいじさぜねん》、以何令衆生《いがりやうしゆじやう》得入無上道《とくにうむじやうだう》、速成就佛身《そくじやうじゆうぶつしん》。

鳥獸《とりけもの》の靈教化《れいきよけ》之文

如是畜生《によぜちくせう》、發菩提心《ほつぼだいしん》、地獄餓鬼畜生《ぢごくがきちくしやう》、生老病死苦《しやうらうびやうしく》、以漸悉令滅《いぜんしつりやうめつ》。

死體《したい》の硬直《こうちよく》せしを軟《やわらか》にする法

久遠偈《じがげ》十巻《くわん》又は唱目《おだいもく》百遍《べん》、其死體に向つて唱ふれば、直に不思議に死體は軟くなる、法華經の威力の實現なり。以上

加持祈禱作法及意地

法華初心成佛鈔に云く
譬へばよき火打と、よき石の角と、よき「ほくそ」と此の三つ寄り合ひて火を用ゆる也、祈も亦是の如し、よき師と、よき檀那と、よき法と此の三つ寄り合びて祈を成就し、國土の大難をも拂ふべき者也、よき師とは指したる世間の失無くして、聊の諂ふこと無く小欲知足にして慈悲有らん僧の經文に任せて、法華經を讀み持ちて、人をも勸め持たせん僧をば、佛は一切の僧の中に吉第一の法師也と

讃められたり、吉き檀那とは貴人にもあらず、賤人をも惡まず、上にもよらず、下をも賤しまず、一切の人をば用ひずして（上下の差別無く）一切經の中に法華經を持たん人をば、一切の人の中の吉人也と佛説き給へり、吉き法とは此の法華經を最爲第一の經と説かれたり、已説の經の中にも今説の經の中にも、當説の經の中にも此經第一と見へ候へば吉き法也、禪宗、眞言宗等の經法は第二第三なり、殊に取り分て申さば、眞言宗の法は第七重の劣なり、然るに日本國には第二第三乃至七重の劣の法を以て御祈禱あれども末だ其證據を見ず、最上位の妙法を以て御祈禱あるべきか、是を正直捨方便、但説無上道、唯此一事實と云へり誰か疑を爲すべきや。

又無智不信の者にも、機に叶ひ叶はざるを顧みず、强いて法華經の五字の名號を説て持たすべき也常不輕菩薩品の如く毒皷の緣となるべし。

私に云く行者は祈禱を爲すに日の善惡及び時期を撰ぶ必要はない。

涅槃經、に云く、善男子譬へば人有りて身に毒箭を被らんに、其人の眷屬安穩ならしめんと欲して毒を除かん爲の故に即ち良醫に命じて箭を拔く、彼の人方に言く「且《しば》らく待て觸るゝ莫れ、我今當に觀すべし、此の如きの毒箭何の方よりか來れる、誰の射る所ぞ、是れ刹利、婆羅門、毗舍、首陀と爲せんや、復更に念を作さく、是れ何の木か竹か柳か、其鏃鉄は何冶の出す所ぞ、剛か柔か、其羽は是れ何の鳥翼ぞ、鳥鵄鷲なるや、所有の毒は作より生ずと爲ん、自然に有るや、是れ人毒とやせん、惡蛇毒なるや、是の如きの痴人竟に未た知ること能はず、尋て即ち命終るが如し、善男子菩薩も亦然なり、若し施を行ずる時、受者の持戒、破戒乃至果報を分別して遂に施すこと能はず、若し能く施さゝれば、則ち檀波羅蜜を具足せず、若し檀波羅蜜を具足せざれば、即ち阿耨多羅三藐三菩提を成ずること能はず。以上
故に祈禱者は病者來らば、信不信に係らず、直に大慈悲心を以て修法すべし、順逆共に縁を成ず。

行者の意地（鬼子母大菩薩より相承）

昭和七年七月一日、中山法華寺の祈禱經頂載に關する因縁を解く。（頂載經は、祈禱肝文經なるにも拘らず、之を過つて撰法華經とせし傳師出で、懺悔さる）其時鬼子母大菩薩御降臨あり、宗祖が觀心本尊鈔を日常上人に與へられしは祈禱の根本を示されしなり。とて左の如く仰せらる。
行者の意地は大慈大悲を根本とし、信の一念に依つて、如來秘密神通の力を受け、無作三身なるを以て解脱を得る也、（涅槃經に云く解脱は如來なり、百七十五頁に詳記す）是等に付て觀心本尊鈔を調べるべく命ぜらる。依て
觀心本尊鈔を拜見せしに次の句を授けらる、九百三十九頁五行
壽量品に云く　然我實成佛　以來無量無邊、百千萬億那由陀劫等云々、我等

が己身の釋尊は五百塵點乃至所顯の三身にして、無始の古佛也、云々、
此の句を授けられ、是即ち行者の意地也と示さる。

我等は道を得てより從來、世尊宗祖を頭べに頂き「**如來に使はれて如來の事を行ず**」と此意地を以て祈禱せり、然るに玆に祈禱書編纂中、此の意地を示さる、吾人の肉團は其儘、無作三身即一の久遠の如來なりと開示され、此意地を以て祈禱を爲せば、自然に如來秘密神通の力を得、衆生を敎化し救護すること自在にして如來に等しと示さる、無上の寶聚、不求自得、歡喜身に遍し。省みれば自己其儘如來ならば、如來の行として恒に懈倦なく大慈大悲の行を爲し、平等に普く一切衆生を救はざるべからず、亦衆生の苦にも代らざるべからず、既往を省みて實に慙愧に堪へず謹んで懺悔せり、今應に衣裏の無價の寶珠を明に知ることを得、大に歡喜し、未曾有を得て、感涙滂沱たり。

祈禱を爲さん行者は應に己心を以て本尊とし、普く平等に大慈大悲の行を爲すべし、常に己を省み行を愼むべし、事の一念三千の故に、增上慢を起し三惡を作さば、性惡不斷の妙法故、直に地獄に墮つべし、愼んで奉行すべし、忘れても咒咀を爲すべからず、還着於本人嚴罰恐る可し。觀心本尊の故に我等の爲す祈禱は本化の大法也。

次に示す祈禱の順序及法は現在實行しつゝある法也。

祈禱修法

御本尊に向ひ奉り

若《にやく》持《じ》法《ほ》華《くえ》經《きやう》其《ご》身《しん》甚《じん》淸《しやう》淨《じやう》　我《が》此《し》土《ど》安《あん》穩《のん》　天《てん》人《にん》常《じやう》充《じゆう》滿《まん》　我《が》常《じやう》在《ざい》此《し》　娑《しや》婆《ば》世《せ》界《かい》　說《せつ》
法《ほう》敎《きやう》化《け》　十《ぢつ》方《ぽう》佛《ぶつ》土《ど》中《ちう》　唯《ゆい》有《う》一《いち》乘《じやう》法《ほう》　諸《しよ》佛《ぶつ》兩《りやう》足《そく》尊《そん》　知《ち》法《ほう》常《じやう》無《む》性《しやう》　佛《ぶつ》種《しゆ》從《じゆう》緣《えん》起《ぎ》
是《ぜ》故《こ》說《せつ》一《いち》乘《じやう》　是《ぜ》法《ほう》住《ぢう》法《ほう》位《い》　世《せ》間《けん》相《さう》常《じやう》住《ぢう》　當《たう》知《ち》是《ぜ》處《しよ》　卽《そく》是《ぜ》道《だう》場《じやう》　諸《しよ》佛《ぶつ》於《を》此《し》　得《とく》
阿《あ》耨《のく》多《た》羅《ら》三《さん》藐《みやく》三《さん》菩《ぼ》提《だい》　諸《しよ》佛《ぶつ》於《を》此《し》　轉《てん》於《の》法《ほう》輪《りん》　釋《しや》迦《か》牟《む》尼《に》佛《ぶつ》　名《みやう》毘《び》盧《ろ》遮《しや》那《な》　遍《へん》一《いつ》
切《さい》處《しよ》　其《ご》佛《ぶつ》住《ぢう》處《しよ》　名《めう》常《じやう》寂《じやく》光《かう》　而《に》今《にん》此《し》處《しよ》　多《た》諸《しよ》患《けん》難《なん》　唯《ゆい》我《が》一《いち》人《にん》　能《のう》爲《い》救《く》護《ご》
祈念し奉る、何歳の男女性、滅罪生善、當病平愈。
讀經、序、方、壽、神、陀、普、唱題百二十返可唱（暫時休憩差閊なし）
病者に向ふ（觀念誦文）病者に向て讀む、
若《にやく》持《じ》法《ほ》華《くえ》經《きやう》　其《ご》身《しん》甚《じん》淸《しやう》淨《じやう》　每《まい》自《じ》作《さ》是《ぜ》念《ねん》　以《い》何《か》令《りやう》衆《しゆ》生《じやう》　得《とく》入《にう》無《む》上《じやう》道《だう》　速《そく》成《じやう》就《じゆ》佛《ぶつ》
身《しん》　不《ふ》染《ぜん》世《せ》間《けん》法《ほう》　如《によ》蓮《れん》華《ぐえ》在《ざい》水《すい》　讀《どく》持《じ》此《し》經《きやう》　則《そく》持《じ》佛《ぶつ》身《しん》　或《わく》說《せつ》他《た》身《しん》　或《わく》說《せつ》己《こ》身《しん》

開《かい》佛《ぶつ》知《ち》見《けん》　佛《ぶつ》身《しん》は是《こ》れ大《だい》慈《じ》悲《ひ》なり　苦《く》道《だう》即《そく》法《ほつ》身《しん》　煩《ぼん》惱《のう》即《そく》菩《ぼ》提《だい》　結《けつ》業《ぎやう》即《そく》解《げ》脱《だつ》　三《さん》千《ぜん》具《ぐ》足《そく》　妙《めう》色《しき》妙《めう》心《しん》　此《し》法《ほツ》華《くゑ》經《きやう》　能《のう》令《りやう》衆《しゆ》生《じやう》　離《り》一《いつ》切《さい》苦《く》　一《いツ》切《さい》病《びやう》痛《つう》　能《のう》解《げ》一《いツ》切《さい》　生《しやう》死《し》之《し》縛《ばく》　得《とく》聞《もん》此《し》經《きやう》　六《ろく》根《こん》淸《しやう》淨《じやう》　神《じん》通《つう》力《りき》故《こ》　增《ぞう》益《やく》壽《じゆ》命《みやう》　怨《をん》敵《てき》退《たい》散《さん》　妙《めう》法《ほう》蓮《れん》華《くゑ》　經《きやう》序《じよ》品《ほん》第《だい》一《いち》。と讀み續て
祈禱肝文經一部讀誦
次に御妙判（薫發因緣敎化の）讀誦し終て
呪陀羅尼を唱へながら立ち
祈禱肝文を誦しながら木劍を以て加持す
終て頂載經（祈禱肝文經）を頂かせ、加持を終る一度に十人位迄差問なし
次に苦痛を持て居る病者を特に左の加持を爲す

病者の苦痛を即座に治す秘法

大正十年七月十二日常勝大明神より相承、以來多少改良され十年餘、日夜使用效力確實の秘法也
病者の顏に向て南無佛、南無法、南無僧と唱へながら木劍にて鬼の字を三ッ三角形に書き。苦《く》道《だう》即《そく》法《ほ》身《しん》、煩《ぼん》惱《のう》即《そく》菩《ぼ》提《だい》、結《けつ》業《ぎやう》即《そく》解《げ》脱《だつ》、妙《めう》法《ほう》經《きやう》力《りき》速《そく》身《しん》成《じやう》佛《ぶつ》と唱へ、次に密唱『此の人は增《ぞう》上《じやう》慢《まん》、我《が》慢《まん》、邪《じや》慢《まん》

に惱まされ』三度唱へ、次に妙法蓮華經序品第一衆怨悉退散《じゆうをんしつたいさん》と唱へながら木劍にて拂ふこと三度、次に氣合をかけ右劍左劍と大きく八字に拂ひ、大音聲にて南無妙法蓮華經と題目を授與し「今此《にんし》三界《さんかい》、皆《かい》是我有《ぜがう》、其《こ》中《ちう》衆生《しゆうじやう》、悉是吾子《しつぜごし》、而今此處《にこんししよ》、多諸患難《たしよけんなん》、唯我一人《ゆいがいちにん》、能爲救護《のうゐくご》、何歲の男女性當病平愈《なんによせうとうびやうほいゆ》と唱へながら九字を切る最初に木劍にて横に今此で一打、引て三界で一打、竪に皆是で一打、下て我有で一打、續て九字の作法で切り終の一點は何歲の男女性當病平愈と木劍に力を入れ、細かに打ち、苦痛を引出す心持にて留迄、打ち命息の息を以て細く強く口を以て吹きながら妙一の九字を切る、是にて苦痛除かるべし

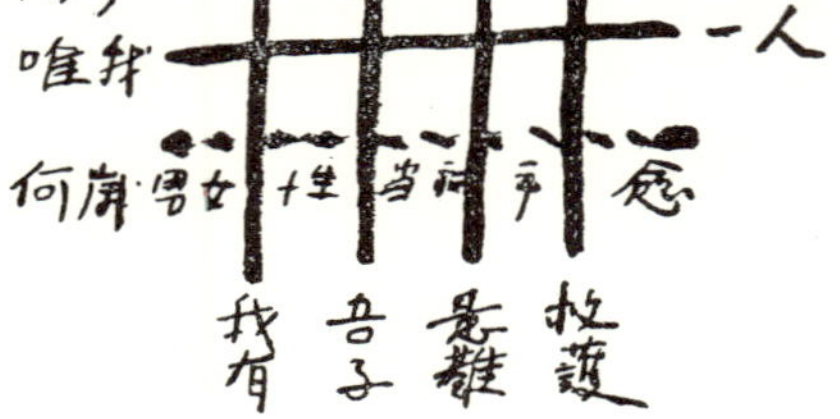

猶一部に痛あれば、其箇所に木劍にて鬼の字を書き、ムの留に力を入れ、中の苦痛を木劍の先にて引出す心持にて、氣合を以て苦惱を引出すべし、口に此經則爲閻浮提人、病之良藥若人有病、得聞是經、病則消滅、不老不死と唱ふ、速に苦惱を除かるべし(口傳を要す)此法は十羅刹の黑齒天王より授與さる、

疫神退散の加持

病人又は靈媒に疫神を引出し之に向て久遠偈一卷を唱へ

『法華誦持の行人を惱すこと勿れ、今讀誦し奉る法華經の功德を受け、速に本所へ歸るべし』と敎化し、題目十遍唱へ授與し、速に退散すべしと命じ、咒陀羅尼を唱へ、手を振り腰を浮かせし時、衆怨悉退散と大聲にて拂ひ九字を切れば病者又は靈媒を倒して退散すべし、其跡に前に示せし除苦惱の加持をする流行感冒の如きは一徧にて拭ふが如く治す。

赤痢《せきり》、膓《ちよ》ちぶす、マラリヤ、疱瘡《ほうそう》、はしか等も疫神の障《さわり》なり、早く退治すれば重態にならずに治愈す又腫物の出來るのは憑靈の關係である、速に退治せねばならぬ又醫者が原因不明の痛を神經痛と云ふが、是も憑靈の關係である。

感冒《かんぼう》に付き、 帝大敎授宮川米次氏、昭和六年十一月四日朝日新聞記事

感冒とは何ぞと問はれたら、如何なる名醫も明快なる返答は出來ない、如何に醫學の研究が進步したといふ、今日此頃でも、未だ此點は極めて難問である、然るに風邪は百病の基といはれて、風邪に罹つたが爲に色々の恐ろしい結果を來すことは却々多い、感冒の原因が明かで無いと同時に流感即ち流行性感冒の原因は實に今も知られて居ない、いはゆる流感と「インフルエンザ」と同一物かといふに、此の點も未だ判然して居ない、恐らく同一の者を云ふと申してもよからうと思ふ、風邪の原因が明瞭《めいりやう》でない狀態故、如何なる名醫も自信を以て風邪を治し得るといひ得る人ありますまい、以下略
怖《おそ》ろしかつた、あの流感今より丁度十三四年前、世界戰爭の正に終らんとする時分に、「スペイン」

から流行しだして、その年内に世界中に大流行を來し、我が日本へも同年の秋頃から、ボツ〳〵始まつて、翌年には非常なる大流行と驚くべき多くの犧牲者を出し、全世界中には、あの歐洲戰爭で失はれた人の數の數十倍の多くの人命を奪つたといはれ、非醫者といはず、一度は必ずこれに見舞はれたと申してよい位であつた、あの恐ろしい流感はインフルエンザ、或は普通の感冒と、どんな關係でゐらうか、醫學上では可なり面白い問題でありますか、實を云ふと、まだ完全に解決された事で無い、然し恐らく同一であらうとい人と違つて居ると云ふ人がある、いづれにしても可なり近い性質の物であることは誤りのない事柄であります。以下略、以上。

今日最も進歩を誇る醫學界に、一般的に流行する感冒の原因の不明なのは、面白いではありませんか、我等の方面では、是は憑靈、疫神の憑附に依て起るのです、昔しから是の靈を「風の神」と云つて居ります、其最も猛烈なる疫神は、上世印度の頃、アールャ人が、印度原住の鬼人を討伐するに山谷に追ひ詰め、燒き殺した靈が惡鬼となり、人類を敵として、寒風に乘じ人間の弱つた處へ附け込み、憑附するので、其時其憑靈の以て居る苦痛を感じる、是を感冒と云ふのです、祈禱の方では、最も簡單に此憑靈を呼出し、讀經の功德を與へ、退散させれば、其人は直に熱も下り快愈する。流行病は大概、疫神の憑靈の關係である故、急ぎ退散せしむるべきである。

死靈人に祟る、　同向功德鈔

我れ父母の物を譲られがなら、死人なれば何事のあるべきと思ふて後世を訪はざれば、惡靈となり子子孫孫にたゝりをなすと、涅槃經と申す經に見へたり。

蔭加持の大秘法

病者が道場へ來られぬ時、衣類を以て蔭加持を爲す秘法。御本尊に向ひ祈念し、衣類を前に置き、病者の生靈を呼び寄せ、之に加持す、修法は前の除苦惱の法にてよし、衣類を以て來るは方便である然れども生靈を呼び寄するに修行を要す、木劍を持ち右の手を延し、空に鬼の字を書き留のムの字に力を入れ、木劍にて小圓を書き續けて呼出しの心持にて廻して居る内に木劍に重さを感ずる、其時氣合を合せ靈を呼び寄す、心眼の開けし者ならば其生靈の姿を見ることを得、其姿に加持する也、其病の原因及苦痛の箇所は感應に依て知らる、是の修法は神通の一部を得た後の事、疫神の憑附に依て起つた病氣は靈媒の躰へ其憑靈を取り退散させるが最も簡單である。

代寄祈禱の事

極重の病人が、又は高貴の人にして一座し難き場合は、其病原が憑靈の關係ならば、其憑靈を靈媒者又は、修行の出來し人の躰に取り之に修法加持す、是を代寄祈禱又は寄り代祈禱と云ふ、此の法を修すれば病者の憑靈に依て起る苦痛は直に除かる、然れども代寄は其苦痛を受く、故に急いで除苦惱の修法し速に得道させるべく努力せなければならぬ、是は大祕法である、止むを得ざる時の外妄に修法してはならぬ、

姙《にん》婦《ぶ》の靈の出產

姙婦が出產せず死せし靈、又は難產にて產まずして死せし靈は、得道最も困難である、此靈に出產させるには、靈媒に引出し出產させるが最も簡單である、先づ祈念して鬼子母大菩薩を勸請し、出產させん事を願ふ、靈媒に妊婦の靈を引出す、靈媒は其時の苦痛の姿となる、靈に妙法力により出產させることを告げ、久遠偈をを唱へる、漸次靈媒は出產の時の姿勢となる、其時「妙法蓮華經、安樂產福子《あんらくさんふくし》」と唱へながら木劍にて下腹部へ鬼の字を書き、下より子を引出す心地になり本劍に力を入れ、細かにカチ〳〵と呼出しをなければ、木劍が重く感じる、其時大喝一聲ヱイと氣合を以て引出す。其時出產す、后に母靈は子を抱いて居る。

得道困難なる靈の敎化

腦充血で死んだ人、啞《おし》、聾《つんぼ》、氣狂等の死靈は不具の箇所より治《なを》さねば御經を聽く事が出來ない先づ

其の根本治療をせねばならぬ、此の様な靈には讀經の功德は毛孔より這入る、故に回復する迄、氣永に聽經させる、三週間位たつと漸く氣狂は正氣になる、啞、聾は聞へるようになる、腦充血及び氣狂は毎日引出して頭へ静めの九字を木劍にて切り祈禱をする。

狂氣には「狂氣の要文」を唱へながら九字を切れば一週間位で回復する。

勸請を解く事

神道にて人を神に祀るは誤つて居る其死靈は皆な苦痛を持て煩悶して居る、是等は御嶽の行者に多くある、是等は引出して勸請を解き、佛果を得せしむ、其他、得道困難の因緣を連れた神を因緣を解かずして、其儘知らずして守護神に勸請することがある、是は其靈の關係で種々の災が起る、是も勸請を解て、元の體とし得道させる、又怨念を以て死せし婦人は大概、龍體になる、此の怨靈を龍神と見違へ之を辨天様として勸請することがある、是も勸請を解き元の人靈に返し敎化して得道させる。
勸請を解くには
靈を引出して『離《り》一切《いっさい》苦《く》、一切病痛《いっさいびやうつう》、能解《のくげ》一切《いっさい》、生死之《しやうじし》縛《ばく》』と唱へ木劍にて拂ひ九字を切る是にて解ける。
首縊り、又は絞め殺されし靈又は縛された儘殺された靈は、其時の有樣で苦痛を持つて出る故、其縄を切り解き安静を得させねば得道しない、此の縛も前の修法で一度で解ける。

地震で押し潰された靈、山崩れ等で押し潰されし靈は、其上に乘つて居る梁か土砂を除いてやらねばならぬ、是は木劍で滿身の力を入れて撥上《はねあ》げ除けばスグ取れる。

生靈こ人生鬼の關係

怨念を以て咒咀した時、其人の生靈と附近に居る惡靈又は邪神は共に相手を惱す、然るに原托の人一朝の恨み、一夕の怒にて曾て廢忘し、或は和解しても、此鬼は昏愚にして、猶ほ最初の怨念に執し退かず、祈禱の時此の惡靈が生靈の似眞《まね》して出でゝ恨を述ぶ、未達の驗者は之を生靈と思ふことがある、生靈に能く似て居る混じ易き者である注意を要す。

祈禱に付き注意

因縁を解いて守護神を勸請しても、跡に殘つて居る因縁があれば再び故障が起つてくる、譬へば、いくら綺麗に蛛《くも》の巣《す》を拂ひ去つても軒下に蜘が隱れて殘つて居れば、翌朝再び巣は張られる、罪障の靈は一時拂つたのでは、又すぐ憑る、故に根本的に片附けねばならぬ、無始以來の罪障は、急に片附く者でない、故に初めて罪障消滅して守護神を頂いても、全部の罪障が片附いたのではない、學校で云へば入學試驗に合格したので、以后益々信心强盛にせねばならぬ、故に入學と卒業とを間違へてはならぬ、卒業式は本門の戒壇で授職灌頂の式を受ける時である。

因緣は地所にも住宅にもある、其内にも地所では墓地の跡、古戰場等には多くの靈が殘つて居る。又住宅は其家で橫死した、人の靈は其家に殘つて居る、又各自の直系關係の者もあり、傍系關係の者、又は知己が賴つてくることもある、賴つてくる靈は悉く救ふてやらねばならぬ、緣の無い者は拂ふ人があるが、夫れは間違つて居る、朝夕、衆生無邊誓願度と誓言して居るではないか、佛立講は憑靈の一切を拂つて自己の安泰のみを祈つて居る、爲に自分の兩親でも先祖でも皆な追拂ふことになり親不幸の極である。佛法の救濟の誓願を無視して居る、祈禱者は饑饉の時に施米して居る心持で、賴つて來た一切の靈は救濟せねばならぬ、此陰德は闇夜に人の爲に燈りをつければ、自分も明になると同じである、衆生無邊誓願度の誓を全ふなせんと欲せば無緣の憑靈を歡迎せねばならぬ。

過去の因緣が出た時、過去は致し方が無いと其儘捨て置く修法師があるが、是は大なる間違ひで過去の薰發は罪障消滅の道程である、過去の薰發は其時の狀態になる故勤め精進して解かねばならぬ。

古い二千年も三千年も前の因緣が出るが、そのような古い因緣が出る筈が無いと信じない、人が有るが、其人も朝夕御本尊に向つて、某、無始以來の因緣罪障消滅と口癖に願つて居るが、其無始と云ふのは何時か、科學者は生物の發生は一億年位前であらうと云ふて居る、本門の釋では久遠塵點劫である、我々は久遠の大昔より流轉して居る衆生である二千年や三千年は最近である。

病氣の内、因緣から來て居る病氣は難病でも祈禱で治るが、肺病の三期以上に進行した人、發狂して數年過ぎ、腦の組織の亂れた人、梅毒で六百六號を注射して結果不良であつた人等は祈禱では治らない。

又祈禱を爲すに病人が醫藥を服するを妨げてはならぬ。以上

靈媒

靈媒とは死んだ人の靈魂を、生て居る人に移して其人の口を通じて死靈をして物語をさす機關である、靈魂は自己のみにては音聲を發することが出來ない、隨つて怨を持つて死んだ靈、又は死の時、言ひ殘して子孫に傳へたいと思つた一念、又は子の行末を案じて死んだ人、或は横死した靈は、其意志を發表して安心を得て、初めて聽經が出來るので得道する、其死靈の意志を發表さすには生た人の五管を借る必要がある、此の代人を靈媒と云ふ。

日蓮宗の大本山の古い因緣が今日迄解け無かつた原因は其因緣を引出して發言せしめなかつた結果永い間、朝夕讀經を聞いて居つても得道が出來なかつたのである。是は僧侶諸君には大疑問であらうが、無量義經十功德品の第四の功德の中に「諸佛、國王、此の經の夫人と和合して、菩薩の子を生ず」

とある、如何なる豪傑偉人でも、男一人で子は作れぬと同樣、怨靈は人の口を借り物語せなければ得道しない、是は宗祖が直々教化された、鵜飼の勘作の靈が證明して居る故に祈禱には靈媒は最も必要であるが、完全なる靈媒を得ることが、最も困難である。
靈媒は憑靈の意志を其儘善惡に係らず、發表する重大なる責任があるから、邪氣の無い、淸き心を要し、そして沒我の三昧境に這入ることの出來る人を要する、神經の遲鈍な人より鋭敏の人が能く感應する、故に多く婦人を使用する、年齡は四十歳以上、身體健康で生活の安定を得て居る寡婦で系累の少ない人ならよい、敎育は女學校卒業程度か、止むを得ざれば小學校卒業の者でもよい、文字を知らない者は、靈の發表する文字を現すことが出來ない、又靈媒に僻があると、其僻が現れる、故に心の素直な正直の人を撰ばねばならず、そして修行は、先づ第一に本人の罪障消滅をして身心を淸淨にし、發言の練習をする、是には本人に相當なる守護神が必要である、常に讀經を怠らず、大慈大悲に住し、色讀法華の大偉業、身を以て法界の爲に盡すと云ふ、大きな自覺を持ち、其上願くば解脱してもらいたい、(解脱の詳細は百七十五頁にあり參照)
此の解脱の修行をして沒我入神の三昧境に這入ることが出來たなら、完全な靈媒として使ふことが出來る。
法華經に云く、此經を持たん者は即ち如來の使なり、如來に使はれて如來の事を行ずる也。靈媒は大慈大悲、代受苦の菩薩行である、故に無量の功德を得、先づ最初眼根の清淨を得、靈の姿を見る、次に耳根聰利となり靈界の聲を聞く事を得。

靈媒を使用する場合は、信者が三週間以上祈禱を受けて、靈が薫發して居つても、本人の口の切れざる場合、又は本人にては完全なる物語の出來ない場合、又復雜した困難なる因緣の薫發せし場合に限り使用するものである、又如何なる靈にても、二週間以上の人の躰に憑り其人の耳を通じて聽經せざれば、得道せず、故に此靈は靈媒に移しても物語せない。

靈媒を使用する時には、心機一轉の爲に水行をさせ、白衣と着替へさせる事、髮は結ばず束ね髮（俗にをばこ）にして置く事、是は暴れる靈の出たる時の要心である。

御調《しらべ》をする時は秘密の物語も有る故、近親の外、聽聞を許さゞる事、靈媒は御寶前に向て合掌する法師は御本尊を背にして靈媒に向て座す、調べる人を靈媒の左の方に座せしむ、先づ靈媒に切火を打ち、木劍にて妙一の九字を切り、法師は心中に憑れる靈を憑媒に引出さん事を守護神に祈り、右の手には木劍にて憑靈の人に向ひ久遠偈を唱へながら、鬼の九字を切り、終りのムの點に力を入れ、憑靈を木劍の先にて引出す心持になる、熟練すれば木劍の先に重さを感じる時、靈媒の躰の方へ力を込めて勢ひ能く移す、（此時の氣合は丁度魚を釣る時魚が、餌を引く時、合せる心持）靈は一瞬に靈媒の體に移る、移るに手先より這入る者と、身體全體に同時に移る者等、種々あれども、要するに電氣に感ずる如く一瞬に移る、然して久遠偈を三巻以上唱へる、其内に憑靈は靈媒の體にて種々の擧動をする、神靈なれば合掌を上に上げる、死靈ならば手を下にさげる、其擧動を見て、憑靈の何者なるやを知り、靜かに如何なる因縁にて本人に賴るや等聽き、苦痛を持つ靈ならば、其苦痛を除き徐に物語させ、然して敎化する、一度で物語せざる場合は明日か又兩三日聽經せしめ得道する迄幾度でも調べる、普通調べが終つたら退散を命じ拂九字を切り元へ歸し靈媒の背を叩き覺醒させる、又熟練すれば口で命息の息で妙一の九字を切り覺醒させられる、憑靈を移し又は退散させるのは守護神の仕事である。

靈が靈媒に乘つて話しの出來る原理は、人の發音機關は喉《のど》の聲帶《せいたい》であるが、之に命令する機關は胸の心臟の下である、玆に靈が出でゝ意志を發表すれば、言語となり、又腦を通じて諸機關は働く、又其人の眼を通じて外界の者を視ることも出來る、又畜生の靈、即ち犬猫の靈が發音機關に這入つた時其意志の發表は人の言語となつて出る、又外國人の靈が出ても、日本語に變化する、然し意志の强い靈で、其國語で問ふ者があれば、其外國語で語る、此際外國語を知つて居る靈媒ならば充分の物語が出來る、又他の靈と本人の靈と共に居り交替に物語することも出來る、靈の物語は靈の意志の發表故、人間にも口の輕い人と、口の重い人がある如く、靈も自分から話し出さない者があるが、こちらから聞けば返事位する、靈の話しをする力は極く薄弱な者で單純であるが、其靈の思ふて居る事は靈媒に感ずる、故にベラ〳〵喋《しやべ》るのは惡靈、動物靈か死靈の眞似《まね》をして居るか、又は己心である故、其眞僞を識別せねばならぬ。

靈媒の練習の積んだ人は、自分の躰に靈を移し、其靈と胸中にて互に腦を通じて物語することが出來る、又た未熟の靈媒は己心が出ることが有るから大に注意を要する。

靈媒の感應の度に付き「モーリス、マテルリング」の著『死後は如何』の記事中、靈媒が靈魂の言葉を傳へるのは、恰かも小學校の兒童が「ヴアジル」詩篇の一行を飜譯する位の手際だと」云つて居る、著者も同感である。

靈媒は死靈の苦痛を除き、怨靈を得道させるに最も必要なる機關であり、祈禱修法に必要缺くべからざる者であるか、靈媒が己心を出して靈の意志に反した事を語れば、虚妄罪を受けねばならぬ、故に靈媒は修法中は最も心を清くして、無我の境に任せねばならぬ。

死靈、靈山送り

死靈が得道し其關係が一段落となつた時、此死靈を靈山淨土へ送る、靈山とは身延山の宗祖の御手許である、玆で宗祖の直々の敎化を受け完全なる人靈となる、成佛希望の者は成佛させ、再び現世へ生れたい者は其子孫血統の家へ歸り、時を待て入胎し出生する、此人は人道を守り、法華を信仰して完全な人格者となる、世界の人が悉く此順序を踏んで、出世すれば、娑婆即寂光土が出現さるゝのである。

死靈を得道させ、宗祖の御手許迄送るのが道場の仕事である。

死靈送りの式は、先づ得通した靈の送り塔婆を造る、厚紙で巾一寸二分位長さ一尺位、上部を山形に切り、上部へ題目を書き、下へ死靈の名を書く、送る人（施主）の名を右の下へ小さく書く、關係の靈なれば一枚に連名にしても差問へない、戰爭の因緣ならば、戰死者何百人と書いて差問へない、又送る時信者を何人も列べて同時に送つてもよい、式は大概守護神の勸請と同時になる、神を勸請する前に死靈を送る。

式は御寶前へ、御供餅、神酒、洗米、鹽其他野菜、菓物等を供へ（守護神の勸請を同時にする時は勸請札を揭げる）御本尊に向つて死靈送り及び何某の守護神何々大善神を勸請し奉る、其趣を言上し淨心偈、禮佛偈三寶禮、宗祖其他如法に勸請し開經偈、方便品、壽量品、神力品、屬累品、運想、唱題百二十返、此時法師は寶前に供へし送り塔婆を取り、唱題を留め、靈を送る人に向つて、塔婆記載の靈の名を呼び上げ、靈山へ送る旨を達へ、合掌の中へ塔婆を狹み持たせる、然して靈の方に向つて提婆品を訓讀する、さすれば信者の手が動いて來る「佛前に在らば蓮華より化生せん」で留め妙法經力即身成佛と唱へ、當道場にては死靈送の神、最上位、大山大僧正、大山大善神を迎へる、此時信者の眼の清き人は二つの光明を認める、靈は迎へを見て喜んで手を動かす、此時木劍を以て合掌の下に入れ掌中の塔婆と靈とを同時に取る、（取った塔婆は法師が持つ）信者多人數の時は一方より順々に取る、全部取り終らば其塔婆に摕九字を切る、是にて死靈は靈山へ送らる、何千と云ふ多數の時は讀經中より順々に立つ、主從の時は在世の時の如く主人より順々に立つ、大名の如きは行列して行くが何れも得道せし靈は白衣を着て居る。

馬、犬、猫等を守護神にする人があるが夫れは間違ひである、其動物を愛して居つた靈は、其動物を連れて居る故之も塔婆を造り其人と同時に靈山へ送る。

其他獵師の殺せし無數の鳥獸の靈も絡んで居るが是も得道させ其人と同時に送る。

守護神の勸請

薫發因緣の死靈の關係、又は其人の過去、先祖、地所等の關係で神靈が出た時、道場の主神の許可があつた時、此神を本人又は家の守護神とする、然しながら永らく因緣となつて居つた爲に神の資格が無い神の資格を得るには百日の修行を要する、丁度人で云ふなら今迄惡事をして居つた者が改心して巡査になるには巡査の敎習を要する其修行の場所は、甲州の七面山、攝津能勢の妙見山、備中高松の經王大菩薩の道場と三ヶ所ある、各自の本緣に隨つて、道場の神が指圖さる、然し國家的、宗敎的の大神は見學隨意で百日間各道場を見學さる。

勸請式は時間は晝夜何時にても差閊なし、死靈を送つた後、法師は幣身を持ち、勸請を受る人に向ひ。

此幣身は神の乘物なり、法華御法の恩を受け納め、速に渡らせ給へと三度唱へ、乘此《じやし》寶乘直至道場《ほうじやうちきしだうじやう》と唱へ、幣身を持たせる。

續て神力品偈を唱へ、祈禱肝文を唱へ、木劍を以て加持し肝文の終の時、出立さす、本人の守護神、出立後、不在中百日間は、道場の神の眷屬代て守護さる、此神を本人に移し百日間の守護を賴み、式を終る。

勸請の日を除き翌日より五十日目に五十日祭執行、此時修行中の神を道場に迎へ五十日祭を執行す神は法樂の經を聽聞し、後ち再び修行場へ歸らる、百日には百日祭を執行し是にて修行終る、以後每月勸請日を祭日とし、正當の月日に當る日を大祭日とする然し都合により祭日を變更しても差閊なし。

守護神修行中は信者は守護神の名を呼ばぬ事、呼べば歸らねばならず、歸れば修行の妨となる。

百日の修行の終りし神は各自の位、相當の衣冠束帶の姿になり歸還さる。

守護神の位は普通は大善神、其上は大明神、其上は天王號、其上は菩薩號なり、其位は道場の主神が指圖さる、各自の希望により上位を與へざる者とす。

勸請札の書き方

表
如來秘密　神通之力
二聖●——鬼子母大菩薩
諸天晝夜常爲
南無本師釋迦牟尼佛　爲悅衆生故
南無妙法蓮華經○○大善神
南無本化日蓮大菩薩　現無量神力
法故而衛護之
二天●——十羅刹天王

裏
昭和○年○月○日
魆　安泰長久魐　誰何某本人の時
法主の名

○　家運長久　家の守護神時
○　威德增進　道場の守護神の時

其他の詳細は略す、百聞は一見に爾かず、來場して研究されん事を。

幣身の切り方

幣身は神の尊形を顯す者にして、神の威靈の乘物なり、幣を造立するには、必らず中心（中紙共）三枚の淨紙を用ゆべし、立紙の事、尚幣を解く時は、讀經の後清淨の火にて燒くべし。

守護神幣

鬼子母大菩薩幣

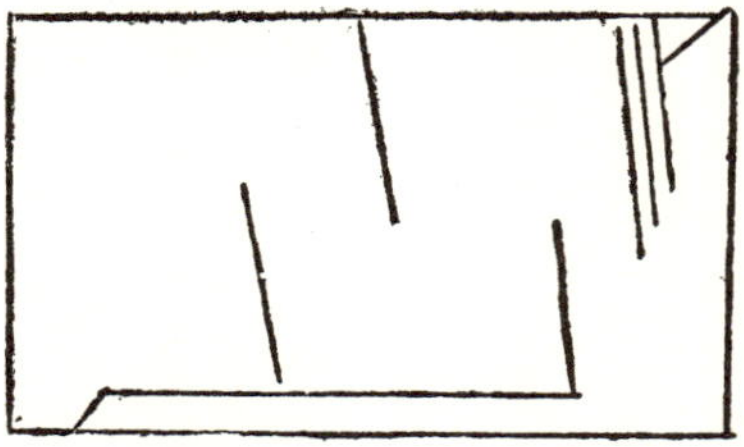

鎭護大菩薩幣

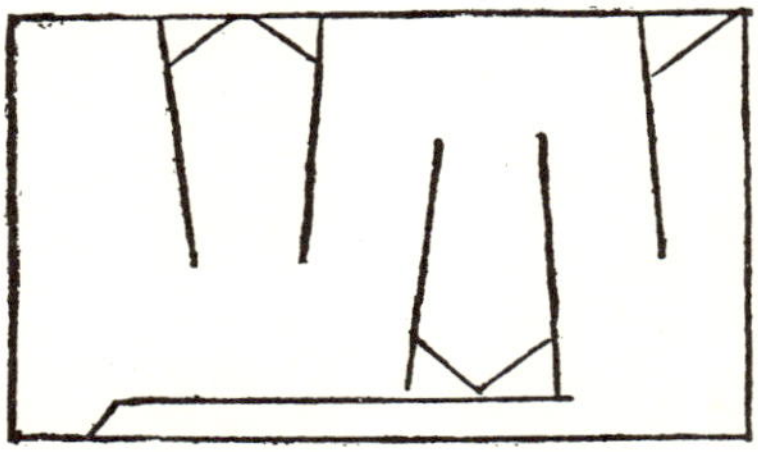

妙見大菩薩幣

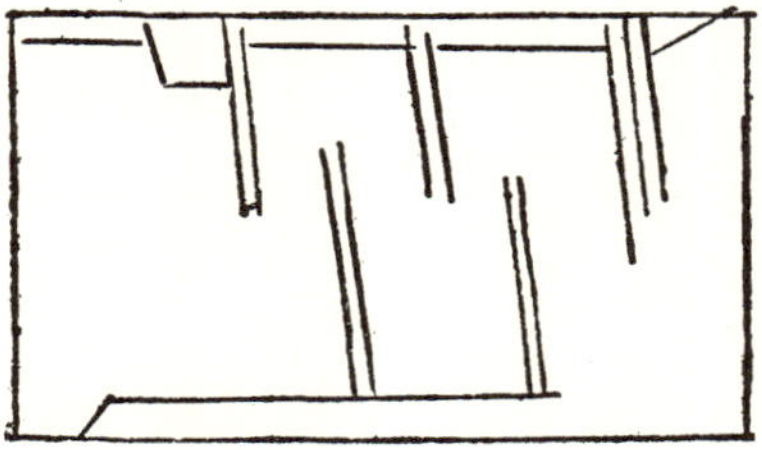

守に付て宗祖の御遺文

日女造立釋佛供養事

御守書きてまいらせ候、乃至 今の日眼女は三十七の厄と云々、厄と申すは、譬へば賽には角、舛には隅、人には關節《つぎふし》、方には四維の如し、風は方より吹けば弱く、角より吹けば強し、病は肉より起れば治し易し、節より起れば治し難し乃至　ふしの病をかねて治すれば命長し云々。

經王殿御返事

二六時中に日月天に祈り申し候、先日のまほり(守)暫時《さんじ》も身を放さず持ち給へ、其本尊は正法、像法二時には習へる人だにもなし、まして書き顯し奉る事たへたり。師子王は前三後一と申して蟻の子を取らんとするにも、又猛き者を取らんとする時も、いきをひを出すこと、たゞ同じ事也、日蓮守護たる處の御本尊を認め參らせ候事も師子王にをとるべからず、經に曰く師子《しし》奮迅《ふんじん》の力とは是れ也、又此曼荼羅《まんだら》をよく〳〵信じさせ給ふべし、南無妙法蓮華經は師子孔《く》の如し、いかなる病さはりをなすべきや、鬼子母神十羅刹女、法華經の題目を持つ者を守護すべしと見へたり、幸は愛染の如く福は毘沙門の如くなるべし、如何なる處に遊びたはむとも恙あるべからず、遊行無畏、如師子王なるべし、十羅刹女の中にも皐諦《かったい》女の守護深かる可き也、但し御信心によるべし、劒なんども進まざる人には用ゆる事無し、法華經の劒は信心のけなげなる人こそ用ゆる事なれ、鬼には鐵棒たるべし、日蓮が魂を墨に染め流して書て候ぞ、信じさせ給へ、佛の御意は法華經也、日蓮がたましいは南無妙法蓮華經に過たるはなし、妙樂云く顯本遠壽を以て其命と爲すと釋し給ふ、經王御前には禍も轉じて幸となるべし、あひかまへかまへて御信心を出し此の御本尊に祈念せしめ給へ、何事か成就せざるべき、充滿其願如

清涼池、現世安穏、後世善處、疑なからん、以下略

妙心尼御前御返事

種々の御志送り給ひ候んぬ、幼き人の御爲に御守を授けまいらせ候、此の御守は法華經の內の肝心一切經の眼目にて候、譬へば天には日月、地には大王、人には心、寶の中には如意寶珠の珠、家にては柱のようなる事にて候、このまんだらを、身に保ちぬれば、王を武士が守るが如く、子を親が愛するが如く、魚の水をたのむが如く、草木の雨を願ふが如く、鳥の木をたのむが如く、一切の佛神のあつまり守り、晝夜にかげの如く守らせ給ふにて候、よく〱御信用あるべし、あなかしこ、あなかしこ
八月二十五日　　日蓮花押
妙心尼御前御返事
此守は後に出す幼稚長壽の守也

守之部

護《こ》身《しん》、秘《ひ》妙《みよ》守《まもり》

宗祖御直筆の大曼茶羅《まんだら》を寫眞版に縮少し、之を印刷して守に仕立て、常に膚身離さず持つべし最上の守なり、宗祖が經王殿に授與されし守は大曼茶羅也。

軍陣守《ぐんじんまもり》
諸餘怨敵皆悉摧滅
南無妙法蓮華經法華守護善神
怖畏軍陣中衆怨悉退散

軍陣守
怖畏軍陣中　刀杖不加
南無妙法蓮華經法華守護善神　（表）
衆怨悉退散　毒不能害
妙法蓮華經序品第一
三十番神等守護善神　（裏）
口傳に云く字は强く書くべし

水神《すいじん》守札
甘露淨法其法一味　堅牢地神
南無多寶如來
南無妙法蓮華經龍王龍行神守
南無釋迦牟尼佛　水神衆等
一切天人皆應供養

諸病の守

若男形　若女形　若童男形　兜醯鬼
南無妙法蓮華經三十番神
若童女形乃至夢中亦復莫惱

尭醯

除病延命《じよびやうえんめい》の守

一聖（●）
南無上行無邊行菩薩妙見大菩薩、鎮護大菩薩　天照皇大神
南無多寶如來　南無文殊普賢菩薩　鬼子母大菩薩　若不順我咒惱亂說法者
南無妙法蓮華經法主日蓮大菩薩梵天王魔王自在大自在
南無釋迦牟尼佛　南無舍利弗目蓮等　十羅刹天王　頭破作七分如阿梨樹枝
南無淨行安立行菩薩　大日月明星天子　妙　八幡大菩薩
二天（●）

祈禱文、南無《なむ》常住佛《じやうぢうぶつ》、南無《なむ》常住法《じやうぢうほう》、南無《なむ》常住僧《じやうじうそを》、生死《せうし》即法身《そくほつしん》、煩惱《ぼんのう》即般若《そくはんにや》、結業《けつぎやう》即解脫《そくげだつ》、妙法經力《めうほうきやうりき》速《そく》身成佛《しんじやうぶつ》、此經則爲《しきやうそくゐ》、閻浮提人《えんぶだいにん》、病之良藥《びやうしらうやく》、若人有病《にやくにんうびやう》、得聞是經《とくもんぜきやう》、病則消滅《びやうそくしやうめつ》、不老不死《ふらうふし》、六根清淨《ろくこんしやうじやう》、神《じん》

通力故《そうりきこ》、増益壽命《ぞうやくじゆうめう》、以上

流行病《りやうこうびやう》の守

能二聖魁　爲

三十番神

令百由旬内（●――）天照大神
鬼子母大菩薩

其中衆生悉是吾子

今此三界皆是我有唯我一人守

表、惣持妙法蓮華經

裏、梵天王魔王自在大自在

而今此處多諸患難

無諸衰患（●――）鎮護大菩薩
八幡大菩薩

五番神咒

護二天魋　救

右は流行病一切の守に用ゆ、口傳に云く陀羅尼五卷誦すべし

惡靈留《あくれいどめ》守

華實經
諸妙法
蓮相法

以上九字御符にも呑す也、亦天狗付の符にも用ゆる也、札にも書て押す也、死霊幽霊の來る處を封するにも是を書き戸口に押す也

眼病除《がんびやうよけ》守

持國天王　若持法華經　鬼子母大菩薩
南無妙法蓮華經法主在判
毘沙門天王　其身甚清淨　十羅刹天王
表に以是莊嚴故其目甚清淨
雖有得天眼由眼力故如是

眼病掛守

南無日天子　病即消滅不老不死
南無妙法蓮華經諸天善神日蓮在判
南無月天子　諸餘怨敵皆悉摧滅

子《こ》の授《さづか》る守

南無多寶如來　大日天王　十羅刹天王　知其初懷妊　十羅刹天王
南無妙法蓮華經　中鬼子母大菩薩
南無釋迦牟尼佛大月天王　十羅刹天王　十羅刹天王　悉是吾子　十羅刹天王　悉是吾子　是眞佛子
右は女に掛けさす授子最上の守の第一也

子の授《さづか》る守　是は男にのみ掛けさすべし

五番神咒　鬼子母大菩薩
八幡大菩薩子福子得
三十番神　十羅刹天王

姙者《にんしや》の掛《かけ》る守

其中衆生
成就有成就
南無妙法蓮華經
安樂產福子
悉是吾子

小兒最上の守（幼稚長壽の守、妙心尼御前御返事にある守）

餘深法中　曠野嶮隘處
梵天王魔王　佛音甚希有
上
大持國天王
自在大自在　能除衆生惱
示敎利喜　師子象虎狼

華實經
諸妙法
蓮相法

二聖●――　鬼子母大菩薩　天照大神
若不順我咒惱亂說法者　梵天王魔王　遊行無畏
令百由旬內無諸衰患　諸餘怨敵　病即消滅
下　南無妙法蓮華經三十番神除病延命守護日蓮在判
若於夢中亦復莫惱　皆悉摧滅　不老不死
頭破作七分如阿梨樹枝　自在大自在　如師子王
二天●――　十羅刹天王　八幡大菩薩

上下の守を頭合にして紙よりにして通し頸にかけさすべし

小兒夜啼《こごもよな》き並に虎狼伺便《ころうきはり》の守

梵天王魔王　自在大自在
大持國天王●――●――守
餘深法中　示教利喜
桃の木の枝にさすべし、是にて留まらすば若持法華經、其身甚清淨の文を書き添へ病者の枕の上にさすべし

小兒《しよに》夜怯《よろをびへ》る時《とき》の守

南無妙法蓮華經鬪●●||南無妙法蓮華經
遊行無畏　諸餘怨敵
如師子王　皆悉摧滅

疫病《えきびやう》不可入《はいらぬ》の守

藍　婆●――
南無妙法蓮華經鬼鬼鬼十羅刹天王
毘藍婆●||
疫病の流行する時入口又は窓口等へ張る、内へ不可入

疫病男付守

二聖●――阿梨那梨㝹那梨
苦不順我咒惱亂說法者頭破作七分如阿梨樹枝
二天●||阿那盧那履狗那履
包紙の表へ
兜醯樓醯多醯
裏へ
三十番神

疫病女掛守

二聖●━━━━━━
我亦爲世父救諸苦患者辛阿毘吉利地帝　表に多醯毟醯樓醯
裏に十羅刹天王
二天●━━━━━━
疫病の守　宗祖より日向上人に授與
●━━━━━━魕魕
包紙の上へ五番善神
鬼鬼
南無妙法蓮華經
裏へ諸餘怨敵皆悉摧滅と書く
●━━━━━━鬼鬼

狐附《きつねつき》の懸守《かけまもり》
若不順我咒　惱亂說法者
令百由旬內　無諸衰患
南無妙法蓮華經
若於夢中　亦復莫惱
頭破作七分　如阿梨樹枝
●━━━━━━天照 大神
鬼子母大菩薩
●━━━━━━八幡大菩薩
大持國天王
大廣目天王
遊無行畏
如我昔所願
南無妙法蓮華經兜醯毟醯妙法蓮華經
如師子王
今者己滿足
大毘沙門天王
大增長天王

右二通は宗祖の御判あり口傳に云く此守二つ頭合せにつなぎ、紙よりにて輪にし首にかけさす也

狐著道切札《きつねつきみちきりふだ》

南無本覺本有如來

夜《よる》魘《おそ》はれて寢《ね》られぬ時《とき》の守

曠野嶮隘處
遊行無畏
咒咀諸毒藥還着於本人
如師子王
師子象虎狼

常に襲はれて恐ろしき夢を見て寢られぬ人に掛さすべし男は左手、女は右の手へ紙よりにて結ぶ也男は鬼子母大菩薩女は十羅刹天王を書添ふべし

肺病除《はいびやうよ》け守

二聖　令百由旬内天照大神
天照大神
唯我一人　持是經者令得安穩萬劫
南無多寶如來　鬼子母大菩薩
南無妙法蓮華經妙音觀世音
南無釋迦牟尼佛　十羅刹天王
能爲救護　聞妙法華經　八幡大菩薩
二天　無諸衰患一念心乃至不受

田畠《たはた》に虫《むし》の附《つ》きたるを除《のぞ》く守
妙法法蓮華經澍甘露法雨滅除煩惱焔
陀羅尼を三反誦して祈禱すべし
死靈《しりやう》川《かわ》施《せ》餓《が》鬼《き》流《なが》し札

御經を誦し祈念して流れの早き川へ流すべき也

棟札の事

上野殿御書に云く
屋形造の由、目出度こそ候へ、一つ棟札の事承り候、書き候て此の伯耆坊に進せ候、此經文は須《す》達《だっ》長《ちよ》者《じや》、祇《ぎ》園精舍《をんじようしや》を造りき、然るに何なる因縁にやよりけん、須達長者七度迄火災にあひ候し時・長者此由を佛に問ひ奉る、佛答て曰く汝が眷屬貪欲深き故に、此火災の難起る也長者申さく、さていかんしてか、此の火災の難を防ぎ申べきや、佛の曰く辰巳の方より瑞相あるべし、汝精進して彼の方に向へ彼方より光さゝば、鬼神三人來り云はん、南海に鳥あり鳴忩と名く、此鳥の住所に火災なし、又此鳥一つの文を唱ふべし、其文に曰く聖主天中天迦陵頻伽聲、哀愍衆生者、我等今敬禮、此文を唱へんには必ず三十萬里の內には火災をこらじと、此の三人の鬼人かくの如く告ぐべき也云々、須達、佛の仰の如くせしかば、少しもちがはづ火災やめ候、今以て是の如くなるべく候、返す／＼も信じ給ふべき經文也、是は法華經の第三の巻、化城喩品に說かれて候、以下略

屋固棟札

聖主天中天迦陵頻伽聲
南無上行無邊行菩薩　大梵天王、天照大神
南無　多寶如來　大日天王鬼子母大菩薩
南無妙法蓮華經　日蓮在判
南無釋迦牟尼佛　大月天王　十羅刹天王
南無淨行安立行菩薩　釋提桓因天王八幡大菩薩
哀愍衆生者我等今敬禮

棟札

聖主天中天迦陵頻伽聲　天照大神　水神
哀愍衆生者我等今敬禮　三寶荒神
南無妙法蓮華經住王舎城攸
福壽天神
八幡大菩薩　地神

藏《くら》の棟札《むねふだ》

是法住法位世間相常住我有如是七寶大車我願己滿衆望亦足如從飢國來忽遇大王膳
大持國天王大日天王——大廣目天王
壽福增進安穩樂諸佛救世者住於大神通受持法華名者福不可量
具一切功德慈眼視衆生無上寶聚不求自得當於今世得現果報、衆人受敬從恭敬
聖主天中天
迦陵頻伽聲
我等今敬禮
哀愍衆生者
南無上行無邊行菩薩、大梵天王、大古久天神　摩利支天
南無多寶如來、南無文殊普賢大菩薩、　天照大神
鬼子母神　年德王女神
南無妙法蓮華經諸天善神日蓮大士在判守攸
南無釋迦牟尼佛南無舎利弗目連尊者　十羅刹女　指閑德神
南無淨行安立行菩薩帝釋天王、千眼天王　八幡大菩薩　大辨才天神
三十番神　地水火風神
福聚海無量是故應頂禮、金銀珍寶倉庫盈溢無量珍寶不求自得入來衆人得七寶
我願圓滿重果報爲悅衆生故現無量神力我此土安穩天人常充滿
大毘沙門天王大月天王——大增長天王
其數無量深自慶幸獲大善利諸天晝夜常爲法故而衞護之智慧光明如日之照

門札《かどふだ》

大持國天王
南無上行菩薩
南無多寶如來
南無妙法蓮華經
南無釋迦牟尼佛
南無淨行菩薩
大毘沙門天王

南無舍利弗尊者
南無藥王菩薩
南無文殊師利菩薩
天照大神
鬼子母大菩薩
十羅刹天王
南無法主大聖人王舍城
南無普賢菩薩
八幡大菩薩
南無彌勒菩薩
南無迦葉尊者

大廣目天王
大梵帝釋天王
妙見大菩薩
大古久天神
八大龍王
鎭護大菩薩
大日月明星天子
大增長天王

方《ほう》除守札《よけまもりふだ》

十方佛土中唯有一乘法
是法住法位世間相常住
南無妙法蓮華經諸天善神守護攸
天人所供養現世十方佛
安穩衆生故亦說如是法

右裏書

諸天晝夜常爲　何家
妙東西南北四維上下瑠璃清淨
法故而衛護之　祈念
以上守札終る

咒《じゆ》之部

怖畏止《ふいごめ》の咒

此の三鬼を手の內に書き、なめて、兩足に力を入れ三つ踏下げ恐ろしき方へ唾を吐て瞋て九字を切るべき也

怖畏止の咒

夜中俄に怖畏の心有つて身の毛の立つ事、惡鬼、魔神、狐等の故也、其時は兩眼を閉て暫時無念に住して、合掌して其後、右の三字を怖覺し方に向て指にて書くべし、誦文は、梵天王魔王《ほんてんしわうまわう》、自在大自在《じざいたいじざい》、除其《じよこ》衰患《すいげん》、諸餘《しよよ》怨敵皆悉摧滅《をんてきかいしつさいめつ》の文三返唱へて、左の人指し指にて三つ彈く也、其後、曠野《こうや》嶮隘處《けんないじよ》、遊《ゆう》行無畏《ぎやうむい》、如師子王《によししわう》と三返唱へ亦三つ强く彈く也、扨て眼を開て息を强く「フット」吹くべし、即時に怖畏心止る也、何の魔王障礙等有とも萬法一如の觀念にて退散すべし

諸病呪《しよびやうのじゆ》

口傳に云く初は藥指にて書き、其上に鬼字を書き終の點を強く押して後ち、妙の九字を切り、二度目より墨にて書き三度呪すべし
大腫物にて無き方は、如我昔所願《によがしやくしよくわん》、今者巳滿足《こんしやいまんぞく》の文を書き、生靈には、若不順我《にやくふしゆんが》呪《じゆ》の文を書き死靈は毎自作是念《まいじさぜねん》の文を書き、狐には、梵天王魔王《ほうてんわうまわう》、自在大自在《じざいだいじざい》の文、風神には、諸佛救世者《しよぶつぐせいしや》、住於大神通《ちゆうをだいしんづう》の文を書くべし。

腫物《はれもの》呪

子母神

呪咀諸毒藥
所欲害身者
還着於本人

誦文妙法蓮華經序品第一、餘深法中示教利喜《よじんほうちうじきやうりき》、佛音甚希有《ぶつをんじんけう》、能除衆生惱《のうじよしゆうじやうのう》、曠野嶮隘處《こうやけんないじよ》、師子象虎狼《ししぞうこらう》
口傳に云く腫物《しゆもつ》は憑靈に依て出る也、生靈、死靈、高神、氏神、惡鬼、狐見入等、腫物種々あり、
右肝文書き入るべし

死靈腫物呪《しりやうはれもの》

咒文令百由旬内無諸衰患

腹の張りたるを治する咒

水落に鬼の字を書き、諸餘怨敵皆悉摧滅《しよよをんてきかいしつさいめつ》の文を唱へ、彈指《だんし》の後ち撫《な》で下す。

同上

舌の上に風是と書き、其筆にて胸に尻を書く符にも最も善し。

虫喰歯《むしくひば》の痛《いた》みを止《とめ》咒

鏇銀諸蟲

東に指したる桃の枝を「ヨヲジ」に削り、右の文を書き病人に啣へさせ、蟲の字の眞中へ灸を三つ「すえる」也、亦桑の木にてもよし、

小兒夜啼き止め咒

歌、東なるからから山の桑の木は齒喰ふ虫の敵なりけり

魔《ま》及魔《きうま》民《みん》、皆護佛法《かいごふつほう》、若惱亂者《にやくのうらんしや》、頭破七分《づはひちふん》

小兒《こども》夜《よ》啼《な》き止《と》め

遊行無畏　諸餘怨敵
南無妙法蓮華經
如師子王　皆悉摧滅
歌、いやそとの、吉野山に子を生んで
ひるは啼くとも、夜はなゝきぞ

火傷《やけど》の咒

大火所燒時《たいくわしよしやうじ》、我《が》此《し》土《ど》安穩《あんのん》、身上出水《しんじやうしゆつすい》、身下出水《しんげしゆつすい》、火傷の所へ口を近づけ右の經文を唱へ題目三返細く冷たく當るよう息を吹きかけ水に入れる、又水の中へ入れることの出來ざる場所ならば器物に水を入れ、其上へ指にても筆にても右の經文を書き、火傷せし處へかけるもよし、此咒は火傷の時、最も速かに行ふこと水ぶくれにならず、治す
うるし、かぶれを治す法
蟹を丸ごと煮出し其汁にて患部を、日に三四度浸せば立所に治す、祖書に云く、うるし千杯に蟹の足一つなるべし、漆は蟹に遇へば忽ち腐る、之を利用せしなり、驚くべき奇効あり

瘧《をこり》の咒

華實經
諸妙法
蓮相法　是を背の一の骨の處へ書き、自我偈其人の年數たけ誦す、是は上野殿瘧の時宗祖が咒ひ給ひたる咒

安眠《あんみん》の咒

阿梨《ありび》、那梨《なり》、菟那梨《となり》、阿那盧那履《あなろなび》、拘那履《くなび》
右咒を寝《ね》る前三度唱へて寝る時は魘はれぬ事妙なり

雨乞の祈念法

龍頭旗八本へ八大龍王を各々書き、諸尊を勧請し別しては八大龍王を勧請すべし（是は昔の法である今は最上位妙雲大菩薩を勧請すべし）
讀經は通序方便品、藥草喩品、壽量品、陀羅尼品、普賢品、唱題百二十度次に加持文
如從飢國來、忽遇大王膳、七度、充滿其願、如清涼池、七反
其雨普等四方倶下七反、次に序品壹卷、藥草喩品百卷、壽量品百卷、陀羅尼品百卷、以上

御符に就て宗祖の御遺文

四條金吾殿女房御返事
懷胎のよし承り候ひ畢ぬ、それについては、符の事仰せ候、日蓮相承の中より撰み出して候、能く〱信心あるべく候、たとへば秘藥なりとも毒を入ぬれば藥の用少し、劒なれどもわるびれたる（臆病）人の爲には何かせん、就中、夫婦共に法華の持者也、法華經流布あるべき種をつぐ玉の子、出で

生れん目出度覺へ候ぞ。色心二法をつぐ人也、爭《いかで》かをそなはり候べき。とくとくこそ、うまれ候はむずれ、此藥を飲ませ給はゞ疑ひなかるべきなり、闇なれども燈入りぬれば明かなり、濁水に月入ぬればすめり、明かなる事、日月にすぎんや、淨き事蓮華にまさるべきや、法華經は日月と蓮華となり、故に妙法蓮華經と名く、日蓮又日月と蓮華との如くなり、信心の水すまば利生の月必ず應を垂れ守護し給ふべし、とくとく生れ候べし、法華經に云く、如是妙法、又云く安樂產福子云々、口傳相承の事は、此辨公にくはしく申ふくめて候、則如來使なるべし、返す返すも信心候べし。以下略

月滿御前御書

若童《はらはべ》生れさせ給ひし由、承り候、目出度覺へ候、殊に今日は八日にて候、彼と云ひ、此と云ひ所願、しを（潮）の指が如く、春の野に華の開けるが如し、然ればいそぎ名をつけ奉る、月滿御《つきまろこ》前《ぜん》と申すべし其上此國の主八幡大菩薩は卯月八日に生れさせ給ふ、娑婆世界の敎主釋尊も又卯月八日に御誕生なりき、今の童女、又月は替れども八日にうまれ給ふ、釋尊、八幡の生れ替とや申さん、日蓮は凡夫なれば能くは知らず、是併しながら日蓮が符を進らせし故也、さこそ父母も悅び給ふらん。以下略

伯耆公御房書　朗師代筆

此の經文は二十八字、法華經の七の卷藥王品の文にて候、（此經則爲、閻浮提人、病之良藥、若人有病得聞是經、病則消滅、不老不死）然るに聖人の御乳母のひとゝせ（一年）御所勞大事にならせ給ひ候て

やがて死なせ給ひ候ひし時、此の經文を、あそばし候て、淨水をもつて、まいらせ給ひしかば、時をかへず蘇生《いきかへ》らせ給ひて候、經文なり（南條）七郎次郎時光は身は、ちいさきもの、なれども、日蓮に御志し深き者なり、たとひ定業なりとも、今度ばかりは、えんま王（閻魔王）たすけ給へと御誓願候、明日寅卯辰の刻にしやう（精）し川の水とりよせ給ひ候て、この經文をば灰に燒て、水一合に入れて、まいらせ給ふべく候。

以上

御符を授ける時祈念心得事

大慈大悲の善心を起し、偏に佛力法力に賴り、當病平愈、息災安穩なる樣にと深く三寶諸天神の御威光を仰ぎ、無二の信心に住し、勇猛の志を以て祈念せば、諸天晝夜、常爲法故、而衛護之の本誓により、心中の諸願叶はざること無し、然るに其の道念無く、或は名聞に恥《ふけ》り、或は欲心に着し、而も身は亂行不淨にして放逸邪見なれば、利生を蒙ること千ノ中に一二も稀《なれ》なるべし、爰を以て名利我執を離れ、道心堅固にして賤識者には彌々憐み救濟し、身も心も共に淸淨にして、秘傳の如く行すれば、淸水に月の映《うつ》るが如く、利生の月信心の水に浮び、神驗速顯にして永く病痛を離れ、所願滿足、長命富樂ならん・御符を授くる毎に能く此旨を觀察し、一心の丹精を凝し以て祈念すべき者也

御符の相承

符紙、守紙等の事

清淨にして薄き紙を撰み、盃に納め置き、日天の御前へ供へ、方便、壽量、神力の三品を讀み奉り扨て後に觀音妙智力、能救世間苦の文を誦しつゝ各一枚の紙に、日天（朝日）の御影を移し終て、念彼段を月の數、誦すべし

符を造る時の觀念口決

法、報、應の三身、法身、般若、解脱の三德、煩惱、業、苦の三道等を、皮肉骨の三に心得べし。筆軸は法身、即ち骨也、紙は應身即ち皮也、文字は報身即ち肉也、天台大師曰く一一文文是眞佛云々傳教大師云く既に釋迦文字を作り衆生を敎化す、文字の正體即ち釋迦佛也、則ち文字に三十二相を具し說法利益す云々是の如く觀ずべし

符を丸するには

火風空の三指にて丸む（小指を地とし、藥指を水とし。次に火風空と、親指を空とす）火は暖を性とす、能く萬行を修成し、能く物を成熟する德を備ふ、風は動を性とす、風災は能く者を破壞す、即ち般若の德を備ふ、空は無礙を性とし不障を用とす、一切無障碍の空指と心得べし

御符を丸する時の誦文、及口傳

妙法蓮華經序品第一、釋迦の說法は一乘に留る、諸佛の成道は妙法にあり、是の好き藥を今留て此に

をく、汝取て服すべし等云々と唱へ掛け、丸じ畢りて、諸餘怨敵《しようよをんてき》、皆な悉く摧滅せん是の好き藥を今留て此に在《を》く、汝取て服すべし差《い》へじと憂ふること勿れと唱へ奉るべし、又惣じて御符を認める間は何事ありとも、座を立つべからず、又決して餘言を雑ふべからず。又墨紅等を解かすには、不染世間《ふぜんせげん》法《ほう》、如蓮華在水《によれんげさいすい》、東西南北龍王名《とうさいなんほくりうわうみよ》と三度唱へ、日天子の御影《かげ》を移すべし

符の書き方

一切の御符は一字に見ゆるよう、重ねて書く也

器を清むる誦文

澍甘露《しゆかんろ》法雨《ほうう》、滅除煩惱燄《めつじよぼんのうえん》、不染世間法《ふぜんせけんほう》、如蓮華在水《によれんげざいすい》

符授與の時の誦文

佛平等說《ぶつびやうどうせつ》、如一味雨《によいつみう》、隨衆生性《ずいしゆうじやう》、所受不同《しよじゆふごう》、度苦惱衆生令得大歡喜《どくのうしゆじやういやうとくだいくわんき》

九字惣符の大事

此の妙符は諸事に用ゆ、故に惣符と云ふ守札、兇等にも一大秘事也、十鬼の內の一大事也鬼の字に書樣口傳あり夫れは兇此の如く甲乙の內へ構へ本病の煩なれば藥と云ふ字を書き入れ、又祈禱事には叶と云ふ字を書き入れるなり、是の如く夫れ〴〵見合せて書入れ符守札等に用ゆ、七面大明神よりの御傳也、最も左右に不動愛染の梵字を何れ

にも書入るべく習ふなり

一切の御符

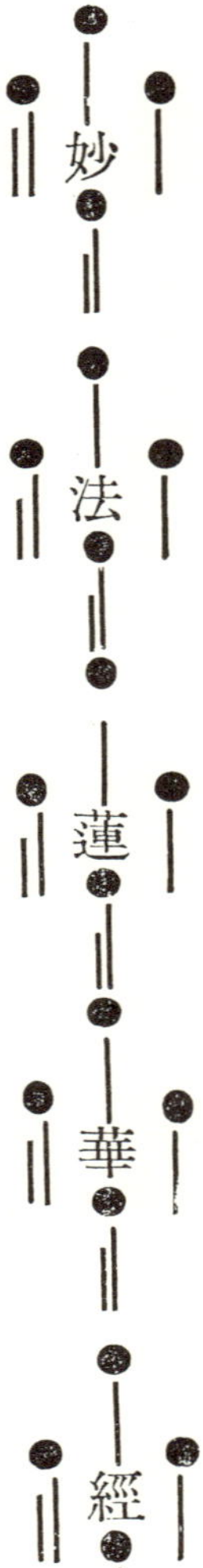

以上妙法蓮華經の五字の左右上下し不動愛染の梵字を書き入れ一字に見るよう重て認むべし

治諸病秘符

南無妙法蓮華經、唯我一人、能爲救護、是好良藥、今留在此、病則消滅、不老不死
巳上七粒に一々六番神咒を唱へて書き、右の文を唱へて各々之を丸すべし

諸惱に用ゆる符

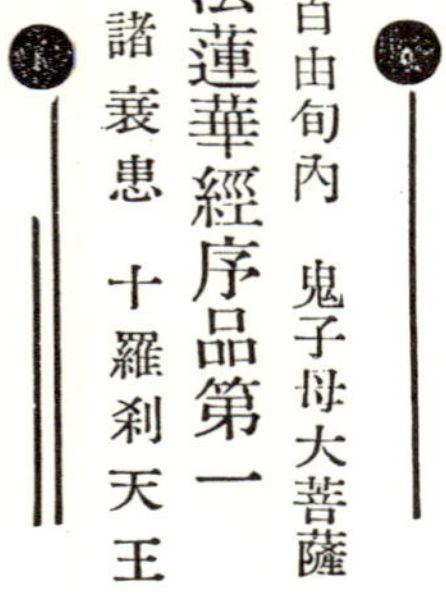

熱病《ねつびやう》符

若不順我咒
惱亂說法者
頭破作七分
如阿梨樹枝
●｜蓮鬼妙●｜｜｜

除熱御符

●｜●｜●｜●｜●｜●｜●｜
妙法法妙鬼妙病妙滅妙消妙即妙
●｜｜●｜｜●｜｜●｜｜●｜｜●｜｜●｜｜

睡眠御符

我慢邪慢、增上慢、身意泰然快得安穩

虫切符

病●｜
即虫滅
消●｜｜｜
諸餘怨敵、皆悉摧滅、以上
誦經は十如、自我偈、陀羅尼品參卷

蟲符

諸惡蟲輩、橫行馳走、蚖蛇蝮蠍、魑魅、魍魎五粒して與ふ

口傳に云く普賢咒十三遍日天子を勸請して東方の水にて書く
魃二者●‖是は蟲故に食進まざる時一度に二粒づゝ日に二三度呑すべし

眼病の符

慈眼視衆生
口傳此符の上に生靈あれば轉我邪心、令得安住、於佛法中、得見世尊、以上の四句を書き添ふべし
●—●‖
死靈には毎自作是念——速成就佛身の四句を添る、常の血眼ならば淸淨肉眼、是於三千大千世界と書き添ふべし。三日、五日、七日用ゆべし大聖人より富木殿へ相承
慈眼視衆生

痲疹《はしか》の御符

妙法蓮華經序品第一　妙蓮●——
妙法蓮華經序品第一　妙法、魔及魔民護佛法
妙華　●‖　此の如く書き重ぬべし

戰慄《ふるいけ》氣符

三十番神
南無妙法蓮華經　一者法喜食　二者禪悅食、是人得大利
五番神咒　如上諸功德　南無妙法蓮華經

死靈符

願以此功德
普及於一切
我等與衆生
皆俱成佛道
南無妙法蓮華經　自我偈五卷讀誦のこと

瘧《をこり》の符

是好良薬、今留在此、一粒、如従飢國來忽遇大王膳、一粒

瘧《をこり》の符

具一切功徳、慈眼視衆生、福聚海無量、　此文一字三禮して書き與ふ可し最上の秘中の口傳也

疱瘡《ほうそう》の符

妙法蓮華經日蓮在判　口傳普門品三十巻座を立たずして讀むべし
歌昔より約束なれ《し》ば、ははしかを病むとも死なじ神がきの内

疱瘡《ほうそう》の符

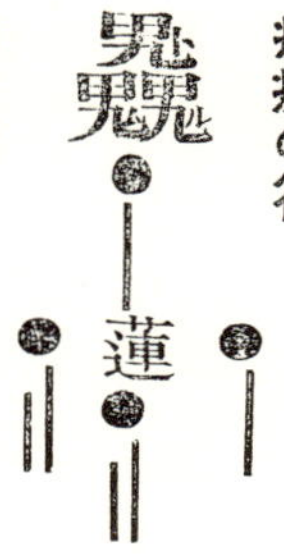
日天　鬼子大刹鬼
二聖　無亦爲妙也日　蓮在判
二天　鬼徳　善鬼

和合符

宿殖徳本衆人愛敬
世尊是妙音菩薩
何善根修何功徳者
是神力
口傳に云く此文二十一粒にして與ふべし
誦文、世尊妙音菩薩、深種善根、世尊是菩薩、住何三昧、
而能如是、在此變現、度脱衆生と唱ふべし、
十羅刹天王を祈念すべし

授子符《このさづかる》
子息若十二十乃至百數、若有懷姙者、未辨其男女、聞香悉能知。
加持文、如風於空中、一切無障碍、と可誦必ず胎すべし

安産御符
安樂産福子、妙法蓮華經、五大力菩薩●——●‖八幡大菩薩
口傳に曰く、是は腰も痛み産近く時呑すべし、亦云く是を一粒に重て書くべきや、又曰く五つ宛に切つて其を重て一粒丸とするや、如何にも細く書き大茶碗に微温湯にて大口に呑すべし此時産門開く也

難産符
經曰安樂産福子　一粒にして呑すべし男は左、女は右の手に持て生る。日蓮在判
口傳に云く、祈念、方便、壽量、惣持、普賢咒也

難産順逆用符
如是●—鬼子母神
南無妙法蓮華經　天照大神　安樂産福子　日蓮在判
妙法●‖十羅刹女

横逆産符

南無妙法蓮華經　日蓮
●—
●＝

後産（エナ）の滯たる時の御符

神女　申
鬼子十羅　天照太　能開甘露門、廣開甘露門
母刹　示

此符を五粒に造り一度に湯にて呑すべし水は無用、是は後物の深秘也、唯授一人

乳の出る符

如淸涼地、蓮華莊嚴、充滿其願、如淸涼地

乳の出る符

如從飢國來、忽遇大王膳、　祈念、陀羅尼七返、如天甘露文唱ふ

起死回生一大事符

南無妙法蓮華經、此經則爲、閻浮提人、病之良藥、若人有病、得聞是經、病則消滅、不老不死

口傳に久遠偈十卷唱て妙一の九字を切り、紙を燒いて灰となし淸水に入れて呑ます、是は宗祖が母上を蘇生させ給ひし大秘法なり

肺病の符

諸餘怨敵
南無妙法蓮華經　明
皆悉摧滅

右祈念陀羅尼百卷、唱題百返唱へて與ふべきなり

牛馬病氣に與ふる符

馬
是好良藥今留在此　　祈念普門品偈一卷
牛
是好良藥今留在此　鬼　同上

消渇《しやうかち》之符

日日
日日　妙　日日
日日

傷寒の符

具一切功德、慈眼視衆生、慈福壽海無量、　日蓮在御判

鼻病符

●━身　●━清
眼耳鼻舌日蓮在判
●║意　●║浄

寄の口開符

●│
多醯　日蓮在判
●║
加持文は普賢咒、又誦文は咒咀諸毒藥より本人迄

病者口開符

兜醯魁　之を丸めて呑すべし加持文前の如し

病者口封し惡口止め符

婆婆可皐眞言　口則
南無妙法蓮華經　日蓮御判
南無天竺寶塔中　閉塞

咳氣留符

日
日　日
蓮　日蓮在判

酒醉の符

無　量
衆生彼困厄
若逼身

脚氣の御符

月
日除次
日

以上を以て著者の得たる、祈禱法の相承は終つたのである、古傳書に五段の法、拭取の法、引取の法、四方詰、六方詰、八方詰等、唯授一人、千金莫傳の大秘法としてあるが、今日に於ては、斯る繁雜なる修法は恰も必要なく、著者は自行として毎朝必ず撰法華經を讀誦し、祈禱には祈禱肝文經を讀誦して、一度に十人以上列べて加持を行つて居る、各別にはしない、甚だ粗略のようであるが、是で充分である、法華經の威力と、佛祖の威神力は、上世印度、婆羅門教、及び釋尊御在世の時より、佛法に反對せる大因緣も時到り玆に解け、靈界を統一し、貳百萬人以上の死靈を得道せしむる事を得たのである、要之に行者の大慈悲の一念と相俟つて、法華經の威力の實現は如何なる難解の因緣と雖も之を解き、痼疾も治愈せしむるのであつて、實に是は法相の爾らしむる所である、されば法に賴り過ぐる事なく、行者の一念こそ緊要なるものであつて、事の一念三千の大法は夢裡にも忘れてはならぬ、吾人は過去十數年間、宗祖諸天神が研究され、實驗された、祈禱の大法は一人の私すべきでない、衆生を救濟し、廣宣流布の爲に玆に公刊するものである。

宗祖曰く、當時の學者の僻は遠を尊み、近きを卑しみ、死せるを上げ、生けるを下す。

我が教は、地上の一切の權力を超越す。

是を知らざるは不明なり、知つて傳へざるは不實也。

人道を造る、道に迷ふ者あり、作る者の罪となるや、良醫、藥を病人に與ふ、病人嫌て服せずして死せば良醫の咎となるべしや。云々涅槃經に云く、譬へば、日出づれば幽冥皆な明なるとも、盲瞽の人の道路の見ざるは日の過には非らず、善男子恒河の水の能く渇乏を除くも渴者飲まざるは水の咎に非ず、善男子、譬へば大地の普く菓實を生ずる平等にして二つ無きに、農夫の種へざるは地の過に非ざるが如し。
華嚴經に金剛幢菩薩、世尊に誓て云く
我れ當に修業して、日天子の普く一切を照すが如くなるべし、恩報を求めず、又云く、一切の心の垢穢を除滅して、無上の智を思惟し修習するも、自ら己の爲に安樂を求めず、常に諸の群生を利益せんと欲す。
願くば諸君、此の心を以て、此の得難き大法を受持されん事を、著者も日天子を學び恩報を求めず不明の箇所は説明し、口傳は惜まぬ。

本門の戒壇建立に付

本門の大戒壇は、罪障消滅が完全に出來、即身成佛の授記を受くる授職灌頂の式を行ふ、宗門の最高の戒壇である、故に宗祖が三大秘法抄に於て説かれた如く、靈山淨土に似たる最勝の地を撰び、敕宣に依て建立し、梵天王、帝釋天王も來下して踏み給ふ戒壇でなければならぬ。

最勝の地は之を諸々に探し求めた結果、身延を以て第一等地とすべく、諸天神は身延の釋迦堂の裏山の中腹を切り開き、宗祖の御眞骨堂と列べて建立することに一致され、梵天王も帝釋天も既に降下され、我が道場で因縁を解き給ひ、殘るは敕宣であるが、其は現在の憲法に於いて許されなく、去年の敕額の御下賜は是に相當する故に、之を以て本門の戒壇建立の時期に到達したのであると觀なければならぬ、其建築の様式は、本門の法華は多寶塔中の付屬故、多寶塔の形とし、材料は建物の永久を期する爲め、鐵骨コンクリート造り（本所の震災記念塔の如き形式）とし既に設計も豫算も出來て、殘るは資金の調達と、宗務當局が敕宣が無い故とて許可しない、爲に其儘となつて居る。故に宗務當局の啓蒙の時を待つばかりである、著者の昔しは建築請負人であり、鐵骨コンクリートの建築には經驗がある故、自身で設計監督して完全のものを造りたい希望を持て居る、（東京深川の淨心寺の祖師堂は著者が設計して造つたのである、大正十二年の大震火災に完全に殘つて今日現存して居る）内部の裝飾は、印度古代の大塔の內部を寫すべく可ならんと思つて居る。

此の本門の大戒壇に於て、授職灌頂の式を行ふ、其式の順序を祖書に示されて居るから次に錄す。

授職灌頂口傳鈔

日蓮撰之

大乘眞實の門跡、秘傳の肝心、成佛の落居眞實の口傳なり、
門跡者靈山淨土釋迦如來之門跡也

夫れ親《まのあた》り靈山淨土之二處三會の說を聞くに、本迹二門二十八品は眞實の經也、所謂二十八品一々文文は、是れ眞佛にして三身即一、法報應の三身也。
問ふ一經二十八品也、每日の勤行我等是に堪へざる所也、如何に之を讀誦せん耶、答ふ二十八品本迹の高下、勝劣淺深者、敎相の所談也．今は此義を用ひず、仍て二經の肝心は迹門の方便品、本門之壽量品也、天台妙樂の言く、迹門の正意は實相を顯すに在り、本門の正意は壽の長遠を顯す云々、問ふ方便壽量の二品の功德の法門、如何が意得可き哉、答ふ、先づ方便品の敎相を言は者、此品の肝要は界如實相の法を說て、三諦即是の悟を得せ令むるを詮と爲す、彼の十如の中には、相性體の三如是を以て正體と爲す、次の如く假、空、中の三諦、應、報、法の三身也、餘の七如是は、彼の相性體の作用也、住前住上の一心三觀は、此品を悟ら令む、四十一位に皆佛界の智有り、其智慧漸く增長して本末究竟の位に住する也、此相性體の三は、能觀に約せば、一心三觀、所觀に約せば、三身の覺體也迹門は始覺の三觀三身、本門は無作の三觀三身なり、心を止めて之を案ずべし。
迹門は從因向果、十如十界の成佛、三周の聲聞等是れ也、本門は此十如十界は從本垂迹、無作の十界は普現難思の行相なるべし、然れば則ち此品の十如十界の悟は、本迹二門に通ぜ令むるなり。以上敎相の所談也
次に南無妙法蓮華經方便品之觀心者、一心妙法蓮華經の方便品なるが故に、三種の方便には、絕

待不思議の秘妙の方便、即ち我等が一心也、十如實相も衆生の心法也、五佛之開權顯實も、我等が一念也、佛の智見に開示悟入する也、五乘の開會も我等が一念也、管絃歌舞の曲も起立塔像の善も、皆悉く我等が一心の妙法の方便也。
南無靈山淨土釋迦如來の方便品
南無五佛顯一の方便品
南無三種の方便品
南無十如十界實相の方便品
實相は必ず諸法、諸法は必ず十如、十如は必ず十界、十界は必ず身土也、甚深也。
次に南無妙法蓮華經如來壽量品。
夫れ二十八品者、兩箇大事之得益也、所謂一心三觀と無作三身也、而るに此品從り以前の十四品は一心三觀を以て、始覺の三身を成ず、此品從り己下の十四品は、彼の成ずる所の、三身三觀を、本覺無作なりと明す故に、法花一部の大綱にして、衆生をして成佛せ令む、行果は只此兩箇を出でず故に品々の肝要別の才覺無き也、此の上に迹門の境智、本門の境智、本迹不二の境智、冥合之を思ふて定む可し。
右此品の肝要は、釋尊の無作三身を明して、弟子の三身を增進せ令めんと欲す、今の疏に云く、今正しく本地三佛の功德を詮量す、故に、如來壽量品と言ふなり以上文　此三身は、無始本覺の三身なりと雖も、且く五百塵點劫の成佛を立つ、三身即三世常住なり、今弟子の始覺の三身も、亦我が如く顯して、三世常住の無作を成ず可き也。
次に此品の觀心と者、妙法一身の如來壽量品なるが故に、我等凡夫の一念なり一念は即ち如來にして久遠の本壽、本地無作の三身、本極法身の本因本果の如來也、所居の土は、常在靈山四土互具の本國土妙也、又釋尊と我等與者、本地一體不二の身也、釋尊と法華と我等との三者、全體不思議の一の法にして、全く三の差別無き也、されば日蓮等の類、竝に弟子檀那、南無妙法蓮華經と唱ふる程の者は久遠實成の本眷屬妙也、此人の所居の土は、久遠實成の本國土妙也、釋尊靈山淨土にして、本化地涌の菩薩に、授職灌頂して言く、飢時の飲食、寒時の衣服、熱時の冷風、昏時の睡眠、皆是れ本有無作の無緣の慈悲にして、利益に非ざること無し、仍て十妙異りと雖も、一切の功德の法門也、一念唯遠本壽量の妙果也。
南無常寂光、本地無作三身即一の釋迦牟尼如來
南無久遠一念如來壽量品
南無十方法界唯一心の妙法蓮華經
右二品を是の如く意得て、一返なりとも讀誦すれば、我等の肉身即三身即一の法身也、是の如く意得て、至心に南無妙法蓮華經と唱ふれば、久遠本地の諸法、無作の法身の如來等は、皆我等が一身に來

集し玉ふ、是の故に慇懃の行者は、分段の身を捨てゝも即身成佛、捨てずしても即身成佛也。
文永十一年二月十五日夜半、靈山淨土の釋迦如來、結要付屬して、日蓮謹で授職灌頂する也、妙覺より初住乃至凡夫迄也、初住より妙覺に登る也、是は始覺也、我等が成佛を云ふなり。
結要付屬無作の戒體即身成佛、授職灌頂の次第作法
奉勸請　五百塵點劫、靈山淨土之釋迦牟尼如來。
奉勸請　五百由旬寶淨世界、多寶如來。
奉勸請　五百塵點劫、本地地涌、上行菩薩、已上執受戒師。
奉勸請　身子目連等、諸賢聖衆。
奉勸請　日月五星の諸天善神。
奉勸請　日本國中諸大明神。
已上本體の勸請。
奉勸請　十方分身、諸の釋迦牟尼佛。
奉勸請　十方常住、一切の三寶衆僧。
奉勸請、自界佗方無邊法界の衆生利益の佛、神、薩埵、衆僧。
奉勸請　內海外海の龍神王等。

奉勸請　閻魔法皇、五道の冥官、神祇冥道等。已上總勸請
作法受得本門圓頓戒文
壽量品長行偈頌、一卷
方便品廣略顯一、一卷
證明品、此經難持の文
神力品如來一切所有之法の文已上經文
天台云く圓頓者、初緣實相の文
妙樂大師云く實相は必ず諸法の文
又云く當知身土一念三千の文
傳敎大師云く正像稍過ぎ已て末法太《はなはだ》有レ近法華一乘機今正是其時文以上五文
右此血脉は靈山淨土の釋迦如來より、始て相傳也、二人に相傳し給ふ也。

—後身傳敎大師　日本授職灌頂
—後身天台大師　大唐授職灌頂
—藥王　菩薩　天竺授職灌頂
—迹門　付屬　授職　灌頂

大恩教主釋迦牟尼如來—
—本門　付屬　授職　灌頂
—上行　菩薩　天竺授職灌頂
—日蓮　大德　日本授職灌頂

右血脉は靈山淨土の釋迦如來、從り始て三人とも相傳せ不る處也、設ひ一命に及とも、廣宣流布の聖人に非れば、之を許すべからず、仍て誓願狀、之れ有る可き也。

文永十一年二月十五日、靈山淨土の釋迦如來より、結要付屬して日蓮に謹で授職灌頂する也。以上
「**持法華問答鈔**」に云く、譬ばへ高き岸の下に人ありて登ること能はざらんに、又岸の上に人ありて綱を、をろして、此の綱にとりつかば、我れ岸の上に引登さんと云はんに、引人の力を疑ひ、綱の弱からん事をあやぶみて、手を納めて是を取らざらんが如し爭《いかで》か岸の上に登ることを得べき、若し其語に隨ひて、手をのべ是を取らんには即ち登ることを得べし、唯我一人、能爲救護の佛の御力を疑ひ以信得入の法華經の綱をあやぶみて、決定無有疑の妙法を唱へ奉らざらんは力及ばず、菩提の岸に登る事難し。

「**涅槃經**」に云く、濕へる地に種子を蒔けば、能く芽を生ず、乾地には生ぜず。

又云く、一渧をなめて大海の潮を知り、一華を見て春を推せよ。

迷信打破

日蓮大士作、二十八宿曆の僞妄を辨ず

古來より日蓮宗の信徒は、宗祖の御作と云ふ二十八宿日割鑑を用ひて因襲的に其日の善惡を定めて居る、此の曆は僞作の甚だしきものである事は明白な事實であつて、此の爲に信徒は一生を通じて實に莫大の損害を蒙つて居るのである。

抑も宗教其物が今日一部の科學者に依つて異端視され冷遇されて居ると云ふ事は、斯の如き愚にも附かぬ二十八宿曆等と云ふ迷信を而も宗教の眞髓たる日蓮宗に於て公然許して居る事を知る時に於て成る程と感ぜざるを得ない、宗教家の任務が人の教化にありとするならば、是の如き大謗法の迷信を捨てゝ置く事は、人を教化するに非ずして人を邪道に導くものであり、聖祖の御威德を毀損する者である宗門の前途を思惟して深く嗟嘆する次第である。余は何事を爲すにも、また病人を祈禱するにも月日を撰んだことは無いが法華經の威力は利劍を以て瓜を刮く如く常に好結果を得て居る。日に依て善惡を生ずることが無いことは實現の上でも充分證明が出來る。

日蓮宗の教義を無視した迷信的大謗法の二十八宿曆は斷然默忍すべきではなく宗祖の教の如く此の大謗法を不自惜身命して責めるべきであり第一宗祖大聖人の御作と云ふ無實の汚名を殘して置く事は弟子たる我等の忍ぶ所でない、願くば吾人は諸君の努力を以て此の迷信を撲滅し、信徒をして妙法に安住せしめられん事を希ふ者である。

古來此の日割鑑は宗祖日蓮大聖人の御作なりと傳へられ宇宙の四方に配されて居る二十八宿星が、日々一星づゝ更代にて此の世界を支配し、其支配する星の性質によつて其日の吉凶禍福が生ずるものと說かれ、小冊子として處々にて發行されて居るのみならず、最近日蓮宗の寺院其他の書店より大々的に刊行され、全國の佛書販賣店及び佛具屋で賣出されて居る、又年頭の使物として或る寺院から信徒に贈られ、今日では日蓮宗の寺院及び一般の信徒を初め祈禱を司る修法師迄が此の日割鑑に依て、其の日の善惡を定めて居る事は、要するに傳說的、因襲的に何等の怪しみも疑もなく、此の因果の大法を無視した迷信的僞作を無條件に

宗祖の御作なりと信じて居る結果に他ならない、此の僞作の二十八宿曆を信じて用ゆる結果、尊貴秘奥なる、善惡不二、邪正一如の妙法を唱へながら因果撥無の迷信に陷り、自から大損害を招き一生を通じて甚大なる不利益、不安を招いて居つて、實に慨歎の至りである。

何れの家でも死者が出來た時にどうするか、先づ近親の者が集つて葬式の日を撰定する、其の時に第一曆が引出だされる、丑寅の日を除け、友引の日を恐れ、日蓮聖人御傳と云ふ二十八宿曆を調べ葬式に用ふべからざる日を避ける爲め、二日も三日も惡日が續く時などには、之の爲に葬式を延して時間と費用を空費して苦惱を增して居る。二十八宿日割鑑には葬を埋めると災を起すものとして禁ぜられた日が一ケ月の內に十日あるから一年間には百貳拾日ある譯になり、此の所謂、惡日に當つた多數の信徒は是の如き迷信の爲に葬式を延ばして居る、實に氣の毒である、精神的被害を除き物質損失のみならず、親戚知已の人々の時間の空費其他の間接的損害を加算すれば實に驚くべき莫大の損害となる。

此の迷信に依る大損害は信徒の人々が二十八宿日割鑑が日蓮大聖人の御作と云ふ事に對して何等の怪しみも疑も無く、因襲的に無條件に受入れて居るのみならず、加ふるに日蓮宗の寺院自から之れを發行して信徒に配附し使用を奬勵して居るから、火に油を注ぐ樣なもので益々此の迷信を助長した結果である、此の迷信の爲に信徒は一生を通じて大なる不利益を招いて居る。是を知つて其儘等閑に附して置くは不實である、今迄宗門の識者が之を不問に附して捨てゝ置いた事は奇怪至極の事である、斷じて言ふ二十八宿日割鑑は、日蓮大聖人の御作にあらざる事を、而て其は德川期の宗門混亂時代、陰陽師の復興に連れ、祈禱、禁厭、方位、吉凶日、相性等の說が盛んとなり隆盛を極めた時代の大謗法の作であつて荒唐無稽、宗祖を誣ふること甚だしきものである。

日割鑑の內容

日割鑑の表紙の裏に、弘安二年宗祖御直筆の大曼荼羅の寫しを掲げて其下に以下の樣なことが記されて居る、抑も此の御書は日蓮大菩薩、身延山に於て示現を蒙らせ給ひ御精心を凝らしめ御撰みありし寶書なり、日々の善惡明鏡の如く著し、是を信用の輩は福不可量、決定無有疑云々。

次に二十八宿星と月日の組合せの表があり（日割鑑参照）縦に一月より十二月迄割附け、横に一日より三十日迄配列し其下に二十七宿星を割當て（牛星を除く故に廿七宿）正月一日を室として二日を壁、三日を奎と次第に婁、胃、昴、畢、觜、參、井、鬼、柳と順々に配し三十日が奎となつて居る、然るに二月一日再び奎とし順に繰り二月三十日が胃に當り又た三月一日を胃とし巡に繰り、斯くの如くして三十日の星と翌月一日の星と同一重複することが六月迄續いて居る、七月八月は星順に繰り、八月末日と九月一日と九月末日と十月一日は又た同一の星が重複して居る、十一月は順に繰り、十一月末と十二月一日の星は同一である、故に一二三四五八九十一十二月が舊暦の大の月である時は同一の星が二日連續して當番となり、六七十の月が小なる時は月末の星は捨てられて缺勤になる。
牛星は配當に加へず二十七宿で繰つて居る、而して此表は舊暦にて繰り閏月は前月を繰返し、一日の界は寅の刻に初まり丑の刻に終る。終に云く、
そも〳〵暦法に日月天度を過ぐるに毎日の宿次の星あり二十八宿是れなり、即ち此の星が日々の善悪を掌ると云ふのである。然るに舊暦には二十九日の時もあり、其時は三十日の配當の星を飛越へて行く故、一月より六月迄毎月二十九日ならば六月迄は順序能く行くが三十日の時は一つ星が二日續けて守護するようになる、天體の運行に依て割出された星故、地球の運行が常の如くならば此の星の休日又は再勤日は起る理由はなく、又閏月を元の月に返し、其一日から繰返す故玆にも星の順序が亂れて居る、人間が勝手に定めた暦故不合理な事は當然である。
此の誤りを知つた一派では明治五年十二月三日の舊暦（太陰暦）を廢し、明治六年一月一日と太陽暦に改正した時に溯り、其時を起點として月の大小に關係なく二十八宿（牛宿を除かず）に配當して、ワザ〳〵毎年使用の二十八宿暦を捏造して、是れも日蓮上人の御遺書と題して頒布して居る、此暦の星と舊暦で繰る星と附合せぬは當然である結果は一方が善日であるのに一方が惡日となり、現今では此の二が頒布されて居るが、其異なつて居る所に杜撰を示して居る、双方とも無意味のものであるから共に廢止するのが正當である。次に其各星の掌る善悪に付其の四五を左に抜萃する。

角。此の日新に衣服をたち、酒を造り、井戸を穿り、小供の着袴、起工式柱立て棟上げ婚禮、移轉、凡て祝事に大吉なり、但し埋葬は大凶必ず三年の內に災來る謹むべし。

氐。此日結婚式、開業式、新築家屋の移轉、別居等には大吉なり、但し新に衣類をたち又新しき者を着初むる時は大凶なりこれを犯せば必ずわざはい來る。

心。此日神を祭り入宅入部等吉也、但し造作婚禮等は大凶也三日の內に禍あり、又葬を埋めば家內おい〳〵引續き死すべし愼むべし。

尾。此日は藥を用ゆるに大吉日なり又た此日に婚禮すれば尊き子を生ず雜作すれば天の助を得る、門を開き店を開く事は大上吉也實を增すと云ふ、但し着類をたち、着初るは大凶なり必ず禍を招き憂を引出す。

女。此日大惡日なり、其內にも葬を埋むれば、大凶、又着類を着初むる時は病を引出す、又此の着類にて病付けば死す、又、造作、引越、店開き火難の憂あり、幸變じて災となる惡日なり、萬事謹むべし。

妻。此日大吉日なり又新に衣服を裁ち又は着る時は衣類を增し壽命を有ち、新築家屋に移轉すれば、子孫繁昌し、家屋を造作すれば福を招き結婚すれば善き子を產む、上々吉日なり。

其他大同小異故に略す、此の內に葬式に就て惡日が一ヶ月に十日ある、此日に當つた葬式は皆延はされ、家族親戚知己に多大の損害を與へて居る。

此の因果の大法を無視せる、矛盾した迷信的の說明を見て識者は一笑に附されんが、信徒は日蓮上人の御敎と思ひ因襲的に尊重して守つて居る、此の迷信を破らん爲に次に二十八宿の起原を說く。

二十八宿の起原

二十八宿は印度の天文法である、人界天界一切の事實は恒に相反影して吉凶の相は宿星に現はれ、且つ宿星の運行に依て人界の個人の運命が豫定せらるゝものとして信ぜられ、之を星占の法と稱し、陰陽師、兵家及び密敎の占卜者の間に傳播されたのであつた。

二十八宿は宇宙に於ける、日月の運行を區別する爲に平常眼に見る處の群星を以て標準とし天の分野となしたるものであつて、其數二十八を擧げた所以は白月一日より黑月の終りに至る迄の分野を一日一宿に劃したるものゝ如くで

ある、即ち其名目及び其の方位支配を記せば

方位	星名	主神
東方ノ七星	角	瑟室利《トバスター》神
	亢	風《バーユー》神
	氐	因陀羅《インダラ》、阿祗尼《アキニ》
	房	密多羅《ミタラ》神
	心	因陀羅《インダラ》、帝釋
	尾	儞律《ミリツ》神
	箕	水神
北方ノ七星	斗	毗說《ビセツ》神
	牛	梵天
	女	毗紐《ビチユ》神
	虚	婆婆《バシヤ》神
	危	婆魯那《バルナ》(水天)
	室	阿醯多羅那《アヒタラナア》神
	壁	尼陀羅《ニータラ》神
西方ノ七星	奎	甫涉《フシヤ》神
	婁	乾達婆《ケンダツバ》
	胃	閻魔《エンマ》
	昴	火神
	畢	生主
	觜	月神
	参	魯多羅《ルドラ》(荒神)
南方ノ七星	井	日神
	鬼	祈禱主
	柳	蛇神
	星	薄伽《バーカー》神
	張	婆藪《バソ》神
	翼	阿利耶摩《アリヤマ》神
	軫	婆毗壇利《サビダリ》神

(私考二十八宿星の内、牛星を配當に加へざるは。牛星は北方の守護にして梵天に配し、梵天は印度に下降し婆羅門族の祖先なり、婆婆世界の主となる、故に配置より除きしや)

之に依れば婆羅門教が夫々の星を以て神化したるものとして見る事が出來る、これが即ち其吉凶を祈りたる所以である、然れども元來の意味は太陰暦に屬する暦法より發足した事は明白である。

暦の説明（天文學）

極めて自然的に人類に採用された年の單位は一年と一月と一日との三種で、此の年の單位は野蠻人にも文明人にも採用せられて居る、此等三種の單位の内、一年と一日とは地球と太陽の運行に原因するものであり、一ケ月は太陽と地球と月の運行に關係したものである。

一日の觀念

一日とは晝あり夜ありて地球の一週轉する時間をさし、其れを曉、朝、晝、夜として區分して居つたのであろうが人智が次第に進歩して來ると、此様に日の出から日の入迄を取つた一日の長さは同一でないことがわかり、遂に一日を定めるに、日出を以てする代り太陽が正南に來て一番高くなつた時（正午）を以てし、翌日の其時刻に至る間を一日としたのであるが（正午より正午）人が仕事をして居る内に日附を變化せねばならぬ不便を蒙り、其後丁度正午より半日過た處、即ち夜中を以て一日の初とし次の夜半迄を一日と算するに至つた、即ち夜半の十二時が日の切更になつたのである。

然るに天文學の發達は、又もや一日の觀念に革命を致し一年中一日の長さが不等なるを知つた、是は地球が太陽の周圍を廻る軌道が楕圓なる故、自轉し公轉する内に太陽との距離に隨て地球自轉の速度の不平均に依て生ずるのである。

實測の結果は左の如くである。

月日	眞太陽の子午線經過の時の平均
一月一日	十二時三分八
一月三十一日	十二時十三分七
三月二日	十二時十二分四
四月一日	十二時四分
五月一日	十一時五十七分
五月三十一日	十一時五十七分三
六月三十日	十二時三分二
七月三十日	十二時六分一

八月二十九日　　十二時〇分八
九月二十八日　　十一時五〇分七
十月二十八日　　十一時四十三分九
十一月二十七日　十一時四十七分八
十二月二十七日　十二時一分三
此表に依れば二月と十月との間には三十分位の差がある即ち眞の一晝夜は正二十四時間に非ずして前記の如く差が生じて居る。
天文臺では假想太陽が南中してより次に再び南中する迄の時間を平均太陽日と稱へ、更に之を二十四時間に等分し暦に於て假想太陽の南中する時刻を正午とし、夫れより十二時間を數へたる時間を夜半とし、夜半より正午迄の十二時間を午前とし、正午より後半迄を午後とする、即ち一日は午前零時より初まり正午を經て夜半即ち午後十二時に終るものとして居る、一年の平均太陽日は三百六十五日二四二二二即ち約三百六十五日と四分ノ一である、されど實用に供する所の暦日に端數を附するは甚だ不便なる故、平年と閏年の別を立てゝ、平年は三百六十五日、閏年は三百六十六日とする斯くして平年が三年續くと、四年目を閏年となし暦と實際の調和が出來るのである、然れども精密に云ふと〇、〇三一二日だけ暦日の方が太陽運行より先に進む故、四百年の間には暦に於ける差は積り積つて三日餘即ち三、一二になる、故に四百年の間に閏年を三回減じて居けば、三千八百七十年の後迄に一日以上の誤差が起らぬ樣になる。

ユリウス暦では年の始めをば Jānuārius: の第一日とした、即ち現今の如き月の順序となつた、各月の長さが一、三、五、七、九、十一の六ケは月三十一日で二、四、六、八、十、十二の六ケ月は三十日とした、此樣にずれば三百六十六日となるから、平年の年には第二丈を二十九日と制定した、此方法は現今の者より整頓した者であるが、其後アウグスタス王が自分の月Sēxtilia（改めてAugustus）が三十日であるのを厭ひ、二月より一日を奪ひて之を三十一日とした爲めに三十一が三ケ月連續するようになつた、依て之をさける爲に現今の如く九月を小、十月を大、十一月を小、十二月を大とした即ち一、三、五、七、八、十、十二月七ケ月は大にして三十一日、四六九、十一月の四ケ月は小にして三十日、獨り二月は平年二十八日閏年二十九日とする、此の月日の配當法としても未だ最良の者とは云はれないので、今日迄に種々の改良の動機が起らなかつた譯でもないか、舊慣を捨てゝ新規に從ふは中々困難である、現今使用して居る暦はグレゴリオ暦である、西紀千五百八十二年羅馬法皇グレゴリオ第十三世の改めた者である、次に舊暦の説明をする。

舊暦の起原（太陰暦）

太陰即ち月は我が地球を主星と仰いで其周圍を廻つて居る直徑僅かに二千百五十哩の微々たる一小星である、其小なる太陰がどうして彼の様に大きく見へるかと云へば、我が地球との距離が甚だ近いからである、太陰は楕圓形の軌道（白道と云ふ）に由つて地球を廻りて巡行する、而して地球は此の楕圓の焦點の一に位置を占めて居る、故に太陰は時として我に接近し來り、又た時として遠隔し去り、其接近した時の距離は二十二萬千四百三十六哩、最も遠隔したる時は二十五萬三千二百六十三哩である、地球から平均の距離は二十三萬七千六百四十哩である。

月が地球を廻る運動の週期は二十七日七時四十三分二十一秒四分一である、又た太陽に對して一週轉を完了するには、尚多き時間即ち二十九日半を要する、此第二の週紀を太陰月或は會合週期と云ふ。

支那暦

支那の暦法は餘程古い以前からと思はれる、少なくも西紀前二千數百年以前のことであろう、支那の暦法で面白いのは、其置閏法である。

支那では暦を起す基點を冬至とし大體四十日後の立春を正月の節とし一年を二十四節に等分して節と中とを設け、最初の月を、孟春の月、次いで仲春の月、季春の月、孟夏の月、仲夏の月、季夏の月、猛秋の月、仲秋の月、季秋の月、孟冬の月、仲冬の月、季冬の月と稱し而して月初より十五日迄を節と云ひ、後の十五日を中と云ふ、此節と中を合して二十四節と云ひ而かも太陰陽暦の月を定めるには、上の様な太陽暦を其儘用ゆることが出來ない、今支那人の用いた節から節迄の間隔を一節月と名づければ、其長さは何れも皆な三十日四三六八五である、支那では是から三十日を引いた殘日〇四三六八五を氣盈と稱した。

暦面の月は恰かも月の盈虚を密合する上に必ず其月の始めの時刻から算するのが主意である爲め、更に朔望月二十九日五三〇五九を考に取り入れ、三十日から此週朔を引いた殘り〇、四六九四一を朔虚と稱し、之と氣盈との和が〇、九〇六二六、となる、之を閏餘と稱した、されば或る節月の初め例へば立冬に節月と月の朔とが丁度合し、季節の能く整ふて居る場合があつたと考へると、其次の節月の初めには朔日後るゝこと一閏餘（〇、九〇六二）となる、更に段々と時が經過して十二節月の後となれば節月の方が朔から十二閏餘、即ち十日八七五一二丈け後れることになる、つまり翌年の十月の始めには氣節が十一日程、暦日に後れて居る、併し其儘に之を續けて更に四節月經過した時、即ち翌々年の二月である筈の月の初には朔の方が節に先んずること十四日半となる、又其翌月には其差が十五日二一八餘よりも大なるものとなり朔と季節との差が半ヶ月以上に達する、然るに一方では三月であるべき筈の月の朔が清明の節よりも十五日四〇六進んで居る爲に、春分即ち二月中の前に現れる、其結果として二月の月は雨水の少しく後に始つて啓蟄を經て春分に達せぬ内に終を告げる、されば此月は正月ともつかず、二月ともつかず其特性を缺いたもの即ち中庸の氣を有せぬ月である、依て之を番外にし前月に附して閏正月とする、之が支那の置閏法である、此様にすれば半ヶ月に亘る季節の差が漸次に回復せられて立派た太陰陽暦が出來る、日本の節氣計算法は既に述べたように少しく異なるが、閏月を定める方法は同様である、即ち中氣を含有しない朔望月が出來る之を閏月とし前月に配すれば夫れで宜いのである。

日本で使用した、舊暦は其年により月の大小が變り、閏月の加入も其位置は年に依て變つて居る、露國は今も尚ほユリウス暦を用ひて居るから、現今にては我々の暦より十三日だけ後れた日附になつて居るのである。

日本の暦沿革（國史大辭典）

上古の暦日法は詳ならず、欽明天皇十四年百濟國より始めて漢暦を傳へ、卜書、暦本藥物等を貢し、十五年に暦博士固德王保孫を貢す、椎古天皇十年百濟の僧觀勒來りて暦本及び暦文、地理書等を献ず、當時書生を撰み暦學を受けしむ、是れ暦學の初なり、此時傳へしは宋の元嘉暦にて未だ世に行はれず、持統天皇四年十一月初めて元嘉暦を行ふ後ち七年文武天皇の元年に至り暦度に後るゝこと五拾參刻に及べり、（元嘉暦は宋の何承天の作、持統天皇四年より文武天皇元年迄七年間使用） 即ち改暦して唐の儀鳳暦を頒布す、後ちまた六十六年にして、暦天度に後るゝ事十四刻に及べり、（儀鳳暦は唐の李淳風の作、文武元年より天平寶字七年迄六十六年使用） 即ち淳仁天皇天平寶字七年大衍暦を用ゆ、文德天皇の齊衡三年に至り暦天度に先づ事十七刻に及べり、（大衍暦は唐の一行禪師作九十三年迄使用） 陰陽頭博士、大春日眞野麿の奏請により五紀暦を施行す、清和天皇貞觀三年に至り暦天度に後るゝ事十刻に及ぶを以て（五紀暦は唐の郭獻　作五年間使用） 改暦して宣明暦を頒布す、醍醐天皇延喜の制また陰陽寮を置き之を管し、暦奏頒暦の事を行ふ、降りて王朝時代の末年に至り朝政の衰へしと共に暦道亦大に廢頽して暦天度に差ふこと甚しかりしも、司暦其人を得ずして之を改善するに道なく、一方にありては宿曜、星占、陰陽吉凶等の迷信上下の間に流行し、吉神、凶殺等を（暦の中段下段） 頒暦に注記するに及びて、暦法遂に其本志を失ふに至れり、また中古以來朝廷に於て暦の事を掌りしは加茂氏なりしが、後奈良天皇天文中以後は、土御門と加茂の兩氏之に代りしも唯空位を墨守せるに過ぎず、江戸時代に入り、文敎の大に興隆するに從ひ、暦學亦た進歩す是より先き貞觀三年宣明暦を用ひしより茲に八百有餘年暦天度に後るゝ事、一日九十五刻なり、寛文十二年十二月頒暦月蝕を註す、蝕せず、翌延寶元年六月、保井春海上表して改暦を請ひしも朝議成らず、超へて三年夏日蝕す頒暦甚だ差へり、暦官因りて大統暦、授時暦等を檢するに皆な異動あり、衆議可否を決する能はず、春海大に之を慨し、奮然蹶起自から觀測に從ひ後ち遂に新暦を作成するに至れり、尋で天和三年十一月頒暦日蝕を注してまた蝕せざるを以て春海再び上奏して改暦を乞ふ、茲に於て朝議漸く之を容れ陰陽頭安部泰福に敕して改暦の事を司らしむ、泰福即ち春海を京都に招きて共に之を議し、授持、大統、國暦の內孰れを用ゆべきかを以てす、春海切に漢土の暦法を用ゆるの不可を論じ、宜しく國暦を頒布すべしと主張せしが用ひられず、眞享元年三月に至り遂に明の大統暦を採用するに決し改暦の詔を發せらる、春海以て遺憾とし三たび上奏して辯論頗る勉む、泰福其言に感ずる所あり、因りて共に皇城の西南梅小路に於て表を立て晷を測り七星の運行を觀測して之を春海の新暦に檢し正に毫厘の差なきを認めたり、茲に於て泰福上表し春海の新暦を採用するに決す、大統暦を發して僅かに十月、未だ用ゆるに及ばず、十二月二十九日詔して新暦を頒布し名を貞享暦と賜ふ、我國支那暦を用ひし事、前後壹千有餘年、玆に至りて初めて國暦を頒布することを得たるもの實に春海の勳功による、將軍德川家綱大に之を感賞し、二年十二月春海を擧げて天文官とし頒暦を司らしむ、作暦の實權之れより全く關東に移れり、寶暦四年十月十六日に至り貞享暦が天度に後るゝ事正に六刻七十八分有奇なるを發見し、此日又た暦法新書十六卷を大成して奏進せり、超へて、十九日改暦して之を頒布し、暦元を改め、名を寶暦甲戌元暦と賜ふ（寶暦四年より寛政十年迄四十四年使用）寛政中に至り暦日天度に先つ事三刻に及べり同七年天文官をして古今諸暦の精粗を考へ、淸の暦象考成に基きて暦法新書八卷を造り之を陰陽頭安部泰榮に進む之に由て寛政十年改暦を行ひ名を寛政戊午元暦と賜ふ、然るに其後四十年にして時暦又た二刻を差へり依て改暦の議あり、天保十二年澁川景佐等極力精究して新暦法九卷を造り翌十三年四月京都に獻し、安部晴親の校閲を受く、九月陰陽頭安部晴雄之を進献す、乃ち改暦を行ひて之を頒布し名を、天保壬寅元暦と賜ふ、（天保暦は澁川景裕の作 天保十三年より明治五年に至る三十年間使用さる）明治維新の際、諸國より暦術家を京都に召し暦法を議せしめ、且つ官より頒布せしむ、明治四年大學に暦局を置き後ち文部省に移す、明治五年太陰暦を廢し太陽暦を用ひ五年十二月三日を六年一月一日と改む、世に之を新暦と稱し、爾來行はれたる暦を舊暦（太陰暦）と云ふ。

太陽暦を採用したが、其採用した者は、ユリウス暦法とグレゴリオ暦法との合の子であつたと云ふは、日附はグレゴリオ暦法を採用し、置閏法はユリウス暦の方法によつた爲に、明治三十二年迄何事も無かつたが、其年は西暦紀元千九百年で、ユリウス暦では閏年、グレゴリオ暦は平年でなければならない爲め、世界各國との日附の差を起さない様に、明治三十一年に再び置閏法を改めて全然グレゴリオ暦を採用することゝなつた。

以上長々と暦の沿革を述べたのは、世界を通じて年月は天體の運行及び四季の關係より、人が都合のよい様に造つたもので之に關しては天の二十八宿が何等其日の善惡に關係の無い事を根本的に説明したものである。宗祖の時代は宣明暦であるが日割鑑の示す舊暦は天保暦である玆にも相違がある、次に一日と云ふても世界的には各地に於て時間の相違があり、其一日の境界を定むることは能はざることを說明する。

時差と度計（天文學）

地球は西より東に自轉し太陽に向ふ所が朝となり晝となる、故に其位置により時差が起り、地球上には朝の所もあり晝の處もあり夜の處もある。

地球面の經度は三百六十度に等分せるが故に、太陽は見懸上一時間に三百六十度の二十四分ノ一即ち十五度だけ旅行し、從つて一分間に十五分、一秒間に十五秒を旅行する故に經度一度は時の四分、經度一分は時の四秒の差を爲し故に東方に在る地方の時間は、西方に在る地方より時刻が進んで居る、例へば東京天文臺の正午は英國のグリンウイツチ天文臺の東方百三十五度十九分なる故、九時十九分だけ、東京の方が先になる、故に何れの地方を問はず、其處の太陽の南中する時刻を以て正午となし、之を其土地の地方時と云ひ、即ち地方時は場所と共に異にして居るのである、例へば大阪の正午は東京の午後〇時八分五十六秒に當り、臺灣の布袋嘴にては午前十時四十一分四十秒であり、南米の「ブラジルで」は午前一時である故に世界に於ける各國は重に其の首府を標準子午線とした、日本にては交通機關の連絡統一の關係上東京の正午を以て全國一般に正午の標準時と定める。

此の關係により日本より亞米利加に行く人は經度百八十度の處で日附を滿一日だけ後へ返すことになる、航海者は是を儲日と云ふ、又反對に米國から日本に航行する時は同所で日附を一日だけ飛び越さなくてはならぬ故に世界的には各國異なる日時を有して居るのである。

若し米國の日蓮宗の信徒から二十八宿暦は何れの暦に配當するか、宗務院へ問合せたら、當局は何と答へるであらう。

結論

世界各國の使用する暦は各々不同であり、又各國は悉く其の日時を異にして居る、宇宙的なる二十八宿星が、若し地上の善悪を日々順々に交代して掌るとするならば、其最初の起原を何日とすべきであるか、地球は成立後壹億萬年乃至貳億萬年說があり、又宇宙的な二十八宿星は地球の何れの場所を以て其一日の交代境とすべきであるか、此の廿八宿暦が印度に初まつた迷信故、印度を其源であるとすれば、印度と日本は時間の差があり日本の正午は印度「カルカツタ」の午前九時であるから三時間の差がある、八宿暦の晝夜の分は寅の刻に初まり丑の刻に終るとある故、同日と雖も日本と印度と時間に依て善日と惡日が出來ることになり、之を世界的に觀察すれば一日の境界は無くなり、即ち二十八宿暦の荒唐無稽なる事は天文學暦が既に之を如實に證明して居るのである。

次に二十八宿暦を以て日蓮聖人身延山に於ての御撰と云ふに係らず、此表は舊暦にて繰るべしとある、此舊暦とは天保暦を指すのであつて、宗祖時代は宣明暦であり、其後貞享、寶暦、寛政の改暦を經て天保に至り、此の改暦の都度、日時の取捨が有つた事は事實であつて、其改暦の都度天の二十八宿星は其配置を變更せし暦に倣ひ取り替へたであらうか？　訶々

佛教の説明

涅槃經邪正品に云く
星宿を仰觀し、盈虚を推歩し、男女を占相し、夢の吉凶を解す乃至毒藥を和合し乃至施主の前に於て自ら讃歎し、不淨の所に出入し遊行す、所謂沽酒、婬女、博奕、是の如きの人、我等比丘の中に在るを聽《ゆる》さず、應當に道を休め俗に還りて役使すべし。
又云く吉凶を卜筮し、盈虚を推歩す乃至是の如きの人は魔の眷屬にして我が弟子に非ず。
涅槃經四相品に云く、跡不可尋とは、所謂涅槃なり、涅槃の中、日月星辰、諸宿、寒熱風雨、生老病死、二十五有あること無し、諸の憂苦及び諸の煩惱を離る。
佛遺經教に云く、淨戒を持たん者は、販賣貿易し、田宅を安置し、人民奴婢畜生を蓄養することを得ざれ乃至吉凶を占相し、星宿を仰觀し盈虚を推歩し、宿數算計することを得ざれ、皆な應ぜざる所也云々
世尊は明に吉凶を卜筮し占相し、星宿を仰觀し、盈虚を推歩し、暦數算計することを得ざれど禁止し給ふ、故に年月、日に依て善惡の起る事を説く者は、因果の大法を無視し、世尊の教を破る大謗法大罪である、善惡不二、邪正一如の妙法を説き、一切衆生をして佛道を得せしめん爲め、不自惜身命、唱題成佛を布教されし本化大聖、日蓮上人が

何ぞ佛法を破り信徒を迷信に導く如き、大罪の二十八宿暦を作り給はんや、之を大聖人の御作なりと誣るは實に恐惶の至であり、大謗法である。

是は慥に徳川期、宗門混亂時代の揑造である、信徒は此の僞作 二十八宿暦を日蓮大聖人の御自作なりと妄信し、因襲的に使用する爲め日々多大の損害を蒙り、尊貴秘奥の妙法を讀誦しながら斯の如き毒藥を服する爲に、已れの安心を破り日々の善惡に迷ひ、自已の活動に不安を惹起し爲に茫然として貴重なる日を空しく送りかくして機會は飛び去り不成功なる極印を甘受して、自已の迷信の反映を運命の作業とあきらめて居る狀態である、信徒をして斯の如き迷信に陷らしめしは、そも誰の罪ぞや。願くば迷信を捨てゝ法華實乘の一善に歸せしめん事を希ふ者である。

二十八宿日割鑑、 の終に次の如き記事があり是れも迷信故記載して其誤を指摘する。

貴命日

此の日は一生の難病の起る日、萬事食物用心第一に愼むべし病み附く時は治し難しと云ふ恐るゝ日。
子年の人は酉の日、丑年の人は午の日、寅年の人は未の日
卯年の人は申の日、辰年の人は亥の日、已歳の人は戌の日
午年の人は丑の日、未年の人は子の日、申歳の人は卯の日
酉年の人は寅の日、戌年の人は巳の日、亥年の人は辰の日
以上

亡日、 何事にも用ゆるべからざる惡日

正、二月は辰亥の日、三、四月は未の日、五月は戌の日、六、七、八、九月は寅の日、十、十一、十二月は丑の日、
以上

母倉日 （善日）

春は亥子の日、夏は寅卯丑未の日、秋は辰戌の日、冬は申酉の日、右毎年の母倉日なり、天より萬のものをあはれむ事母の子を思ふ如き日なる故、母倉日と云ふ尤も大吉日なり、右十日の內、亥の日はちう日なれば、祝言佛事は忌むべし、外の九日は假ひ障りある日なりとも母倉日に當らば用ゆべし大吉日也。

大願成就日

正月寅、二月巳、三月申、四月亥、五月卯、六月午、七月酉、八月子、九月辰、十月未、十一月酉、十二月丑、
右の日は神佛に祈願して成就する日也。

不就成日

正七月　三日　十九日　十一日　二十七日
二、八月　二日　十八日　十日　二十六日
三、九月　一日　十七日　九日　廿五日
四、十月　四日　二十日　十二日　二十八日
五、十一月　五日　二十一日　十三日　二十九日
六、十二月　六日　二十二日　十四日　晦日

右の日は願望成就せず、若し強て思ひ立てば災難其身に來たるべし。以上
前記の月日の善悪を二十八宿暦と比較すると、八宿の善日が貴命日の大悪日に當り、亡日が八宿の善日となり、又大願成就日が八宿の大悪日となり、又不成就日が八宿の善日となる日もあり一冊に掲載した日割に善悪の相違が起ることになり、若し二十八宿暦が宗祖の御作とすれば、此の編輯者は宗祖の義を破つて居るものである、修法師は此の成就日、不成就日を能く使用して病者の祈禱を初める日を撰定して居るけれど日に依て善悪が生ずると云ふ事は迷信の極である。

星祭り

此の法は眞言宗の法であつたが、日蓮宗でも行つて居る星祭とは九曜星を其人の年に配當し、其の當つた星を祭るのである、其の九星とは太陽系に屬する、日、月、火、水木、金、土の七星に、羅睺星と計都星を加へ九曜星とする天文學者の說に依れば羅睺星は春分點を指し、計都星は秋分點を指す者にて此二星は實體でないと云ふ。

印度の說は羅睺は星の名、日月を蔽障して蝕せしむるより暗障と譯す、大日經疏に「羅睺は是れ交會蝕神」傳說阿修羅王なり計都星は彗星を指す。

其繰方は男子は羅睺星を一歲とし、土、水、金、日、火計、月、木と順に繰り再び羅に返り又た順に年數だけ繰り返し當りし星が其人の其年の關係の星となる。

女は計都星を一歲とし火、木、月、土、羅、日、金　水と又た計に歸り順に年だけ繰る故に男女は同年でも、各星を異にする此の星の善悪は、羅、計、火は凶星、日、月、木は吉星、土、水、金は半吉とす。

此の星に當つた人は、其の星の吉凶に依て其年の運命を掌らるゝと云ひ、幸福は增進し災厄は免れん爲に、星の善悪に係らず其關係の星を祭るのである。

眞言宗にては、男女共、羅睺星を以て一歳に當て、計算して居る、此法も印度上世に於ける天體を神化した產物であつて、婆羅門教より眞言宗に傳はり支那より日本に渡り德川の中期より日蓮宗に浸入したものであり、年と云ふても數へ年と滿年と相違が起るのみならず、眞言宗と繰方が違つて居る、茲にも杜撰がある・是も根據の無い迷信である。

舊曆の友引日に就て

現在俗間に行はれて居る舊曆に六曜と云ふ者がある、是が日々に配當され、善日惡日が示さる、是が杜撰無稽の迷信の親方であることを說明する。

六曜日とは、先勝、友引、先負、佛滅、大安、赤口と名けらる、其の內にも友引日は葬式に友を引くとて絕對に忌まれ、佛滅日は、祝事には使用されぬ、此の繰方を圖示すれば即ち左の如し。

六曜順序	月初の日の配當	月初の日の配當	吉凶
先勝	一月一日	七月一日	此日は急ぐに吉、時に於ては午前吉
友引	二月一日	八月一日	午前中相引にて勝負なし、夕方に至り吉
先負	三月一日	九月一日	午後に至りて吉、急げば事を仕損ずる
佛滅	四月一日	十月一日	萬事大凶、何事にも用ゆべからず不利
大安	五月一日	十一月一日	萬事大吉、何事にも成功する
赤口	六月一日	十二月一日	諸事凶特に他より凶事を加へらる

此の繰方は舊曆正月一日は先勝、二日は友引、三日は先負と順に繰り六日赤口、七日は初めの先勝に歸り又順に繰り一月の終り迄繰り跡の殘りは捨て、改めて二月一日は友引へ移り先負、佛滅と順に繰り、月末以後の殘りは又た悉く捨て三月一日は先負に移り順に繰る、七月は先勝に歸り一日は先勝より順に繰る、閏月は其月を二度繰る、此の繰かた程杜撰な者はない、是程變手古な譯の分らない者を隨分苦心して、友引に當れば葬式を延ばし、お通夜を餘分にして金と勞力を空費する人が頗る多い、又た婚禮、祝事には佛滅を忌み延して斯くして貴重なる日を空費して居る・

諸君、舊暦を引出して、六曜の順序を月初と月末とを比較して見給へ、切捨は明白となり其杜撰に驚かるゝ事であらう、是は二十八宿暦と關係は無きも日蓮宗の信徒も葬式に友引を非常に恐れて必ず延して居らるゝから、日に依て善惡が生ずると云ふ迷信を一般に捨てゝもらい爲に玆に採錄したものである。

宗祖大聖人は迷悟不二、凡聖一如、善惡不二の妙法を說き給ひ、一切衆生をして妙法蓮華經の讀誦の功德により、即身成佛を得せしめん爲に、大慈大悲常に懈倦なく、不自惜身命、衆生を敎化し給ふ。萬物の生々育々たるは、眞如實相、妙の振舞なり、何ぞ一念三千の妙法を無視し因果の大法を破り日に依て善惡の生ずる如き說を爲し、信徒を迷はし給はんや、是れを宗祖大聖人の御作なりと誣る者は、宗祖の御義を破る者であり、大謗法の罪をおかし、大罪の至極である、希くば吾人は本宗の信徒は正直捨方便不受餘經一偈と法華一實の妙法を信じ、日に依て善惡の生ずると云ふが如き迷信を一般に斷然捨てられん事を衷心より冀ふ者である。

以上

佛遺教經に曰く
我等は良醫の病を知つて藥を說くが如し。服と不服とは醫の咎に非ず、又能く導く者の人を善道に導くが如し、之を聞て行かざるば、導く者の過に非ず。

定価　五八〇〇円+税

本化祈祷妙典

昭和　八　年二月十七日　初版発行（妙雲閣）
平成十七年四月　八　日　復刻版発行
著者　鷲谷日賢
発行　八幡書店
東京都品川区上大崎二―十三―三十五
ニューフジビル二階
電話　〇三（三四四二）八一二九
振替　〇〇一八〇―一―九五一七四

正誤表

頁數	行數	誤	正
六	一〇	微塵《みしえ》	微塵《みじん》
八	九	寶《たやら》	寶《たから》
二二下	一二	交究竟	究竟等
二三下	一七	本來究	本末究
二四下	三	物賃	物質
二五上	一〇	本理を	本理に
二六下	一〇	釋籤《しやんせん》	釋籤《しやくせん》
四〇下	四	日蓮	目連
四九上	一一	見と華	見とは華
六九下	一二	文五	交互
九〇上	一三	梵大王	梵天王
九〇下	四	娑維門	婆羅門
九九上	五	恐るふ	恐るる
九九上	八	是と	是鬼
一四八上	七	聴かん	懐かん

頁數	行數	誤	正
一五〇上	二	旃陀羅《せだら》	旃陀羅《せんだら》
一七〇下	八	自法受	自受法
一八一下	一三	れずも	れども
一九四	一二	諸佛《しよほつ》	諸佛《しよぶつ》
一九八	一二	畜生《ちうしやう》	畜生《ちくしやう》
二〇四	三	浮提《ふふい》	浮提《ぶだい》
二〇六	七	經の文	經文
二一三	一二	諸天菩薩	諸大菩薩
二二一	八	衆生大施	衆生之大施
二五二	六	衆《じゆう》	衆《しゆう》
二六三	一四	誦文《じゆしん》	誦文《じゆもん》
二八九	六	釋佛	釋迦佛
二九三	一〇	牢尼	牟尼
三〇三	九	衆人受敬	衆人愛敬
三〇六	四	如何昔所	如我昔所

頁數	行數	正	誤
三〇七	九	九行と十行と入れ違	
三〇九	八	清涼地	清涼池
三一二	一二	能く者	能く物
三一六	一	十三邊	十三遍
三三九上	五	タレゴ	グレゴ